中國 近世 知性의 理念과 運動

曹 永 祿

지식산업사

中國 近世 知性의 理念과 運動

초판 1쇄 인쇄 2002. 7. 10
초판 1쇄 발행 2002. 7. 15

지은이 조영록
펴낸이 김경희
펴낸곳 (주)지식산업사
　　　　서울시 종로구 통의동 35-18
　　　　전화 (02)734-1978(대) 팩스 (02)720-7900
　　　　홈페이지 www.jisik.co.kr
　　　　e-mail　　jsp@jisik.co.kr
　　　　　　　　 jisikco@chollian.net
　　　　등록번호 1-363
　　　　등록날짜 1969. 5. 8

책값　　23,000원

ⓒ 조영록, 2002
ISBN 89-423-2047-3 93910

이 책을 읽고 지은이에게 문의하고자 하는 이는
지식산업사 e-mail로 연락 바랍니다.

책머리에

　역사의 전개에서 변혁의 시기는 새로운 것과 낡은 것의 교체라는 '역사적' 현상 때문에 우리의 관심을 끌곤 한다. 중국사의 春秋戰國시대나 唐末五代 그리고 明末淸初와 같은 전환기의 역사도 정치적으로는 심한 혼란을 겪고 있었으나, 社會와 思想史의 관점에서 보면 반드시 그런 것만도 아니었다. 오히려 복잡하고 다양한 갈래 속에서 새로운 시대와 함께 이 시대를 이끌 새로운 사상이 태동하고 있는 것을 알 수 있기 때문이다.

　필자가 明末의 역사에 관심을 갖기 시작한 것은 1960년대 전반 석사학위 논문, 東林派 연구를 준비하던 때부터다. 동림파는 萬曆時代의 정치와 사상 방면에 공통적 목표를 지닌 士大夫官僚 집단으로서, 이를 연구하면서 필자는 中國 近世의 政治史와 思想史 방면에 눈을 뜰 수 있었다. 동림파의 지도자들은 朱子學을 표방하였지만 사상의 내용으로는 陽明學과도 밀접한 관계를 맺고 있었기 때문에 자연스럽게 이들에 대한 관심을 갖게 되었을 뿐 아니라, 아래로는 그들의 학풍을 이어받은 명말청초의 復社運動에까지 관심을 확대하게 되었다.

　이와 같이 明末의 政治와 思想을 공부하는 과정에서 필자가 특히 흥미를 느낀 것은 陽明學 左派, 이른바 名敎叛徒의 사상경향과 黃宗羲를 중심으로 한 明의 遺老들의 反專制的 정치사상이었다. 여기서 말하는 名分思想(名敎)은 宋代 이래 士大夫社會의 이념 기반이었는데 명말청초의 思想·學術界의 풍조가 反名敎的 경향을 띠게 되었다는 것은 사대부의식의 중대한 변화를 뜻하는 것이다. 이러한 문제의식을 가지고 필자는 양명학에서부터 명말청초에 이르기까지의 학술 사상을 중심으로 논문활동을 계속하였다.

陽明學 이후 名教에 대한 비판적 학문 분위기를 다루는 과정에서 필자는 전공분야인 明代史의 범위를 넘어 宋代 士大夫階層의 名分理念의 본질이 무엇인가 하는 문제에까지 고찰의 대상을 넓혀야 했다.

이 책의 첫 부분에 실은 두 편의 논문, 司馬光과 呂祖謙의 名分論 연구는 이렇게 준비하여 덧붙인 것이다. 이리하여 이 책의 이름을 《中國 近世 知性의 理念과 運動》이라고 하였다. '근세 지성'은 송대에서 명말청초까지의 사대부를 말하며, '이념과 운동'은 名分論의 展開와 屈折의 과정에서 보이는 사대부의 思想과 行動 ― 어떤 志向性을 가지고 행동할 경우에는 運動이 된다 ― 을 뜻하는 것이다.

필자는 '중국 근세 지성'을 연구하던 중에 궤도를 어느 정도 수정한 기간이 있었다. 1970년대 말 늦게나마 서울대학교 대학원 박사학위 과정에 들어가 학위논문에 매달려야 했기 때문이다. 당시 대학에 몸을 담고 있는 우리 또래의 연구자들은 이른바 舊制 博士制度의 덕도 볼 수 없었고, 그렇다고 新制에도 끼기 어려운 상태에서 어물거리다가 늦어진 것이었다. 학위논문 제목으로 선택한 것이 明代의 科道官(言官)에 관한 정치사 연구로서, 이는 東林派와 《明夷待訪錄》의 군주전제주의 비판에 관한 연구를 해오던 필자가 비교적 쉽게 얻을 수 있는 課題여서 따지고 보면 지성사의 궤도를 벗어난 것은 아니었다.

이 책의 내용을 이루는 글들은 필자가 宋代 이래 知性史 방면에 지속적인 관심을 가지고 써온 논문들이다. 말하자면 학문생활 초기부터 정년퇴임을 맞을 때까지 약 40년 가운데 학위논문을 준비하던 10년을 뺀 나머지 기간의 결과물들이다.

이 책이 출판되기까지 물심양면으로 노고를 아끼지 않은 동국사학회 朴淸平 회장님과 鄭炳俊, 姜文皓 두 교수께 감사를 드린다. 또한 여기저기 흩어져 있는 글들을 모아, 앞뒤 서로 다른 문장의 체재를 바로잡아 통일하고 정리하는 등의 어려운 일들을 동국대학교 교·강사와 대학원생들에게도 고마운 뜻을 전한다.

그리고 전문서적의 출판사정이 요즘처럼 여의치 않은 형편에도 기꺼이 출판을 맡아주신 金京熙 사장님에게 깊이 감사드리며, 편집과 교정을 맡아 수고해 주신 편집부 黃義俊 선생에게도 고맙다는 뜻을 전하고 싶다.

2002년 5월 20일
일산 덕이동 서실에서 저자 조 영 록

차 례

제 2 부 근세적 지성운동

8

제 3 부 근세의 사상과 종교

제 1 부
중세적 名分論에서 근세적 職分論으로

제 1 장
중세적 名分論의 주창
- 北宋 司馬光의 名分論을 중심으로 -

1. 머리말

名分主義 이념은 宋代 이래 士人官僚에게 통용되는 사상으로서, 그 연원을 따지자면 공자의 正名思想에서 비롯한다. 또한 그것은 중국사에서 春秋時代나 唐末五代와 같이 정치질서가 혼란하여 하극상의 풍조가 만연하던 시대에 새로운 질서의 창출과 그 유지를 위하여 주창되었다는 점에서 공통성을 지니고 있다.

그런데 춘추전국시대에는 儒家에서만이 아니라, 제자백가의 사상에서도 이미 正名·名實·名分을 국가 사회의 여러 문제와 관련하여 자주 논의하고 있으므로, 이를 반드시 유교적 범위에 국한해서 볼 수는 없다. 많은 지식인들이 당시의 혼란한 사회질서를 바로잡으려고 노력했다는 것을 알 수 있다. 그러나 그 가운데서도 孔子의 정명사상은 역시 그의 충실한 두 제자인 孟子와 荀子가 이어받아 발전시켰으며, 宋代에 이르러 士大夫階層의 대두와 더불어 그 禮敎的 名分主義가 다시 그들의 핵심적 사상으로 확립되었다.

일반적으로 春秋戰國시대 유가의 정명사상과 宋代 이후의 명분주의를 혼동하여 사용하고 있다. 그러나 朱子學으로 집대성된 송대 명분주의 이념은, 춘추전국시대 유가의 정명론이나 名·法家의 名實論 내지 명분론과 공통성을 지니고 있는 것이 사실이지만, 엄격한 의미에서는 양자를 구분해야 한다. 왜냐하면 宋代의 명분주의는 理學的 내지 道學的 사고를 바탕으로 하여 형성되었다고 보기 때문이다. 주자학의 명분주의가 북송의 道學(理學)을 토대로 집대성된 것이라고 한다면, 북송의 유학에서 누가 그 명분문제에 관심을 갖고 이를 체계적이며 논리적으로 전개했는가 하는 문제에 부딪치게 된다. 이에 필자는 司馬光의 명분론에 주목하게 되었다.

舊法黨의 영수요 대표적 역사학자인 사마광이 그의 저서 《資治通鑑》의 서두에서부터 명분의식을 강하게 드러내고 있다는 사실은 이미 사마광 연구에서 자주 논급하고 있다. 그러나 이제까지 사마광에 관한 연구는 주로 王安石과 그의 개혁문제에 부수적이거나, 또는 《자치통감》의 史學思想에 대한 연구시각에서 이루어져 왔다. 사실 왕안석의 新法에 대해서는 사마광을 비롯한 대부분의 舊法黨 인사만이 아니라 북송의 理學家들도 한결같이 반대하는 입장이었으며, 그러한 경향은 남송의 주자학에서도 마찬가지였다. 그들이 신법 시행에 그토록 집요하게 반대한 이유는 무엇인가? 여기서 다시 한번 북송 士人官僚에 공통하는 명분주의 정치이념에 주목할 필요가 있다.

사마광은 사대부의 개혁의지를 단적으로 드러내고 있는 이른바 慶曆士風의 흐름을 이어받은 대표적 사대부의 한 사람으로서, 그의 핵심사상인 명분주의는 당시 사대부의 정치적·사회적 내지는 민족적 관심을 집중적으로 담고 있음이 틀림없다. 따라서 그의 명분론의 형성과정과 그 내용을 고찰하는 일은 宋學의 정치사회적 성격을 알아보는 지름길이 될 것이다. 이러한 작업은 또한 위로 原始儒家의 정명사상이 어떻게 이어지고 있으며, 아래로 명분주의가 어떻게 계승·발전되고, 또한 비판받는가 하는 등의 문제의식과도 관련하여 이루어질 것이다. 송대에 형성된 명분주의 이념은 이후 중국에서뿐만 아니라, 동아시아 사대부 사회의 정치세계에도 막대한 영향을 끼쳤음에 유의할 때, 이를 해명하는 것은 더욱 중요한 의미를 갖는다.

2. 명분론 형성의 배경(1) - 春秋學의 전개

사마광은 북송대 역사학의 한 정점을 이루는《資治通鑑》을 周 威烈王 23년, 다시 말해 춘추말 쯤이 三分化하는 시기부터 쓰기 시작하면서 그 서두에서 명분주의 이념을 다음과 같이 드러내고 있다.

> 천자의 職에 禮가 가장 중요하고, 예는 分이 가장 중요하고, 분은 名이 가장 중요합니다. 예란 무엇인가? 紀綱이 이것이요, 분이란 무엇인가? 君臣이 이것이요, 名이란 무엇인가? 公·候·卿·大夫가 이것입니다.[1]

천자의 직책은 예와 명과 분의 도리를 알고 그 명분질서를 바로잡는 데 있다는 점에서 천자의 존엄성을 극도로 강조하고 있다. 그가 이처럼 천자를 정점으로 한 관료사회의 기강을 중시한 것은 唐末五代 하극상이 난무하던 군벌시대의 혼란을 바로잡으려는 사대부의 시대정신에서 비롯한다. 天子를 비롯하여 公·候·卿·大夫의 직책과 명분 기강을 밝히려 한 그의 명분의식이 어디서 유래하였는지에 대하여, 그는 "正名은 사소한 일이지만 공자가 이를 우선한 것은 참으로 名器가 문란해지고 나면 상하가 서로 의지할 곳이 없기 때문입니다"라고 하였다.

사실 하극상의 풍조가 만연하여 상하질서가 극도로 혼란스러웠던 춘추시대를 살았던 공자는 군신·부자의 신분질서를 흐트러뜨리지 않고, 孝悌道德이 지켜지기를 바라 '正名'을 주장하였으며, 당말·오대의 혼란기를 거쳐 송이 통일제국을 이룩하게 되자, 강력한 군주권으로 명분질서를 확립하는 것이 무엇보다 절실하였다. 사마광이 당말·오대의 혼란상을 "品秩이 뒤섞이고…… 名器의 혼란함이 이보다 심한 적이 없었다"[2]고 평한 것이 바로 그러한 사정을 말해주고 있는 것이다.

여기서 우리는 공자를 비롯한 춘추전국시대의 正名論 내지 名實論에 대

---

1) 司馬光,《資治通鑑》卷 1,〈周紀〉1.
2)《司馬文正公家傳集》卷 68,〈序〉1, 百官表總序

하여 잠시 살펴볼 필요가 있다. 공자는 정치를 논하면서 반드시 '正名할 것[3]'을 강조하고 있는데, 그 의미를 어떤 때는 "임금은 임금답고 신하는 신하다우며, 아비는 아비답고, 자식은 자식다워야 한다[4]"고 하고, 또 어떤 때는 "이름이 바르지 않으면 말이 순서가 없게 되고, 말이 순서가 없으면 일이 이루어지지 않는다[5]"고 하여 정명의 일상적 필요성에 대하여 말하고 있다. 뿐만 아니라 당시의 하극상 풍조에 대하여 그는 "천하에 道가 있을 때에는 禮樂과 征伐이 천자에 의해 이루어지지만, 천하에 도가 없을 때는 예악과 정벌이 諸侯에 의해 이루어진다"고 하여 천하의 안녕을 얻기 위해서는 왕실을 받들고 제후의 발호를 막는 일이 무엇보다 중요하다고 역설하였다. 천하의 大一統도 "임금은 임금답고, 신하는 신하다워야 한다"는 평범한 논리에서 출발한다.

사실 《춘추》는 공자의 이러한 正名的 역사의식의 표출에 다름 아니다. 孟子는 공자가 《춘추》를 지은 동기에 대하여 "신하로서 임금을 죽이는 자도 있고, 자식으로서 아비를 죽이는 자도 있으니, 공자가 두려워하여 《春秋》를 지었다[6]"고 하여 춘추시대 살벌한 하극상의 혼란을 공자가 정명으로 바로잡으려 한 것이라고 설명하고 있다. 이른바 春秋筆法에 따라 정명을 실현하려 했다는 것으로, 맹자 이후 그 春秋經의 微言 속에 大義가 숨어 있다는 이른바 春秋大義 또는 大義名分을 학문적으로 추구하는 춘추학이 성립하게 되었다. 春秋三傳의 성립도 그러한 배경 아래서 가능한 것이었다.

漢代의 춘추학은 董仲舒의 건의로 유교가 국교화 하는 과정에서, 한편으로는 名家와 法家의 명분론을 흡수하면서 전개되었다. 그러나 漢·唐의 춘추학은 春秋三傳의 私法을 충실히 따르는 데 머물러 그 미언대의를 독자적으로 천발하는 데까지는 이르지 못하였다. 그러다가 당말·오대 蕃鎭의 할거에 따른 지방분권적 폐단과 10세기 이후 대두하는 이른바 정복왕

---

3) 《論語·子路篇》.
4) 《論語·顔淵篇》.
5) 《論語·顔淵篇》.
6) 《孟子·藤文公》 下.

조의 압박으로 춘추학의 발달은 새로운 단계를 맞이하게 되었다. 비단 춘추학만이 아니라 경서의 숨은 뜻을 밝히려는 새로운 학문방법을 강구하던 북송의 학계에서, 특히 춘추학이 발달하게 된 것은 당연한 일이었다. 실례로 먼저 孫復(992~1057)의 경우를 들 수 있다. 그는 〈春秋尊王發微〉를 지어 존왕의 뜻으로《春秋》를 천발하려 한 독창적 학문방법을 제시하였으며,[7] 歐陽修는 그 방법을 이어받아《춘추》褒貶의 뜻과 정명의 정신을 역사저술에 실현하려 하였다. 그는《춘추》를 언급하면서 "名을 正하여 分을 定하고, 情을 구하여 實을 貴하며, 시비를 가리고 선악을 밝히는 것, 이것이 春秋를 지은 까닭이다"[8]라고 하여 正名·定分의 성격을 강조하고 있는데, 이는 바로 그의 正統論과도 표리관계에 있다.

위에서 살펴본 것처럼 북송의 역사학계를 이끈 구양수와 사마광은 공자의 춘추필법을 충실히 이어받았다. 구양수의 정통론은 원래는 春秋公羊學의 大一統觀의 흐름을 이은 것이고, 대일통사상은 다시 공자의 정명주의를 이은 것이며,[9] 사마광의 명분주의 이념은 바로 이들 북송대 춘추학의 대의명분 정신의 큰 흐름을 이어받은 것이다.[10]

3. 명분론 형성의 배경(2) - 名·法家의 영향

정명사상이 유가에만 있었던 것은 아니다. 名家야말로 正名을 기치로 내걸고 名實의 문제를 추구한 학파임은 두말할 필요도 없다. 公孫龍은 명

---

7) 孫復의 〈춘추존왕발미〉는 북송 초기 帝權强化라는 현실적 필요에서 尊王의 뜻으로《춘추》의 정신을 드러내려는 의도에서 씌어졌다. 따라서《춘추》본래의 뜻을 잃었다는 비난을 면치 못하고 있다. 李範鶴, 〈司馬光의 正名思想과 人治主義의 展開〉(《東洋史學硏究》37), pp.141~142.

8)《居士集》卷 10, 〈春秋論〉.

9) 陳明芳, 〈宋代 正統論의 形成과 그 展開〉(閔斗基 編,《中國의 歷史認識》下, 창작과 비평사, 1985).

10) 李範鶴, 〈司馬光의 正名思想과 人治主義의 展開〉(《東洋史學硏究》 37), pp.140~148.

실의 문제에 대해서 "그 바로잡는다는 것(正)은 그 實한 바를 바로잡는다는 뜻이다. 그 실한 바를 바로잡는다는 것은 그 이름(名)을 바로잡는 것"[11]이라고 하여 정명은 명과 실을 바로잡는 것이라고 말하고 있다. 尸子는 "천하를 다스리는 요체는 정명에 있다. 이름을 바로 하면 거짓이 없어지고 일이 순리대로 이루어진다. 진실로 이름을 바로 하면 天成 地平하게 된다"[12]고 하여 정명을 이야기하고, 다시 "君臣, 父子, 上下, 長幼, 貴賤, 親疎는 모두 그 分을 얻으니, 일러 治라고 한다"[13]라고 하여 상하·귀천의 분을 얻어야 잘 다스릴 수 있다는 이른바 명분 질서를 말하고 있다. 鄧析도 "이름에 따라 實을 책임지우는 것은 임금의 일이요, 法을 받들어 令을 행하는 것은 신하의 직책"이라고 하고 군신의 직분이 서로 다르다는 점을 들어 "治世에는 位가 넘나들지 않고, 職이 혼란하지 않다"[14]고 하여 出位·越職의 불가함을 역설하였다.

같은 명가인 尹文子는 "名稱은 이것저것을 가리고 허실을 따지는 것이다. 예나 지금이나 이래서 얻고, 저래서 잃고 하지 않는 것이 없다. 잃는 것은 名分이 어지럽기 때문이고, 얻는 것은 명분이 분명하기 때문이다"[15]라고 하여, 명분을 밝혀 기강을 바로잡아야 治世를 맞이할 수 있다고 말하고 있다.

다음은 法家의 명분론을 알아볼 차례다. 管子는 "나라에는 四維가 있다. 무엇을 사유라 하는가? 禮儀廉恥가 그것이다. 禮가 절도를 넘지 않으면 上位가 안정되고, 義가 함부로 날뛰지 않으면 백성이 巧詐하지 않는다"[16]고 하여 예의염치를 강조하고 있다. 다시 그는 "法이 禮에서 나온다"[17]고 하고, 또 "모든 軍國의 重器는 令보다 중한 것이 없으니, 令이 중하면 인군이 존경받고, 인군이 존경받으면 나라가 안정된다"[18]고 하여, 《관자》에서는

---

11) 《公孫龍子》 卷 6, 〈名實論〉.
12) 《尸子》 上, 〈發蒙〉.
13) 《尸子》 上, 〈分〉.
14) 《鄧析子》, 〈無厚〉.
15) 《尹文子》, 〈大道〉 上.
16) 《管子》 1, 〈牧民〉.
17) 《管子》 12, 〈樞言〉.

법가답게 禮와 法, 그리고 군주의 令을 강조하고 있다.

商鞅은 "옛날 君臣 上下가 나뉘지 않을 때에는 백성이 혼란하여 다스릴 수 없었다. 이리하여 聖人이 貴賤을 나누고, 爵位를 제정하며, 名號를 세워 군신 상하의 뜻(義)을 가렸다"[19]고 하여 군신 상하의 국가조직은 名位의 制定을 기초로 가능해졌다고 하고, 이어 "시장에 물건이 가득해도 도둑이 빼앗지 못하는 것은 명분이 이미 정해졌기 때문"[20]이라고 하여 사회질서도 명분이 엄존하기 때문에 유지되는 것이라고 말했다.

법치주의자 韓非子는 尊王의 입장에서 예치를 강조한 순자에게서 공자의 정명주의를 배웠다. 그들의 法治와 禮治에 관한 견해는 표리관계에 있으며, 그것은 순자의 성악설을 기초로 하여 성립한 것이다. 순자는 인간이 원래 욕망을 가진 존재이기 때문에 이를 놓아두면 爭亂이 생긴다면서 "先王이 그 혼란을 염려하여 禮義를 제정해서 이를 밝혔다(制禮義以分之)"[21]고 하였다. 곧 선왕이 제정한 예, 다시 말해 명분질서로써 국가 사회의 쟁란을 막을 수 있다는 것이다. 공자의 정명주의는 원래 禮와는 표리관계이며, 이 예는 맹자와 순자에 이르러서는 性論을 기초로 설명되었다.

다시 말하면 맹자는 성선설에 기초하여 仁義의 자연적 發願이 禮라고 본 데 반해, 순자는 성악설에 기초하여 先王이 "禮義를 제정하여 밝혔다"고 하여 禮의 객관성·강제성을 주장하였다. 초기의 법가가 순자의 문하에서 나오게 된 연유를 여기서 알 수 있다. 순자는 "禮는 法의 大分"[22]이라 하고, 또한 "分은 禮보다 더 큰 것이 없다"[23]고 하여 名分과 禮의 卽一性을 강조하면서, "人君은 分을 관장하는 樞要가 되는 까닭이다"[24]라고 하여 군주의 직책은 바로 명분을 관장하는 데 있다고 말하고 있다. 그는, 인간사회는 욕심 때문에 쟁난이 일어나므로 聖君이 예의를 정하여 서로 그 분을

18)《管子》15,〈重令〉.
19)《商君書》卷 23,〈君臣〉.
20)《商君書》卷 26,〈定分〉.
21)《荀子》19,〈禮論〉.
22)《荀子》1,〈勸學〉.
23)《荀子》5,〈非相〉.
24)《荀子》10,〈富國〉.

지키게 해야 하며, 따라서 조직(群)을 잘하는 이가 군주가 되어야 한다고
하였다.(君者善群也)[25] 군중을 조직하여 예절, 다시 말해 名分으로써 기강
을 바로잡아 질서와 안녕을 유지하는 군주의 권위는 절대적이어야 한다고
하였다. 또한 그는 "아래에서 위를 義로써 떠받들어야 기초가 튼튼해(定)
지니, 기초가 잡혀야 나라가 튼튼해지며, 나라가 튼튼해져야 天下가 안정
되는 것"[26]이라 하여 君主를 나라와 천하의 초석에 비유하였다.

여기서 "禮는 分보다 더 큰 것이 없고, 分은 名보다 더 큰 것이 없다"는
사마광의 명분주의는 순자의 禮와 分, 그리고 名의 설을 충실히 따른 것임
을 알 수 있다. 순자에게서 배운 韓非子는 순자의 예치를 법치로 바꾸어
놓은 데 불과한 것으로, 순자의 尊君的 명분론을, 뒤에 다시 언급하겠지만,
한비자도 철저히 군주의 독단을 주장하면서[27] 동시에 君臣之分 및 군주의
존엄성을 강조하고 있다.

위에서 춘추전국시대의 제자백가 가운데 유가를 비롯한 명가와 법가의
正名論·名實論·명분론의 대강을 살펴보았다. 밖으로는 열국 사이에 爭亂
이 그칠 줄 모르고, 안으로는 "신하가 그 임금을 죽이고, 자식이 그 아비를
죽이는" 등 군벌정치의 난맥으로 국가의 기강이 극도로 혼란했던 당시에
는, 군주권을 확립하고 이를 정점으로 하여 정치적·사회적 질서를 바로잡
는 일이 무엇보다도 필요했다. 정명론·명실론·명분론이 성행한 것은 바로
그러한 이유이다.

《자치통감》에서 명분질서를 강조하는 것도 마찬가지다. 《資治通鑑》의
저술을 春秋 末 晉이 三分化하는 시기, 다시 말하면 이 三晉으로 분열한
현상을 명분질서가 흐트러지는 시점으로 보았기 때문으로서, 사마광은
"天子는 三公을 統하고, 삼공은 諸侯를 統하고, 諸侯는 卿과 大夫를 制하
고, 경·대부는 士·庶人을 治하니, 貴는 賤 위에 군림하고 賤은 貴를 받들
며, 上이 下를 부림은 심복이 수족을 다스림과 같고, 근본이 지엽을 보호

---

25) 《荀子》 9, 〈王制〉.
26) 《荀子》 11, 〈王霸〉.
27) 《韓非子》 34, 〈外儲〉, "獨視者謂明 獨聽者謂聰 能獨斷者 故可以謂天下王"

함과 같다. 그런 뒤에 상하가 서로 보호하고 국가의 치안이 있게 되는 것
이니, 때문에 天子의 職은 禮보다 더 큰 것이 없다고 하는 것이다"[28]고 하
여 천자에서 公·候, 제후에서 卿·大夫, 경·대부에서 士·庶人에 이르기까지
마치 수족이나 심복과 같이 상하 귀천의 예질서에 따라 천하 국가가 유지
존속하는 것이며, 그 예질서를 지키는 것이 천자의 직책이라는 일종의 명
분주의적 국가유기체론을 펴고 있다. 어쨌든 우리는 여기서 宋代의 한 전
형적 사대부관료의 명분주의 사상을 확연히 읽을 수 있다.

사마광은, 고향이 山西省 夏縣인 지주사대부 가문 출신으로서 西夏의
압력을 피부로 느끼는 서북 변경에 가까웠던 탓으로, 尊王攘夷意識이 남
달랐을 것이다.[29] 일찍이 당말·오대의 내부적 혼란기를 당하여 遼의 압력
에 이어 西夏 그리고 金의 이른바 정복왕조의 압박에 처한 상황에서, 북송
의 사대부들은 존왕양이의 대의명분을 강조하고, 중국 중심의 華夷秩序가
엄격하게 지켜지기를 희망하였다. 孫復과 歐陽修를 이어 사마광에 이르는
사대부관료의 역사의식에 민족문제가 큰 자리를 차지하지 않을 수 없었던
것이니, 춘추학의 새로운 발흥도 실로 그러한 시대를 배경으로 하여 비로
소 가능한 것이었다. 북송 제4대 仁宗朝의 慶曆年間(1041~1048)은 안으로
는 관료사회 내부의 여러 가지 모순이 쌓여가고 있었으며, 밖으로는 저들
북방민족과 굴욕적인 외교관계를 유지하던 시기로서, 신진기예의 사인관
료는 그동안의 적폐와 훈구적 보수세력에 대하여 개혁을 표방하고 진보적
기상을 떨쳤다.[30] 당시 사마광은 20대 청년으로서 그 慶曆士風의 충실한
계승자였다.

사마광의 사대부의식은 대외적으로는 존왕양이의 화이사상을 고취하고,
대내적으로는 상하존비의 예교질서를 바로잡는 일이었다. 송대 사대부 계

---

28) 《資治通鑑》 1, 〈周紀〉 1.
29) 그가 20세에 과거에 합격하였을 때, 西夏의 李元昊가 稱帝하고 서북변경을 침
공하였으며, 그 뒤 그의 부친의 친구 龐籍이 山西 幷州의 節度使職에 있을 때
通判의 직임을 맡아 그를 돕는 등 서하의 압력을 언제나 피부로 느끼며 살았다.
30) 士風振作의 主役은 富弼·韓琦·文彦博·范仲奄 등이었다. 范仲奄은 〈百官圖〉를
지어 국가 公職에 情實人事가 작용한다고 통렬히 비판하다가 좌천되었고, 歐陽
修는 〈朋黨論〉을 지어 이에 항의하였다.

층은 唐의 문벌귀족을 대신하여 서서히 대두하기 시작한 신흥 지주층 출
신으로서 그들은 유교적 교양을 갖추어 관료로 진출하려는, 말하자면 예
비관료층이었다. 따라서 지주층 출신의 사대부의식에는 地主와 佃戶의 차
별의식, 다시 말해 主僕의 分이라고 하는 사회적 신분의식이 깊이 뿌리내
리고 있었다. 이러한 사회적 신분질서를 지키기 위해서는 천자를 정점으
로 한 관료체계의 기강이 바로 서야 했다. 宋 제국을 세운 태조는 안으로
는 皇帝權을 강화하여 지방 분권적 할거성을 청산하고 지주관료층의 對佃
戶 지배체제를 확립하며, 밖으로는 尊王攘夷意識을 고취시켜 遼·西夏·金
등 북방민족을 방어하기 위해 단결할 필요가 있었다. 이러한 대내외적 요
구에 따라 명분주의 사상이 문벌귀족을 대신한 사대부 관료의 새로운 이
념으로 대두하게 된 것이다.

4. 명분론의 특색 – 尊荀反孟

공자의 정명주의는 그의 충실한 두 제자인 맹자와 순자에게 각기 달리
수용되었다. 맹자는 《春秋》를 공자의 정명을 구현한 경전으로서 당시의
亂臣賊子를 筆誅하는 데 크게 공헌하였다는 찬사를 아끼지 않고 있으면서
도, 다른 한편으로는 天命을 중시하여 어떠한 군주라도 천명을 어기면 放
伐되어 마땅하다는 易姓革命論을 폈다. 그러나 순자는 어떠한 경우라도
방벌이 있어서는 안 된다는 것이 공자의 정명주의의 본뜻이라고 주장하여,
그에 대립되는 논리를 폈다. 그는 "聖君을 섬김에는 聽從만 해야지 諫諍하
여서는 안 된다. 中君을 섬김에는 간쟁만 해야지 아첨해서는 안 된다. 暴
君을 섬김에는 補削할 수는 있지만, 교불해서는 안 된다"[31]고 하여 심지어
는 폭군에 대해서도 결코 반항이나 방벌은 있을 수 없다고 하여, 말하자면
군주권에 신성성을 보장하려 하였다. 앞 장에서 보았듯이 사마광은 순자
의 예론을 충실히 이어받아 "禮는 分보다 더 큰 것이 없고, 分은 名보다 더

---

31)《荀子》13,〈臣道〉.

큰 것이 없다"고 하여 명분주의의 실현이야말로 정치의 요체임을 강조하
고 있다. 그가 館閣校勘의 직을 맡자 먼저 古文 《孝經》의 校勘·註釋에 착
수하는가 하면 《순자》와 楊雄의 《法言》을 간행하자고 奏請한 사실에서도
그러한 사정을 짐작할 수 있다.[32] 밖으로는 정복왕조의 위협에 직면하고,
안으로는 국가의 여러 가지 모순이 드러나는 상황에서, 帝權을 정점으로
한 관료제사회의 기강을 확립함으로써 사대부 사회의 안정을 꾀하고자 한
보수정객 사마광은 忠과 孝를 동질한 덕목으로 하여 대의명분의 政論을
펼쳐나갔다.

이와 같이 君臣의 의리를 절대시하는 명분주의의 입장에서는 孟子의 易
姓革命論이 자연히 불만일 수밖에 없다. 그래서 쓴 글이 〈疑孟〉이다. "人
臣의 의리로서는 군주에 諫하다가 듣지 않으면 떠나든지 죽어야 한다. 어
떻게 그 貴戚의 자리에서 감히 남의 자리를 차고앉을 수 있겠는가? 맹자
의 말은 지나치다"[33]고 하여 맹자의 易姓革命思想을 비난하고 있다. 그는
군신·상하의 명분질서를 언제나 부자관계와 동일시하면서 논지를 전개하
였다. 이와 같이 君臣을 擬似父子關係로 정한 것은 결국 ㄱ 절대성을 보
장하려 한 것이다. 이는 그가 "君은 元首요, 臣은 股肱이다. 上下가 서로
維하며, 內外가 서로 制한다. 마치 그물에 綱이 있고, 실에 紀가 있는 것과
같다"[34]고 하여 조정에 기강을 세우는 일이 政體에 긴요한 일임을 거듭 주
장하고 있는 데서도 알 수 있다. '天'을 우주의 주재자로 보아 "天이란 만
물의 父다, 父命을 아들이 어길 수 없으며, 君言을 신하가 어길 수 없
다…… 天命을 어기면 하늘이 형벌을 주고 천명을 따르면 하늘이 償을 준
다"[35]고 하여, 최후의 심판자를 天이라 하면서도, 다른 한편으로는 天分과
人分을 구분하여 "智勇愚怯과 貴賤貧富는 天分이요, 君明臣忠과 父慈子孝
는 人分이다. 천분을 어기면 반드시 天災가 있고, 인분을 어기면 반드시
人災가 있다"[36]고 하여 부귀·빈천의 분도 군신·부자의 분과 마찬가지로 결

---

32) 程應, 《司馬光新傳》(上海, 1991), 附錄 〈司馬光事迹著作編年簡錄〉.

33) 《司馬文正公傳家集》 73, 〈疑孟〉.

34) 《司馬文正公傳家集》 43, 〈上體要疏〉.

35) 《司馬文正公傳家集》 74, 〈士則〉.

코 어길 수 없는 것이므로 "그 分을 삼가여 감히 失損하지 말 것"을 강조하고 있다.[37)]

이와 같이 부자의 분, 군신의 분은 결코 어길 수 없는 것으로서 《자치통감》 첫 장의 禮·分·名을 설명하는 대목에서 다음과 같이 주를 달고 있다. 다시 말해 "일찍이 《春秋》에서는 諸侯를 누르고 王室을 높였으니 王人이 비록 미약하나 제후 위에 있으므로 聖人이 군신 사이를 볼 때 삼가지 않음이 없었다. 桀紂의 포악함과 湯武의 인자함에 사람들이 歸依하고 하늘이 명한 것 이외에는 君臣의 分은 마땅히 절개를 지켜 죽음을 맞이할 뿐이다"[38)]고 하여 군신의 분은 천지의 지위가 바뀔 수 없는 것과 마찬가지로 엄격히 지켜져야 하는 것이 《周易》의 원리임을 들어 맹자의 桀紂放伐論을 비판하고 있다. 사실 맹자는 군신관계는 일등급의 차이밖에 존재하지 않으며, 따라서 군주가 천명을 어겨 큰 과실을 저지를 때는 易位해도 무방하다고 주장하여 이미 군신의 분을 절대시하는 그의 論敵 荀子의 불만을 쌓아왔다. 이제 순자의 정치사상에 치우친 사마광에 이르러서는 다시 맹자의 방벌론이 그 비판 대상이 되었다. "임금이 大過를 저지르면 諫하되, 이를 반복해도 듣지 않으면 바꾸어야 한다"는 맹자의 말에 대해서도 "人臣의 의리로써 임금에게 간하다가 듣지 않으면 떠나는 것이 옳으며, 죽는 것이 옳다"[39)]고 하는 등, 사마광의 맹자에 대한 불만, 특히 그 易姓·易位·放伐論에 대한 불만은 끝없이 이어진다.

이와 같이 그는 정치에서 군신·상하의 명분을 지키고, 조정의 기강을 유지 존속하는 일이 무엇보다 중요한 일이라는 점에서 맹자의 방벌론을 버리고, 순자의 法家的 名分論을 따랐다. 그런데 사실 맹자와 순자의 군주권 남용에 대한 臣民의 대응 태도에서의 대립적 견해는 어느 시대에도 존재할 개연성이 있다. 예컨대 漢 景帝 때 博士 轅固와 黃生이 벌인 湯王과 武王, 그리고 桀王과 紂王의 受命, 非受命에 대한 논쟁은 너무나 유명하다.

---

36) 《司馬文正公傳家集》 74.
37) 《司馬文正公傳家集》 74.
38) 《資治通鑑》 1,〈周紀〉 1.
39) 《司馬文正公傳家集》 73,〈疑孟, 齊宣王問卿〉.

轅이 경전의 뜻에 따라 湯武가 受命하였다고 주장한 데 대하여, 黃은 "冠이 비록 헐었어도 반드시 머리에 쓰며, 신발이 비록 새것이라도 반드시 발에 신는다"는 논리로 맞서서 탕무는 수명한 것이 아니라 弒害당한 것이라고 주장하였다.[40]

이는 맹자와 순자의 학설상의 대립적 견해를 단순화한 데 불과한 것으로서 후자의 경우, 다시 말해 신민의 군주에 대한 일방적 충성이 강조될 때 군주의 횡포를 어떻게 막을 것인지에 대해서는 뚜렷한 대안이 없다. 순자는 아무리 폭군이라도 신하로서는 다만 보좌하는 정도에 그칠 뿐, 군주가 스스로 그 직책을 명확히 알고 이를 충실히 이행해야 한다는 것이다. 사마광도 이른바 三晉分國의 문제를 비평하며 "三晉이 나누어져 제후가 된 것은 삼진이 禮를 파괴해서가 아니고, 天子가 스스로 파괴한 것이다. 아아! 君臣의 예가 이미 허물어졌으니 천하는 智力으로 서로 雌雄을 다투게 되었으며……"[41]라고 하여 삼진 분열을 "천자가 스스로 파괴한 것"으로 인식하고, 이를 개탄하고 있으면서도 뚜렷한 대안을 제시하고 있지는 못하다.[42] 이처럼 그는 군주의 不明을 개탄만 하고 책임은 묻고 있지 않으며, 단지 그 善政을 기대하고 있을 뿐이다.

어떻게 하면 군주의 마음이 바르게 되는가? 그는 "紀綱이 서면 治道가 확립된다"고 하여 군신이 함께 노력하여 기강을 바로잡는 일이 무엇보다 중요하다고 하였다. 따라서 정치가 잘못되는 책임을 굳이 묻는다면 황제의 현명하지 못함과 함께 사대부의 보필에도 문제가 있다는 것이다. 사마광과 함께 구법당의 영수의 한 사람인 文彦博이 新法 시행의 문제를 놓고 神宗과 벌인 정치주체에 대한 치열한 논쟁은 매우 흥미롭다.

文彦博이 말하기를 "祖宗의 法制가 모두 갖추어져 있으니, 모름지기 更張하여 인심을 잃을 필요가 없습니다"라고 하자, 上이 "법제의 경장은 사대부들에게는 달갑지 않은 일이겠으나, 백성에게는 무엇이 불편하겠는

---

40) 《漢書》 88, 〈轅固 黃生〉傳.

41) 《資治通鑑》 1, 〈周紀〉 1.

42) 그는 唐이 망한 원인에 대해서도 李宗閔·李德裕 등의 붕당의 폐단이라기보다는 오히려 文宗의 不明에 기인하는 것이라 하였다. 《司馬文正公家傳集》 64, 〈朋黨論〉.

가?"하고 묻자, 언박은 "士大夫와 더불어 天下를 다스리는 것이지, 百姓과 더불어 천하를 다스리는 것이 아닙니다"라고 대답했다. 이에 上이 "사대부라고 하여 어찌 모두 경장을 틀렸다고 하겠는가? 역시 경장을 옳다고 여기는 자도 있을 것이다"[43]라고 하여 뚜렷한 견해의 차이를 보이고 있다.

어쨌든 이 대화에서 당시의 사대부 대부분이 신법 시행에 반대하고 있었던 정황을 알 수 있다. 사마광은 王安石에게 편지를 보내어 "오늘날 介甫가 정치를 하면서 祖宗舊法을 모두 뜯어 고쳐" 안정을 잃게 되었다고 개탄하고,[44] 漢이 쇠락한 원인도 역시 그 때문으로 "조종의 법은 改變해서는 안 되는 것"[45]임을 누누이 강조하고 있다.

그리고 정치에 사대부가 참여해야 한다는 문제에 대해서도, 사마광은 "무릇 帝王의 道는 마땅히 그 멀고 큰 것에 힘써야지 그 가깝고 작은 것은 소략해도 된다. 나라의 대사는 마땅히 公卿과 논의해야지 小臣을 참여시키지 말아야 한다. 지방의 일은 牧伯에 위임하여 다스려야지 측근이 간섭하지 말아야 한다"[46]며 나라를 다스리는 데는 황제가 정점이 되어, 중앙의 대사는 公卿大臣과 함께 하고 지방의 일은 牧伯에 위임해야 한다고 하여, 결국 황제가 공경대부(사대부 포함)와 더불어 정치를 담당하는 것이라 하고 있다. 왕안석의 신법파가 神宗의 지지를 얻어 득세하고 있을 때, 洛陽에 은거하여 전원생활을 함께 하던 문언박·富弼·사마광·呂公著·程顥 등 구법당의 영수들은 실로 천하의 사대부들의 영수이기도 하였으며, 그들 사인관료층의 세력을 빌려 약세인 신법당을 견제하려 하였다. 사마광은 왕안석과 벌인 논쟁에서, 理財의 전문가가 신법을 주도하여 부국강병을 실현해야 한다는 왕안석의 주장에 대하여, 천하의 財富는 일정하기 때문에 그것이 民家에 있지 않으면 公家에 있으므로 그것은 결국 국가가 '與民爭利'하는 일에 불과하다고 하여 그 부당성을 주장하였다.[47] 그들 서북지역

---

43) 《續資治通鑑長編》 221, 熙寧 4年 3月 戊子條.

44) 《司馬文正公家傳集》 60, 〈與王介甫書〉.

45) 《宋史》 336, 〈司馬光〉傳.

46) 《宋史》 43, 〈上體要疏〉.

47) 《宋史》 42, 〈邇英奏對〉.

출신 士人官僚는 종래 그들이 누리던 기득권을 지키려는 입장에서 이른바 祖宗舊法을 철저히 지키려 하였다. 수구세력의 영수 사마광이 신법은 조종구법을 변경시켜 명분질서를 혼란케 하고, 先王의 道를 저버리는 것이나 다름이 없다고 생각한 것은 오히려 당연한 일이라 할 것이다.

이와 같이 정치는 조종의 구법을 준수하고, 大臣과 公議를 거쳐 시행해야 한다는 사마광의 주장은 군주권의 강화를 일관되게 강조하는 입장과는 어느 정도 모순된다는 점을 알 수 있다.[48] 이는 아마도 왕안석의 개혁에 반대하는 과정에서 취한 이론무장이었음이 틀림없다. 같은 구법당으로서 그의 후배인 蘇東坡[49]가 "평시에 반드시 몸을 돌봄이 없이 바른 말하는 선비가 있어야 患亂을 당하여 義를 좇아 죽음을 택하는 신하가 있는 법이다. 평시에 한마디 말도 하지 못하면 환란을 당하여 어찌 그 死節을 감내할 수 있겠는가?[50]라고 한 데서도 알 수 있듯이 국사에 대한 공론은 매우 철저히 이뤄져야 한다는 것이다.

공론을 거친 다음 군주가 취할 문제에 대하여 사마광은 "요컨대, 人主가 그 是非를 살펴서 取捨하는 데 옳은 것을 취하고 틀린 것을 버리어 安榮하며…… 故人의 말에 "圖謀는 여럿이 하고, 斷案은 혼자 내린다"고 하였으니, 도모하는 사람이 많아야 利害의 극치를 볼 수 있으며, 단안을 혼자 해야 천하의 是非를 定할 수 있는 것이다"[51]라고 하여, 마지막 귀결은 군주의 독단에 기대하고 있다. 다시 말하면 정치는 군신이 함께 담당하되, 마지막에는 역시 군주의 독단이 臣僚의 공론에 우선한다는 것이다. 그의 정치론에서는 언제나 현실정치에서 군주의 독단과 천자로서의 상징적 존엄성이 전제가 되었다.

---

48) 君主權을 강화해야 한다는 주장과 舊法의 遵守, 사대부와의 共政에 대한 주장이 반드시 모순된다고는 할 수 없다. 그러나 군주권 강화의 논리전개의 순리로 보면, 사대부와의 공정 주장은 분명히 개혁파에 대한 공격수단이라는 것을 알 수 있다.

49) 사마광은 동파의 모친을 위하여 〈程夫人墓志銘〉을 썼으며, 사마광이 죽자 소동파가 〈司馬文正公行狀〉을 썼다.

50) 《東坡七集續集》 11, 〈上神宗皇帝書〉.

51) 《司馬文正公家傳集》 43, 〈上體要疏〉.

5. 명분론의 理學的 토대

북송 성리학의 태두 周濂溪를 비롯하여 張橫渠, 邵康節, 二程을 일반적으로 北宋五先生이라 하는데, 주자는 여기에 사마광을 포함시켜 道學(理學) 六先生 또는 六君子[52]라 부르고 있다. 그러나 사마광은 理學으로서보다는 오히려 정치가·역사가로서 이름을 떨쳤으며, 특히《자치통감》에서 일관되게 보여준 명분주의 이념은 투철한 사상가로서의 면모를 엿보게 하지만, 그것이 理學과는 어떠한 관계에 있었는지는 우리의 관심사가 아닐 수 없다.

사마광은 구법당을 함께 이끈 훈구대신들과도 친밀하였을 뿐 아니라, 理學의 대가들과도 대체로 가까운 사이였다. 北宋五子 가운데 주렴계를 제외한 나머지 四子는 모두 그와 동시대사람이었다. 二程을 낳은 程氏 가문과도 친분이 있었으며, 邵雍은 선배요, 장횡거보다는 한 살 연상으로서 그들 도학의 주요 인사들이 낙양생활을 중심으로 친밀한 관계에 있었다. 따라서 상호 학문에서도 적지 않은 교섭이 이루어졌을 것이 틀림없다.[53]

어쨌든 송대 성리학의 중심과제가 理氣論을 중심으로 한 天地宇宙와 人性의 본질적 해명에 있었다는 점은 말할 필요도 없다. 사마광의 이기론은 楊雄의 영향을 받았으며, 특히 이기론이 집중적으로 담겨 있는《潛虛》는 양웅의《太玄》을 모방하여 저술한 것이다. 여기서 그는 "萬物은 모든 虛를 祖로 하여 氣에서 生한다. 氣로써 體를 이루며, 體로써 性을 받으며, 性으로써 名을 분별하여, 名으로써 行을 세우며, 行으로써 命을 기다린다. 때문에 虛는 物의 집(府)이며, 氣는 生의 집(戶)이며, 體는 質의 도구이며, 性은 神의 品賦한 것이며, 名은 事의 구분이며, 行은 사람의 힘씀이며, 命은 때의 만남이다"[54]라고 하여, 虛는 만지지도 못하고 보지도 못하는 것이지

---

52) 宋衍申,《司馬光》傳(北京出版社, 1990), p.300 ; 黃宗羲의《宋元學案》에서도 사마광을 북송 6선생에 포함시키고 있다.[張知寒, 〈司馬光哲學思想史的積極因素〉(《復印復刊資料》, 1985. 8), p.97]

53) 宋衍甲, 위의 책, pp.266~286.

만, 氣는 일단 體를 이루기만 하면 만질 수도 있고 볼 수도 있는 실체가 된다고 했다. 따라서 氣는 만물의 재료로서 가공만 하면 다양한 구체적 사물로 형상화한다는 것이다. 이러한 사마광의 虛氣論은 正字가 陰陽의 氣로서, 그 음양의 작용으로 만물을 생성할 수 있다는 설명과 일치한다.

그리고 理에 대해서 그가 "이 일(事)이 있으면 반드시 이 理가 있으며, 이 理가 없으면 반드시 이 일이 없다"[55)]고 하여 理를 객관적 진리로 보고 있는 점도 송대 성리학의 일반적 경향에 속한다. 그러나 그의 虛氣論 내지 事理論은 맹자의 성선을 이어받은 韓愈와 李翶, 그리고 주렴계를 필두로 한 송대 성리학자들의 이기론과는 계통을 달리하였다. 그것은 어디까지나 양웅의 영향 아래 형성된 것으로서[56)] 氣에서부터 만물의 평체가 형성되는 과정을 사회의 身分等級과 대비하여 설명하는 특색을 보이고 있다.[57)] 다시 말해 그는 虛는 만물의 祖로서 인생은 그 허에서 시작하여 결국 허로 돌아가는 虛의 十層을 상정하고 이를 "王·公·岳·牧·率·候·卿·大夫·士·庶人"의 십 등급으로 나누어 "하나로써 무리를 다스리고, 小로써 衆을 制한다"고 한다. 이처럼 자연만물의 형체상의 차이도 사회적 신분이나 관료의 등급을 설명하는 문제와 일치시키고 있는 점이 매우 흥미롭다.[58)] 우리는 여기서도 사마광의 명분주의사상이 사변적 성리학에 속한다기보다는 經世思想으로서의 특징을 갖고 있다는 것을 알 수 있다. 이와 같이 그의 학문이 성리학자들과는 어느 정도 경향을 달리하고 있지만, 居敬窮理를 통한 道體의 體認, 存天理 去人慾의 存養工夫로 聖人이 되는 것을 목적으로 하는 데서나, 불교를 배척하고 유학에 충실하려 한 점에서 분명히 그를 북송 理學者의 한 사람으로 추존하는 데는 이론의 여지가 없는 것 같다.[59)]

---

54) 《潛虛》, 體圖.

55) 《司馬文正公家傳集》 74, 〈無怪〉.

56) 그는 楊雄을 높이 평가하여 그의 《法語》와 《太玄》을 集註하였을 뿐 아니라, 특히 만년에 이르러 《태현》을 모방하여 자신의 철학체계를 담은 《潛虛》을 저술했다.

57) 小島祐馬, 《中國思想史》(東京, 1967), pp.359~362.

58) 李榮德, 〈司馬光思想에서의 分의 性格〉(《曹佐鎬博士華甲論叢》, 1977), pp.346~348 ; 董根洪, 《司馬光哲學思想述評》(山西人民出版社, 1993), 2章 1節, 《潛虛》的虛氣宇宙觀.

宋의 理學者들은 理를 天理로 보아, 이는 인간의 주관적 의지에 결코 좌우되지 않는다고 하였다. 程伊川은 군신·부자 관계도 천리에 따라 존재하는 것으로서 "父慈子孝하고 君仁臣敬하여 萬庶事가 각기 그 자리에 있지 않음이 없다"[60]고 하여 부자·군신의 분을 천리로 보면서, "君子는 履의 象을 보아 上下의 分을 辨別하여 民志를 定해야 한다. 상하의 志가 밝아져야 민지가 정해지며, 민지가 정해져야 다스려지며, 민지가 정해지지 않으면 다스려지지 않는다"[61]고 하여 정치에서 治者가 할 가장 중요한 일은 그 天理所在의 명분을 밝히는 데 있다고 하였다.

이러한 理學的 名分說, 다시 말해 정리적 명분론에 사마광은 역사적 구체성을 부여한다. 그는 공자의《周易》繫辭를 인용하여 "文王의 卦序에 乾坤을 으뜸으로 삼았는데, 공자가 繫辭를 써서 "하늘은 높고 땅은 낮으니 乾坤이 정해졌으며, 높고 낮은 원리에 따라 貴賤이 위치 지워졌다"고 하셨으니, 君臣의 지위는 천지가 뒤바뀔 수 없는 것과 같다고 말한 것이다. …… 군신의 分은 당연히 守節하여 伏死할 뿐이다"[62]라고 하여, 주역의 건곤상하의 정분론을 군신간의 명분으로 절대화하고 있다.

전술한 바와 같이 사마광은 名分(定分)論에서는 맹자를 버리고 순자를 따랐으나, 성론에서는 그들의 극단론을 따르지 않고 楊雄의 善惡混在說을 따랐다. 그는 "무릇 性은 사람이 하늘에서 받아서 생긴 것으로, 선과 악을 겸하고 있다. 때문에 聖人이라도 악이 없을 수 없으며, 어리석은 자라도 선이 없을 수 없으니, 그 많고 적음의 차이가 있을 뿐이다. …… 배우지 않으면 선이 날로 줄고 악이 날로 불어나며, 배우면 악이 날로 줄고 선이 날로 많아진다"[63]고 하여 학습을 통하여 인간의 성품을 바꿀 수 있다고 주장했다. 이는 "聖人은 배워서 이를 수 있다"는 程子의 학문관과 결과적으로는 일치한다고 할 수 있으나, 성론 그 자체는 다르다. 일찍이 한유가 "맹자

59) 董根洪, 위의 책, pp.360~391.
60)〈艮象辭傳〉.
61)〈履卦象傳〉.
62)《資治通鑑》1,〈周紀〉1.
63)《家傳集》66,〈性辨〉.

는 순수한 가운데 순수한 분이고, 楊雄은 大醇이지만 작은 瑕庇가 있다"고
평한 데 대하여, 그는 양웅이 孟荀 이후에 출생하여 "二子를 거울삼고, 聖
人을 절충하여 潛心하여 道의 極致를 구한"[64] 이로 극찬하고 있는 것이다.
　　이와 같이 맹자의 성선설과 이를 충실히 이어받은 한유와 성론에서부터
견해를 달리한 점이 분명히 송대 다른 理學者들과는 다르다. 맹자에 대한
부정적 평가는 북송 초기의 부국강병론자 이구에게서도 찾아볼 수 있다.
사마광과 함께 순자를 추존하는 이구는 "儒者를 채용하면 治者도 있고 亂
者도 있으니, 儒에도 좋은 사람을 얻으면 福이 되고, 좋지 못한 사람을 얻
으면 賊이 된다"[65]고 하여 나라를 위하여 정치를 하는 데 그가 유자인지
아닌지는 별개 문제라고 말했다. 맹자의 "힘으로써 仁을 행하는 자를 覇,
덕으로써 인을 행하는 자를 王"이라 한 견해[66]에 대하여 이구나 사마광이
모두 대립되는 견해를 제시하여 여기서도 일반 理學者와는 경향을 달리하
고 있다. 사마광은 "孟荀 이하로 모두 말하기를 王道를 따라 왕이 되며, 覇
道를 따라 패가 된다고 하는데, 道에 어찌 둘이 있겠는가? 실행에 淺深이
있고, 성공에 大小가 있을 뿐이다"[67]고 하여 干覇說에 관한 한 양쪽을 모두
따르지 않고 있으며, 이구는 王과 覇는 단지 천자와 제후의 名位의 구별에
지나지 않을 뿐, 道의 純粹와 雜駁의 문제는 아닌 것이라며 이를 일축하고
있다.[68] 사마광과 이구는 현실문제에 더 많은 관심을 갖는 정치가 또는 경
세론자로서, 사변철학인 純粹理學에 치우치지는 않았다.
　　과거의 과목과 그 절차를 정하면서 그가 《論語》와 함께 《孝經》을 중시
한 것과, 또한 《尙書》와 함께 《周禮》, 《儀禮》, 《禮記》, 《春秋》 등의 禮書
를 중시한 것도 그러한 이유에서이다. 그는 古文經學派의 입장에서 왕안
석이 《三經新義》를 저술하여 과거시험의 근거를 삼으려 하자 "《春秋》를

---

64) 董根洪, 앞의 책, p.383.
65) 《李直講文集》 21, 〈辨儒〉.
66) 《孟子》 3, 〈公孫丑〉 上.
67) 《司馬文正公家傳集》 74, 〈迂書〉.
68) 《李直講文集》 34, 〈常語〉 下. 널리 알려진 일이거니와 이 義利王覇의 문제는 남송
　　대에 와서는 朱子와 陳同甫 사이에 유명한 논쟁으로 발전하였는데, 주자는 여기서
　　도 철저히 맹자를 따르고 있다.

내치고 《孟子》를 내세운다"[69]고 호되게 비판하면서, 자기는 반대로 《孟子》를 九經에서 제외하려 하여, 정치적으로나 학문적으로 양자는 적대관계에 섰다. 북송 理學의 대가들은 한결같이 구법당의 지도자로서 신법을 비판하였다. 二程도 "오늘날 釋氏는 오히려 이해할 수 있지만, 심거리는 介甫의 학이다. …… 개보의 학은 後生 學者를 파괴한다"[70]고 하고 있는데, 이 개보의 학이란 삼경신의를 가리킨 것이다.

왕안석은 과거와 학교제도를 개혁하기 위하여 《삼경신의》를 저술·반포하였다. 삼경이란 《詩》, 《書》, 《周禮》로서 이를 자기 의견으로 訓釋하여 學官에 반포해 取士의 근거로 삼으려 하면서도, 尊王攘夷의 大義名分을 강조한 《춘추》는 斷爛朝報라 하여 오히려 경시하였다, 정명도는 상소를 통하여 이러한 학문적 입장을 달리하는 왕안석과 그의 신법은 "賤으로써 貴를 능멸하여 邪로써 正을 물리친다"[71]는 데 그 본질이 있다고 호되게 비판하면서 사마광이 영도하는 구법파의 신법에 반대하는 대열에 참여하고 있다.[72]

6. 맺음말

儒家의 正名思想은 공자가 제창하였으며, 春秋學의 大義名分論으로 발전되었다. 그러나 정명사상은 유가에만 머물지 않고, 名家나 法家에서도 名分과 名實에 관한 논의가 많이 이루어졌는데, 이는 춘추전국시대의 혼

---

69) 《李直講文集》 54, 〈起請科場箚子〉.
70) 《二程遺書》 二 上.
71) 《續資治通鑑》 210.
72) 學問의 系譜를 따지는 일은 자칫하면 위험에 빠지기 쉽다. 사마광이 맹자를 배척하고 《春秋》를 중시한 데 반해 왕안석은 그 반대의 입장을 취하였으나 송대 理學者들의 경우는 또 달랐다. 예컨대 朱子는 사마광과 같이 춘추학과 명분론을 따르면서도 순자 대신 맹자를 따르고 있는데, 이 문제에 대해서는 필자의 〈陽明思想에서의 '分'의 문제〉(《東洋史學硏究》 6, 1973, pp.74~79) 및 〈《明夷待訪錄》에 보이는 職分論〉(《東洋史學硏究》 10, 1976, pp.2~11) 참조.

란한 사회기강을 바로잡으려는 지식인들의 공통적인 소망 때문이었다.

하극상의 풍조가 만연하는 이러한 시대적 배경은 唐末五代의 경우에도 마찬가지로, 북송대에 이르러 유학이 부흥할 때 특히 춘추학이 발달하게 된 것도 이 때문이다. 실로 宋王朝에는 안으로는 황제를 정점으로 한 士人官僚體制를 확립하고, 밖으로는 이른바 征服王朝의 압력으로부터 벗어나기 위하여 尊王攘夷意識을 고취하여 민족적 단결을 꾀하는 일이 무엇보다 필요한 것이었다.

이러한 안팎의 요구에 따라, 춘추학의 발달과 함께 사마광을 대표로 한 새로운 명분주의 이념이 탄생하였다.《자치통감》서두의 〈臣光曰〉에서 단적으로 보이는 그의 명분론은 그의 全 사상체계를 일관하고 있다 해도 지나친 말이 아니다. 北宋代의 명분론은 史學과 理學의 양축에서 동시에 추구되었다. 군신·상하의 尊卑觀은 전통유가적 정치사상의 특질로서 이는 북송에 와서는 명분주의라고 하는 宋學의 한 특질로 이론화해 갔으며, 이는 다시 南宋의 朱子에 와서 완벽한 이론체계를 갖추게 되었다.

주자의 經世論은 理氣論을 토대로 하여 전개된다. 伊川의 理一分殊說을 이어받은 주자의 이기론은 인간의 문제에 적용하면 人性論이 되며, 그 명분론도 이기론적 사고에서 성립한다. 氣의 작용으로 나타나는 差別相은 인간사회에서는 상하·빈부·귀천의 分, 다시 말해 불평등을 낳게 되는데, 이는 理의 所以然이며 所當然이라는 것이다. 또한 혈연적 친분을 사회윤리에 연장 적용하여 사회적 신분과 비사회적(혈연적) 신분을 등질화시킴으로써 君臣의 분, 父子의 분, 主僕의 분 심지어는 華夷의 분을 동질적 연장선상에서 그 윤리성을 강조하였다. 북송의 사마광이나 伊川 등의 理學者들의 定分論은 주자학에 와서는 더 합리적이고 설득력을 갖게 되었다. 주자는 "천하의 일에 理 없는 것이 없다. …… 군신된 자는 君臣의 理가 있고, 부자된 자는 父子의 理가 있다"고 하여 定理的 名分論을 제창하고, 당시의 명분질서가 혼란한 사회상을 개탄하면서 "訴訟이 있으면 반드시 먼저 그 존비·상하·장유·친소의 분을 논한 다음에 그 내용의 曲直을 들어야 한다. 만일 아랫사람이 윗사람을 犯하고, 비천한 자가 존귀한 자를 凌罵하였다면 비록 그 말이 옳았더라도 도와주지 말아야 한다"[73]고 하여 犯上의 패륜성과 그에 대한 엄중한 형벌의 적용을 주장하고 있다.

朱子의 定理的 名分論에 반론을 제기한 이가 바로 그의 論敵 陸象山이다. 그는 송대의 명분론은 先儒의 正名論과는 다른 것으로 그것이 司馬光에서부터 잘못 이해되었다면서[74] "이른바 名分을 犯한다는 말은 결코 이치에 맞지 않다. 명분론은 선유가 일찍이 깊이 생각하지 않았던 것으로……근세에 유행하여 폐단이 심하다. 郡守가 탐닉하여 民害가 될 때 縣令이 의리로써 다투면 군수는 명분을 범하였다고 규탄하고, 조정의 부패한 관리는 이를 처리하지 못하여 마침내 犯名分罪로 현령을 내친다"[75]고 하여 사마광 이래의 名分說은 실은 사대부층이 명분을 내세워 자신의 기득권을 유지 존속하기 위한 것이라고 비판하고 있다.

이와 같이 송학의 명분론은 북송의 사마광에서 논리적으로 체계화되어 남송의 주자학에서 집대성된 것으로서, 그것은 原始 儒家의 正名思想이나 그 밖의 名家·法家에서 활발하게 논의되던 것과는 차이가 있다. 다시 말하면 북송대의 사대부의, 당말·오대의 지방분권적 절도사 세력에 기생하여 성장한 지주층을 모태로 하여 대두하였으며, 다른 한편으로는 북방민족의 압력이 계속되는 상황에 직면하고 있었기 때문에, 그들의 사대부의식에는 상하·존비의 질서의식과 함께 민족의식이 뚜렷이 자리하고 있었다. 송대 사인관료의 명분주의 이념이 이렇게 형성되었으므로, 이전의 정명론·명실론과의 사이에 성격이 다를 뿐 아니라, 이론적 체계성도 갖추게 되었다.

(《공자학》 창간호, 1995)

---

73) 《朱子大全》 14, 〈戊申廷和奏箚〉.
74) 《陸象山全集》 34, 〈語錄〉.
75) 《陸象山全集》 12, 〈與劉伯協 二〉.

제 2 장
중세적 名分論의 전개
- 南宋 呂東萊를 중심으로 -

1. 머리말

宋代 사대부의 名分意識은 대체로 사대부 출현의 역사적 과정과 그 맥
락을 같이 하고 있다. 唐末·五代 문벌귀족사회의 해체과정에서 생성된 송
대의 사대부는 밖으로는 북방 이민족의 압박과 안으로 하극상의 혼란 속
에서 자신의 학문을 형성했다. 이리하여 사대부학은 春秋大義를 강조하고
안으로는 황제를 정점으로 하는 명분과 질서의 확립을 주장했다. 그리고
이렇게 성립된 사대부학의 역사의식은, 이후 역대 왕조교체와 시대적 추
이에 따라 어느 정도 그 내용을 달리한다 하더라도, 적어도 북방 이민족의
남하와 지배야욕이 존속하는 한, 언제나 그 핵심적 대상에서 벗어나지는
않았다.

저자는 1장 〈司馬光의 名分論〉에서 사마광을 중심으로 하여 북송의 理
學的 명분론을 고찰한 바 있다. 이제 북송 理學家들의 명분의식이 이후 어
떻게 전개되어 갔는지를 고찰함으로써 사대부의식의 변화를 살펴보자.

이러한 문제의식에서 이 장에서는 특히 東萊學을 고찰의 대상으로 삼으
려 한다. 그 이유로 첫째 동래는 朱子와 象山, 그 양자에 두루 가까운 理學
家였으며, 둘째 그는 永康 永嘉學과도 관계를 가지며 功利的 浙東學을 개
창하였으며,[1] 셋째로는 그는 당말·오대 사대부의 대두에서부터 남송대에

이르기까지 전형적 사대부 가문 출신으로서 家學의 전통을 충실히 이어나
갔다. 이와 같이 동래는 전통 있는 가학을 이으면서 여러 계파를 절충하는
독자적 학문을 형성하였다는 점에서 송대 사대부학의 전형이 된다.

따라서 이 장에서는 동래의 절동학의 개창과 명분론의 전개라는 관점에
서 그의 학문 사상의 성격을 살펴보고자 한다. 이는 송대 사대부의식의 본
질에 접근하는 지름길이 될 것이다.

2. 呂氏家學과 浙東史學의 개창

1) 여씨가문의 仕宦과 학문

여동래의 이름은 祖謙, 자는 伯恭, 동래는 그 호로서 송 고종 소흥 7년
(1137)에 출생하여, 효종 순희 8년(1181)에 졸하니 향년 44세였다.[2] 그는
22세에 祖恩으로 將仕郎에 보임된 뒤 右迪功郎으로 진급하고, 다시 嚴州
(현 浙江 建德縣) 桐廬縣尉로 나갔다. 융흥 원년, 27세의 나이로 博學宏詞
科를 거쳐 진사에 급제하였다. 다음해 泉州 南外宗學敎授에 제수되었으며,
건도 2년(1166)에 모친 曾氏가 돌아간 뒤, 탈상하자 태학박사에 改任되어
국사원편수관과 실록원검토관을 겸하였다. 경연강관이 종종 태학박사에서
선발되었으므로, 이때 조겸은 황제를 직접 대면할 수 있는 기회를 갖게 되
었다. 건도 7년에는 左宣敎郎召試官을 거쳐 秘書省正字가 되어 예부의 고
시업무를 주관하게 되었는데, 그 해 부친상을 당하여 다시 이직하였다.

순희 원년(1174), 台州 崇道觀을 주관할 동안 명산고찰을 유력하고, 朱
子, 陸象山 등과 학문적 교관이 있었다. 특히 福建으로 주자의 寒泉精舍를
방문하여 《近思錄》의 편찬에 참여하였으며, 주자와 상산 사이의 유명한

'鵝湖之會'도 이 기간에 동래의 주선으로 이루어진 것이었다. 순희 3년에는 다시 비서랑에 제수되어 국사원편수관과 실록원검토관을 겸하여 《徽宗實錄》을 편찬하였으며, 2년 뒤에 저작랑겸편수관으로서 《皇朝文監》을 수찬하여, 그 공로로 兩浙路安托司參議官의 겸직이 내려졌다.

그러나 과로로 병을 얻어 직책을 수행할 수 없다고 하여 사양하고 본인의 청에 따라 直秘閣主管建寧府武夷山冲佑觀을 맡아 학문에 침잠하는 시간을 가졌다가 순희 8년, 지병으로 생애를 마쳤다.

여동래의 祖籍은 山西이며, 뒤에 安徽 壽春으로 옮겼다가 6세조 公著에 이르러 수도 開封으로 이사하였다. 북송이 멸망하자 증조부 好問은 가솔을 거느리고 황실을 따라 남천하여 절강 婺州(金華)에 거처를 정하니, 동래는 여기서 자랐다.

동래여씨 가문은 唐末·五代부터 이름을 드러내기 시작하였다. 동래의 10세조 夢奇가 중시조로서 後唐 정권에 고위관직을 역임한[3] 이래 송대에 들어와서는 대대로 벼슬이 끊이지 않았다. 8세 백조 夢正은 태종·진종 양조에 세 차례나 相職을 거치면서 청렴과 직언으로 소문이 났으며,[4] 7세조 夷簡은 인종 때 전후 13년에 걸쳐 세 차례나 상직에서 치적이 있어 서거 때 '懷忠之碑'가 하사되었다.[5] 이간의 아들 公著는 왕안석과 일정한 교분을 가졌는가 하면, 철종 때에는 司馬光과 함께 권력의 핵심에서 국정을 돌보다가 서거 때 太師 申國公에 증직되었다. 5대조 희철은 휘종 때에 비서소감과 광록소경 등을 거치다가 崇寧黨禍가 일어나자 미관말직으로 좌천되는 액운을 당하기도 하였다.

여씨가문의 영화는 남송대에 와서도 계속되었다. 동래의 증조 好問은 정강 원년(1126)에 어사중승에 임명되었다가 병부상서에 전임되었으나 나라가 金에 망하였다. 이때 북송의 재상을 역임한 張邦昌이 금의 지지 아래 괴뢰정권을 세워 스스로 '楚帝'라 칭하자, 호문이 한때 부용당하는 역정을

---

3) 《舊五代史》, 〈明宗紀〉.
4) 《宋史》 卷 265.
5) 《宋史》 卷 265.

가졌으나 南宋初에 상서우승에 제수되었다. 그 뒤 재상 李綱이 그의 僞朝
부용의 일을 들어 문책하여 일시 사직하였으나 建炎 2년(1124)에 발탁되
어 얼마 뒤 東萊郡候로 진봉되었다. 조부 彌中은 관이 右朝請郎, 부친 大
器는 右朝散郎으로 한미한 편이었으나, 종조부 本中은 문한으로 이름이
났다. 그는 증조 公著의 음보로 입사하여 선화 6년(1124)에는 추밀원편수
관 등을 거쳐 남송 소흥 6년(1136) 특진진사 출신으로 출발하여 起居舍人
兼權中書舍人을 거쳐 中書舍人兼侍講에 올랐다. 本中의 號도 동래로서 일
반에서는 본중을 대동래선생이라 하고, 조겸을 소동래선생이라 하여 존경
했는데 從祖孫間에 文翰으로 이름이 높았기 때문이다.

　동래여씨 가문은 북송·남송에 걸쳐 대대로 고관대작을 역임한 명문거
족으로서, 그들 관직을 살펴보면 주로 고문 비서 내지 역사편찬 등 학문과
관련되어 있다는 사실을 발견할 수 있다. 全祖望은 그들 7세 조손들 가운
데 17명을 《宋元學案》에 올리고 있을 만큼 일가의 학문이 융성하였다.

　그 가운데 특히 呂公著에 대하여 "어려서부터 강학하였으니 治心과 養
性을 근본으로 삼았다"고 하여 范仲奄과 같이 놓고 있는데,[6] 그 '치심 양
성'은 釋氏之學과 관련 있는 것으로, 이러한 학문적 성격은 "제상이 되어
서 힘써 簡淨하였다"[7]고 한 평과도 일치하는 것이다. 《宋史》에 따르면 "王
安石이 정사를 맡았을 때 公弼이 자기에게 동조하지 않으므로 그 동생 公
著를 어사중승에 임용하여 그를 핍박하였다"[8]고 하고 있으나 그렇다고 공
저가 반드시 정치적으로 이용당한 것은 아니다. 동래의 회고담에서도 兩
者가 政論에서 부합하는 바가 있었다고 하여 그와 일정한 친분관계가 있
었음을 인정하고 있다.[9] 공저가, 사마광 등 뜻을 같이 하는 이들과 함께 邵
雍을 위하여 낙양에 화원으로 정원을 꾸며 安樂窩라 하였다는 것은 널리
알려진 일이다. 특히 저명한 理學家 程顥을 "經術에 通明하고, 古今治亂之

　6) 陳叔諒·李心莊, 《重編宋元學案》(台灣 正中書局) 卷15, 〈范呂諸儒學案〉. 이하 《宋
　　元學案》라 함.
　7) 徐度, 《却掃編》 卷上. 《評傳》 6～7에서 재인용.
　8) 《宋史》, 卷 311.
　9) 《呂東萊文集》 卷 6, 〈題伯祖紫微翁與曾信道手簡後〉.

要에 달통하니 실로 經世濟物之才가 있습니다"[10]라고 하여 중직에 발탁하도록 여러 차례 추천하였으며, 정씨도 공저를 "君實(사마광)은 충직하지만 의논하기 어렵고, 晦叔(여공저)은 解事하지만 역부족이어서 안타깝다"[11]고 하여 공저가 대체를 아는 합리적 인물이라고 평가하고 있다.

이와 같이 공저는 여러 계파의 학자나 정치가들과 두루 친분을 맺으면서 정치적으로도 비교적 중립적 입장을 지켰다. 이러한 태도는 그의 아들 希哲에게도 대체로 이어지고 있다. 전조망은 그의 학문에 대하여,

> 榮陽少年은 한 스승만을 모시지 않았다. 처음에는 焦千之에게 배우니, 廬陵(歐陽修)의 재전이라 하겠다. 얼마 뒤 安定에게 배우고, 泰山(孫復)에게 배우고, 康節(邵雍)에게 배우고, 또한 王介甫(安石)에게 배웠으며, 마지막에는 程氏에게로 돌아갔으니 集益한 공이 넓고 또한 컸다. 그러나 만년에는 또 불교를 배웠으니 申公의 家學에 未醇한 害이다.[12]

라고 하여 그들의 博雜한 가학의 내력을 지적하고 있다. 그러나 그의 講學은 어디까지나 "正心誠意로서 근본으로 삼았으며"[13] "伊川의 학문에 心腹하여, 으뜸으로 섬기"고, "정씨에 귀숙"[14]하는 등의 내용으로 북송 道學의 주요인물로 평가받고 있다.

그들 부자의 학문이 미순하다는 전조망의 지적은 두 가지 측면에서 첫째는 여러 계파의 학문을 잡박하게 포괄하고 있고, 둘째로는 불교학에 줄을 대고 있다고 하여 비판적으로 평가한 것임을 알 수 있다. 증조 好問은 당시 二程의 학문적 정통을 이어받은 楊時와 동시대인으로서, 동래는 "남에는 楊中立이 있고, 북에는 呂舜徒가 있었다"[15]고 할 만큼 儒宗을 이루고 있었으나, 그의 학문은 역시 여씨가학의 博雜한 특징을 잇고 있었다. 북송·남송

10) 《二程集》, 附錄 〈伊川先生年譜〉.
11) 《二程外書》 卷 12.
12) 《宋元學案》 卷 19, 〈榮陽學案〉 案語.
13) 《宋元學案》 卷 19.
14) 《宋元學案》 卷 19.
15) 《呂東萊文集》 卷 9, 〈家傳〉.

교체기를 살면서 한때 張氏의 괴뢰정권에 협조한 죄를 묻게 되자 동래는, 증조부의 그러한 處事는 당시의 절박한 상황에서 어쩔 수 없는 일이었다고 이를 극력 변호하고 있다.[16]

동래의 학문은 그의 종조 本中에게 직접적인 영향을 받았다. 전조망은 본중의 학문적 경향에 대하여 "대동래 선생은 榮陽의 家嫡으로서 그가 한 스승을 표방하지 않은 것도 역시 家風이었다. ……그리고 禪學에까지 빠졌으니 역시 가문의 유폐가 아니겠는가?"[17] 하여 그 학문의 박잡함이 심지어 불가의 선학에까지 미쳤으며, 이는 역시 가학의 영향이었다고 하였다. 대동래·소동래라는 종숙질 사이에 호도 여호문이 東萊郡侯에 진봉되어 얻을 수 있었다.

2) 麥學의 절충적 경향과 浙東史學

(1) 東萊의 家學 계승과 諸派 절충

동래여씨는 五代十國 시대 南唐에서 벼슬하기 시작하여 남송에 이르기까지 豪門으로 지속하였으며, 그들의 가학도 이러한 가운데서 전승되어 관직에 못지않을 만큼 일가를 이루었다. 동래의 학문 역시 이러한 영향 아래서 이루어졌음은 말할 필요도 없다. 전조망은 동래의 학문을 그들 家學의 傳承으로 보아 다음과 같이 설명하고 있다.

> 正獻(公著) 이래 이렇게 전해졌다. 原明(希哲)이 再傳하여 선생(本中)이 되니 비록 楊·游·尹의 문하를 거쳤을지라도 傳受한 것은 世傳이었다. 선생이 재전하여 伯恭이 되니 그 전수한 것도 역시 세전이었다. 때문에 中原文獻의 전승이 오직 呂氏에게 돌아갔으니 그 밖의 大儒가 미치지 못할 바이다.[18]

이는 대동래 본중이나 소동래 조겸이 비록 많은 선생들로부터 가르침을 받았으나, 그 중심은 가학이었으며, 그들 가학이야말로 중원의 문헌을 고

---

16) 《呂東萊文集》 卷 9.
17) 《宋元學案》 卷 32, 〈紫微學案〉.
18) 《宋元學案》 卷 32.

스란히 보존한 전형임을 지적한 말이다. 宋·金 교체기에 조겸의 증조 好問
이 이른바 僞朝를 일시나마 섬겼던 관계로 죄를 묻게 되었던 불명예는 그
들 가문에게는 '중원문헌'의 보전이라는 반대급부를 가져왔다고 할 수 있
다. 어쨌든 여씨의 가학이 본중으로 이어지고, 그것을 다시 조겸이 집대성
한 것이다.

동래는 어려서 아버지의 근무지 福州로 가서 林子奇를 스승으로 모시고
"廣大함을 心으로 삼고, 踐履로 實을 삼아야 한다"는 가르침을 받았다.[19]
林은 일찍이 여본중의 수제자였으며 부친 大器와는 친구 사이였으니 여씨
의 가학과도 관계가 있었다. 그 다음으로 역시 본중을 가르쳤던 江西 信州
(上饒)人 王應辰으로부터 "학문은 諸家를 博綜하여야 淳儒가 된다"는 가
르침을 받았으니[20] 이 또한 여씨가학의 박잡에 가까운 이론이다. 그의 세
번째 선생 胡憲은 胡安國의 從子로서 학문이나 인품이 앞의 두 사람을 능
가하였다. 그는 언제나 "학생들을 가르치는 여가에 古人의 懿行이나 또는
詩人이 쓸 銘贊을 종이쪽지에 써서 벽에 붙여놓고 학생들에게 외우고 익
히도록 하였다"[21]고 하였는데 그가 교육하면서 선행을 권장하거나 기록하
는 습관 등은 동래의 역사학적 안목의 형성에 영향을 주었을 것이다.

동래는 이러한 학업과정을 거쳐 관계에 진출하여 한때 嚴州太守 張栻의
주선으로 嚴州書院을 정비하는 책임을 맡아 學規를 제정하는 등 士風振作
에 주의를 기울였다. 그 때 禮部의 고시업무를 보며 陸象山의 문장을 얻어
보았으며,[22] 이러한 인연으로 이 때 그의 학문적 반려가 되었다. 이 시기를
전후하여 모친과 부친의 상을 치르는 가운데서도 문도를 맞아 강학하는
일을 게을리 하지 않았으며, 탈상하자 會稽 등지로 여행하면서 蘇東坡의
후손 仁仲을 방문하여 진귀한 고서를 열람하는 기회를 가졌다. 동래가 閩
(福建) 崇安으로 주자를 방문하여, 寒泉精舍에 머물면서 《近思錄》의 편집
에 동참하여 그 발문을 썼으며, 주자가 廬山에 白鹿洞書院을 세워 강학할

---

19) 《宋元學案》 卷 32.
20) 《宋元學案》 卷 42, 〈玉山學案〉 1.
21) 《宋元學案》 卷 39, 〈劉胡諸儒學案〉.
22) 《象山全集》 卷 36, 〈年譜〉.

때 記文를 쓰고,《伊洛淵源錄》을 펴낼 때도 서문을 짓는 등 그들 두 사람
사이에 학문적 교관이 유별하였다.

　　동래가 복건 한천정사에서《근사록》편집을 끝내고 돌아올 때 주자가
동행하여 武夷山을 넘어 江西 上饒 鵝湖寺에 도착한 것은 淳熙 2년(1175)
5월 말이었다. 상요는 복건 강서 절강의 三省 交界지역으로서 아호사 인근
에 육상산이 살고 있어 세 사람이 모두 모이니, 이것이 중국철학사상 유명
한 '鵝湖之會'로서 이 회합을 주선한 사람은 바로 동래였다. 논변의 주인공
은 朱子와 二陸—九齡과 九淵—형제였으며, 동래를 비롯하여 劉子澄·趙
景明·潘叔度 등 절강의 학자들과 상산의 제자 朱亨道·鄒斌 등이 방청하였
다. 주제는 이른바 敎人의 法으로서 여기 참석하였던 주형도는 당시의 정
황을 다음과 같이 떠올리고 있다.

　　　　鵝湖의 講道는 진실로 오늘날의 중대사이다. 伯恭이 朱子와 陸子의 학설이
　　　다를 것을 염려하여 이를 하나로 일치시켜 보려고 회합을 주선하였다. ……
　　　논설이 敎人에 미치자 元晦의 뜻은 사람들에게 泛觀博覽한 다음 하나에 歸約
　　　하여야 된다고 하며, 二陸의 뜻은 먼저 사람의 本心을 發明한 다음 博覽토록
　　　해야한다는 것이었다.[23]

　　이 글에서 볼 수 있듯이 동래는 평소 주자의 性卽理說과 상산의 心卽理
說의 절충·조화를 시도하였다. 같은 理學이라 할지라도 인간의 내적 양심
을 개발하는 공부와 독서·궁리를 통하여 객관적 理를 체현하는 공부 가운
데 어디에 중점을 두는가 하는 문제에 관한 토론은 원래 그 합치점에 도
달하기 어려운 일이었다. 동래로서는 그들의 서로 다른 평소의 입장을 확
인하였을 뿐, 결국 양측의 견해를 조절하려 한 원래의 의도를 이루지는
못하였다. 그때 二陸 측에서는 자신들의 학문방법은 '간이공부'인데 대하
여 주자의 그것은 '지리사업'[24]이라 하여 비판하고 있었다. 이에 대하여 동
래는 陳同甫에게 편지를 보내어 "元晦는 英邁 剛明하여 공부가 착실하고

　　23)《象山全集》卷 36,〈年譜〉.
　　24)《象山全集》卷 34,〈語錄上〉, p.34.

세밀하여 가늠하기 어렵다. 子靜도 역시 매우 견실하지만 開闊한 결함이 있다"[25] 하여 상산의 心學은 空疎한 폐단이 있다고 지적하여 오히려 주자 편의 손을 들어주고 있다. 동래의 학문방법은 주자와는 또 다른 각도에서 泛觀博覽하는 가학적 전통을 갖고 있었을 뿐 아니라, 자기 자신이 철저히 文獻을 중시하는 학자였으므로 공소함에 빠질 위험이 있는 상산의 학술에 결점이 있을 것을 경계하고 있는 것이다. 그러면서도 그들은 돈독한 우의를 유지하였다. 陸九齡이 죽자 그는 상산의 청으로 그의 墓地銘을 썼으며, 상산도 동래의 부음을 받자 金華의 葬地까지 달려가 제사에 참여하였다

이처럼 동래는 주자와 마찬가지로 상산과도 인간적으로나 학문적으로 매우 친한 사이를 유지하였다. 鵝湖의 모임을 주선하고 그들의 상이한 학설을 조화시키려고 노력하였으나 그 자신 역시 理學에 만족하는 학자는 결코 아니었다. 그의 학문은 결코 한 스승을 모시지 않았으며, 한 학설만을 채택하지 않는 가학의 전통을 유감 없이 발휘하였다. 주·륙의 학설에 대해서도 절충하려는 중립적 태도를 취하였다. 이러한 동래의 학문에 대하여 주자는 "동래는 박학다식하지만 守約에는 결함이 있다"[26]고 하고, 또 "博雜은 아주 해로운 것이다. 伯恭은 단지 박잡한 곳에 用功할 뿐이지 要約處에는 자세한 연구를 하지 않는다"[27]고 비판하였다.

주자가 학문에 유해하다고 비판한 '박잡'은 理學的 입장에서 보면 결함이 있는 것이 사실이다. 여기에는 주자나 상산에게서 볼 수 있는 투철한 특성이 결여되고 있다. 그러나 동래학의 요체는 일가의 학설에 빠지거나 치우치지 않고, 여러 학설을 광범하게 받아들여 언제나 중간적 입장에 서는 것이었다. 전조망은 동래의 학술을 그들 양자와 비교하여,

    宋 乾淳 이후 학파가 나뉘어 셋이 되었으니 朱學과 呂學과 陸學이다. 三家
    가 서로 맞지 않았으니 주학은 格物致知이고, 육학은 明心이며, 呂學은 그 장

---

25) 《呂東萊文集》 卷 5, 〈與陳同甫〉.
26) 《朱子語類》 卷 122.
27) 《宋元學案》 卷 46, 〈東萊學案〉.

점을 兼取하였으니 다시 中原 文獻의 統이 潤色되었다.[28]

고 하여 그 중립적 특징을 말하고 있다. 학문이 대립되는 양자 사이에 중
립하기 위해서는 '박잡'은 불가피한 일이었다. 학문적 태도와 마찬가지로
사회적 처신이나 정치적 주장에서도 그는 大體를 중시하는 중용적 태도로
일관하였다. 그러한 그의 태도에 대하여 전조망은 역시 "小東萊의 학문은
平心易氣하여 입으로 구설을 지어 諸公과 다투지 않는다. 公約을 만들어
써 그 習俗을 점차 교화하니 宰相의 그릇이다"[29]고 하여 그의 포용적 학문
을 원만한 인품과 관련시켜 높이 평가하고 있다.

(2) 浙東史學의 개창과 특징

송대 학술사상계의 주류는 理學이다. 張栻은 호남 嶽麓書院에서, 주자는
白鹿洞書院에서, 상산은 江西에서 각각 북송의 周濂溪와 二程의 理學을
이어받아 강학하였다. 여러 학설을 폭넓게 취사선택함으로써 서로 얽혀
있는 것을 특징으로 하는 동래여씨의 가학도 기본적으로는 북송의 道學에
접근하고 있었다. 그러나 여동래의 학문은 理學에 가깝되 理學의 주류로
보기는 어렵다. 동래는 朱子와 陳同甫(1143~1194) 사이에 벌어졌던 義利
王覇의 논쟁에서도 결코 주자의 입장에만 서지 않았다.[30]

동보는 陳亮의 호로서 공리주의적 政論으로 永康學派를 열 만큼 당시
사람들의 주의를 끌었다. 특별한 師承 관계가 없이 박람강기하여 젊어서
부터 동남지방에 문명을 드러내고 있었던 그가 제창한 事功論은 당시에
유행하던 이른바 道德性命義理의 학에 정면으로 대립하는 이론으로서 특
히 주자와의 논쟁으로 유명하다. 알려지다시피 주자의 학문은 일도양단식
이어서 그 역사해석도 다분히 무단적이었다. 그는 "天理와 人欲 두 字는
고금의 王道와 覇道의 역사에서 찾을 필요가 없이 내 마음의 義와 利, 邪
와 正 사이에서 돌이켜 살펴보면 더욱 자세하고 더욱 밝다"[31]고 하고, 이러

---

28) 《宋元學案》 卷 46.
29) 《宋元學案》 卷 46, 〈案語〉.
30) 潘富恩·徐余慶, 《呂祖謙評傳》(南京大學校出版社, 1992), pp.53~60.

한 원리를 역사에 비추어 보더라도 "漢·唐의 君은 비록 같이 할 때가 없을 수 없으나 그 全體는 역시 利欲上에 있을 뿐이었으니, 이는 (그 堯舜과 三代의 천리와는) 결코 합하여 하나가 될 수 없었기 때문이다"[32]라고 하여 그들 양자를 철저히 구분하고 있었다. 이에 대하여, 동보는 다음과 같이 반론을 제기하고 있다.

　맹자와 순자가 義·利, 王·覇를 논한 이래 漢唐의 諸儒는 이를 철저히 밝히지 못하였으나, 本朝(北宋)의 伊洛 諸公은 天理와 人欲을 가려서 왕·패, 의·리의 설이 크게 밝았습니다. 그러나 三代는 道로서 천하를 다스리고, 한당은 智力으로 천하를 주무른다고 하니 그 설이 사람들을 心服시킬 수 없습니다. 근세 제유들은 드디어 삼대는 오로지 천리로서 행하였고, 漢唐은 인욕으로 행하였으나 그 사이에 천리에 우연히 합치되는 바가 있었기 때문에 오래 지속되었다고 합니다. 이 말을 믿는다면 천 오백 년 동안에 天地도 역시 어물어물 시간을 보내고, 人心도 역시 그럭저럭 날짜를 보내는데 만물이 어찌 번성할 것이며, 道가 어찌 항시 존재하겠습니까?[33]

왕도와 패두는 대립저인 것이 아니라 패도가 왕노에 뿌리를 내리고 있기 때문에 서로 연관되어 있다는 것이다. 따라서 양자는 정도의 차이가 있을 뿐으로 단지 "삼대는 완벽을 기했을 뿐이며, 한당은 이를 다하지 못했을 뿐이다"[34]라고 하여 '義利雙行' '王覇竝用'을 주장하 주자와 맞섰다.

功利主義 학파에는 진동보 이외에도 역시 영가학파의 葉適이 있다. 그는 "고담을 일삼는 자 멀리 性命을 주장하면서도 功業은 말하지 않으며, 정론하는 자는 망령되게 天意를 말하면서도 夷夏를 변론하지 않는다"[35]고 하여 義理 性命의 學에 공공연히 반대하면서 공리주의의 기치를 들었다. 黃宗羲는 "영가의 학은 敎人이 되어 實事를 문제로 삼아 걸음걸음 착실하여 말을 하면 반드시 하도록 하니 이로써 만물의 뜻을 통하고 천하의 임무

31) 《龍川集》 卷末, 附錄 〈朱文公經濟文衡〉.
32) 《龍川集》 卷末.
33) 《龍川集》 卷 20, 〈乙巳與朱元晦秘書第二書〉.
34) 《龍川集》 卷 20.
35) 《水心集》 卷 1, 〈上孝宗皇帝箚子〉.

를 성취하였다.(開物成務)"[36]고 하여 事功을 중시한 葉適의 학문적 특색을
적절히 표현하고 있다. 이같이 영가학은 反理學인 점에서는 진량과 같은
입장이지만 義理 王霸의 논쟁보다는 道와 物의 관계를 밝히는 본체론에
관심을 두었다.

주자는 이들 공리학에 대하여 象山의 心學에 대한 것 이상으로 대단한
거부감을 나타내었다. 그는 "江西의 학은 단지 禪에 불과하지만 浙學은 오
로지 功利만 따진다. 선학은 후세의 학자가 모색하다가 하루아침에 모색
하지 못하면 스스로 버릴 줄 알게 되지만 공리는 학자가 시도하면 효과를
볼 수 있으니 정말 우려할 일이다"[37]고 하여, 심학과 공리의 학이 모두 正
學은 아니지만 학자들이 이욕에 빠지게 될 폐단을 더욱 우려하고 있다.

그러나 동래는 입장이 다르다. 동보와는 인간적으로도 친할 뿐 아니라,
학문적으로도 서신이나 상호 방문을 통하여 절차탁마 하는 사이였다. 동
래는 동보의 공리적 필법을 "世敎에 크게 裨補된다"[38]고 하면서 주자와 동
보의 대립되는 입장에서도 중립적 태도를 취하였다. 그는 薛士龍의 공리
학에 대해서도 "사룡은 평탄 견결하며, 학문도 확실 유용하여 마음을 비웠
다"[39]고 하여 칭찬해 마지않았다.

여기서 우리가 주의해야 할 대목은 공리적 경향이 짙은 永康·永嘉의 두
학파는 물론 동래의 婺學까지도 浙東學에 속한다는 점이다. 이들 여러 계
파의 절동학에 대해 章學誠은,

　　절동학이 비록 婺源에서 나왔다고 하더라도 三袁의 유파는 대부분 江西의
　　陸氏를 宗으로 하였다. 그러나 經에 통하고 古에 服하여 결코 德性을 空言하
　　지 않았으므로 결코 朱子의 敎도 폐하지 않았다.[40]

고 하여 절동학이 무원의 여동래에서 발원하였으나 여기에 주·륙의 학도

---

36) 《宋元學案》 卷 47, 〈艮齋學案〉.
37) 《朱子語類》 卷 123.
38) 《呂東萊文集》 卷 5, 〈與陳同甫〉.
39) 《宋元學案》 卷 40, 附錄 〈艮齋學案〉.
40) 《文史通義》, 〈浙東學術〉.

참여하여 독특한 분위기를 띠게 되었다고 하면서, "南宋 이래 절동의 儒哲로서 性命을 강론하는 자들 대부분이 史學을 연구하여 師承關係를 이루었다"[41]고 하고, 또한 "절동의 학에 性命을 말하는 자 반드시 역사를 考究하였다"[42]고 하여 절동학술의 특수성을 역사에서 찾고 있다. 절동·절서란 명칭은 浙江(錢塘江)을 중심으로 하여 그 동서를 가리킨 것으로서, 이를 학술상의 용어로 쓴 것은 대체로 청대 이후의 일인 것 같다. 金毓黻은 절동사학의 내력에 대해 좀더 자세하게 쓰고 있다.

> 고찰하건대, 절동학파는 宋에서 일어났으니 당시에 영가학파 금화학파라는 칭호가 있었다. 永嘉의 저명한 이는 陳傅良과 葉適이며, 金華의 저명한 이는 呂祖謙과 陳良이다. ……(이들을) 당시 浙學이라 불렀다. 여조겸은 《大事記》를 저술하였으며, 그 뒤 또 王應麟이 절동의 뒤를 이어 史學에 전심하여 저술이 많았으니 역시 영가 금화의 풍을 받아 일어났다. ……淸初에 黃宗羲가 나와 治史를 昌言하고 그 학을 萬斯同에게 전하였으며, 이어서 나온 全祖望·章學誠·邵晋函이 모두 절동인으로서 역사의 명가가 되었다.[43]

이렇듯 남송에 이르러 금화 영가 등 절동지역에서 비롯한 학문이 역사학적 특색을 띠고 전개되다가 淸初에 이르러 크게 발전하게 된 것이라 한다. 여기서 우리는 절동학술이 왜 하필 역사학적 경향성을 띠게 되었는지를 한번 논의해 볼 필요가 있다. 영강이나 영가 등의 학술이 공리를 중시한 경향에 대하여 우선 생각해 볼 수 있는 것은 首都 杭州를 가까이 하고 있었다는 점을 들 수 있을 것이다. 수도를 가까이 한 지역은 현실정치에 민감하기 마련이었다. 이러한 경향은 역사를 해석하면서 理學側의 원리적 주장보다는 공리적 해석을 하기 마련이다. 더구나 명문출신으로서 대대로 관료사회와 밀접하였던 여동래에게는 더욱 그러한 학문적 특색을 띠었을 것이다.

---

41) 《章氏遺書》卷 18, 文集, 〈邵與桐別傳〉.
42) 《文史通義》, 〈浙東學術〉.
43) 《中國史學史》9章, 〈近代史家略述〉.

3. 東萊의 명분론과 그 특징

1) 理氣論的 명분론

남송은 안으로는 농민봉기가 끊이지 않았으며, 밖으로는 金의 군대가 계속 압박하여 이른바 내우외환이 매우 심각했다. 이러한 시대를 살았던 東萊나 朱子는 무엇보다도 정치적 안정을 이루어 황제 중심의 집권국가를 건설하는 일이 급선무였으며, 이리하여 그들은 상하 존비의 지배질서를 확립하기 위한 정치이념으로서 大義名分의 중요성을 크게 강조하였다. 동래는 상하 존비의 정치·사회질서의 원리를 자주 易의 사상에서 찾고 있다.

> 크구나 乾元이여! 지극하구나 坤元이여! 그러나 兩大의 理는 있을 수 없다. 이에 天高 地下하며, 君尊 臣卑하니 上下의 分이 자연히 이와 같은 것이다.[44]

이처럼 '易'의 乾과 坤이 모두 크지만 결코 양립할 수 없는 것은 상하·존비의 구분이 있기 때문이라 한다. 그는 청소년의 교재용으로 편찬한 《東萊左氏博議》에서 이른바 春秋義理의 學을 송대 理氣論的 명분사상에 입각하여 종횡으로 분석하고 이론화하여 천하사대부에게 명분의식을 고취하려 하고 있다. 다음의 강설을 들어보자.

> 嫡庶와 長幼는 하늘이 낳은 것이지 사람의 所爲는 아니다. 聖人이 밝혀 分을 정하니 국가를 가진 자가 嫡長者에게 전하였으며, 支子者는 이를 하늘에서 나온 것이지, 사람이 만든 것이 아니라 여기게 되었다. 이리하여 開闢 이래 이 분을 지켜 감히 고치려 하지 않았으니 이는 오로지 성인을 두려워 한 것이 아니라 하늘을 두려워한 것이다.[45]

이처럼 적서 장유의 從的 상하질서는 하늘의 뜻에 따라 성인이 제정하

---

44) 《呂東萊文集》 卷 12, 〈易說·坤〉.
45) 《東萊左氏博議》 卷 3, 〈晉封曲玉幷晉〉. 《東萊左氏博議》는 후세에서 통칭 《東萊博議》라 하였다. 이하 이에 따른다.

였기 때문에 천하 사람들이 이 嫡長子 세습제를 아무런 이의 없이 받아들이게 된 것이라 하였다. 그는 이러한 상하·존비·귀천의 等分에 따라 종적 질서를 辨定하는 일이 군자의 소임임을 다음과 같이 강조하고 있다.

> 象에 이르기를 上天下澤은 履라하니 君子는 이로써 상하를 辨別하여 民志를 정한다. 하늘은 위에 처하고, 땅은 아래 처하니 尊卑는 각기 그 分을 얻는다. 대저 尊卑貴賤은 본래 모두 定位가 있다. ……군자가 상하를 변별함은 본래 억지로 私意로서 按排하는 것이 아니라 上天下澤하고, 物各付物하니 각기 존비의 분에 따를 뿐이다.[46]

군자는 모름지기 상하의 位分은 변별하여 民志를 정하여 줌으로써 지배질서를 유지할 것을 강조하고 있다. 동래는 易傳의 해설에서도 북송 理學의 그것을 대체로 이어받고 있다. 위의 역전 履象의 해설도 일찍이 程伊川의 易說[47]을 거의 그대로 답습하여 定分論을 전개한 것이다. 정분론은 예와 정치의 밀접한 관계를 설명하기 위한 이론적 기반이 되는 것으로, 그는 "周公이 禮를 제정하고 樂을 만들어 이로써 태평을 이루려 하였다"[48]고 하여 주공이 예악을 제정한 까닭은 천하의 질서를 바로잡아 太平世를 이루려 하였기 때문이라고, 예에 따른 명분질서의 중요성을 역설하였다.

이와 같이 명분질서를 지키는 일은 정치에서 가장 중요한 일로서 동래학에서 명분론은 핵심을 이루게 된다. 동래는 명분론을 전개하면서 名分과 理는 상호 표리관계, 다시 말하면 명분에는 理, 다시 말해 天理가 소재한다고 보는 理學的 관점에서 출발하고 있다.

그는 《주역》을 해설하면서,

> 지극한 이치는 추호의 人僞를 더할 수 없다. ……天理의 所在에 털끝이라도 빼면 기울고, 털끝이라도 더하면 군더더기가 된다. 無妄이 지극하고, 천리

---

46) 《呂東萊文集》 卷 12, 〈易說·履〉.

47) 《二程全書》 所收 《伊川易傳》 卷 1, 〈履卦象〉傳 ; 졸고, 〈陽明思想에서의 '分'의 문제〉(《東洋史學硏究》 6, 1973), pp.75~77 참조.

48) 《二程全書》 所收 《伊川易傳》, 卷 1, 〈隱公問羽數〉.

가 純全한데 비록 털끝만큼이라도 더할 수 없다.[49]

고 하여 천리의 완전무결성을 말하면서, 때로는 "天命의 소재에는 分이 정해져 있어 털끝만치라도 더하거나 빼지 못한다. 군자가 그 이치를 알면 어길 수 없다는 것을 알게 된다"[50]고 하여 分은 바로 하늘이 명한 바라 하였다. 동래는 왕왕 천명과 천리, 이 양자를 換置하면서 분과의 표리 관계임을 설명한다. 그는 分과 理의 관계에 대하여 "君은 높고 臣은 낮으며, 남편이 부르면 부인이 화답하며, 위는 하늘이요 아래는 땅임은 理의 常道이다"[51]라고 주장했다. 이는 정이천·사마광·주자로 이어지는 송대 理學者類의 上下 分理說과 궤를 같이하고 있는 것이다.

이제 주자의 理와 인륜의 관계에 관한 설명을 들어보자.

천하의 일에 理 없는 것이 없다. 君臣된 자는 군신의 理가 있고, 父子된 자는 부자의 理가 있으며, 夫婦가 되고, 兄弟가 되고, 朋友가 되어, 출입하고 기거하며, 사물을 응접함에 이르기까지 역시 각각 理가 있다. 이를 窮究하면 군신의 큰 것에서 사물의 작은 것에 이르기까지 그 所以然과 그 所當然을 알게 되어 추호의 의심이 없다.[52]

주자는 이처럼, 명분질서를 철저히 지켜 정치적 기강과 함께 사회적 질서를 엄수할 것을 주장하고 있다. 이와 같이 인간사회에서는 상하·빈부·귀천의 分, 다시 말해 불평등은 氣의 작용으로 나타나는 차별상으로서, 이는 理의 所以然이며 所當然이라는 것이다. 그는 이러한 이론을 가지고 張橫渠의 〈西銘〉에 다음과 같이 주석하고 있다.

인물의 태어남과 혈맥의 親屬에는 각각 그 부모에 친하고, 각각 그 자녀를 사랑하니 그 分이 어찌 다르지 않겠는가? 理는 하나로 통일되지만 氣로 말미

49) 《呂東萊文集》 卷 13, 〈易說·無妄〉.
50) 《呂東萊文集》 卷 12, 〈易說〉.
51) 《呂東萊文集》 卷 13, 〈易說·离〉.
52) 《朱子大全》 卷 14, 〈甲寅行宮便殿奏箚〉.

암아 만 가지의 차별이 생기니 비록 天下가 一家가 되고, 중국이 一人이 된다
고 하더라도 兼愛의 폐단에 빠지지 않는다.[53]

고 하여 횡거의 우주동포적 일체설을 주장하는 서명을 자기식의 階梯的
大同社會說로 대체하고 있다.

다시 말하면 그는 혈연적 친분을 사회윤리에 연장 적용하여 사회적 신
분과 비사회적 신분을 등질화시켜 군신의 분, 주복의 분, 심지어는 화이의
분이 동질적 연장선상에서 그 윤리성이 강조하고 있는 것이다.[54]

주자의 이와 같은 分理說은 여동래도 역시 같은 논조로 반복 강조하고
있다. 동래는,

理는 천하에서 親을 만나면 孝가 되고, 君을 만나면 忠이 되며, 형제를 만
나면 友愛가 되고, 붕우를 만나면 義理가 되며, 宗廟를 만나면 敬意가 되고,
軍旅를 만나면 嚴肅하게 되니 하나의 일에 따라 하나의 이름을 얻게 되는 것
이다.[55]

라고 하여 理(천리)는 인간사회에서는 반드시 지켜야 할 도리(윤리)로 설
명하고 있다. 위에서 다룬 것처럼 이천과 주자가 理氣論을 펴면서 理一分
殊說이 무리 없이 인간사회의 윤리·도덕론으로 연장 확대되어 이른바 程
朱學的 分理論 내지 명분론으로 성립하게 되었다. 그런데 이러한 논법이
동래의 명분론에서도 마찬가지로 주장하고 있다는 사실을 여기서 다시 한
번 확인할 수 있다.

2) 程朱學的 명분론 비판

동래는 중앙에서 벼슬을 할 때는 역사편찬의 일을 하고, 관직에서 물러
나 있을 때는 門徒들이 성시를 이루었다. 그가 모친상을 당하여 武夷明招

---

53)《橫渠全集》卷 1,〈西銘注〉.
54) 졸고, 앞의 글(《東洋史學硏究》6, 1973), pp.77~78.
55)《東萊博議》卷 1,〈潁考叔爭車〉.

山에서 수묘생활을 할 때 "사방의 士人들이 다투어 몰려들었다"[56]고 하며, 부친상을 당하여 복상할 때도 문하로 몰려오는 학생들을 맞아 강학하는 일이 孝心을 해친다는 주위의 권유도 있을 만큼 문도로 성시를 이루었다.[57] 그는 40여 세에 발병하여 부자유스런 상태에서도 그의 아우 祖儉 등이 麗澤書院을 지어주어 청강생 300명을 헤아릴 만큼 제자육성에도 열을 올렸다고 한다.[58] 그가 교재용으로 편찬한 《여택강의》와 《동래박의》에는 사대부의 기풍을 일으키기 위한 名分理念에 관한 사상이 집중적으로 드러나고 있다.

그러나 그의 명분사상이 앞장에서 살펴본 것처럼 理氣論의 토대 위에서 성립되었다고 하여 程朱學의 그것과 반드시 일치하는 것이 아니다. 특히 명분이념의 현실정치에서의 기능에 관해서는 그들의 定理的 명분론과 상당한 거리를 두고 있다. 여기서 그의 주장을 들어보자.

> 천하의 理를 굽혀 천하의 分을 믿으려 한다면 名을 잘 지니는 것이 아니다. 세상에서 名分을 지니는 자는 모두 分은 理를 이길 수 있으나 理는 分을 이길 수 없다고 한다. 불행히도 상하의 爭訟을 재판할 때 차라리 아랫사람이 억울함을 당할지라도 윗사람이 능멸당하지 말도록 하는 까닭은 굽히는 자는 一夫의 理이고, 믿는 자는 萬世의 分이니 역시 어찌 不可하겠는가라고 여긴다. 아아, 分은 진실로 굽혀서는 안 되고, 理는 굽힐 수 있다는 말인가? 사람들은 당연히 不服할 것이다. ……이른바 理가 있고, 또 이른바 分이 있다고 한다면 理와 분은 완전히 두 가지가 된다. ……어찌 이미 分을 犯하고, 理를 범하지 않는 자 있겠는가?[59]

하여 分과 理는 하나로서 양자는 서로 표리관계에 있기 때문에 이들은 결코 분리될 성질이 아닌데도, 일반 사대부 사회에서는 이들을 나누어 분을 理의 상위개념으로 설정하는 모순을 범하고 있다는 것이다. 예컨대 官員

---

56) 《宋史》 卷 434, 〈本傳〉.
57) 《象山全集》 卷 5, 〈與呂伯恭〉.
58) 《呂東萊文集》 卷 4, 〈與劉衡州子澄〉.
59) 《東萊博議》 卷 1, 〈詹夫以王師伐虢公〉.

이 소송을 맡아서 재판할 때, 그 세속적 명분설에 얽매여 윗사람을 옹호하고 아랫사람을 억누르는데, 이는 이치에도 맞지 않을 뿐 아니라 현실적으로도 받아들여질 수 없다는 주장이다. 분과 理가 둘이 아닌데 어떻게 전자를 높이고 후자를 누를 수 있다는 말인가! 그는 이어서,

> 후세에 정치하는 자가 分과 理를 하나로 합치하려 하지 않으니, 역시 어찌 윗사람을 능멸하는 습성을 씻어 (순후한) 옛 풍속으로 돌이킬 수 있겠는가?[60]

고 하여 되풀이해서 그 부당성을 지적하고 있다. 윗사람이 名分의 권위를 내세워 비합리적인 행위를 하기 때문에, 아랫사람이 윗사람을 능멸하는 폐습이 생겨 사회가 혼탁해진다는, 매우 합리적 사고라는 것을 알 수 있다.

동래가 이와 같이 理와 分의 불일치, 다시 말하면 理보다 分을 우위시하는 당시의 명분설을 비판하고 있는데, 이 비판의 대상이 정주학의 정리적 명분론임을 알아내기는 그리 어렵지 않다. 우선 官人이 聽訟에서 理보다 명분을 우위시해야 한다는 주자의 논설을 들어보자.

> 근년 이래 때로는 처가 남편을 죽이고, 때로는 族子가 族父를 죽이며, 때로는 地客이 地主를 죽이는데도 담당관은……소송이 있으면 반드시 먼저 그 존비, 상하, 장유, 친소의 分을 논한 다음에 그 내용의 曲直을 들어야 한다. 만일 아랫사람이 윗사람을 犯하고, 비천한 자가 존귀한 자를 凌罵하였다면 비록 그 말이 옳다 하더라도 도와주지 말아야 한다.[61]

하극상의 풍조가 만연한 차제에 재판관은 먼저 身分의 고하를 따져 만일 아랫사람이 윗사람을 범하였다면 비록 옳았다고 하더라도 도와주지 말아야 한다는 것이다. 理分說에 따라 상하의 신분관계는 도리로 보장해야 하며, 이를 어길 때는 아랫사람에게 불리하게끔 법적 강제가 뒤따라야 한다는 것이다. 북송의 사마광이나 이천 등 理學者들의 명분론은 주로 정치적 문제에 초점을 맞춘 것이었으나, 남송조에 와서는 빈번한 농민반란의

---

60)《東萊博議》卷 1.
61)《朱子大全》卷 14, 〈戊申延和奏箚〉.

발생과 같은 사회 변천에 따라 명분설의 사회적 적용이 따르게 되었다. 주자의 명분론이 사회의 청송 문제에까지 視界를 넓히게 된 까닭도 이러한 역사적 배경과 관련이 있다. 이러한 주자의 명분론에 대한 비판은 陸象山이 더욱 철저하다. 이제 상산의 비판을 들어보자.

> 이른바 名分을 범한다는 말은 결코 理致에 맞지 않다. 名分說은 先儒가 일찍이 窮究하지 아니한 것으로…… 근세에 유행하여 폐단이 심하다. 郡守가 탐닉하여 民害가 될 때 縣令이 義理로서 다투면 군수는 명분을 범하였다고 규탄하고, 조정의 부패한 관리는 이를 처리하지 못하여 마침내 分을 범하였다는 죄로 현령을 내친다. 이 무슨 理인가?[62]

이처럼 당시 유행하던 名分說은 先儒의 학설도 아니요, 이치에도 맞지 않는다고 하였다. 아랫사람이 정당성을 주장하면 윗사람이 명분을 내세워 是非曲直은 불문하고 名分을 범하였다는 이유로 처벌하는 현실적 폐해를 지적하고 있는 것이다. 여기서 우리는 程朱學的 명분설에 반대의사를 분명히 한 점에서는 東萊와 象山이 비슷한 입장이었다는 것을 알 수 있다.

그러나 정주학적 명분설에 철저히 반대한 이는 상산으로, 그는 司馬光과 朱子로 이어지는 명분론을 공자와 맹자의 正名思想에 위배되는 것으로 보아 다음과 같이 지적하고 있다.

> 오직 器와 名은 남에게 빌려 줄 수 없는 것이다. ……맹자가 一夫 紂를 베었다는 말을 들었다고 한 것은 바로 이것이 正名이며, 孔子가 蒯에서 瞶輒한 일 역시 正名이다. 溫公에 이르러 名을 어찌 諸侯·卿·大夫라 하였는가? 이는 잘못된 것이다.[63]

공자의 正名思想이 맹자의 易姓革命思想으로 이어졌으나, 사마광에 이르러 비로소 왜곡되었다는 것이다. 여기서 비판의 대상으로 삼은 것은, 사마광의 저 유명한 명분설[64]로서 명분을 역사 속에서 밝히려 하였다는

---

62)《朱子大全》卷 12, 〈與劉伯協 二〉.

63)《朱子大全》卷 34, 〈語錄〉, p.269.

것이 《자치통감》을 저술한 목적이었다. 그는 명분의 중요성을 강조하면 서 《주역》의 계사를 인용하여 "君臣의 지위는 천지가 바뀔 수 없는 것과 같다. ……군신의 分은 당연히 守節하여 伏死할 뿐이다"[65]라고 하여 군신 상하의 명분을 강조한 나머지 신하가 군주를 섬김에서 심지어 "절개를 지켜 죽음을 감수해야 한다"고까지 극단적으로 주장한다. 상산은 비판의 초점을 여기에 두고 있음이 분명하다.

3) 君主의 職分과 士人의 知分

위에서 다룬 것처럼, 東萊는 정주학적 명분론이 현실적으로 낳을 폐단 에 대하여 반대하는 입장을 분명히 하였다. 그는 명분주의를 강조하는 입 장이면서도, 명분을 우위시하여 윗사람을 옹호하는 수단으로까지 확대하 려는 사마광이나 주자류의 명분론에는 동조하지 않았다. 이 점에서도 동 래학의 독자적 성향을 살필 수 있다. 동래의 다음과 같은 주장을 들어보자.

> 하늘(天)을 위하여 名分을 지키는 자는 君主다. 하늘은 일찍이 명문을 人君 에게 내어준 것이 아니라 특별히 인군에게 寄託하여 이를 지키게 하였을 뿐 이다. 與地廣輪의 광대함과 版籍生齒의 번다함과 甲兵乘卒의 웅장함은 모두 人君의 소유이지만 오직 名分만은 군주의 소유가 아니다. ……하늘의 질서 (天秩)에는 禮가 있어서 많고 적다고 하여 어지럽힐 수 없다. 天秩을 빌려서 사사로운 혜택으로 한다면 하늘이 나에게 맡긴 것을 어지럽게 하는 것이다.[66]

동래는 군주의 소유인 것과 아닌 것을 명확히 구분하고 있다. 다시 말해 영토와 인민과 갑병은 군주의 소유물이지만, 명분만은 군주의 소유물이 아니라, 단지 하늘로부터 받아 지키고 있는 것이다. 명분은 天命에 따른

---

64) 《資治通鑑》 1, 〈周紀〉 1에 "天子의 職에 禮가 가장 중요하고, 禮는 分이 가장 중요하고, 分은 名이 가장 중요하다. 예란 무엇인가? 紀綱이 이것이요, 분이란 무엇인가? 君臣이 이것이요, 명이란 무엇인가? 公·卿·大夫가 이것이다"고 하여 명분의 중요성을 크게 강조하고 있다.

65) 《資治通鑑》 卷 1.

66) 《東萊博議》 卷 2, 〈王賜號公晋候玉馬〉.

질서(天秩), 다시 말해 禮로서 표현이기 때문에 이 禮는 비록 천자일지라
도 어지럽힐 수 없다는 것이다. 이러한 입장에서 그는 비록 군주일지라도
명분을 사물시하여 이를 임의로 與奪해서는 안 된다는 단호한 태도를 취
하고 있다. 동래는 이와 같이 名分과 君主, 그리고 禮의 관계를 천명사상
으로 설명하고 있다.

동래는 정주학적 理學의 입장에서 명분론을 전개하면서도 다른 한편으
로는 상산과 같은 입장에서 그들의 명분론을 비판하기도 한다. 그러면 그
의 명분론이 지니는 복합적 의미와 특색은 어디에 있는지 살펴볼 필요가
있다. 사실 그는 어느 누구보다도 명분의식에 투철하였으며, 이러한 그의
명분의식은 그 학문과 교육에 끊임없이 나타나고 있다.

다음의 논설을 들어보자.

> 聖人은 위로 天子의 존엄함을 온전히 하려고 함에 반드시 먼저 아래로 士
> 와 庶人의 分을 가려 그 아래가 그 위를 보위할 바를 지키게 하였다. ……내
> 가 보건대, 儒者가 禮를 논하면서 마냥 힘써 毫厘 尺寸의 사이를 다투려 하니,
> 이는 특히 公侯의 보배와 마필의 많고 적음을 비교하려는 것이 아니다. 천자
> 의 자리는 五重이요, 제후의 자리는 三重이니 다투는 것은 겨우 二重일 뿐이
> 다. ……그러니 儒者가 힘써 毫厘 尺寸의 사이를 다투려 함은 迂闊한 것이 아
> 니라 형세가 그러한 까닭이다.[67]

이처럼, 天子의 존엄을 보전하기 위하여 聖人은 禮法을 제정하고, 儒者
는 그 예법의 미세한 부분까지 논의하여 오차를 없애려는 노력을 계속해
야 한다고 하였다. 군주가 조정의 기강(명분질서)을 지키기 위해서는 절대
적 존엄성이 필요하다. 그러나 명분의 소재를 안다는 것은 결코 쉬운 일이
아니다. 여기에 성인과 유자, 다시 말해 사대부가 역할을 분담하게 되니,
천자는 성인이 제정한 예법, 다시 말해 名分을 온전하게 지켜나가야 하며,
士人官僚는 그 명분의 소재를 파악하기 위한 노력이 필요하게 된다. 다시
말하면 天命에 따라 기탁된 명분질서를 지켜나가는 일은 人君의 職分이며,

---

67)《東萊博議》卷 2.

그 명분의 소재를 파악하여 이를 군주가 지키도록 하는 노력은 역시 신하
의 책무이다.

군주에 대한 諫言도 군주의 직분을 보좌하는 신하의 중요한 책무라고
주장한다.

> 諫은 나의 직임이요, 聽은 나의 직임이 아니다. 내가 그 직임을 다하지 못
> 하고 君主의 聽으로 그 직임을 越權하려 한다면 되겠는가?[68]

하여 신하가 간언할 때에는 군주가 이를 듣느냐 듣지 안흐냐 하는 결과보
다는 간언하는 도리를 충실히 하는 일이 중요하다는 것이다. 그러나 君主
의 職任을 올바로 아는 일이 사실 그리 쉬운 일이 아니다. 그는 "인군이 높
은 자리에 있으니 스스로 살피기가 매우 어렵다. 대개 좌우 전후가 阿諂
迎合하기 때문이다"[69]라고 하여 주위의 소인배들에 둘러싸여 군주가 信賞
必罰을 공정하게 하기가 쉽지 않기 때문에, 士人의 所任을 상대적으로 강
조하고 있는 것이다.

동래는 군주의 식분이 조정의 기강을 유지하는 일 외에도 이를 더욱 확
대하여 다음과 같이 주장한다.

> 九五는 人君이 居하는 자리다. 따라서 내가 하는 德教刑政의 類가 일일이
> 君子의 道에 합치하고, 사람마다 군자의 域에 돌아가야 바야흐로 허물이 없
> 는 것이다. ……대개 天下가 모두 군자가 되게 하여야 人君의 本分職事에 부
> 합되는 것이다.[70]

하여 군주는 존귀한 지위에서 천하를 다스리면서 모든 것이 君子의 道에
합치될 뿐 아니라, 심지어는 天下의 士子에게 군자가 되게 해야 비로소 군
주의 직분을 다하는 것이라고 하였다. 군주의 직분을 다한다는 일은 매우
어려우며, 심지어는 군주의 직분 그 자체를 알기조차 어렵다. 여기에 士人

---

68) 《東萊博議》 卷 2, 〈擧兵諫〉.
69) 《呂東萊文集》 卷 12, 〈易說·觀〉.
70) 《呂東萊文集》 卷 12.

官僚가 輔導하는 역할이 더욱 절실하게 필요하다.

신하가 君主의 직분을 충실히 이행할 수 있도록 보좌할 의무가 있다면, 군주가 그 임무를 제대로 수행하지 못할 때 이를 바로잡아 주어야 할 책임도 있다. 비판적 기능이 그것이다. 동래는 "儒者(士人)는 禮를 논하면서 매양 힘써 毫厘 尺寸의 사이를 다투어야" 직분을 다하는 것이라면서 다음과 같이 비유적으로 설명하고 있다.

> 구름처럼 높이 쌓은 堤防은 마치 山嶽 같아서 거기에 尺土를 비교하면 하잘것없다. 그러나 물이 갑자기 불어 堤防 높이에 이르면 尺寸의 흙이라도 덜어낼 수 없다. 여기에 물가의 사람들이 믿고 두려워하지 않으니 百萬 生靈의 목숨이 척촌의 흙에 매여 있기 때문이다. 척촌의 흙으로 침몰당할 해를 막을 수 있는 것은 尺寸의 禮로서 僭亂의 근원을 막을 수 있는 것과 같다.[71]

하여 禮가 비록 조그마한 것이라도 사대부는·이를 따져 군주가 지키도록 하는 데 힘써야 한다는 것이다. 거기에는 天理가 있으며, 또한 천명에 따른 명분이 있어 근원적으로 국가의 기강이 달려 있는 것과 같다고 하였다.

이와 같이 동래는 士人官僚의 君主에 대한 보도 및 비판기능으로서 '儒者의 議禮'와 '人臣의 諫言'이라는 두 가지를 말하고 있다. 그러면서도 그는 그들 신하는 "治道를 강론하면서 臣道가 미진하였는가? 아니면 正學이 밝지 않았는가를 생각해야 한다"[72]고 하여 한편으로는 군주에게 신하의 도리를 다할 것을 강조하고 있다. 이러한 논리로는 군주가 신하 자신의 간언에 따르느냐 않느냐 하는 결과에 관심을 두고 집착한다면 이는 越權이 된다. 여기에 동래의 초월적 사대부의식의 한계를 볼 수 있다.

군주의 초월적 권한을 강조하기보다는 군주의 직분을 강조하는 점에서는 象山도 마찬가지였다. 그는,

> 周가 쇠미한 이래 人主의 직분이 불명하게 되었다. ……맹자가 이르기를 民이 귀하고, 社稷이 다음이며, 君은 경하다고 하였으니, 이 말에서 인주의 직

---

71) 《東萊博議》 卷 2,〈王賜虢公晉候玉馬〉.
72) 《呂東萊文集》 卷 5,〈答潘叔度〉.

분을 짐작할 수 있다.[73]

하여 그는 도처에서 맹자를 표방하면서, 孔孟의 正名思想은 원래 민본의 입장에서 군주가 그 직분을 다하도록 하는 데 있다고 하였다. 정주학적 명분론에 비판적 입장을 보인 陽明學을 거쳐,[74] 명말청초의 거유 黃宗羲에 이르러서는 이를 철저히 반대하고 나섰다.

> 小儒들은 용렬하게 군신의 의리가 天地에서 빠져나갈 곳이 없다고 하여, 傑紂 같은 폭군조차도 湯王 武王을 誅滅할 것이 아니었다고 하며, 伯夷 叔齊의 황당무계한 일을 妄傳하여…… 그 원인은 소유에게서 비롯된 것이다.[75]

하여 군신 사이의 의리를 극단적으로 강조한 司馬光·朱子 계통의 명분론자들을 소유로 규정하고 이들을 강도 높게 규탄하고 있다. 明의 멸망을 지켜본 명말청초의 학술사상계는 일반적으로 명왕조의 전제군주권에 대해 비판적이었음은 사실[76]이지만, 그 가운데서도 황종희는 대표적인 반전제주의 사상가였다. 그가 양명학의 계승자였을 뿐 아니라, 송대 시대부학의 또 하나의 산맥을 형성한 절동학의 창시자 여동래의 저술을 열심히 읽었다는 점[77]도 이러한 문제와 관련하여 주목할 필요가 있다.

4. 맺음말

여동래의 학문은 기본적으로 東萊呂氏 가학을 이어받은 것이다. 동래의

---

73) 《象山全集》 卷 34, 〈語錄〉.

74) 졸고, 앞의 글(《東洋史學研究》 6, 1973).

75) 《明夷待訪錄》 1, 〈原君〉.

76) 蕭公權, 《中國政治思想史》(台灣, 1982), 8章, 明末清初之反專制思想.

77) 全祖望 撰, 〈梨洲先生神道碑文〉[薛鳳昌 編, 《梨洲遺著彙刊》 首卷 (上海, 1910)]. 黃의 사대부의식을 呂東萊와 관련지어 언급한 것으로는 졸고, 〈明夷待訪錄에 보이는 職分論〉, p.24 참조.

10대조 夢奇가 오대십국 後唐 정권에 고위관직을 역임한 이래 대대로 관직이 높고 학문이 뛰어난 인사가 많이 나왔다. 全祖望은 《宋元學案》에서 그들 여씨가문의 학자 17명을 다루면서 그들의 학문적 특징을 一家說에 얽매이지 않는 "博雜함에 있다"고 지적하고 있다.

'동래'는 그의 증조부 好問이 東萊郡候에 진봉된 인연으로 얻어진 당호이며, 그도 諸家의 학설을 자유로이 보는 博雜을 특징으로 하는 가학의 전통을 충실히 이어받았다. 그는 한편으로는 程朱의 理(性卽理)學에 가까이 하고, 다른 한편으로는 象山의 心(心卽理)학에 대해서도 긍정적 태도를 보이면서 양자를 절충하려 하였다. 그가 중국철학사에서 한 봉우리를 이루는 鵝湖의 會合을 주선한 것도 이러한 그의 중용적 입장에서 취해진 것이었다.

그의 그러한 중립적 태도는 다른 곳에서도 나타난다. 주자의 맹렬한 비판을 받고 있던 永嘉와 永康의 功利學派에 대해서도 지지하는 입장을 분명히 하였다. 예컨대 朱子와 陳同甫 사이에 있었던 義理王覇에 관한 논쟁에서, 그는 주자의 의리학에 무게를 두면서도 동보의 공리적 역사관에 귀기울이면서, 때로는 박수를 아끼지 않았다.

이와 같은 동래의 중용적 내지 제가를 종합·절충하려는 경향은 선대부터 유래한 家學의 '博雜'한 전통을 이어받은 결과였으며, 또 한편으로는 수도 杭州와 인접한 金華에 살면서 정치적 현실에 끊임없이 직면하고 있었던 까닭에 어느 한 학파에만 치우치지 않았던 이유도 있었을 것이다. 아마도 이것은 그가 理學에 빠져 있으면서도, 한편으로는 독창적 浙東史學을 개창한 배경일 것이다.

다음으로 동래의 名分 논의를 통하여 송대 사대부의식의 일반을 살피려 하였다. 동래의 명분론은 司馬光·程伊川·朱子 계통의 理一分殊論에 입각하여 전개한 것으로서, 伊川의 天尊地卑의 易理를 이어받아 군신·상하·존비의 명분을 강조하면서, 동시에 〈左氏春秋〉의 尊王攘夷의 義理思想으로 사대부 기풍을 고취하려 하였다. 그러나 그는 정주학적 명분론에 동참하면서도, 또 한편으로는 사마광·주자류의 극단론에는 반대의사를 표명하였다. 다시 말하면 군신관계에서 의리상 臣의 '守節伏死'를 강요한다든지, 재

판관은 상하의 爭訟에서 명분을 엄수하기 위하여 윗사람을 옹호해야 한다
는 주장에는 반대하였다. 그 이유로서 그는 理와 分은 하나인데 分을 우선
시하여 양자를 분리하는 것은 이치에 어긋나는 것이라 하였다. 이 점에서
는 陸象山의 주장과 궤를 같이하였다.

이러한 논리의 연장선 상에서 동래는 군신의 분이 도리(禮)로서 엄수되
어야 하지만, 여기에는 각자의 職分이 반드시 따라야 한다고 하였다. 군주
의 직분은 하늘로부터 위탁받은 천하를 지키는 일이요, 士人官僚는 그 分
理 다시 말해 명분의 소재를 궁구하고 밝혀 군주가 그 직분을 다하도록 해
야 하는 책임이 있다는 것이다. 여기서 그의 독창적이면서도 강렬한 사대
부의식을 읽을 수 있다.

(《東國史學》35집, 2001)

제 3 장
陽明思想에서 '分'의 문제
- 朱子學의 명분론 비판 -

1. 머리말

陽明은 사회적 문제나 정치적 문제에 직설적인 관심을 표명하지는 않았다. 明代 心學은 일반적으로 그러한 현실세계보다는 인간의 내면 수양에 관심을 기울였으며, 明代 心學의 정점을 이루는 陽明學에서는 더욱 그러하였다.

그러나 그가 살았던 시대, 다시 말해 明 中期 이후는 사회·경제적 변동이 일어나고, 明初에 마련된 튼튼한 제도적 기반도 점차 흔들려 정치가 문란하였다. 양명 자신이 농민반란을 진압하는 데 나서는가 하면, 환관 劉瑾의 학정에 반항운동을 벌여 謫居생활을 하지 않으면 안 되었던, 실로 다난한 시대였던 만큼, 그가 비록 현실문제에 대한 직접적인 관심을 보이지 않았다 하더라도 그의 도덕주의의 이면에는 강렬한 사회의식이 깔려 있었을 것임에는 의심할 여지가 없다. 따라서 그의 道德說 가운데서 經世問題에 관련된 부분을 추려내어 분석 검토하고 다시 종합하여 평가하는 일은 양명학 연구에 중요한 작업이 될 것이다.

이 글에서는 그 기초작업의 하나로서 주로 《傳習錄》에 보이는 그의 '分' 이론을 중심으로 사회사상 일반을 보려 한다. 이는 첫째 인간관, 다시 말해 개인의 능력의 分(차이에 관한 문제), 둘째 개인의 사회적 실현과정에

서 나타나는 사회적 불평등(分의 문제)을 양명은 어떻게 의식하였는지로
살펴볼 수 있다. 이러한 문제를 해명하기 위해서는 자연히 그의 大同的 一
體思想과 관련하여 고찰해야 될 것이며, 또한 양명학의 사상사적 위치를
파악하기 위하여 주자학, 특히 그 定分論의 내용을 검토하여 비교 고찰하
는 작업이 수반되어야 할 것이다. 그리고 이 연구가 양명의 경세사상을 대
상으로 하는 만큼 명대 사회에서 지주와 佃戶 사이의 신분관계가 어떻게
변하고 있었으며, 陽明의 '分'의식은 그러한 사회신분과는 어떤 관련을 갖
는지도 살펴보려 한다. 명대의 심학이 명대 사회의 소산인 한 陽明의 '分'
이론도 명대의 사회적 신분관계를 반영한다고 믿기 때문이다.

양명학 연구가 지금까지 주로 도덕사상의 본질을 해명하는 데 치우쳐
온 나머지 그의 경세적 성격을 간과해버린 것이 사실이다. 이를테면 拔本
塞源論[1]만 하더라도 이전의 연구에서는 예외 없이 인용하면서도 전통 유
교적 도덕 사회설로만 취급하여 이 글에서 시도하는 것처럼 그의 사회의
식을 찾기 위한 자료로 삼으려 하지 않았다.[2]

따라서 필자는 이러한 문제 시각에서 양명학의 일정한 성격을 파악하여
그 사회사상사적 의미를 부여하려 한다. 하지만 연구의 범위가 산만하여
우선 서설적으로 고찰하려 한다.

끝으로 이 연구는 관계분야의 연구업적을 토대로 진행해야 하나, 그 수
많은 논저를 일일이 살피지 못한 아쉬움은 필자의 무력의 소치로 돌린다.

---

1) 《傳習錄》 中, 〈答顧東橋答書〉(또는 〈答人論學書〉).
2) 錢穆, 《王守人》(人文文庫, 臺灣 商務印書館), pp.72~81 ; Theodore de Bary,
"Individualism and Humanitarianism," *Self and Society in Ming Thought*
(Colombia : 1970), pp.152~154 ; 岡田武彦, 《王陽明と明末の儒學》(東京, 1970年 8
月), pp.78~80 ; 島田虔次, 〈中國近世の主觀唯心論について〉(《東方學報》, 京都 28
冊, 1958年 3月), pp.33~36 ; 《中國における近代思惟の挫折》(東京, 1970年 12月),
pp.49~51. 이 가운데 山下龍二는 《陽明學の研究》(成立論)(東京, 1971年 10月),
pp.17~20, 133, 138, 151~156 등에서 陽明學이 정치적 관심을 갖지 않았다는 종래
의 통설에 의문을 던지고, 특히 〈拔本塞源論〉을 중심으로 陽明의 經世思想을 찾을
수 있다고 주장하여 주목을 받고 있다.

2. 陽明의 일체사상과 '分' 이론의 모순

1) 인간관 – 본질적 평등과 재능의 分(차별)觀

陽明의 사회사상을 엿보기 위해서는 먼저 그의 인간관에서부터 출발해야 할 것이다. 陽明學은 心이 인간의 주체요, 그 인간이 사회·우주의 주인이라는 철두철미한 주관적 입장에 서 있어서, 그 인간관은 곧 사회관의 원형이 되기 때문이다.[3]

儒家의 정통을 이어받았다고 자부한 양명의 인간관은 전통 유가의 경우와 마찬가지로 聖人觀을 의미한다. 그의 인간관(성인관)은 흔히 인용되는 유명한 精金의 비유[4]에서 탁견을 보여 주는데 그는,

> 聖人이 聖人이 되는 까닭은 그 마음이 어느 정도로 天理에 純하고 人欲의 雜됨이 없는가에 달려 있으니, 마치 純金이 순금이 되는 정도가 백퍼센트의 순도를 지녀야지 銅이나 鉛이 섞여서는 안 되는 것과 같은 것이다. 그런데 聖人의 才力에는 역시 大小가 있는데, 그것은 마치 金에 중량이 있는 것과 같다. 이를테면 堯·舜은 萬鎰, 文王·孔子는 9千鎰, 伯夷·伊尹은 4~5千鎰로서 각각 才力이 같지 않으나 天理에 純하다는 점은 한가지여서 모두 聖人이 된다.

고 하였다. 이와 같이 陽明은 인간평가의 기준을 본질에 두고 才力의 有無에 두려하지 않는다. 이러한 논리를 전개시키면 愚夫愚婦도 聖人이라는 '滿街都是聖人'[5]觀에 이르게 되므로, 伯夷와 伊尹이 4~5千鎰이면 愚者도 수백 아니면 數千鎰은 될 것이기 때문이다. 陽明의 인간관은 결국 본질적으로 평등하다고 하면서도 聖愚의 현실적 차별은 인정한다. 聖人의 分과 賢人 이하의 分이 있다는 것이다. 다시 말해 良知와 良能은 愚夫愚婦가 같

---

3) 이 점에서는 朱子學과 방법론상에 차이가 있다. 다시 말해 朱子는 人間을 포함한 宇宙論이 곧 理氣論이라는 입장에서부터 출발하여 人間觀을 거기에 대응시킨다. (三節 1項 참조)

4) 《傳習錄》上, 99[이 숫자는 山本正一 譯注 《傳習錄》(東京, 1966)의 目次에 따름. 이하 同一].

5) 《傳習錄》下, 113.

으나 단지 그것을 이루느냐(致) 이루지 못하느냐에 그 구분점이 있다는 것
이다.[6] 그는 修道說[7]에 대하여,

> 率性之謂道는 聖人分上의 일에 속하고, 修道之謂教는 賢人分上의 일에 속
> 한다. 衆人도 역시 率性이지만 다만 率性은 비교적 聖人分上에 많고, 聖人도
> 修道지만 다만 修道는 賢人分上에 많다.

고 하여 성인과 衆人의 分이 있기는 하지만 그 구분은 단층적 절대적인 것
이 아니라, 비교적 상대적인 것으로 규정짓는다.

이와 같이 양명의 인간관은 도덕적·본질적으로는 평등하다고 보기 때
문에 '分'의 타파가 전제될 수밖에 없다. 그러나 인간이 사회적으로 실현될
때의 현실적인 측면에서 보면 문제는 달라진다. 精金의 비유에서 본 것처
럼 聖人도 才力이 크고 작음에 따라서 堯·舜과 같은 大聖과 伯夷·伊尹과
같은 小聖의 구별이 생길 뿐 아니라, 같은 이유로 賢人과 衆人의 구분이
생기게 된다. 金의 순도만이 문제가 아니라, 같은 순금이라도 그 중량에
따라 현실적 평가는 판이하게 달라지게 마련이다. 이 점에서 그의 도덕적
의도와 그 실현을 위한 방법 사이에는 모순이 일어나지 않을 수 없었다.
이 모순, 다시 말하면 인간의 본성과 재능, 본질과 중량 사이에 가로놓인
틈을 메우는 일이 양명에게는 고민이었다. 그가 비록 도덕적 당위의 차원
에서 후자를 전자의 속성으로 돌려버림으로써 그 대립적 차이를 해소하려
하였지만, 그럴수록 후자, 다시 말해 중량의 문제는 더욱 부각되어 온다.

그러면 현실적인 중량, 다시 말해 재력에 따라서 인간의 分(차별)이 나
타난다면 도대체 그 재력의 차이는 어디서부터 오는가? 양명은 그것을 선
천적인 것으로 보았다. 제자 錢德洪이 孟子의 巧力聖智說[8]에 관해 물었을

---

6) 《傳習錄》 中, 〈答顧東橋答書〉에 "……良知良能, 愚夫愚婦與聖人同. 但惟聖人能致
  其良知, 而愚夫愚婦不能致. 此聖愚之所由分也" 및 《傳習錄》 中, 〈啓問道通書〉에
  "……何慮何思正是工夫在聖人分上, 便是自然的, 在學者分上, 便是勉然的……" 이
  밖에도 여러 곳에 보인다.
7) 《傳習錄》 下, 30.
8) 《孟子》, 〈萬章下〉에서 巧는 聖에, 力은 智에 비유한 설명이다.

때, 인간은 각각 특징이 있는데 이는 선천적인 재력의 分限(분수)이 다르기 때문이라고 답하였다.[9] 陽明은 재력의 分限을 강조하여 각자는 타고난 분한에 맞게 행해야지 "그 힘이 미치지 못하는 바를 구하거나, 그 知가 能하지 못하는 바를 억지로 하면 이루지 못한다"는 점을 들어 제자들에게 훈계하면서 "그 位에 맞추어 行하고, 생각도 그 位를 벗어나지 말라(素其位而行, 思不出其位)"[10]는 古語의 位의 의미를 그는 '才力의 分限'으로 풀이하였다.[11]

양명은 이와 같이 현실적으로는 개인의 역량을 중시하면서도, 실제로는 이를 본질(도덕)에 폭력적으로 종속시켜 버린다. 그러한 才力의 처리 문제에 대하여 의심을 품은 제자의 질문에 그는,

> 후세의 儒者는 그 分量(才力)에만 관심을 기울여 公利主義로 떨어졌다. 만약 이 분량의 측면에서 관심을 떼어 각자가 자기의 역량과 정신을 다하여 단지 내 마음이 天理에 純하려는 데만 노력하면 곧 모든 사람은 자기를 그대로 실현하여 원만히 성취할 수 있을 것이다. 다시 말해 재력이 크면 큰 것을 이루고 적으면 적은 것을 이룰 것이니, 먼 눈 팔지 않아도 具足하리라……[12]

고 하였다. 다시 말해 三代 이후의 儒者들은 역량과 기교의 측면을 중시하여 인간을 평가하면서도 그것을 기준으로 삼았기 때문에 후세에는 분열이 끊이지 않아 세상은 걷잡을 수 없는 혼란에 빠지게 되었다는 것이다. 그러나 이러한 그의 후세 儒者에 대한 비평은 정당한 것이 아니다. 전통적 유가는 대체로 "德이 才를 이기는 자를 군자, 才가 德에 이기는 자를 소인"[13]

9) 《傳習錄》 下, 86. "先生曰, 三子(柳下惠·伯夷·伊尹) 固有力, 亦有巧. 巧·力, 實非兩事…… 三子譬如射, 一能馬箭, 一能遠箭, 他射得得到, 俱謂之力, 中處, 俱謂之巧, 但步不能馬, 馬不能遠, **各有所長, 便是才力分限, 有所不同處**"(강조 표시와 괄호는 필자)

10) 《中庸》에 보이는 말로서, 원문은 "君子素其位而行, 不願乎其外. 素富貴行富貴, 素貧賤行貧賤……"

11) 《傳習錄》 中, 〈答歐陽崇一〉.

12) 《傳習錄》 上, 107.

13) 司馬光, 《資治通鑑》 卷 1.

이라고 하는 군자·소인관에 있었을 뿐 아니라, 항상 양명학의 비판의 표적이 된 주자도 물론 이러한 입장이었다.[14] 차라리 재력과 功利主義를 중시한 쪽은 法家였다.

이제까지 양명의 인간관을 살펴보았는데 거기에서 우리는 양명의 의도가, 재능에 따른 分(차별의 본성, 다시 말해 德)에 종속시켜 버림으로써 도덕사회를 이룩하려는 강렬한 의지가 숨어 있음을 볼 수 있었다. 동시에 그의 그러한 의도와는 달리 재능의 결과로 나타나는 分이 일방적·폭력적으로 무시되는 데는 설명이 부족한 점, 다시 말해 그의 인간관에 모순이 내재하고 있다는 점을 지적할 수 있었다.[15]

주관적 심학에서는 사회관도 인간관에 대응시켜 전개하는 일반적인 특징을 띤다는 점을 이미 언급한 바 있다. 이제 陽明의 인간관을 기반으로 하는 그의 사회관은 어떠한 것인지를 알아보자.

2) 사회관 — 四民平等과 사회적 分(불평등)觀

陽明의 사회의식을 엿보기 위한 논술로는 〈拔本塞源論〉, 거의 이 한편의 논문을 들 수 있다. 비록 이것이 구체적인 제도의 개혁이라거나 현실문제를 타결하기 위한 행동의 지침은 못 된다 하더라도 그의 사회적 경제적 관심을 보는 데 가장 적합한 것이다. 그 자신도 이 논문만은 사회적으로 불합리한 여러 요소들을 제거하여 질서 있는 大同의 理想社會로 인도할 수 있다는 자신과 포부를 가지고 쓴다는 점을 그 서두에서 밝히고 있다. 제목 그 자체가 저돌적 인상을 풍기거니와, 그 뜻은 三代 이후 천여 년 동안 인간은 모두 利己·私欲의 습성에 젖어왔으며, 明君의 政敎와 賢哲의 학문이 계속 나왔으나 결국 그 利己·私欲을 조장하는 데 그칠 뿐이었으니,

---

14) 馮友蘭,《中國思想史》下冊, pp.915~916.
15) 上本正一,《譯註傳習錄》, p.78에서도 本質과 個人差의 接着이 부족하다고 지적하고 있다. 또 高橋行司, 〈陽明敎學の矛盾 — 聖人觀を中心として〉(《中國哲學》3號, 北海道 中國哲學會 編)이 있다. 아마 이 논문은 제목으로 보아 이 점에 대해서는 필자의 논지와 어느 정도 비슷하리라 생각되지만 아직 읽어보지 못한 점을 유감으로 생각한다.

그 병의 뿌리를 뽑고 병의 근원을 막지 않으면 三代와 같은 이상사회를 다시는 이룩할 수 없다는 것이다.

그렇다면 양명이 보여준 이상사회를 구현하는 방법은 무엇인가? 다음은 〈拔本塞源論〉, 다시 말해 근본을 뽑고 원천을 막아버린다는 주장으로, 이를 통해 그의 '分'의식을 분석·검토하려 한 것이다.

> (三代에는)…… 學校에서도 德을 이루는 데만 힘써 才能의 차이에 따라 禮樂에 능한 자, 政敎에 능한 자, 水土·播植에 능한 자는 각각 그 德을 이루게 하되 그 능한 바를 학교에서 더욱 연마한 뒤 그 德을 보아 임용하면 죽을 때까지 그 職을 바꾸지 못하게 하였다. 임용자는 오직 同心一德하여 함께 천하의 民을 편하게 할 뿐, 재능이 그 職에 맞는지만 관심을 갖되 계급의 고하로써 輕重을 삼지 않고, 職種의 勞逸로써 美惡을 삼지 않으며, 피임자도 또한 同心一德하여 천하의 民을 편하게 할 뿐, 자기 재능에 맞으면 어려운 職을 맡더라도 힘들게 여기지 않으며, 말직이라도 천하다고 여기지 않았다. 그리하여 천하의 인민은 가족처럼 친하여 才質이 낮은 이는 農·工·商賈의 分을 지켜 각기 그 業에 힘써 相生相養할 뿐, 높은 것을 바라고 분수의 바깥을 내다보는 일이 없으며…… 天地萬物의 仁을 이루면 정신과 志氣기 관통하여 人·己의 分과 物·我의 間이 없어 마치 신체에서 눈은 보고 귀는 듣고 손은 붙잡고 발은 걸어다니어 한 몸의 기능을 다함과 같으니…… 오직 心體의 同然함을 회복하는 데 있을 뿐 지식과 기능은 일러 말할 바 아니다.

이 논설은 三代의 이상사회를 빌려 자신의 희망을 드러낸 것으로, 역시 중국의 전통적 정치사상의 하나인 大同思想[16]에 기초를 둔 것이다.

그런데 그 大同的 일체사상은 본래 모순되는 두 측면, 다시 말해 當爲로서의 大同과 존재로서의 分(차별)을 동시에 내포하고 있었다. 양명의 이 일체사상[17]에서도 또한 그러한 모순이 드러나고 있는데, 그는 그것을 단지

---

16) 《禮記》, 〈禮運篇〉의 "以天下爲一家, 以中國爲一人"이라는 大同의 理想社會說은 程明道의 만물 일체사상과 張橫渠의 우주 동포주의를 거쳐 陽明에 와서는 大同的 일체설로 종합된다. 明道와 橫渠의 일체사상에 관해서는 註 41) 참조.

17) 陽明의 만물일체설은 〈拔本塞源論〉 이외에 양명학 입문서라 할 〈大學問〉과 〈答聶文蔚〉 등 주요 논설이 한결같이 주장하는 하나의 중심사상이다. 島田虔次는 〈中國近世의 主觀唯心論에 대하여 ─ 萬物一體의 仁의 思想〉의 서문에서, 그의 前著 《中

인간의 도덕적 자각에 호소하여 해소하려 할 뿐, 현실적인 타개책을 제시
하지 못하고 있다.

그는 才能에서 비롯한 上下의 分이나 士와 農·工·商의 分이 서로 모순
되지 않는 기능적 분업적 차이에 지나지 않는 것으로 보아 四民平等主義
를 따르고 있다. 그의 사민평등관은, 처음에 士였던 方麟이 뒤에 상업으로,
다시 농업으로 職을 바꾼 것에 대한 다음의 평에서 엿볼 수 있다. 즉,

> 옛날에는 四民이 業을 달리하더라도 道는 같이하였다. 그 마음을 다하는
> 것은 한가지인 것이다. 治는 닦고, 農은 기르는(養) 데 이바지하고, 工은 器를
> 利하고, 商은 貨를 通한다. 각기 그 자질의 가까운 바, 힘이 미치는 바에 따라
> 그것을 業으로 하여 그 마음을 다하기를 추구하니, 그의 돌아갈 바가 生人의
> 道에 有益하다는 점에서는 마찬가지이다. ……때문에 四民은 業을 달리하나
> 道를 같이 한다.[18]

고 하여 異業同道의 四民平等을 설명하고 있다. 四民의 구분은 '資質'과
'能力'에 따라 정해지나, 그 '分'은 生人을 위하여 각각 분업으로 일체적 大
同을 이룬다는 점에서는 같기 때문에, 그것은 상하계층이 아니라 기능적
차이에 지나지 않는다는 것이다. 道가 같으니 學도 四民의 共有일 수밖에
없다. 원래 과거의 學과 밀착된 주자학이 士의 전유물로 삼아온 유교를 양
명은 四民에게 공개함으로써 四民同道·四民共學[19]에 의한 대동사회의 건

國における近代思惟の挫折》이 주로 양명의 사상을 心卽理라는 한 면에만 치우친
나머지 다른 하나의 중요한 특징인 만물일체의 면을 소홀하게 취급했다는 것을 인
정하고 이를 補正하기 위하여 이 논문을 쓰게 되었다고 밝히고 있다. 그런데 이 만
물일체설에 대하여 좀더 입체적 분석을 시도한 山下龍二는 《陽明學の硏究》(展開
編), p.138에서 "陽明의 일체론에는 두 측면이 있다. 다시 말해 인간·금수·초목·瓦
石을 포함하는 천지 일체의 物이 일체임을 直覺하는 일종의 철학적 심리적 일체론
과 인간세계의 정치적 사회적 일체론이다. 전자는 개인의 수양목표가 우주적 자각
에 있기 때문에 불교적 사유와 연관되며, 후자는 정치적 治國平天下를 목적으로 하
기 때문에 경세치용의 學과도 연관된다. 따라서 이 치국평천하의 실제 방안을 검토
해야 비로소 그의 사상의 위치가 결정될 수 있다"고 하여 만물일체 사상을 중심으
로 하는 양명 사상의 經世的 성격을 인정하고 그 구명의 중요성을 지적하고 함축적
으로 문제를 제기하고 있다.

18) 《王陽明全集》卷 25(上海, 世界書局, 1937), 〈節菴方公墓表〉.

설, 다시 말해 "心體의 同然함을 회복하여 일체의 仁(大同)을 이루어야 한
다"는 대동적 이상사회의 건설이 양명의 궁극적 소망이었다.

그러나 그의 열렬한 소망에도 막상 그 대동사회를 이룩하기 위한 방법
은 인간 각자가 "尊卑를 輕重으로, 勞逸을 美惡으로 생각하지 말고 煩劇하
고 卑瑣한 일자리라도 괴롭거나 천하다고 생각하지 말아야 된다"는 개인
의 도덕적 자각에 호소할 뿐이었다. 즉, 良知라는 점에서는 모든 인간이
평등하다는 그의 성인관을 사회적 인간관계에도 그대로 적용하여, 도덕적
인 점에서 사민은 평등하다는 사민평등론을 제출한 것이다.

그러나 그의 인간관에서 이미 보여준 良知上의 동일성과 才能上의 차별
성과 모순은 그의 사회적 인간관계에서도 그대로 반영되어 도덕적인 평등
성과 현실적인 불평등성 사이에 메울 수 없는 간극이 생겼다. 그가 비록
도덕주의를 강조한 나머지 "지식·기능은 더불어 논할 가치가 없는 것"이
라 하였지만, 바로 그 지식의 정도에 따라 禮樂·政敎·播植의 職이 정해지
고 士와 農·工·商의 業이 정해지며 尊卑·輕重·勞逸·貴賤의 '分'으로 나누
어지는 것이고 보면, 그것은 현실적으로는 "더불어 논할 가치가 있는 것"
이 될 수밖에 없다. 사실 그는 공자 같은 大聖과 伯夷·伊尹 같은 小聖과는
良知를 이룬 점에서는 마찬가지이지만 그 차이는 기교와 才力 바로 그것
임을 인정하였다.[20]

이와 같이 양명의 일체사상은 당위로서의 평등(德에 의한)과 현실적인
불평등(能力에 의한)의 간격을 합리적으로 메우지 못한 흠을 남겼다. 그렇
다고 하여 양명의 '分' 이론이 사회사상에서 차지하는 위치를 결코 과소평

19) 《明儒學案》 卷 32, 〈王一庵語錄〉. 王一庵이 그의 스승 王心齋(艮)를 讚하는 글에
  서 "自古農工商賈, 業雖不同, 人人皆共學……"이라고 한 것은 陽明의 四民同道觀을
  다르게 표현한 것이다.
20) 陽明이 孟子의 巧力聖智說을 활쏘기에 비유한 데서 (註 9) 참조) 巧力(기교와 역
  량)은 선천적인 분수(分限)이기 때문에, 그가 精金 비유와 그 문답에서 才力을 강조
  하면 功利主義에 빠진다고 우려한 것은 재력의 현실적 긍정을 바탕으로 한 것임이
  틀림없다. 陽明學과 事功主義의 밀접한 관련에 대해서 島田虔次는, 陽明 자신의 軍
  功 이외에도 淸初의 顔習齋가 陽明에 깊은 영향을 받았다는 사실과 陽明의 門人인
  羅念庵이나 一條鞭法을 창조한 王宗沐 등이 事功에 精勵한 예를 반증으로 들고 있
  다.(島田虔次, 〈中國近世主觀唯心論について〉, 註 62) 참조)

가 해서는 안 된다. 그가 재능의 유무에 따라 聖愚·上下·貴賤의 分이 정해 진다고 본 점은 결과적으로 주자학의 分(신분론)을 이론적으로 깨뜨리는 데 선구적 역할을 하게 되었다. 그의 布衣의 제자인 泰州派의 王艮은 天分 (재질)은 비록 하늘이 정해 주었으나 命分(운명)은 인간 자신이 개조할 수 있다는 '造命'說[21]을 제창하였고, 李卓吾에 이르러서는 현실적으로 무기력 한 인간의 덕성을 배제하고 재능을 극단적으로 중시하여 인간평가의 기준 을 재능으로 삼게 된 것[22]도 결코 우연한 일이 아니다.

　사회적 '分'이 재능의 결과라고 본 양명의 '分' 이론이 이러한 역사적 전 개과정을 겪게 되었지만[23] 아직 거기에는 일정한 한계가 있었다. 그것은 재능에 따른 分의 고정화이다. 다시 말해 재능이 높고 낮은 데 따라 '分'이 결정되면 "종신토록 바꾸지 아니하고", "높은 것을 바라 분수의 밖을 넘보 지 말아야" 大同의 秩序社會를 이룰 수 있다는 것이니, 결과적으로는 分의 고정화를 주장한 것이다. 이 재능에 따른 分의 고정화 — 사회적 불평등의 인정 — 는 원리상 分을 타파하려는 정신 — 도덕적 평등주의 — 에도 불구 하고 의외로 '非身分的 신분'[24]이라는 양명 특유의 변태적 신분 개념이 새 로 나오게 되는 결과를 낳았다. 다음 장에서 다루겠지만 양명은 四民 가운

---

21)《明儒學案》卷 32,〈心齋語錄〉.

22) 島田虔次,〈中國近世主觀唯心論について〉[《朱子學と陽明學》(東京, 1967)], pp.197~209.

23) 그러나 才能의 강조, 다시 말해 事功主義를 단순히 양명 사상의 영향이라고만 볼 수는 없다. 명말·청초의 사회적 변혁기를 맞이하여 일반 독서인 층에서 事功主義에 치우치는 경향을 볼 수 있다. 예컨대 東林派의 한사람인 倪元路도 "德은 才의 德"이 라 하여 才를 중시한다. Ray Huang, "Ni yüan Lu : 'Realism' in a Neo-Confucian Scholar-Statesman," *Self and Society in Ming Thought*, pp.437~438 참조. 이러한 事功主義的 경향을 明 中期 이후 성행하는 氣의 哲學과 관련하여 음미해 볼 필요가 있겠으나 여기서는 논급하지 않겠다. 陽明·羅欽順·王廷相 등 當代 巨儒의 氣의 哲 學에 관해서는 山下龍二,《陽明學の硏究》(成立論)(東京, 1971年 10月), 三章 ; 山井 湧,〈明代における氣哲學の成立〉(鈴木博士古稀紀念《東洋學論叢》, 東京, 1972年 10月) 참조.

24) 朱子學的 신분을 인정하지 않으려는 陽明은 사회적 分(불평등)을 재능의 결과 로 보았으나 결국 그 分에 따라 一人 一代의 職·業을 바꾸지 말아야 한다는 分 의 고정을 주장하였으므로, 필자는 이를 잠정적으로 '비신분적 신분'이라 부른다.

데 몸을 두었으나 의식은 여전히 士, 다시 말해 지주계층에 뿌리를 내리고 있었던 한계 때문에 지주적 지배질서 유지가 그의 經世論에 급선무가 될 수밖에 없었으므로, 그 변태적 신분 — 재능에 따라 一人 一代에 限하는 — 개념이 나오게 된 것이다.

위에서 본 것처럼 양명이 철저하게 도덕주의를 추구한 결과, 주관적으로는 才力을 德에 종속화시키거나 아니면 일방적으로 방기할 수 있었지만, 객관적 현실 속에서는 才力의 유무에 따라 사회적 분 — 上下·尊卑·貴賤의 차별 — 이 엄연히 존재하였다. 다시 말하면, 양명이 대동적 이상사회를 염원했음에도 이상과 현실, 원리와 현상, 본질과 중량 사이의 간극을 끝내 메우지 못한 채 그것을 오직 인간 각자의 도덕성의 문제로 돌려버림으로써 그의 경세론은 현실적 호소력을 갖지 못하게 되었다. 바로 이 점에 양명의 고민이 있었다.

陽明의 致良知說이 이처럼 현실사회에 맞부딪쳤을 때 느끼게 되는 무력감과 고독감은 오직 종교적 정열로서만 메울 수 있었다. 그런데 신앙은 논리 이전의 문제다. 양명의 良知說이 "거의 선동적이라 해도 좋을 정열"과 "傳道의 정열"을 띠게 되었던 것은 그 모순을 해소하려는 데서 원인을 찾아야 할 것이다.[25] 그가 聶文蔚에게 보내는 편지에는,[26]

> 豪傑同志의 士를 얻어 함께 良知의 學을 천하에 밝혀, 천하사람들이 모두 良知를 이루도록 하여 서로 相安相養하여 自私自利의 蔽를 버리고 讒妬勝忿하는 버릇을 씻어 大同을 이루면 나의 狂病과 喪心은 脫然히 완쾌되리라.

는 간절한 호소, 이미 狂病에 걸려 상심하는 모습이 역력히 드러난다. 그가 기본적으로는 지주적 입장에 서면서도 상하·귀천의 民이 서로 투기하

---

25) 島田은 〈中國近世主觀唯心論について〉, pp.37~39에서 그 정열의 원인을 양명파 사상가의 저술에 특징적으로 나타나는 '生機'에서 구하려고 하면서 "生機의 구체적 내용은 생산력이라 하던지, 서민이 에너지라 풀던지, 아니면 몰락하는 지주계급의 히스테리라고 이해해도 좋다"고 하고, 後著에서는 다시 그것을(生生不容己 또는 生機) 明末의 民變에 대응시켜 설명한다.[〈朱子學と陽明學〉(東京, 1967), p.166]

26) 《傳習錄》 中, 〈聶文蔚〉.

고 화를 내어 대립 갈등함으로써 서로 편안하고 도와주는 大同의 이상사
회가 이룩되지 못하는 데 상심하고 있었다.

그러나 그는 貧富一體·貴賤一體·王民一體를 주장하면서 그의 제자 黃
綰의 경우와 같이 定分論的 입장에서 巨室·大家便의 권익만을 지키려 한
것은[27] 아니고, 오히려 빈천한 小民을 무한히 동정한다. 그는 "宗族鄕黨을
버리고 暴民化한 사람은 그 본성이 특이하기 때문이 아니며 그의 죄도 아
니다. 역시 우리 관리들의 무도한 정치와 교육의 부재가 그 원인"[28]이라 하
여 暴民에 대한 책임이 사대부에게 있다고 보기 때문에 "인민의 빈천은 나
의 절실한 고통이며…… 民의 굶주림과 허덕이는 모습을 보면 내 자신이
고통과 같이"[29] 생각하였다.

주자학이 사대부 계층의 기득권을 지키기 위하여 서민의 '分'을 강요하
는 태도와는 달리, 그는 원리적으로는 士庶의 계층 앞에서는 전자의 입장
에서 후자를 동정하는 태도를 취하였다. 서민의 곤궁은 士(관리)의 책임이
며, 따라서 그들의 고통을 자기 자신의 疾痛으로 느꼈으나, 그 책임과 고
통에서 벗어나는 것은 '知足安分', '同心一德'이란 도덕적 자각으로만 가능
하다는 전통 유가의 한계를 벗어나지 못하였다. 다시 말하면 인간이 그 分
限에 따라서 결과한 지위에 맞추어서 良知를 이루어 성인이 될 수 있다는
양명의 교설은 결국 士大夫學의 지상 목표, 도덕적 당위로 도망치게 됨으
로써 生民의 곤궁은 그대로 버려둘 수밖에 없었다. 그러나 방치된 生民의
곤궁함은 大同의 이상사회를 꿈꾸는 주관주의자 양명에게는 내버려두어
서는 안 된다는 도덕적 사명감과 이율배반하는 갈등을 낳았으며, 그 결과
이러한 갈등을 해소하는 방법으로 '전도적 정열'을 강조하였다.

양명이 창도하여 左派 王學의 특징을 이루었던 狂意識도 이러한 시각에

---

27) 黃綰은 祖·父 3대에 걸쳐 고관을 지낸 명문출신으로 양명의 문도였으나 양명이 죽
  은 뒤 定分論的 입장에서 陽明과 龍溪의 일체사상과 사민평등설을 兼愛說에 類한다
  고 비판하고, 빈부·귀천·상하의 구별은 국가 유지를 위한 당연한 서열질서라고 보
  고, 이 分은 곧 차별이라는 王民一體說을 내세웠다.[容肇祖,《明代思想史》, pp.162~
  163, 170, 181 ; 山下龍二,《陽明學の硏究》(成立論)(東京, 1971年 10月), 4장 참조]
28) 《王陽明全集》 卷 17, 〈南贛鄕約〉.
29) 《傳習錄》 中, 〈答聶文蔚〉.

서 이해해야 할 것이다. 양명은 만년이 될수록 狂者의 마음(胸次)이 되어 그 병은 더욱 깊어만 갔다.[30] 狂은 이상주의적 정열을 뜻한다. 양명의 '광의식'은 바로 그의 '종교적 정열'의 한 표현이다.[31] 다시 말하면 그의 狂病은 주관적 원리적으로 '分'을 타파하려는 의욕과 객관적으로 '分'이 엄존하는 현실 사이에 일어나는 갈등의 표현이며, 그의 종교적 열정은 그 갈등을 해소하려는 도덕적 호소에 지나지 않는다.

3. 朱子學의 '定分論'과 陽明의 '分'의식

1) 朱子學의 '定分論'[32]과 비교

朱子의 經世論은 理氣論의 철학적 사고를 토대로 전개된다. 그의 '分'의식도 물론 이기론적 사고에서부터 출발한다. 그는 《주역》의 繫辭에 보이는 形上·形下에 대하여,

> 天地 사이에 理가 있고 氣가 있다. 理라는 것은 形而上의 道로서 物을 낳는 本이요, 氣라는 것은 形而下의 器로서 物을 낳는 具다. 이로써 人·物이 생김에 반드시 이 理를 받은(禀) 뒤에 性이 있고, 반드시 이 氣를 받은 뒤에 形이

---

30) 《傳習錄》 下, 112.
31) 양명은 良知說을 제창한 이래 스스로 狂者라 하였다. 그는 그의 문도 가운데 心齋와 같은 任俠의 인물과 龍溪와 같은 狂者的 인물(龍溪도 문하로 들어가기까지는 음주와 도박을 일삼았다)만을 구하여 才士라도 연약한 자는 받아들이지 않았다고 하며[《李溫陵外紀》卷 二, 〈柞林紀譚〉; 山下龍二, 《陽明學의 硏究》(展開編), pp.28~29] 그 뒤에도 何心隱, 李卓吾 같은 狂者的 기인을 배출한 것은 그의 狂意識과 밀접한 관련 있다. 이처럼 그가 '狂'에 열중한 것은 자신의 기인적 성격과도 관련 있으며(錢穆《王守仁》, pp.36~39) 道家思想의 儒家的 표현에 불과한 것인지도 모른다. (Liu Ts un-yan, "Taoist Self-Cultivation," *Self and Society in Ming Thought*, pp.314~315). 또한 島田虔次의 표현과 같이 "良知와 만물일체의 仁의 合體, 知行의 통일과 自他의 통일로 말미암은" 도덕주의의 결과이기도 하다. 그러나 양명의 사회의식이라는 입장에서 볼 때 그것은 그의 分 이론의 모순을 극복하려는 도덕주의자가 겪는 고민의 적극적 표현에 불과한 것이었다.
32) 朱子의 定分論에 관해서는 守本順一郎, 《東洋政治思想史硏究》(東京, 1967年 9月), 특히 二章 〈朱子學의 歷史的構造〉에 주로 힘입었다.

있게 되는 것이다.[33]

라고 하여 理를 천지만물의 각각에 性(동일성)을 부여하는 원리로, 氣는
거기에 形(차별상)을 부여하는 원리로 본다. 사물에는 理와 氣의 두 원리
가 함께 내재함으로써 본질적으로는 동일성이 존재하면서 동시에 각각에
는 차별상이 나타난다는 것이다. 그러나 그는 理氣二元論에는 만족하지
않고 理를 氣에 대하여 근원적·절대적 위치에 끌어올리기 위하여 太極을
설정하여 일원적 이원론을 세웠다. 濂溪의 〈太極圖說〉을 발전시킨 주자학
의 태극은 "一事一物의 極이며 천지만물의 理를 총괄하는"[34] 理의 극대화
된 원리로서 理와 氣를 초월한 절대적 권위를 갖게 된 것이다.

朱子는 明道·橫渠 계통의 학설을 종합하지만 직접적으로는 伊川의 영
향을 받아 이기론(우주론)을 완성하였다. 朱子의 人性論도 거기에 대응,
전개한 것에 불과하다. 理는 인간 本然의 性(善)으로, 氣는 氣質의 性(惡)
으로 설명한다.[35] 성인은 그 타고난 性에 회복된 상태이며 범인은 기질의
性이 숨겨진 상태의 인간으로 보기 때문에, 인간세계는 결국 기질의 性의
淸濁한 정도에 따라 위로는 성인에서 아래로는 범인에 이르기까지 종적
상하관계를 이루게 되었다는 것이다. 여기에 주자학이 인간을 포함한 우
주적 자연질서가 階梯的으로 구축되었다고 인식하는 근거가 있다.[36]

程朱學의 理氣論은 양명학에서는 관심 밖의 일이었다. 양명학에서는 理
를 心으로 환원시킴으로서 언제나 心(良知)이 관심사일 뿐 理氣는 달리 문
제될 것이 없었다. 心이 곧 理이기 때문에(心卽理) 理를 말할 때는 氣는 일
방적으로 거부되며 氣가 문제될 때는 氣의 修理를 理로 보아 넘긴다.[37] 따

---

33) 《朱子大全》 卷 58, 〈答黃道夫書〉.

34) 《朱子語類》 卷 94, 〈周子書〉.

35) 守本順一郎, 《東洋政治思想史硏究》(東京, 1967), pp.125~128.

36) 守本順一郎은 중국 봉건사회의 신분은 서구의 封建的 階層序列機構를 갖는 封
建的 階序的 身分社會와 다른 특질이 있다고 하고, 따라서 주자학의 봉건적 신
분론을 階序가 아닌 '階梯的' 신분사회에 인식기반을 둔 것이라고 표현한다.(위의
책, pp.100~103)

37) 陽明에게 理氣는 분리될 수 없는 一體化이기 때문에 理의 입장에서는 전체가 理

라서 그는 分(차별)은 氣의 작용이 아니라, 재능의 결과로 보아 '分'을 원리상으로 부정하려 한 데서 주자와 대립한다.

그러나 程朱學에서는 氣의 작용에 따른 차별은 인간사회에서는 상하·빈부·귀천이라는 불평등으로 나타나게 되는데, 이를 理의 당연한 바로 긍정한다. 여기에 分(신분)에 따른 계급조직이 기대된다. 伊川은 정치에서 군자가 할 가장 중요한 일은 상하의 分을 정하는 데 있다고 다음과 같이 설명한다.

　　군자는 履의 象을 보아 상하의 分을 변별하여 民志를 定한다. 상하의 志가 밝아져야만 비로소 民志가 定해지며, 民志가 정해져야 다스릴 수 있고 民志가 정해지지 않으면 다스릴 수 없다. 옛날에는 公卿大夫이하 位 각각이 그 德에 맞추어 終身不易하였다. 그것은 分을 얻었기 때문이다. 位가 德에 맞지 않으면 군주는 그를 재촉한다. 士는 수학하여 學이 지극해지면 군주가 그를 擧用함으로 모두 자신(士)이 참여할 바 아니다. 農工商賈가 각각 부지런히 순응하는 것도 定이다. 때문에 모두 일정한 志가 있어야 천하의 (人)心이 일체가 된다. 후세에는 庶士에서 公卿에 이르기까지 항상 尊榮을 바라고 農工商賈는 언제나 畜侈를 바라 億兆의 마음은 각기 利를 좇아 천하가 紛然하게 되었다. 이러고서 어떻게 志를 통일하겠는가? 이러고서 세상이 혼란하지 않기를 바라는 것은 어렵다. 그것은 상하 각각의 志가 없기 때문이다. 군자는 履의 象을 보아 상하를 분별하여 각각 그 分에 따라 民의 志를 정해야 한다.[38]

이고, 氣의 편에 서면 '一氣의 流通'이 된다. 양명학을 氣學으로 보는 이유도 이 점에 있다.[山下龍二,《陽明學の硏究》(展開編), 成立論(東京, 1971年 10月), p.3, 三章 참조]

38)《伊川易傳》卷 1,〈履卦〉象傳(《二程全書》수록). 岡田武彦,《王陽明と明末の儒學》(東京, 1970年 8月), pp.79~80에서 伊川의 이 글을〈拔本塞源論〉과 동류로 취급한 것은 피상적 관찰에 지나지 않는다. 다시 말해 伊川의 知足安分·一德定志(양명은 同心一德) 사상은 양명 논설에서도 사회질서의 유지라는 면에서 강조하고 있는 것이 사실이지만, 이를 다시 엄밀히 검토하면 前者는 分身에 따른 상하의 질서를 역설한 데 대하여 後者는 재능에 따른 분업적 질서를 주장한 것이므로 이 점에서 양자의 내용은 판이하다. 여기에 하나 덧붙일 것은 狂者的 陽明이 道學者 伊川에 자주 불만을 표시하는데 그 이유는 道學者는 사람을 속박하기 때문이라는 것이니 (《傳習錄》下, 57 등) 이를 양자의 '分' 이론과 관련하여 생각해 보는 것도 흥미로운 일이다.

君臣上下의 尊卑觀은 원시 유가사상에도 소박하게 나타날 뿐 아니라, 전통 유교의 한 특질을 이루고 있으나,[39] 그 존비관은 宋學에 와서 더욱 철저하고 엄격하게 체계화되었다. 伊川은 상하의 分을 정하는 일이 치자 의 일차적 책무임을 강조한다. 다시 말해 一代에 국한하는 재능의 稱否에 따라 기능적 분업적으로 사회질서에 이바지한다는 양명의 견해와는 달리 君·臣·民이 뚜렷한 지위를 고정하여 사회를 안정을 도모해야 한다는 것 이며, 그 중 臣은 관료로서 德의 稱否에 따라 상하의 分이 정해져야 하며 民은 農工商賈의 各業에 순응해야 한다는 것이 이 글의 뜻이다. 伊川이 말하는 덕은 民에게는 해당하지 않으며, 오직 士로서 仕宦할 때 직위의 고하가 덕의 유무에 따라 정해져야 한다는 주장은 "禮는 서민과는 무관하 다"는 전통 유가적 의식에 바탕한 것으로 서민의 존재는 관심의 대상에서 거의 벗어나고 있다.[40] 道學者의 이 정분론은 朱子에 와서는 좀더 내용이 충실해질 뿐 아니라, 합리적으로 체계화된다. 朱子는 伊川의 정분론을 뼈 대로 하여 明道의 만물일체사상과 橫渠의 우주동포적 일체사상을 흡수하 여 階梯的 大同社會說을 주창하였다. 특히 橫渠의 〈西銘〉은 정분론적 시 각에서 보면 墨家의 평등주의와 닮았다고 할 정도로 수평주의적 성격을 띤 논설인데[41] 朱子는 그것을 정분론적 입장에서 다음과 같이 주석하고

---

39) 《禮記》,〈禮運篇〉의 "天尊地卑, 君臣定"이라는 소박한 君尊臣卑 관념은, 宋學의 선구자 韓愈에 와서는 "君出令, 臣行君令, 致於民, 民出米粟……"(〈原道〉)의 君· 臣·民의 上下 定分論으로 틀이 잡혔다. 그런데 '上下의 分'의 고정화 주장은 儒·法 兩家에 공통적으로 보이는 바로서(물론 이는 원리상으로는 法家에 가깝지만) 그들 은 西漢 初 체제 이데올로기를 둘러싸고 서로 논쟁을 벌였으며, 그 뒤 儒生들이 이 문제를 易姓革命說과 관련하여 논란하는 배경이 되었다. 佐野公治,〈明夷待訪錄に おける 易姓革命思想〉(《日本中國學會報》, 東京, 17集), pp.133~134 참조.

40) 伊川은 이 글에서 반드시 君·臣·民을 나누어 설명하지 않고 道學的 입장에서 '一 德定志'를 강조하고 있으나, 그것은 어디까지나 君·臣·民의 '上下之分'에 따른 종적 서열질서를 전제로 한 것이다. 따라서 군주를 정점으로 하고 서민을 지배의 대상으 로 하여 그들을 도외시한 채 庶士에서 公卿에 이르기까지 사대부 계층이 주도하는 관료기구의 위계질서를 확립하는 것이 이 글의 주 관심사라는 것을 알 수 있다.

41) 程明道의 萬物一體思想과 張橫渠의 民胞與物의 大同思想은 신비주의적인 요소가 있으나 수평주의적 경향을 띤 것이다. 明道는〈西銘〉을 孟子 이후 최상이 문장이라 칭찬하였으나 伊川·朱子 계통의 학자들은 그들을 楊·墨에 비견한다고 비난하였다.

있다.

> 인물이 태어남과 혈맥의 親屬에는 각각 그 부모에 親하고 각각 그 자녀를
> 사랑하니, 그 分이 어찌 다르지 않겠는가? 理는 하나로 통일되지만 氣로 말미
> 암아 만 가지의 차별이 생겨나니 비록 천하가 일가로 되고 중국이 一人으로
> 된다 하더라도 兼愛의 폐단에 빠지지 않는다. 천차만별이면서 하나(理)로 관
> 통하니 비록 親疏의 情이 다르고 귀천의 등급이 있더라도 나의 사사로움에
> 얽매이지 않는다는 것, 이것이 〈西銘〉의 大指이다. 그 親親의 厚함을 보아 無
> 我의 公을 넓히고 事親하는 정성으로 事天하는 道를 밝혀야 한다.[42]

朱子는 이 〈西銘注〉에서, 橫渠의 그 宇宙同胞가 평등적 일체사상을 혈
연의 差別愛로 설명하여 理一分殊的 階梯的 일체사상으로 재편성하려는
의도를 명확히 하였다. 주자학에서 혈연적 分은 君·臣·民의 사회적 정분
론의 구성에 매개적 구실을 한다. 주자학의 혈연적 分은 단순히 주어진 사
실로서만 당연한 것이 아니라 인간의 근원적 내면적 원리로 파악된다. 물
론 그것은 원시유교에서 이미 초월적인 지상의 윤리로 설명되어 왔으나,
주자는 이 논리를 보편적 인간이성으로까지 끌어올려 사회적인 상하 존비
의 윤리에 적용하여 사회적 신분과 비사회적(혈연적) 신분의 등질화를 이
룬다.[43] 군자가 상하의 分을 정해 주어야 한다는 伊川의 일방적 정분론은
朱子에 와서 더 합리적이고 설득력 있는 사상체계를 이루게 되었다.

이와 같이 주자의 사회적인 分(신분)은 道理性을 그 본질로 하고 있기
때문에 절대적인 위력을 갖게 되어 강제성을 띤다. 여러 학자들이 주목해
온 다음의 사료[44]는 주자의 봉건적 신분관을 전형적으로 설명해 준다.

　　島田虔次, 《朱子學と陽明學》, pp.67~70 및 〈西銘〉, pp.15~17 참조. 특히 〈西銘〉에
　　대해서는 山崎道夫, 〈西銘の思想〉(鈴木博士古稀紀念 《東洋學論叢》) 참조.

42) 《橫渠全集》 卷 一, 〈西銘注〉.

43) 守本順一郎은 《東洋政治思想史研究》(東京, 1967), p.145에서 血緣的 '分'과 社會的
　　'分'을 등질화한 점에 주자학의 봉건적 신분론의 특질이 있다고 하였다. 陽明도 한
　　편으로는 君臣과 父子關係의 等質性을 인정하였으나, 黃宗義는 그 等質視를 거부하
　　여 양자가 본질적으로 다른 것이라고 주장하였다.(《明夷待訪錄》, 〈原臣〉)

44) 《朱子大全》 卷 14, 〈戊申延和奏劄〉. 이 사료는 仁井田陞을 비롯하여 守本順一郎
　　등 많은 학자들이 다각도로 인용, 분석하고 있다.

刑이 가벼우면 가벼울수록 민중의 풍속을 純厚하게 하기는커녕 오히려 悖逆케 하여 作亂할 마음을 조장하는 결과를 자주 낳는다. ……근년 이래 처가 남편을 죽이고, 또는 族子가 族父를 죽이며, 또는 地客이 地主를 죽이는데도 담당관은 형을 논의하되 流宥의 法에 따라 살인자를 사형에 처하지 않고 傷人者를 형벌하지 않는다. ……獄訟이 있으면 반드시 먼저 그 **尊卑·上下·長幼·親疎의 分**을 논한 다음에 그 내용의 曲直을 들어야 한다. 만일 아랫사람이 윗사람을 犯하고 비천한 자가 존귀한 자를 凌罵하였다면 비록 옳았더라도 도와주지 말아야 하며……(강조 표시는 필자).

주자의 "천하의 일에 理 없는 것이 없다. ……君臣된 자는 君臣의 理가 있고 父子된 자는 부자의 理가 있고…… 君臣의 큰 것에서부터 사물의 적은 일에 이르기까지 그 所以然과 그 당연한 바"[45]라는 사고방법에서 보면, 현상적으로 존재하는 모든 인간관계는 理(도리)에 따라 보장받아야 하며, 만일 理에 어긋날 때는 가차없이 형벌을 내려야 한다는 法家的 주장이 나오게 된다. 이와 같이 주자학의 理(도리)는 상하의 인간관계에 윤리적 권위를 갖고 항상 윗사람의 편에서 아랫사람에게 도리를 강요하며 반대로 만일 아랫사람이 理를 내세우면 도리어 패륜으로 몰 뿐이었다.[46]

이제까지 살펴본 것처럼 주자와 양명이 '分' 이론은 전자의 이기론과 후자의 재능의 차이에서부터 각각 달리 전개되었다. 전자에게 윤리적으로 긍정된 '分'은 사회적으로는 계급성을 띤 신분을 나타나게 되어 그것에 따른 階梯的 모든 사회설이 제출되었으나, 후자는 인간의 천부적인 재능에 따른 '分'을 인정하면서도 사민평등론을 내세워 주자학적 정분론을 타파하려 하였다. 여기에서 우리는 양명의 '分'이론이 주자학적인 정분론을 극복하려고 하는 새로운 의지를 엿볼 수 있다.

---

45) 《朱子大全》 卷 14, 〈甲寅行宮便殿奏劄〉.

46) 戴東原, 《孟子字義疏證》, 理五 및 理十(《戴氏遺書》 卷上 수록)에서는 옛날의 理는 '自然의 分理'로 씌었으나 宋明의 理學家들은 윗사람의 도구로 오용하고 있다고 예리하게 지적한다. "尊者以理責卑, 長者以理責幼, 貴者以理責賤, 雖失謂之順. 卑者幼者賤者, 以理爭之, 雖得謂之逆. 於是, 下之人, 不能以天下之同情, 天下之所同. 欲達之於上, 上以理責其下, 而在下之罪, 人人不勝指數. 人死於法, 猶有憐之者, 死於理, 其誰憐之?"

그러나 아직도 양명의 '分'의식은 그가 산 시대, 그가 처한 입장 등의 한계성 때문에 주자학의 정분론적 입장을 완전히 벗어버릴 수는 없었다. 이제 그의 '分'의식을 올바로 이해하기 위하여 명대 사회와 관련하여 고찰해 보기로 한다.

2) 明代社會와 陽明의 '分'의식

太祖는 반체제 운동으로 최후의 승리를 거두어 일단 새로운 지배체제를 이루자, 주자학을 그 이념으로 받아들였다. 이리하여 주자학은 명대에 와서 체제 이데올로기로서 기반을 굳힌다. 태조가 선포한 六諭(教育勅語)의 "부모에 효순하고, 鄕黨에 화목하고, 자손을 교육하고, 각각 生理(생업)에 순응하여 非違를 짓지 말라"는 교시는 주자의 '道理的' 정분론의 정신을 그대로 전승한 것이며,[47] 이에 따라 사상정책과 지주·농민대책을 과감히 수행했다.

太祖는 군주권의 강화를 위해 한편으로는 호족과 지주의 세력을 억압하면서도, 다른 한편으로는 관료를 내고 있는 지주의 家에 요역을 면세해 줌으로써 그들의 지지와 협조를 요청하였다. 그 면제된 요역을 농민이 부담하는 것이 "賤者가 貴者를 대우하는 도리"요, "野人과 君子의 分"을 지키는 일이었다.[48] 태조는 농민의 分을 강조하여,

> 우리의 백성된 자는 당연히 그 分을 알아야 한다. 田賦와 力役을 내어 上供하는 일이 바로 그 分이다. 능히 그 分에 순응할 줄 알아야 부모·처자를 보전하며 家가 昌盛하고, 身이 편안하여 忠孝仁義의 民이 된다.[49]

고 하였다. 忠孝仁義를 실현하는 길은 "높은 것을 바라 분수의 밖을 내다

---

47) 《朱子文集》 卷 100, 公移, 勸諭榜, 一條에 "勸諭保伍, 相互勸戒事件, 仰同保人, 互相勸戒, 孝順父母, 恭敬長上, 和睦宗姻, 周卹鄕里, 各依本分, 各守本業, 莫作姦盜"의 내용을 거의 轉載한 것이다.
48) 山根幸夫, 《明帝國の形成とその發展》(世界の歷史 11)(筑摩書房, 東京, 1962年 8月), p.22.
49) 《明實錄》에서 인용한 것 같이 보이나 확인해 보지 못하였다.

보지 않고" 分을 충실히 지키는 일이다. 인의충효는 전통 유가에서 끊임없이 강조해 온 덕목이지만, 그것을 초월적인 理로 본 것은 주자학 특히 明代 주자학의 理의 편중 경향에서 나온 현상이다. 이 君臣의 義를 절대화하고 혁명설은 부정하여 사회의 변화에 대해서도 理의 이름 아래 수구적인 전통만을 지키려 했다.[50]

帝의 좌우에서 정사에 참여한 劉基, 宋濂, 方孝儒 등 참모들은 주자학의 신봉자라 그 정분론을 추호의 의문도 없이 받아들였다. 그리하여 누구라도 宋儒를 비판하면 내용의 타당성 여부에는 관계없이, 다만 聖學을 모독하였다는 이유만으로 처벌받았고, 孟子의 역성혁명론을 부정하는 宋儒의 학설이 '聖人之言'으로 추숭되기에 이르렀으며,[51] 八股文을 제정하여 과거시험에서는 그 문장형식마저도 규제하는 사상통제를 꾀하였다.

이와 같이 주자학은 명대에 이르러 국가의 지도이념으로 확립되어 군주권과 밀착되자, 사상내용은 희박하게 되고 형식적 허구성만 짙어갔다. 오직 주자의 학설을 좇아 실천하는 일이 있을 뿐이었다. 당시 학계의 현황을 잘 반영해 주는 薛瑄(1389~1464)의 유명한 말과 같이 "考亭(朱子) 이후로 이 道(儒道)가 크게 밝았으니 번잡하게 저작하지 말고, 다만 窮行"[52]할 뿐이었다. 이 말은 이미 뼈대만 남은 朱子의 性卽理學의 종말과 새로운 明代의 心卽理學의 발흥을 예고하였다. 과연 陳獻章(1428~1500)으로 말미암아 心學은 그 맹아를 보이고 陽明에 이르러 대성하게 되었다.

明代의 心學을 朱子學의 規矩準繩(理)에 대한 인간심의 발흥, 내지는 외적 권위(理)에 대한 내적 권위(心)의 도전이라고 보든지,[53] 아니면 양명의 良知說까지도 理學의 전개라는 관점에서 양명의 理學이 宋代의 理學에 대

---

50) 山下龍二,《陽明學の硏究》(展開編), 成立論(東京, 1971年 10月), pp.131~132.

51) 佐野公治,〈明夷待訪錄における易姓革命思想〉에 따르면 永樂연간에 宋儒를 비판한 朱季友가 처벌된 사건이 있었고, 孟子의 역성혁명사상을 부정하려 한 明初의 사상정책에 관해서는 알려지다시피 태조가《孟子》에서 그에 관계되는 부분을 85곳이나 지우고《孟子節要》를 펴냈고 永樂帝는《孟子大典》를 펴낼 때 그 혁명설을 부정하는 宋儒의 학설을 채록하였다.

52)《明史》卷 282,〈本傳〉.

53) 島田虔次,《中國における近代思惟の挫折》(동경, 1970)도 그러한 논지를 펴고 있다.

한 반역이라기보다는 송대의 理學이 명대에 적응하지 못한 데 대한 반역
이라고 보든지[54] 간에 주자학과 양명학 사이에는 질적 변화가 일어나고 있
었다. 다시 말해 주자의 格物致知說은 외적·객관적 理를 心에까지 이어가
려는 客觀唯心論이었던 데 비해 양명의 良知說은 내적·주관적 心을 외적
理에까지 확대하려는 主觀唯心論이었다. 하여간 양명에 와서 꽃핀 명대의
심학은 明初 주자학의 단순화되고 뼈대만 남은 理가 明代人의 心(性情)에
이를 수 없었던 상황을 지양하려는 현실적 요청에서 탄생한 것이다.[55] 理
가 心에 통하지 않을 때 心에서부터 출발하면 理에 쉽게 이를 수가 있다.
양명은 心을 良知라고 표현하였거니와 이 주관적 良知說은 언젠가는 전통
적 기반 그 자체마저 허물어버릴 가능성을 띠게 된다. 그러나 양명이 살아
있던 明 중기라는 시대는 아직도 전통이 강하게 뿌리박고 있어 그것을 거
부하면 學 그 자체가 존립할 수 없는 상황이었다. 그의 사회의식을 집중적
으로 표현하고 있는 '分'이론도 이러한 점에서 성격을 같이한다. 기본적으
로는 전통적 질서유지라는 정분론적 틀 속에 머물면서도 그 안에서나마
'전통질서'를 뒤흔들어 '分'이 주자학적 신분이 아닌 재능의 결과로 본 이
른바 '非身分的 身分'이라는 독특한 개념이 나오게 된 것이다.

　위에서 본 것처럼 明 왕조의 영속화를 꾀한 초기의 체제 측에서는 일방
적으로 주자학을 강요하였으나, 점차로 그 뼈대만 남은 理의 지루함과 그
형식화된 義의 경직성으로 말미암아 明代 일반인의 성정에 맞지 않게 되
었으며, 그리하여 明代人의 성정에 알맞은 새로운 心學이 대두하게 되었
고, 그 총 결산으로서의 陽明의 良知說이 주창되었다. 그런데 주자학의 理
가 명대 사람들의 성정에 적합하지 않게 된 이유를 단순히 당시의 문화사
조의 경향에서만 찾으려는 피상적 고찰에 그쳐서는 안 되며, 결국은 사회
적 신분관계의 변동으로 朱子 理學의 사회사상의 골자가 되는 정분론이
나타나게 된 시대적 배경 또한 간과해서는 안 된다.

---

54) 溝口雄三, 〈明末を生きた李卓吾〉(《東洋文化硏究所紀要》 55冊, 東京, 1971年 3
　　月), pp.50~54.
55) 溝口雄三, 위의 글 ; 岡田武彦, 《王陽明と明末の儒學》(東京, 1970年 8月), 一節 〈明
　　代文化と思想〉 참조.

명대에는 佃戶의 사회적 신분이 눈에 띄게 높아져서, 지주와 전호의 관계는 종래의 '主僕의 分'에서부터 '相資相養'이라는 경제적 의존관계 및 인격적인 신뢰관계로 서서히 옮겨갔으며, 특히 명 중기 이후에는 그러한 현상이 두드러지게 나타난다.[56] 仁井田陞氏는 전호의 지위향상에 대하여 법제적 측면에서 해답을 구하고자 하였다. 다시 말해 그는 "宋代의 법에는 전호는 노예나 部曲은 아니었지만 人(자유인)과 동등한 법적 신분을 갖지는 못하였다. 그러나 명대와 청대의 법은 신분에 관한 한 그런 규정은 없다"고 하여 법의 구체적 내용을 열거하면서 다시 명·청대의 전호의 법적지위 향상을 언급하여, "전호는 평소 지주와 함께 共飮共食하고 서로 대등한 호칭으로 교유하여 그들 사이에 '主僕의 分'은 없었다. 다시 말해 전호는 법률상으로는 지주의 노예 지배적 권력에 복종하는 것은 아니고 어느 정도 외견상으로는 지주와 대등한 관계에 있었다 한다.[57]

겉보기에 대등 관계에 있었다고 하여 전호에 대한 지주의 지배권이 전혀 없어진 것은 아니다. 단지 宋·元 시대의 전호가 農奴的 존재였던데 비해 명대 이후는 농노적 상태에서 隸農的 지위로 자기해방됨[58]으로써 지주의 전호에 대한 지배형태가 새로운 양상을 보인 것에 불과하였다.

따라서 명·청대에는 지주와 전호 간 힘의 관계의 변화에 따라 전호의 지위가 상대적으로 상승한 것이며, 分(신분) 그 자체가 완전히 사라진 것은 아니다. 이를 다른 말로 표현하면 정분론적 '주복의 분'관계가 신분관계의 力變化로 말미암아 횡적인 관계, 다시 말해 '長幼의 分' '兄弟의 分' '友誼의 分'으로 이행한 것에 불과하다.

---

56) 今永淸二,《中國の農民社會》(東京, 1971년 10월), pp.180~184. ; 細野浩二,〈明末淸初江南における地主奴僕關係〉(《東洋學報》卷 50, 3號, 東京, 1967년 12월) ; 仁井田陞,《中國の法と社會と歷史》(東京, 1968. 7), pp.45~49 등. 이들은 대체로 宋元時代의 地主와 佃人의 관계를 '主僕의 分'으로, 明淸時代를 '長幼의 分'으로 본다. 특히 명말·청대를 佃戶의 지위상승의 획기적 시대로 잡는데 그러한 변혁은 明初부터 시작하여 그 중기 이후 현저한 전개과정을 거쳐 명말·청초에 이르러 새로운 단계를 맞이하게 된 것이라고 의견을 모으고 있다.

57) 仁井田陞,《中國法制史硏究·奴隷農奴法》(奴隷農奴法·家族村落法)(東京大學校出版會, 1973), pp.262~263.

58) 今堀誠二,〈東洋的生産と資本主義〉(《東洋思想講座》 II), p.110.

지주·전호 관계가 횡적 '長幼의 分'으로 후자의 지위가 상승한 명대에
는, 주자의 "존비·상하·장유·친소의 分을 논한 다음에 그 시비곡직을 물어
야 한다"는 정분론이 통용될 수 없다. 그 대신 "士人과 일반 民이 싸울 경
우에도 그 시비곡직을 따져 해결해야 하지만, 士人의 체면을 조금은 참작
해 주어야 공평하다"[59]는 말이 훨씬 "명대인의 心情에 영합하는" 호소력을
가진다. 그러나 이 호소는 지주층의 전호에 대한 설득이었을 뿐이다.[60]

양명의 '分'의식은 바로 이와 같은 명대 사회의 신분상 역관계를 반영한
것이다. 일반민(佃戶)은 지주와 共飮共食하며 대등한 호칭으로 그 지위의
향상을 가져왔으나, 그렇다고 해서 대등한 관계에 선 것은 아니고, 士(지
주계층의 상징적 존재로서의 士)의 체면을 조금은 고려해야 하는 양자의
相資相養하는 선·후배적 관계를 배경으로 하는 '分'의식이 형성된 것뿐이
다. 다시 말해 현실적 선·후배의 '分'과 陽明의 '分'의식은 동일선 상의 것
에 불과한 것이다.

그런데 지나칠 수 없는 것은 지주와 전호의 '相資相養'을 송·원 시대 主
僕의 '分'의 이행과정으로 볼 때는 문제가 없지만 막상 명대의 지주와 전
호의 관계를 후자 측에서 보면 '相資相養'이 아니라, '相猜相讎'의 관계에
지나지 않는,[61] 다시 말해 지주가 전호를 "심하게 虐使하면 경작할 수 없는
두려움" 때문에 경제적으로는 기대고 인격적으로는 신뢰해 줌으로써 자신
의 지주적 지배를 유지하려는 지주 의식의 한 표현[62]에 불과했다.

59) 袁黃, 《兩行齋集》 卷 10, 〈答李四家書〉, "……如士與民爭, 旣以理斷其曲直矣, 須
稍存士人一時體面, 然後方得其平" 명말의 지주 袁黃의 이 말은 주자의 그것과는 대
조를 이루는 흥미 있는 기사이다. 奧崎裕司, 〈明代における地主の思想の考察〉
(《東洋學報》, 東京, 1968年 9月, 卷 51 2號), p.206에서 재인용.

60) 奧崎裕司, 위의 글. 여기서는 明代 嘉善縣의 지주 袁氏를 중심으로 지주 일반의
사상을 검토하면서, 특히 명 중기 이후에 善書類가 많이 보급된 것도 지주의 對
佃戶 설득과 밀접한 관련을 가지므로 결국 그것은 佃戶의 계층의식을 해소하려
는 노력에 불과한 것이라고 지적한다.

61) 細野浩二, 앞의 글, p.32.

62) '相資相養'이란 표현이 반드시 지주일반의 것은 아니다. 陽明의 四民同情論에 富
家·巨室의 편에 선 黃宗賢이 비판한 것도 적극적 지주의식의 표현이었다. 그러한
논란이 士人 사이에 자주 나타나는데[예컨대 奧崎裕司, 앞의 글, p.208 참조] 그들은

양명의 '相生相養', '相資相養'이란 표현도 이 明代의 지주의식에 근거한 것임이 틀림없다. 그러나 양명은 大同의 일체사회를 실현하려는 시대적 지성인으로서의 사명감 때문에 그의 '分' 이론이 결국 자기 모순에 빠지게 되었던 점을 우리는 다시 한번 확인해 볼 수 있다.

4. 맺음말

이제까지 우리는 양명의 '分' 이론을 중심으로 그의 경세사상 일반을 살펴볼 수 있었다. 그런데 그의 '分' 이론은 원리상으로는 인간의 본질적 평등성을 인정했기 때문에 '分'의 타파가 전제되었으나, 현실적으로는 엄연한 인간사회의 불평등을 긍정하지 않을 수 없는 모순에 부딪치게 되었다.

이제 그 모순이 구체적으로 어디서 나온 것이며, 그러한 그의 '分' 이론이 차지하는 사회 사상적 의의는 무엇인가 하는 점에 초점을 두고 지금까지의 논술을 요약 정리함으로써 일정한 결론에 이르고자 한다.

먼저 그의 사회사상이 갖는 모순은 어디서 왔는가? 첫째로 명대의 心學的 道德主義를 들 수 있겠다. 명대의 心學은 태조가 체제 이데올로기로 채용한 주자학의 의리의 사상이 점차 뼈대만 남고 경색되어 당시 사람들의 性情에 부합되지 않게 된 현실적 요청에서 발흥하였다. 명대 심학의 정점을 이루는 양명학에 와서는 인간을 포함한 우주만물의 원리를 心, 다시 말해 良知로 받아들임으로써 극단적 주관주의로 흘렀다. 이 주관주의의 사회관은 자연히 양면성을 띠어, 한편으로는 사회를 불합리한 결여태로 보아 社會的 分(身分)을 타파하여 대동적 이상주의를 꿈꾸고, 다른 한편으로는 합리적인 것으로 보아 그 '分'(주자학적 신분이 아닌 재능의 결과로서의 지위)의 고정화에 의한 사회의 질서유지를 강조하였다. 이러한 사회관의 이율배반하는 모순은 그의 인간관, 다시 말해 본질적 평등성과 현실적

모두 같은 기반 위에서, 성장하는 '民'의 신분상승에 대처하기 위한 일련의 변화선상에 위치하고 있다.

차별성(현상적 재능의 차이)의 모순을 반영한 양명 심학의 특성이었다.

두 번째로는 명대 사회의 신분관계의 변화와 관련하여 생각할 수 있다. 하나의 사상을 사회 의식의 자기표현이라고 한다면 그의 '分'이론도 결국 명대 사회의 변화하는 신분관계의 반영으로 이해할 수 있다. 명대, 특히 그 중기 이후에 지주와 전호 관계는 송·원 시대에 비하여 후자의 신분적 지위향상이 눈에 띄게 나타나면서, 이전의 '主僕의 分'이란 종속관계에서 '長幼의 分'이란 횡적 관계로 발전하였다. 이에 따라 사대부 계층(지주층을 상징하는)의 일반적 '分'의식도 거기에 대응하였고, 양명의 그것도 결국 그 지주 의식의 한 표현에 지나지 않았다.

그가 빈부·상하의 인간관계를 '相資相養', '同心一德'할 줄 아는 각자의 도덕적 자각으로만 가능하다고 주장한 것은 기본적으로 지주 전호관계의 의식을 전제로 한 것임이 틀림없다. 이와 같이 그는 지주의식에 기반하면서도 한편으로는 마땅히 대동의 일체사회를 이룩해야 한다는 도덕적 책임감 때문에 현실과 도덕의 갈림길에서 고민하는 모습을 보인다.

그러나 양명은 그로 말미암은 자신의 고민을 해소할 수 있는 실현성 있는 방법을 제시하지 못하고, 오직 '종교적 정열'에 호소할 뿐이었다. 만물 일체의 仁(大同)을 이룩하기 위하여, 그리고 사민일체의 이상사회를 달성하기 위하여 인간의 도덕성을 자각시키는 일, 거기에는 傳道的 정열과 이상을 추구해 가는 狂者的 저돌성이 필요했다.

끝으로 양명의 '分' 이론이 차지하는 사회 사상적 위치를 알아보자. 그의 '分' 이론은 우선 주자학의 分(신분론)을 '낡은' 위치로 후퇴시켰다는 점에서 평가할 수 있다. 다시 말하면 주자학의 정분론에서 分이 중세의 봉건적 신분을 의미한 것에 대하여, 양명은 分을 개인이 천부적으로 가진 능력의 소치로 봄으로써 '새로운' 일면을 발견하게 된다. 물론 재능에 따른 分이 사회적 지위를 낳게 되며, 그 지위에 따른 질서유지를 강조한 것은 전통 유가의 사고범위에 머물고 있었으나, 이는 그 시대적 또는 사회적 한계성 때문이다. 문제는 그의 '分' 이론이 주자학의 정분론을 지양하고, 다음 시대를 위하여 새로운 길을 열어준 데 있다. 특히 泰州派의 王艮은 인간이 주체적으로 자기의 명분(운명)을 개척할 수 있다는 '造命說'을 제창하였으

며, 李卓吾는 전통 유가의 '才보다는 德'을 중시하는 통념을 거부하고 德이
아니라 才에 의한 事功主義를 강조하였다. 나아가 명말·청초의 양명학자
라 불리는 黃宗羲는,

> 나는 治法이 있은 다음에 治人이 있어야 된다고 주장한다. 옳지 못한 法이
> 천하인의 수족을 질곡하면서부터 비록 유능한 治人이 있더라도 끝내는 사회
> 적 규범에 얽매여(終不勝其牽挽嫌疑之顧盼) 일을 하여, 역시 그 分에 구애되
> 어 적당주의에 빠지게 됨으로써 자신의 능력껏 功名을 세우지 못한다.[63]

고 하여 分의 고정화는 인간의 능력 발휘에 제동적 역기능을 하게 되므로
그 分을 타파해야 한다고 하였다. 도덕주의의 입장에 선 양명의 원리상 分
의 타파 주장은 黃宗羲의 현실주의적 제도개혁론에 와서는 사실상 分을
타파해야 한다는 구체적 방법으로 제시하게 되었다.[64]
　주자학의 정분론(신분)의 고정화와 황종희의 分의 타파론, 이 양자의 가
운데 양명의 '分' 이론과 그의 사회사상이 위치한다.

---

63) 黃宗羲, 《明夷待訪錄》, 〈原法〉.
64) 그가 '分'의 타파를 주장한 것이 반드시 근대적 의미의 신분타파라고 볼 수는 없
　　다. 다만 그것을, 주자학적 정분론을 부정함으로써(양명의 '分'의식도 기본적으로는
　　정분론적 틀을 벗어난 것은 아니었다) 양명이 제시한 재능에 따른 事功主義를 기반
　　으로 하여 새로운 職分論을 창출하는 출발점으로 삼은 것 같다. 그러나 그의 직분
　　론의 내용과 성격이 어떠한 것이며 양명학의 그것과는 어떻게 연결되느냐 하는 문
　　제는 앞으로의 과제로 미룬다.

제 4 장
《明夷待訪錄》에 보이는 職分論
- 근대적 정치사상의 맹아 -

1. 머리말

黃宗羲는 明末·淸初라고 하는 漢·滿의 왕조교체의 면에서만 아니라, 학술사상의 면에서도 다양한 변화가 나타난 시대를 살았던 대표적 儒者로서, 그의 저서 《明夷待訪錄》은 정치사상에서 그 변화의 추세를 잘 반영해 주고 있다는 점에서 많은 학자의 관심 대상이 되어 왔다. 필자도 이미 〈陽明思想에서의 '分'의 문제〉라는 제목의 논문을 통하여, 《待訪錄》의 정치이론의 본질을 士大夫學의 經世說의 한 가지 시각이 되는 位·分觀의 변화선상에서 파악할 수 있을 것으로 보고, 陽明의 '分'觀은 宋代 이래 체제 이념으로 자리잡은 程朱學의 명분론을 부정하려 한 것이며, 《대방록》에 이르러서는 양명의 원리상 分의 타파의 입장에서 새로운 職分論을 제출함으로써 정주학의 定分秩序를 대신한 職分秩序로의 정치의식의 변화를 읽을 수 있다고 예상한 바 있다.[1]

이 글에서는 이러한 관점에서 첫째, 《대방록》의 전제군주제 비판의 사상적 토대가 되는 私利와 事功觀이 정주학과 양명학의 견해와 어떤 관계에 있는가, 둘째 그 명분론 비판의 논리를 따져 전통 유가, 특히 程朱學의

---

1) 졸고, 〈陽明思想에서의 '分'의 문제〉, pp.86~87.

정치 윤리관과의 차이점을 보면서 그것이 그의 職分論에 어떻게 연결되는
가, 셋째 전통적 정치관에서 《대방록》의 職分觀에 係하는 계통을 찾아보
고 동시에 黃을 陽明學者로 보는 한 陽明學의 특징을 발전적으로 이어받
은 그 좌파의 位分觀도 어떤 연결점을 찾을 수 있지 않을까 하는 점에 관
심을 기울이면서 《대방록》의 정치사상을 宋 이래 이어져 온 士大夫學의
큰 줄기 속에서 파악하려 하였으며, 마지막으로 《대방록》의 職分論의 내
용과 성격을 살펴봄으로써 그의 정치세계를 더듬어 보려 하였다.

《대방록》에 관한 연구는 이제까지 여러 측면에서 분석되어 상당한 연구
성과가 쌓여왔으나 더러는 《대방록》에만 지나치게 집착함으로써 저자의
다른 작품에는 소홀하지 않았나 하는 느낌을 지울 수 없다. 필자는 이 글
을 준비하면서 《대방록》을 중심으로 하되 평소의 여러 저작들을 아울러
검토하려 한다. 《대방록》의 정치사상을 본질적으로 이해하기 위해서는 황
종희의 평소 생각들을 지나쳐서는 불가능하리라 믿기 때문이다.

2. 《명이대방록》의 對名分論 비판

1) 私利의 긍정과 事功觀

《明夷待訪錄》(이하 대방록이라 함)의 정치사상을 전통적 士大夫學의 정
치적 사유와 관련지어 검토해 보면 이론의 바탕에 人性의 私利를 적극적
으로 긍정하는 사고가 깔려 있다는 사실을 알 수 있게 된다. 《대방록》의
첫 구절부터 이렇게 쓰고 있다.

> 세상에 태어날 때부터 인간은 각기 自私를 가졌으며, 각기 自利를 갖고 태
> 어났다. 그래서 천하에 公利가 있어도 이를 발흥시키려 하지 않고, 公害가 있
> 어도 이를 제거하려 하지 않았다.(〈原君〉)

인간이 태어날 때 이미 自私自利하는 성품을 타고났기 때문에, 公的인
일은 후천적이며 더 간접적인 것으로 원래는 무관심할 수밖에 없었다는
것이다. 문장의 서두에서 私利가 人性의 고유한 것이라는 단언을 起筆하

는 예는 전통 유가, 특히 宋儒의 글에서는 찾아보기 어렵고, 더구나 황종
희의 정치사상에 많은 영향을 주었다는 《孟子》에서 처음부터 私利를 仁
義의 대립개념으로 보는 경우[2]와도 좋은 대조를 이루고 있다.

自私自利를 인간의 본성으로 보는 견해는 이전의 중국사상에서 볼 수
없는 것은 아니지만, 좀더 직접적으로는 양명학의 人欲肯定 사상의 영향
이라고 보아야 한다. 黃의 학문 계보가 그의 스승 劉宗周를 통하여 양명학
에 닿는다는 피상적 이유 이외에 그 사상이 상통하고 있다는 점을 인정할
수 있는 것이다. 정주학과 양명학의 주요 쟁점이 되는 人欲에 대한 다음과
같은 그의 견해는 단연 후자의 편에 속한다.

> 人心에는 본래 天理가 없으니 천리란 바로 人欲 가운데 나타나는 것이다.
> 인욕이 합당하면 곧 천리가 되는 것이니, 만약 인욕이 없다면 천리가 없다는
> 말이 옳다. ……의리의 性이 곧 氣質의 본성이니, 기질을 떠나서는 이른바 性
> 이 나타날 수 없다.[3]

氣質의 性이 人性의 고유한 것으로서 본연외 性이 그깃을 떠나 따로 존
재하지 않으며 천리와 본연의 性도 인심(人欲) 가운데서 발현된다는 주장
은 분명히 양명의 心學的 발상으로서,[4] 인심과 道心, 人欲과 천리, 기질의
性과 본연의 性, 인의와 사리 등으로 철저히 辨別하여 선악시비를 따지는
程朱의 성리학적 윤리설과는 대립하고 있는 것이다.

《대방록》의 전제군주제 비판은 私利를 인간의 고유한 성품으로 승인한
바탕 위에서 이루어진다. 개개인의 私利의 자연적 추구를 방해하는 개인,
다시 말해 天下人民의 이해에 가장 크게 반대하 개인을 현실(三代 이후)의

---

2) 《孟子》, 〈梁惠王上〉.

3) 《南雷文案》 卷 2, 〈與陳乾初論學書〉. 이 글에 사용한 황종희의 저작의 底本은 薛
鳳昌 編, 《梨洲遺著彙刊》 二十冊(上海, 1910)에 따름.

4) 人欲의 긍정사상은 明末·淸初를 대표하는 黃宗羲, 顧炎武, 王夫之 등 '經世致用
의 學'에 보이는 특징이기도 하다. 그러나 특히 黃의 經世觀의 철학적 토대를 陽明
心學에 두고 있다. 이에 관해서는 山井湧, 〈明末淸初における經世致用の學〉, (《東
方學論集》, 東京, 1953), p.146 ; 〈明末淸初思想についての一考察〉(《東京支那學
報》 11), pp.31, 46 참조.

군주로 보고 그에 대한 격렬한 비판이 가해진다.

> 후세의 군주는 그렇지 아니하였다. 천하 사람들이 감히 自私, 自利하지 못
> 하게 하여 천하의 大私로 천하의 大公이 되게 하였다.(〈原君〉)

고 하므로,

> 天下에 큰 해를 끼치는 자 君主이다. 만약 君主가 없었던들 사람들은 각자
> 自私, 自利를 얻을 수 있었을 것이다. 아아! 君主를 둔 일이 진실로 이 같을
> 줄이야!(〈原君〉)

라 개탄하고 있다. 秦·漢 이후의 전제군주를 천하 인민의 大害者로 보는
근거를 君主가 천하인의 自私·自利의 自存策을 방해하여 자기 자신의 私
利만을 추구하는 존재, 다시 말해 천하라고 하는 '大公'을 군주가 一身 一
家의 私物視하여 '大私'가 된 데 있다고 보았다. 따라서 堯·舜과 秦·漢 이
후의 군주가 서로 다른 점은 一人의 私를 천하의 大公으로 이행시킬 수 있
는지의 여부, 다시 말해 事功에 따라 평가할 수 있으며, 聖·愚의 구별 또한
이를 기준으로 하여 가능하다는 것이다.

이같이 그는 개인의 私利 추구를 자신에게만 국한하지 않고 公利로까지
확대하면 事功이 된다는 것이니, 앞에서도 언급한 것처럼 仁義와 私利를
대립 개념으로 본 맹자의 견해와는 다르다. 《대방록》의 정치설을 《맹자》
를 宗으로 하여 전개하는 한 반드시 그 문제를 해명해야만 하는 것이다.
그는 장편의 《孟子師說》을 지어[5] "전국시대에는 人心機智가 횡행하여 人
主와 策士가 '利害'의 두 글자에 몰두, '仁義'를 오히려 경시하였으며, 온 세

---

5) 황종희는 《孟子師說》全 7卷을 쓴 이유로, 그의 스승 劉宗周가 四書 가운데 《大
學》,《中庸》,《論語》에 대한 微言은 남겼으나 《맹자》에 대해서만은 미처 이루지
못하였기 때문에 그의 宗旨를 이어서 쓴다고 하면서, 세상에서 너무 朱子의 《集
注》에만 치우치고 있어 그 原意가 오히려 흐려졌다고 그 題辭에서 지적하고 있다.
이로 비추어 보거나 또는 《師說》의 내용을 보면, 《맹자》에 대한 주자의 해석에 불
만을 갖고 맹자의 重民說에 假託하여 《明夷待訪錄》에 보인 자신의 改革意志를 재
확인하려고 쓴 것이 분명하다.

상이 利欲의 구덩이에 빠져 있었으므로 맹자가 나와 이를 교정, 정돈할 때
이 문제를 으뜸으로 취급한 것"이라 하고 이어서,

> (이 말은) 仁義와 用功을 天地가 힘입어 常運해 마지않으며, 人紀가 힘입어
> 접속해 끊이지 아니하였음에 "親을 버리고 君을 뒤로 한다"고 하면 이미 인
> 의가 아니게 되니, 이를 가리켜 말한 것이지 인의가 곧 利라는 것을 문제삼은
> 것은 아니다. 그런데도 후세의 儒者는 事功을 둘로 나누어버렸으니 이에 변
> 란의 때를 당하여 역량이 지탱할 수 없어 겁을 먹고 자신의 피해만 면하려 하
> 였으니 이것이 곧 親을 버리고 君을 뒤로 하는 것이다. 이것은 宋襄, 徐偃의
> 인의이지 맹자의 것이라 할 것인가?[6]

라 했다. 맹자를 비난하는 데 한 근거가 되기도 하는 이 구절에서[7] 맹자가
인의와 利·事功을 분리한 까닭은 利欲膠漆에 빠진 폐풍을 없애기 위한 방
편에 불과할 뿐, 그 진의는 아닌데도 후세 유자는 그것이 마치 맹자의 진
의인 양 곡해하여 잘못이 생겼다고 주장한다. 이는 《맹자》를 빌어서 자신
의 정치이론을 전개하려는 자기합리화임은 두 말할 필요도 없는 것이다.
事功과 私利를 인의에서 분리하면 《대방록》의 聖賢觀도 성립할 수가 없
다. 둘로 분리하는 입장에서는 인의라는 도리, 다시 말해 當爲의 기준에서
聖·愚를 나누게 되지만, 情·欲의 순리적 발현이 곧 인의라고 보는 입장에
서는 원리상 성·우의 구별은 없으며 현상적 성·우의 차이는 단지 그 事功
으로서 평가할 뿐이다.

황종희의 事功에 따른 성인관에는 확고한 신념이 있었다. 伯夷·叔齊에
대한 평가에서도 그는 전통적 견해에 단호히 반대하고 있다. 이른바 맹자
의 역성혁명사상, 다시 말해 湯·武王의 桀·紂 放伐論을 둘러싸고 후세에
많은 논란이 있었던 것은 결국 신하로서 군주를 쳤다는 것이다. 그 방벌의

---

6) 《孟子師說》 卷 1, 〈孟子見梁惠王章〉.
7) 四書 가운데서도 《맹자》에 대해서 유독 贊反 兩論이 분분하였다. 《맹자》에 대한
비난은 순자 이래 王充의 〈刺孟篇〉을 필두로 하여 宋代에 와서는 대단히 활발하였
다. 王充의 《論衡》, 〈刺孟篇〉에서 刺孟한 9개 항목 가운데 첫 대목이 역시 梁惠王
章의 仁義와 利에 관한 논의였다.

부당성을 백이·숙제가 지탄하였다는 점에서 그들을 賢人으로 본 전통적
견해에 대해 그는 그러한 견해가 "小儒들이 妄傳한 낭설"[8]이며, 자기가 고
증한 바로는 그들이 紂의 폭정을 피하여 周로 가서 太公과 함께 武王을 섬
기려 하였으나, 年老하여 首陽山 아래에 이르러 자연사하였다[9]고 주장, 맹
자의 방벌론을 지지할 경우 문제가 되었던 伯夷逸事[10]에 대해 나름대로 해
명함으로써 《대방록》의 聖賢觀에 일관성을 보여주고 있다.

利와 事功을 중시하는 경향은 양명학 이전에도 물론 있었다. 가까이는
宋代의 功利派 사상가를 예로 들 수 있고,[11] 특히 陳亮(號:同甫)은 朱子와
王霸義利에 대한 치열한 논쟁을 벌여 학술·사상계에 큰 파문을 던진 학자
로 유명하다.[12] 朱子가 義와 利, 王과 霸를 각각 분리하여 漢唐의 정치를
利와 霸에 떨어졌다고 비판한 데 대하여, 同甫는 事功을 강조하는 입장에
서 결코 王·霸·才·德, 天理와 人欲을 분리해서는 안 되며, 다만 漢·唐의 정
치가 三代와 같지 못한 점은 시대의 변천 때문이라고 맞섰다. 다시 말하면,
주자는 후세의 군주가 천리 대신 인욕을 따랐으니 천리를 따르면 삼대의
정치를 실현할 수 있다는 다분히 이상론적 주장을 전개한데 반해, 同甫는
원래 천리와 인욕의 구별이 없으니 事功을 일으키면 지금이라도 삼대의
성세를 맞이할 수 있다는 현실론을 폈다. 이 논쟁은 事功論者 황종희의 관

---

8) 《明夷待訪錄》, 〈原君〉; 《孟子師說》 卷 4, 〈伯夷辟紂章〉.

9) 《孟子師說》.

10) 伯夷逸事에 대한 전통적 견해에 불만을 갖고 새로운 해석을 하려고 고심한 자로
象山을 들 수 있다. 이 글 3장 2절에서 다시 논하겠지만, 象山과 梨洲는 맹자의 重
民說을 같은 입장에서 풀이하고 있으므로 그는 伯夷 문제에 대하여 그 제자 嚴松과
다음과 같이 문답하고 있다.(《陸象山全集》 卷 34, 〈語錄〉) "松常問梭山云…… 後
世疑孟子敎諸侯簒奪之罪. 梭山云, 民爲貴, 社稷次之, 君爲輕. 先生再三稱嘆曰……
曠古以來, 無此議論. 松曰, 伯夷不見此理. 先生亦云. 松又曰, 武王見得此理, 先生又
曰, 伏羲以來見得此理"

11) 蕭公權, 《中國政治思想史》 卷 4(臺北, 1954), pp.449~450에서 宋代 功利主義 사상
가로 北宋의 歐陽修·李覯·王安石, 南宋의 薛季宣·呂祖謙·陳博良·陳亮·葉適 등을
들고 있다.

12) 吳春山, 〈陳同甫的 思想〉(《臺灣大學校文史叢刊》, 二章 〈陳同甫與朱子〉); 高柄
翊, 〈黃宗羲의 新時代待望論〉(《東洋史學研究》 4, 1970), p.3 참조. 양자의 논전 내용
은 陳亮의 《龍川集》과 《朱子文集》의 서신에 자세히 보임.

심을 끌기에 족한 것이었다. 그러나 그는 이 논쟁에 대하여 쌍방의 주장이
모두 일리가 있으나 동시에 결함을 지니고 있다고 주장, 同甫의 事功論에
도 찬성하지 않고 있다.

　　무릇 朱子는 事功 때문에 龍川을 下視했으나 龍川은 거리낌없이 事功을 揚
　　言하였으므로 끝내 용천의 마음을 굽힐 수 없었다. 삼대 이상의 사공이 漢·唐
　　의 사공과 같지 않다는 사실을 몰랐기 때문이다. 한·당의 극성기에는 海內의
　　兵刑의 기운을 면할 수 없었고, 면할 수 있었다 하더라도 예악의 風이 和同하
　　지 못하였다. 勝殘去殺은 삼대의 功이니 한·당에 이런 일이 있었는가? 漢 高
　　祖와 唐 太宗은 一身 一家의 사공에 불과한 것이었다.[13]

　여기서 同甫(龍川)가 사공을 내세웠기 때문에 결국 朱子의 이론에 굴복
하지는 않았지만 그 事功論이 정작 삼대의 사공을 의미한 것은 아니었으
며, 주자도 覇道의 사공을 문제로 삼았던 까닭에 양자의 논쟁은 그 핵심을
피한 것이라 하여 동시에 배격하고 있는 것이다. 다시 말하면 그들의 논쟁
은 "천하의 이해의 權이 모두 군주에게서 나온다고 하여 천하의 利를 모두
그에게 돌리고 천하의 害를 남에게 돌리는"[14] 그러한 군주의 一姓 一家만
을 쟁점으로 하였을 뿐, 군주전제제 그 자체를 문제삼지 않음으로써 전제
제를 긍정한 바탕 위에서 헛된 논쟁만을 되풀이하였으니,[15] 만일 그들처럼
漢·唐·宋과 같은 '小治'의 시대를 '勝殘去殺의 事功'이 이루어진 삼대와 비
교한다면 이는 하늘을 모독하는 일이라고까지 생각하였다.[16]

────────

13) 《宋元學案》卷 56, 〈龍川學案〉.

14) 《待訪錄》, 〈原君〉.

15) 두 사람의 논쟁이 승패를 가릴 수 없었던 것은 漢唐의 군주의 문제만을 대상으로
　　하였을 뿐, 재능 있는 人臣의 능력을 발휘할 수 없게 한 專制 法制를 문제삼지 않은
　　데 있다고 지적하고 있다.(《破邪論》, 〈從祠〉 참조)

16) 黃宗羲, 《易學象數論》(廣雅叢書) 卷 6, pp.36b～37a ; 高柄翊, 앞의 글, p.3. 高教授
　　의 이 論考는 《대방록》의 서문에 보이는 신시대(明朝의 회복이나 淸朝 지배의 긍
　　정도 아닌 제3의 시대)가 오는 데 대한 기대를 胡翰의 十二運을 통해서 하고 있다
　　는 입장에서 전개한 勞作이다. 필자는 그 논지에 십분 찬동한다. 황종희가 신시대를
　　기대한 이상 이를 실현하기 위해 내놓은 구체적 방안이 무엇인가 하는 관점에서 이
　　글에서는, 《대방록》의 정치원리에 해당하는 〈原君〉, 〈原臣〉, 〈原法〉과 그 정책론

이러한 관점에서 보면 황종희의 事功論은 同甫의 현실 집착적 사공론을
주자의 이상 지향적 정치론으로까지 끌어올림으로써 양자를 절충·조화시
키려 했었음을 알 수 있다. 아무튼 이러한 사공관, 다시 말해 自私自利의
긍정에서 출발하여 천하의 大私 즉, 천하의 公을 이루어야 한다는 관점에
서부터 《대방록》의 현실정치비판은 시작된다.

2) 명분론 비판

《明夷待訪錄》의 현실정치 비판은 전제군주제도와 그 제도를 옹호하는
이념에 대한 비판을 의미한다. 그 비판은 三代 이후, 다시 말해 秦·漢에서
부터 明이 멸망할 때까지의(물론 黃이 살았던 淸初까지를 포함한다) 정치
형태를 군주독재제라 규정하고, 그 체제를 옹호하는 일체의 학설, 특히 宋
儒의 명분론에 비판의 초점을 맞추었다. 황종희는 秦漢 이후를 군주제라
고 보면서도 특히 明代에 와서 더욱 극에 달하여 암흑시대가 오게 된 데는
일차적으로는 帝權을 견제할 丞相制의 폐지에 그 원인이 있으며,[17] 승상제
의 폐지는 다시 仁義와 事功을 분리하는 '後世儒者'들의 그릇된 仁義觀, 다
시 말해 君臣의 義에 관한 왜곡된 견해에서 비롯되었다고 다음과 같이 주
장한다.

> 小儒들은 용렬하게 군신의 義가 천지에서 빠져나갈 곳이 없다고 말하며,
> 桀·紂 같은 폭군조차도 湯王·武王이 誅滅할 것이 아니었다고 하여 백이·숙제
> 의 황당무계한 일을 妄傳, 천하백성이 파멸하여 피투성이가 되어 썩은 쥐새
> 끼와 다를 바 없이 만들었다. 어찌하여 넓은 天地, 그 많은 사람 가운데 단지
> 그(천자) 一人 一姓만을 두둔한단 말인가? 이러한 까닭에 武王은 聖人이며
> 맹자의 말은 聖人의 말인 것이다. 후세의 군주가 아버지와 같고 하늘과 같다
> 는 空名으로 사람들이 군주의 지위를 엿보는 것을 금하려는 자들은 모두 그
> 말에 불안을 느껴, 드디어는 《맹자》를 폐지하여 과거 과목에서 제외하였으

가운데 〈置相〉, 〈學校〉(필자는 이 두 편의 비중이 前 3편에 버금가는 것이라 생각
한다)를 중심으로 보이는 職分論을 검토하려는 것이니, 이는 黃이 君臣의 職分秩序
를 확립하여 신시대를 이룰 수 있다고 믿었기 때문이다.

17) 《待訪錄》, 〈置相〉.

니, 그 원인은 小儒에게서 비롯된 것이 아닌가?(〈原君〉)

《대방록》을 연구하는 과정에 왕왕 인용되는 이 글은, 明代에 극악의 상태에 이른 전제군주권의 책임이 군신의 義에 관한 小儒들의 그릇된 해석에 있다고 통박한 것이다. 여기 小儒는 程朱學者를 가리킨 것이며, 후세의 군주란 明 太祖를 가리키는 것이다. 결국 程朱學을 명대의 군주독재체제를 옹호하는 이념이라고 생각하여[18] 이에 대한 혹독한 비난을 하고 있는 小儒, 다시 말해 程朱學者들의 그러한 君臣觀, 다시 말하여 "君臣之義, 無所逃于天地之間"이란 그릇된 군신관이 군신과 부자관계를 혼돈한 데서, 바꾸어 말하면 군신질서를 부자의 혈연적 자연질서와 동질시함으로써 군주 개인의 존엄성을 보장하려 한 데서 비롯되었다고 보았다. 사실 정주학에서 군신의 질서를 부자의 질서에 等置시킨 것은 인의와 사공을 분리하여 보려는 사고와 밀접한 관련을 갖는 것으로, 인의를 利와 사공에서 분리하여 인의를 절대화하고 부자의 仁을 군신의 義와 등질화하여 군신의 義를 擬似家族倫理의 설명으로 절대화함으로써, 비로소 명분론을 성립할 수 있는 것이다.[19] 군신의 義를 부자의 仁과 등질시하는 경향은 宋學 이전에도 있었으나, 특히 정주학에서 우주질서의 구상을 理氣論으로 체계화하여, 그것을 人性의 고유한 것으로 설명하였으니 "부자의 仁과 군신의 義는 天賦의 本然이요 民彝의 고유한 바"[20]라 한 주자의 말은 그러한 사정을 단적으로 대변해 준다. 이와 같이 군신의 義를 자연질서 내지는 우주질서에 일

---

18) 佐野公治, 〈明夷待訪錄における易姓革命思想〉(《日本中國學會報》 17, 東京, 1965), pp.129~142에서는 《대방록》의 정치사상이 孟子의 역성혁명사상을 재확인한 것에 불과하다는 결론을 얻는 과정에서, 유교가 漢代에 이르러 국가권력과 결합될 때 '君臣上下의 分'을 강조하여 현실적 군주체제를 영속화하려는 체제 옹호파가 대두하게 되었으며, 다시 程朱學의 명분론에 이르러서는 '上下의 分'을 고정화함으로써 체제를 옹호하려는 입장에서 맹자의 역성혁명사상을 부정하려 하였다고 논술하고, 동시에 맹자의 혁명사상을 지지하는 《대방록》에서는 程朱를 비롯한 명분론자를 小儒라고 비난하게 된 것이라고 논증하고 있다.

19) 守本順一郎, 《東洋政治思想史硏究》(東京, 1967), 2章 〈朱子學의 歷史的構造〉; 佐野公治, 위의 글, pp.140~142 참조.

20) 〈朱子文集〉 卷 82, 〈跋宋君忠義錄〉.

치시킴으로써 군주권의 절대성을 보장하려는 정주학의 명분론적 군신관
에 대하여, 황종희는 우선 군신관계를 부자관계에서 분리시켜 양자가 본
질적으로 다르다는 점을 명확히 함으로써 명분론의 논리기반을 허물어버
리기 위해 많은 지면을 할애하고 있다. 그는,

> 어떤 이는 臣과 子를 같이 놓고 臣子라 하지 않는다고 할 것이다. 그러나
> 그렇지 않다. 부자는 氣가 통하여 子는 父의 몸을 나누어서 된 몸(子分父之身
> 而爲身)이기 때문에 효자는 비록 몸을 달리했으나 날마다 그 氣에 가깝게 되
> 어 오래 되면 일치한다.(〈原臣〉, 강조 표시는 필자)

고 하여 아들은 아버지의 몸을 나눈 몸, 다시 말해 父의 분신으로 氣가 상
통하는 불가분의 관계인데 비하여 군신관계는,

> 본래 군주를 두게 된 뜻은 천하를 다스리기 위해서였다. 천하는 1인이 다
> 스릴 수 없으므로 官을 두어 이를 다스리게 되니 이 官이란 몸을 나눈 군주
> (分身之君)인 것이다.(〈置相〉, 강조 표시는 필자)

라 하여 官을 몸을 나눈 군주로 보고 있다. 君의 분신으로서 官의 의미와
분신의 君이 官이 된다는 의미는 판연히 다르다. 官을 君의 분신이라고 본
다면 子가 父의 분신인 것과 마찬가지로 父와 君이 本身, 다시 말해 주체
가 되고 子와 臣은 그 주체의 종속적 성질을 면할 수 없게 된다. 그러나
黃의 지적과 같이 혈연적 부자관계와는 달리 官을 君과 마찬가지로 동일
체의 각 분신으로 본다면, 官은 小君主로서 主從 내지는 主客的 '分' 관계
가 성립하지 않으며, 각자의 분신을 '宦官, 宮妾' 따위의 군주 개인의 從으
로 보고 분신의 君, 다시 말해 동일체의 분신을 "君의 師友"라 보아 이를
올바른 臣(官)이라 하여 군신의 義를 師友관계로 규정하고 있다.[21]
　이같이 군신관계나 부자관계를 근본에서부터 분리하려는 그는 "小儒가
大義에 不通하여 부회하여 말하기를 君父는 天이다"[22]고 하고, "후세의 군

---

21)《待訪錄》,〈原臣〉,〈奄宦上〉.
22)《待訪錄》,〈奄宦上〉.

주는 (신하에 대하여) 父와 같고 天과 같다"[23]고 하니 "그 空名으로 드높여 君父라 한다면 그 누구를 속일 수 있겠는가?"[24]고 비난하고 있다. 여기에서 우리는 황종희가, 이른바 小儒가 군신관계를 父子의 혈연관계와 함께 "民彝의 고유한 것이며 天賦의 본연"이라 하여, 군주절대권을 정당화하려 했던 정치설의 기본 시각이 되는 명분설, 다시 말해 군신을 상하의 주종관계로 보는 定分論을 바탕에서부터 깨치려 했던 의도를 명백히 볼 수 있다. 뿐만 아니라, 그는 부자관계에 대한 해석에서도 程朱와 견해를 달리하였다. 程朱는 부자의 仁을 理에서 비롯된 것으로 보아 부자 사이의 同氣가 언제나 理로 말미암아 받아들여진다고 한 데 대하여, 黃은 氣의 작용으로 보아 아들이 아버지의 同氣의 분신이지만 분신 이후에는 점차 멀어지며, 더구나 불효하면 離散되는 氣를 받아들이지 못한다 하고,

> 名目을 父祖라 하나 실상은 나그네가 되니, 그 명의를 아무리 강조하여도 뜰 앞의 玉樹에 지나지 않는다. 생전의 氣가 一身을 통하지 않았는데 사후에 그 氣가 자손의 각 身에 통할 수 있겠는가? ……程子가 이른바 그(父祖)가 편하면 나(子孫)도 편하며 그가 위태로우면 나도 따라서 위태롭다는 말은 자손의 마음을 두고 한 말이다.[25]

하여 理의 권위로서 효의 진리성을 보장하여 인륜의 근원으로 삼으려 했던 程子에 이의를 제기하여 程朱學的 孝이론에 불만을 표시하고 있다. 그러나 그의 孝이론도 道理性을 전제하는 전통관념의 테두리를 벗어나는 것은 아니며, 다만 정주학의 인의에 대한 이해와 그 이해를 바탕으로 하여 성립한 명분관 — 그로부터 그들의 이른바 그릇된 군신의 義가 극대화된 것으로 보았기 때문에 '分'의 타파를 강조하는 양명학[26]의 입장에서 인의에 대한 反程朱學的 해석을 내린 데 불과한 것이다. 양명의 도덕설에서는 정주학에서처럼 상하·존비·귀천의 分이 원리상 타파되어, 이를 이어받은 황

---

23) 《待訪錄》, 〈原君〉.
24) 《待訪錄》, 〈學校〉.
25) 《南雷文約》 卷 3, 〈讀葬書問對〉.
26) 졸고, 앞의 글(《東洋史學硏究》 6, 1973), pp.63~74.

종희는 程朱學의 '分'論, 다시 말해 명분론의 축이 되는 인의관에 대하여 "小儒, 不通大義"[27]라 하고 "신하된 자 이 뜻에 어두워졌다"(世之爲臣者, 昧于此義)[28]라고 비판하였다.

황종희가 인식한 대의는 상하·존비의 명분을 고집하거나, 華夷의 分을 고정화하려는 명분적 대의는 아니다. 淸初 遺臣의 한 사람인 王夫之가 명분을 인정하는 선에서 전제군주권을 비판하였던 것[29]과는 달리 천하의 大公 앞에서는 군신상하의 分과 華夷의 別이 크게 문제시되지 않는다고 본데 그의 大義觀이 숨어 있다. 만주족의 침략에 무력으로 항거하였으며, 淸朝의 회유에도 끝내 仕宦하지 않았을 뿐 아니라, 華夷感情에 특히 민감하였던 자들과도 교분을 가졌던[30] 그가 淸朝에 '협조적 태도'를 취하였다고 일부의 비난을 사고 있음은[31] 그의 명분질서의 부정 — 그것은 華夷의 分마저 부정할 가능성을 갖게 된다 — 과도 연관하여 생각할 수 있으므로, 그는 천하의 大公을 실현할 수 있는 大義는 小儒들이 강조하는 사소한 '分'에 얽매이지 않으며, '華夷의 分'도 필경은 中華主義를 지양해야 할 것으로 이해했던 것 같다.[32]

---

27) 《待訪錄》, 〈奄宦上〉.

28) 《待訪錄》, 〈原臣〉.

29) '分'론을 중심으로 볼 때 王夫之는 程朱學者에 속한다. 그러나 그는 명분론의 입장을 가지면서도 程朱의 名分說이 전제군주권을 용인하는 경우 그에 대한 비판도 서슴지 않았던 것 같다. 다음과 같은 말에서 그의 名分說의 진의를 엿볼 수 있다. "(古者)……, 乃其爲卿大夫者, 類以族升, 則役於相習之名分, 而民帖然以受治. 農之者恒爲農, 雖有雋才, 觖望之情不生……. (後世)一旦乘權居位, 而逮繫之鞭笞之, 甚且按法誅戮之, 憯言不恤, 曰吾以奉國法也, 則是父子昆第夫婦朋友之恩義, 皆可假君臣之分誼以摧抑之, 而五倫之還相減矣"[《讀通鑑論》卷 20(中華書局), p.13a~b] 그러나 그가 명분론을 원칙적으로 수용하는 한 華夷의 分을 강조하는 것도 당연하며 이에 대해서는 權重達, 〈王夫之의 史論〉(《中央史論》2, 1975), pp.78~86 참조.

30) 黃炳垕, 《黃梨洲先生年譜》卷中, p.11 ; 高準, 《黃梨洲政治思想硏究》(台北, 1966), p.39.

31) 황종희에 대한 비난은 淸 중엽부터 있었으나 특히 章炳麟이 혹평하고 있다.(高炳翊, 앞의 글, p.20) 章의 정론은 법가적 정분론에 치우쳐 있으며 그 단면을 《檢論》卷 9 등 여러 편에서 읽을 수 있다.

32) 黃이 異族의 지배를 이념적으로 용인하였다고 비난을 받은 한 근거로 그가 다음과 같이 그의 제자를 훈계하였다는 기록을 든다. "蒙古據有中國, 許趙之功, 高於弓矢萬

3. 宋代 이래 反名分論의 계보

— 《대방록》에 보이는 職分論의 선구

1) 象山·鄧牧·陽明의 반명분론

《대방록》을 程朱의 명분론에 대한 비판서라는 점에서 이해할 때 우리는 그것이 맹자의 역성혁명설과도 밀접한 관련을 갖고 있다는 사실 또한 명백히 할 수 있었다. 황종희는 명분설을 비판하면서 맹자의 정치설을 宗으로 하여 전개하되 인의와 私利에 대한 자기 나름의 합리화에도 애썼다. 그러나 명분론에 대한 비판이 황종희에서 비롯된 것은 아니다. 유명한 주자의 論敵 陸象山에서 시작하여 南宋末·元初의 鄧牧을 거쳐 陽明學으로 이어졌으며, 다시 《대방록》으로 이어진 것이다. 맹자를 宗으로 하여 重民說을 전개하는 象山이 程朱의 명분설을 비판하고 나섰던 것은[33] 오히려 당연한 일이라 하겠다. 象山은 당시에 勢를 잡고 있었던 명분설에 대하여,

이른바 명분을 犯한다는 말은 결코 이치에 맞시 않다. 명문설은 선유가 일찍이 궁구하지 않았던 것으로 내가 著論하여 밝혀 보겠다. (그 설은) 근세에 유행하여 폐단이 심한데 郡守가 탐닉하여 民害가 될 때 縣令이 의리로써 다투면 군수는 명분을 범하였다고 규핵하고, 조정의 부패한 관리는 그 일을 처

倍, 自許趙出, 蒙古亦中國矣…… 然則興亡之樞機, 允在禮敎之隆替"(黃嗣艾, 《南雪學案》卷 1, 南京, 1960, p.7) 이 구절에 대하여 蕭公權은 梨洲의 민족사상이 불철저했거나 아니면 淸朝의 지배가 확실해진 당시에 화를 두려워하여 그랬을 것이라 하고 있고[《中國政治思想史》(臺灣, 1982), pp.619~620, 註 12)] 高柄翊은 "그것은 황종희의 입장에서는 배반적인 태도변화가 아니라 충성이나 중화주의에 대한 그 시대의 새로운 경향에 합치되는 것이었다"(〈黃宗義의 新時代待望論〉(《東洋史學硏究》 4, 1970), p.24)고 하여 "신시대의 도래를 염원하는" 黃에게 夷·夏는 크게 문제될 것이 없었다고 하였다. 그러나 필자는 이를 '分'論을 중심으로 하여 이해할 수 있다고 생각한다. 다시 말해 명분론을 철저히 배격하는 입장에서는 '華夷의 分'을 강조할 근거를 잃게 되지만, 황종희 사상에서 고전적 중화사상은 완전히 放棄한 것은 아니고 어디까지나 中華에 의한 異族의 동화를 전제로 하고 있었다.

33) 徐復觀, 《中國思想史論集》(臺灣, 1975), p.60에서 "象山政治思想的第一義, 是在發揮孟子民貴君輕之說, 以重正君臣的職分, 幷發合理的精神, 以掃蕩千餘年來作爲政治精神加鎖的所謂名分"이라 하고 있다.

리 못하여 마침내 犯名分罪로 현령을 내친다. 이 무슨 理인가? 理의 소재는
필부가 가히 범할 수 없거니와 犯理한 자는 窮富極貴라도 세상이 용서하지
말아 春秋의 베임을 당해야 하는 것이다.[34]

라 하여 명분에 理(도리)를 부여한 명분설이 오히려 理에 어긋난다고 지적
하고, 그 명분설이 현실사회에 불러오는 병폐를 통박하면서, 비록 군주일
지라도 명분을 내세워 이치에 합당치 않는 권력남용을 해서는 春秋의 의
리가 용납하지 않을 것이라고 극언하여, 春秋의 正名思想과 명분설을 뚜
렷이 구분하고 있다. 명분설이 先儒의 正名思想이 아니라고 본 그는 아마
법가적 이론이라고 본 듯하다. 사실 상하의 分을 고정화하려는 定分的 주
장은 법가의 발상이며,[35] 秦·漢 통일제국의 출현 이후로는 현존의 지배체
제를 유지 존속하려는 측이 받아들였다.[36]

　반대로 이 설은 현실정치를 개혁하려는 측으로부터는 비판을 받게 되
니, 특히 맹자의 桀紂放伐論을 둘러싸고 양측의 쟁점이 되었다. 이러한 논
쟁은 宋代 士大夫學이 형성될 때 당시의 정치적 여건이 작용하여, 법가의
정분론적 사고가 그 정치이념에 반영되어 명분과 춘추의 義를 일치시키게
되고, 여기에서 다시 성리학의 우주관과도 합치점을 얻게 되었다.

　그러나 宋代에 勢를 얻은 명분설에 대하여 象山은 그것이 법가적 이론
으로서 司馬光이 처음으로 주장하자, 後儒가 무비판적으로 따른 것이지
결코 先儒의 正名思想이 아니라고 단언하고 있다.[37] 象山은 명분론자와는
달리 맹자의 民本說에 기울어 湯·武가 桀·紂를 죽인 것은 民이 귀하고 군

---

34) 《陸象山全集》 卷 12, 〈與劉伯協二〉.

35) 商鞅의 《商君書》, 〈定分篇〉과 《韓非子》의 〈制分篇〉 등을 그 대표적 예로 들 수 있
　으며, 《管子》의 〈七臣七主篇〉에 "律者, 所以定分止爭也"라 한 것이나 《荀子》의 〈正
　名篇〉도 공자의 正名思想과 달리 정분론적 색채가 강한 것도 그가 맹자와는 달리
　법가에 가깝다는 설에 힘을 실어줄 것으로 보인다.

36) 佐野公治, 앞의 글, pp.132~134.

37) 《陸象山全集》 卷 34, 〈語錄〉, p.269에서 "惟名與器 ,不可以假人, 只當說繁纓非諸
　侯所當用, 不可以此與人, 左氏也說差却名也, 是非孔子之言. 如孟子謂聞誅一夫紂矣,
　乃是正名, 孔子於削贖輒之事, 乃是正名. 至於溫公謂名者何? 諸侯卿大夫是也, 則失
　之矣"라 하고 있다.

이 輕한 때문으로 공자가 春秋의 義를 말한 의도도 바로 여기에 있는 것이
라 하고, "成湯이 南巢에서 桀을 방벌할 때 慙德이 있었다고 하니…… 이
는 湯의 과실"[38]이라 하여, 주자의 "湯이 참덕이 있었으니 武王에게도 참덕
이 있었다"[39]고 한 말과는 좋은 대조를 이루면서 명분설을 중심으로 그들
의 정치관은 평행선을 달리고 있다.

상하의 정분적 정치질서를 반대하는 象山의 이 같은 반명분설은 南宋이
몽고에 멸망했을 때, 그 원인을 여러 각도에서 반성하려는 유신으로 수용
했음직하다. 특히 鄧牧은 명분론의 현실적 폐해를 宋朝의 멸망과 연관하
여 보았던 것으로 보인다. 그의 저서 《伯牙琴》에서는 명분질서를 옹호하
는 宋儒를 지적하여 이렇다할 비판을 하지는 않았으나, 군신 사이의 지엄
한 명분질서 그 자체에 대한 비판 논조는 일관되게 나타나고 있다. 그는

> "皇帝가 下民에게 상세히 질문하였다"는 말을[40] 보면 그 分이 엄하지 않았
> 고, 堯가 許由에게 선양하려 하였으나 許由가 도망하고, 舜이 石戶之農에게
> 선양하려 하였으나 石戶의 농부는 섬으로 가서 종신토록 돌아오지 않았다 하
> 니 그 位가 존귀하지 않았다. ……天이 民을 낳고 君을 세운 것은 君을 위한
> 것이 아니다. 어찌 四海의 광대함이 一夫의 소유가 되겠는가? 때문에 무릇 음
> 식을 사치하고 의복을 구비하며 궁실을 아름답게 한 것은 堯·舜이 아니고 이
> 秦이었다. 分을 엄하게 하고 位를 尊하게 한 것은 堯·舜이 아니라 역시 이 秦
> 이었다.[41]

고 하여 〈君道篇〉에 보이는 군신 상하의 嚴分과 귀천에 대한 이 비판을
중심으로 자신의 정치관을 펴고 있다.[42] 堯·舜은 천하인을 이롭게 하는 일

---

38) 원문은 "成湯放桀於南巢, 惟有慙德…… 此是湯之過也"이다.(《陸象山全集》卷
   34, 〈語錄〉, p.274)
39) 주자는 象山과 반대로 《書經》의 〈湯誓〉와 〈牧誓〉의 말을 그대로 인정하여, "湯
   有慙德, 如武王恐亦未有此意也"(《朱子語類》卷 61)라 하였다.
40) 《尙書》, 〈呂刑篇〉에 "皇帝淸問下民"이라 함.
41) 《伯牙琴》(知不足齋叢書), 〈君道〉.
42) 《伯牙琴》에서 〈君道〉를 포함한 〈見堯賦〉와 〈吏道〉가 鄧牧의 정치관을 담은 글
   이다. 이 3篇에서 보이는 일관된 주장은 상하의 位分이 隔絶한 秦漢 이후의 현실정
   치를 타락된 정치형태로 보아 비판하고 있다는 점이다. 즉 〈見堯賦〉에서는 位分이

을 자신의 일로 삼았기 때문에 帝와 民이 서로 밀접했는데, 그 거리가 고
하 귀천의 구별이 秦에서부터 심해지면서 군주전제정치가 비로소 시작되
었다는 논지로 《伯牙琴》은 일관하고 있다.[43] 三代와 秦 이후의 정치를 엄
격히 나누어 보는 것은 유가의 일반적 견해에 속하는 것이지만, 구분을
'位分'의 엄하고 엄하지 않은 것을 척도로 한 鄧牧의 군신의 位分說은 맹
자의 民貴說을 宗으로 한 象山의 反名分說과 계통을 같이하며 이는 다시
陽明과 梨洲의 그것과도 연계성을 갖는다. 일반적으로 陸王學을 心學이라
는 점에서 동일계통으로 보거니와, 사실 心學의 한 특징이 현상계에 존재
하는 일체의 分, 다시 말해 차별을 心으로 수렴하여 無分의 一德을 회복하
자는 通德說에 있는 만큼, 그 정치설에서는 分의 嚴存을 강조하는 程朱學
의 명분설과는 자연히 대립관계에 놓이지 않았다. 양명의 經世的 '分'의식
이 집중적으로 드러나 있는 〈拔本塞源論〉의, "상하의 分과 귀천의 別을
철저히 부정하고 나아가 人己의 分과 物我의 間을 없이하여 大同의 일체
사회를 이룩해야 한다"는 주장에는 이미 명분질서의 타파가 전제되어 있

　　엄하지 않았던 三代의 盛時를 칭송하고 〈君道〉와 〈吏道〉에서는 군신의 位分과 吏
　　民의 位分을 각각 논하고 있다.

43) 《伯牙琴》과 《대방록》의 정치사상을 동일 계통으로 보는 견해로 Lo-Shu Fu,
　　"Teng Mu, a forgotten Chinesephilosopher," TP., LII 1-3 (1965), pp.35~96 ; 佐藤
　　震二, 〈伯牙琴の思想と明夷待訪錄〉(《東方學》 23, 東京, 1962) 등이 있다. 이 중 Fu
　　는 《대방록》의 〈原君〉, 〈原臣〉은 물론 그 서문까지도 《伯牙琴》을 모방했다고 단
　　정하고 있다. 그 주장의 근거로 제시한 내용을 간추려 보면 첫째 《대방록》의 〈原
　　君〉과 〈原臣〉은 《伯牙琴》의 〈君道〉, 〈吏道〉에서 그 명칭을 표절한 것이며, 내용
　　서술에서도 〈君道〉란 말은 의식적으로 피하여 '君之職分'이라 표현하고 있으며, 둘
　　째로 군주가 되기를 원하지 않았던 성인으로서 《伯牙琴》의 許由와 石戶의 農 대신
　　에 許由·務光을 들고 있는 점, 셋째로 양자 모두 秦 이후의 군주는 천하를 私財로
　　본 점, 넷째로 君을 客으로 民을 主로 본 점, 그리고 《대방록》의 서문에서 "如箕子
　　之見訪, 或庶幾焉"이란 시기는 《伯牙琴》의 〈見堯賦〉에 堯를 칭송한 내용과 일치한
　　다는 점 등을 들면서 양자는 이처럼 표현상의 차이는 있으나 내용에서는 별 차이가
　　없다고 결론짓고 있다. Fu의 이러한 견해는 매우 피상적 관찰에 그치고 있다. 양자
　　를 맹자의 정치관을 宗으로 하여 군신의 職分을 명분론에 대치하여 전개하는 象山
　　계통에서 이해할 경우에 그의 견해에 동조할 수 있되 모방이라고 볼 수는 없다. 위
　　에 서술한 양자의 용어는 韓愈 이래 사대부의 정론에서 허다히 볼 수 있는 것으로
　　비단 鄧·黃의 전용어가 아니었다. 位分說을 중심으로 하여 象山에서 鄧牧·陽明을
　　거쳐 황종희에 이르는 동일 계통의 職分論이 이어져 온 것이었다.

었다.[44] 이같이 象山 계통의 정치론에서 군신상하의 정분질서를 반대하고 그 대신 새로운 정치질서를 염원하게 되는 것은 당연한 일이므로 그 새로운 질서란 職分秩序를 의미한다. "천자는 바로 丘民에서 세워지는 것이 대의요 正理"[45]인 만큼 군신상하의 大分도 곧 職分의 차이에 지나지 않는다는 것이 象山의 견해이나, 재능의 고하에 따라 직위를 정하고 재질이 저급한 이는 農工商賈의 業에 종사토록 하여 직분질서를 이룩함으로써 천하일체를 이루어야 한다고 양명도 주장[46]하였으며, 《伯牙琴》의 位分說도 결국 이러한 주장에 지나지 않는다 하겠다. 다만 《伯牙琴》의 位分說이 《대방록》의 그것과 같이 앞의 두 설에 비하여 논조가 더욱 과격하였던 것은, 그 저자가 꼭 같이 망국의 遺臣이었다는 점에서 이해할 수 있다.[47] 그러나 《伯牙琴》에서는 《대방록》에서처럼 개혁의지를 강하게 제시하고 있지는 않다. 다시 말해 한편으로는 "재능이 있고 덕이 있는 자는 관리로 임용하여야 한다"고 주장하면서도 다른 한편으로는 "만일 그렇지 못하면 有司를 폐하고 현령을 없애 천하가 자치하도록 하는 것이 오히려 좋다"[48]고 주장하는 등 그 천하관에 무정부주의적 색채를 드러내고 있는 것은 그의 현실도피적인 생애와도 밀접한 관계가 있다는 것을 알 수 있게 한다.[49]

---

44) 졸고, 앞의 글(《東洋史學硏究》 6, 1973), pp.66~74.

45) 《陸象山全集》 卷 5, 〈與徐子宜〉.

46) 《傳習錄》 上, 〈答顧東橋書〉. 陽明은 職分說을 四民에까지 확대하여 一體 大同을 염원하고, 나아가서는 萬物一體의 우주질서에까지 비약한 데 반해 《대방록》은 군신의 職分만을 대상으로 논하고 있다. 이는 黃이 陽明의 萬物一體說에 대해 직접 논평하고 있지 않으나, 世儒들은 "家國天下現在事를 떠나면 混然一體의 懸空에 떨어질 폐단을 낳게 될지도 모른다"고 하여 陽明의 四句敎에 대한 비평과 함께 꽤 신중한 태도를 취하고 있는 것과도 관련하여 음미해 볼 필요가 있다.(《南雷文案》 卷 2, 〈與友人論學書〉 참조)

47) 佐藤震二, 〈伯牙琴の思想と明夷待訪錄〉(《東方學》 23, 東京, 1962)에서 양자의 暴君酷吏에 대한 비판이 그렇게 철저할 수 있었던 것은 왕조교체의 과도기, 다시 말해 아직도 신왕조의 기초가 확립되기 이전에 사상통제가 불철저하여 언론의 자유가 어느 정도 보장되어 있었던 때문이라 하고 있다.

48) 《伯牙琴》, 〈吏道〉.

49) 鄧牧(1247~1306)은 어려서부터 "讀莊列悟文法, 下筆追古作者. 及壯, 視名利薄之徧遊方外, 歷覽名山, 逢寓止, 杜門危坐, 晝夜惟一食"하였으며, 宋이 망한 뒤에는 山中에 은거하는 등 다분히 현실 도피적이어서 四庫提要에서는 그를 三敎外者라 평하

여하튼 象山에서 鄧牧·陽明을 거쳐 梨洲로 이어지는 이 계통의 정치관
은 義를 명분에서 찾으려는 程朱學과는 기본적으로 대립하고 있으며, 특
히 《대방록》에서는 앞장에서 이미 본 바와 같이 명분론을 체계적으로 비
판함으로써 전제적 군신질서를 부정하고 象山 이래의 位分說을 종합하여
職分論을 전개하게 되는 것이다.

2) 陽明學 左派의 位分論

황종희의 사상이 陽明學과 긴밀한 관련이 있다는 점을 우리는 누누이
보아왔다. 그렇다면 양명사상의 특징을 발전적으로 이어받은 좌파와는 어
떤 관련이 있는가 하는 점이 관심을 끈다. 淸初의 三遺老는 한결같이 좌파
의 反名敎的 언동에 비난을 아끼지 않았다. 황종희도 명교적 입장을 취하
는 점에서는 다른 두 사람과 마찬가지지만 그가 양명학자였다는 점에서
그 사상의 내용에 더욱 밀접한 관계가 예상된다. 여기에 '分論을 중심으로
하여 양자의 정치사상의 연관성을 살펴볼 필요가 있다.

《대방록》의 현실 정치비판이 양명학 좌파의 거두이며 그 종합자인 李
卓吾의 관점과 합치되고 있다는 점[50]은 우연이 아니다. 李卓吾가 종합한
좌파의 두 계통은 二王, 다시 말해 王龍溪와 王心齋의 사상으로 대표된
다. 양자의 학술사상의 취향은 그들의 사회문제에 대한 태도에도 반영되
어 龍溪가 비사회적이고 소극적이었음에 반하여, 心齋는 실천적이며 적
극적인 태도를 보였다. 먼저 龍溪는 良知說을 이론상으로만 추구함으로
써 학술 이외의 일에 대해서는 일체 간여하기를 거부하는 소극적 태도를
취하였으며,[51] 그러한 경향은 그 후학 周海門의 素位安分說로 전개되었다.
海門은,

　　고 있다.(《伯牙琴》, 〈鄧文行先生〉傳 및 《四庫全書總目提要》 卷 165, 〈伯牙琴解
　　題〉 참조)
50) 李卓吾의 정치비판을 《대방록》의 한 선구로 보는 견해는 蕭公權, 《中國政治思想
　　史》(台灣, 1982), p.600 및 高準, 《黃梨洲政治思想硏究》(台北, 1966), p.14 등이 있다.
51) 《龍溪集》 卷 5, 王畿는 同志와의 講學規約에서 "官司의 득실, 타인의 시비 등은
　　일체 발설하지 않는다. 어기는 자는 벌한다"는 조항을 예로 들 수 있다.

학문이란 다른 것이 아니니 단지 位에 素할 뿐이다. 생시나 死時에도 그렇게 하고 빈천하거나 부귀해도 그렇게 해야 한다. 인연에 따라서 自存하면 되는 것이다.[52]

고 했다. 모든 사람은 각자 자기의 처지와 지위에 따라서 그 분수를 지켜야 하며, 학문도 그 범위를 벗어나서는 안 된다는 것이니, 해문의 素位安分의 강조는 용계를 통하여 양명의 位分思想에로 연결된다. 양명사상에서 '分'의 의미는 다양하여 天分·名分 등 개인이 타고난 재질의 고하를 의미하기도 하지만, 分을 位와 합칭할 때는 身分·職分 등의 의미로도 쓰이고 있으니, 한편으로는 개인의 능력을 극히 강조하여 능력 위주의 기능적 사회질서를 강조하면서도 다른 한편에서는 "일단 직위가 정해지면 평생토록 바꾸지 말아야 한다"는 모순된 '分'論을 펴기도 한다.[53] 전자의 관점에서는 명분적 정치질서를 비판할 근거가 되나, 후자의 관점에서는 현실적 명분질서를 용납 내지 옹호할 근거가 될 수 있다. 해문의 素位安分說은 물론 후자의 관점에 속한다고 볼 수 있다.

소위안분실은 선동유가에서도 보인다. 그러나 황종희는 용계·해문 계통의 소위안분설을 그들의 사회사적 소극성과 관련하여 생각한 것 같으며, 그들 학문에 대한 불만의 표시는 그의 師學으로 거슬러 올라간다. 일찍이 劉宗周와 그 스승 許敬庵은 계속 그들을 비판했었고 특히 敬庵은 해문과는 좋은 論敵이었다. 그들 사이의 論題는 주로 양명의 이른바 四句敎에 대한 해석과 當下觀에 관한 것이었으나,[54] 황종희는 그러한 문제를 對社會觀의 문제로 끌어들여 해문의 학문경향을 공박하였다. 그는 "해문은 禪學에 빠져 金銀銅鐵을 뒤섞어 一器로 하였다"[55]고 주장, 位分說을 강조한 해문의 관점은 현상적 定相을 일체 부정하려는 禪學에 가까워 士大夫學의 사회적 실천성이 빠져 있다고 보았다. 학문이 실천을 떠나 따로 존재할 수

---

52)《證學錄》卷 4.
53) 졸고, 앞의 글(《東洋史學硏究》 6, 1973), pp.67~74.
54) 荒木見悟, 《明代思想硏究》(東京, 1974), pp.213~235.
55)《明儒學案》凡例.

없다는 그의 실행정신은 東林派의 사고를 이은 것이며, 거기에 다시 私利
의 긍정이라는 양명학적 요소를 융합시켜[56] 그의 事功論을 전개하는 것이
다. 그의 事功論은 '安分'설을 배격하고 개인의 천부적 재능을 강조하는 다
음과 같은 盡分說에서도 보인다.

> 府君의 家行에서 그 分을 다함이 이와 같았다. ……쇠붙이와 돌을 이용하
> 면서 黍稷을 파종하고 수확할 때 혹은 낫(銍)으로 쓰고 또는 호미(鎛)로 쓰는
> 것과 같이 역시 각각 자기의 分을 다할 따름인 것이다.[57]

이런 類의 글[58]은 각자의 처지에 순응한다는 '安分'이란 말을 피하여 盡
分, 다시 말해 개인의 처지에서 자기의 天分을 다한다는, 더욱 적극적인
표현을 쓰고 있다.

이러한 盡分觀은 그의 事功論과도 일치하는 사회 실천적 학문경향으로,
泰州派를 연 心齋(王艮) 계통의 실천적 士大夫學에 접근하고 있다는 사실
을 알 수 있다. 龍溪 계통과는 달리 실행에 적극적 자세를 취한 심재는 평
민 출신으로서, 황종희가 "(그는) ……百姓日用이 곧 道라 하여 비록 童僕

---

56) 황종희는 기본적으로 양명학의 입장에 서서 여러 학파의 학술사상 경향을 비판하
고 종합하는 태도를 취하였다. 東林派에 대한 그의 태도도 역시 그러하였다. 동림파
의 자제들로 구성된 모임에 참가하여 사회활동을 하는가 하면《대방록》의 學校論
도 동림파의 그러한 사회 실천적 경험을 토대로 하고 있으면서도[小野和子,〈明末·
淸初における 知識人の政治活動〉(《世界の歷史》11, 1961), 復社 참조] 東林學을 어
디까지나 양명학의 別派로 보고 있다. 이에 관해서는《明儒學案》卷 25,〈薛應旂〉
傳 및 容肇祖,《明代思想史》, 9장〈東林學派〉참조.
57)《南雷文定三集》卷 2,〈千秋王府君墓誌銘〉.
58) 그가 盡分에 관해 얘기한 다른 예는《南雷文定》四集 卷 2,〈國勳倪君墓誌銘〉에
"蓋府君…… 仲兄數奇, 伎薄濟之, 無使灰心, 府君於五倫之內, 其無不盡分如此"라 한
것이나 다시《孟子師說》卷 6,〈公都子問性章〉에서 "才者, 性之分量, 惻隱羞惡恭敬
是非之發, 雖是本來所具, 然不過石火電光, 我不能有諸已. 故必存養之功, 到得溥博淵
泉, 而時出之地位, 性之分量始盡, 希賢希聖, 以至希天, 未至於天, 皆是不能盡其才,
猶如五穀之種, 直到烝民乃粒, 始見其性之美, 若苗而不秀, 秀而不實, 則性體尙未全
也"라 한 것 등이다. 그는 '安分'이란 소극적 표현 대신 개인의 타고난 재능을 다한
다는 적극적 표현을 쓰고 있다. 그가 말하는 盡分의 결과는 公·私에 관계없이 곧 事
功이 되는 것이다.

이 내왕하고 동작하는 데서도 안배함이 없이 명시하면 듣는 자가 통쾌하
였다"라고 평한 데서도[59] 그 학술사상의 특색을 엿볼 수 있다. 심재는 素位
安分을 학문의 지상목표로 삼은 海門과는 달리 "사람의 天分은 동일하지
않지만, 학문에서는 반드시 天分을 논하지 말아야 한다"[60]고 하고, 또 "일
반백성은 천명에 따르지만, 대인은 그 命을 개조한다"[61]고 한 말 등은 宋代
이래 연면히 흘러 온 사대부의식의 적극적 표현이라 할 수 있는 것으로,
사대부의 學은 良知의 學, 다시 말해 '百姓日用의 學'인 이상 군이 天分이
나 운명을 논할 바가 못 되며, 그 학문에 종사하는 대인, 다시 말해 사대부
는 천명에 얽매이지 않고 상하·좌우에 자유 자재로 진취성을 발휘해야 한
다는 것이다. 이러한 강렬한 사대부의식에서 그의 처세관이 또한 극단적
으로 표현된다.

　사대부는 不忍한 마음을 가져 천지만물을 자기에 따르게 하기 때문에 나가
면 반드시 帝王의 師가 되고 들어오면 반드시 天下萬世의 師가 되어야 한다.
나가서 帝의 師가 되지 않으면 그 本을 잃는 것이며 들어와서 天下萬世의 師
가 되지 않으면 그 末을 잃는 것이나.[62]

학술의 권위를 왕권과 같이 놓으려 한, 이른바 이 素王意識[63]은 "師道로
써 臣道를 가려 천하인에게 君을 깔보게 하는 마음을 열어놓게 된 것이 아
닌가"[64]하는 비난을 받기도 하였고, 심재의 이 帝者師論은 인습적 군신론
의 입장에서 보면 상하의 안분 질서를 허물어뜨릴 발언으로 받아들여질
수 있었으며, 뿐만 아니라 海門의 素位安分說과는 그 발상부터 상당한 거
리감을 느끼게 한다.

59)《明儒學案》卷 32,〈泰州學案〉.
60)《王心齋先生遺書》卷 1,〈語錄〉.
61)《王心齋先生遺書》卷 1.
62) 위와 같음.
63) 島田虔次,《中國における近代思惟の挫折》(東京, 1970), pp.197~209.
64) 管東溟,《師門求正牘》卷中, 32丁 및 荒木見悟,《明代思想研究》(東京, 1974), p.103
　　에 따름.

심재의 특이한 언행 가운데서도 大人造命說과 帝者師論은 사대부의식
의 강고함을 말해주면서도 동시에 구습에 젖은 사회질서에 대한 예리한
감각적 도전이라 할 것으로서, 《대방록》의 현실정치 비판에 상당한 영향
을 미친 것으로 보인다. 다시 말해 造命說은 《대방록》의 〈原法〉에, 帝者
師論은 〈學校〉에 각기 발전된 형태로 받아들여지고 있다. 황종희에게도
사대부의식이 여전히 견고하였음은[65] 심재와 마찬가지였지만, 심재의 사
회감각이 도덕적 이상사회의 건설을 꿈꾼 陽明心學의 틀을 크게 벗어나지
못하였던 데 반해, 《대방록》의 정치설은 그 심학을 바탕으로 하면서도 더
실증적이고 구체적인 실현성 있는 개혁론을 전개하고 있다는 점에서 또한
차이가 있다. 심재의 '백성일용의 학'과 그 사회적 실천성이 용계, 해문 계
통과 전혀 다른 경향에 대해, 황종희는 물론 그의 스승 劉宗周도 "심재가
역시 師門(양명학)의 宗旨를 벗어나지 않았다"고 둘을 비교하면서 용계가
禪에 가깝게 되었다고 지적하고 있다.[66] 뿐만 아니라 황종희가 淮南格物說
이라 부른 심재의 格物說은 柳宗周가 "몰래 그 뜻을 취할 만큼"[67] 그들의
학문은 심재와 맥락이 닿고 있다. 이와 같이 사상내용에서 황종희와 심재
의 상호연관성을 인정한다면 《대방록》의 현실 정치비판이 李卓吾의 정치
비판서인 《藏書》의 내용과 상통하고 있는 것도 결코 우연한 일이 아니니,
卓吾가 兩王의 학문계통을 종합하였으나, 직접적으로는 심재의 再傳弟子
에 속하기 때문이다.[68] 이와 같이 王艮의 실천적 학문 계통과 비교적 친밀

---

65) 黃은 士大夫意識이 강하였다는 예로, 佐野公治는 〈明夷待訪錄における易姓革命
思想〉(《日本中國學會報》 17, 東京, 1965), p.139에서 《대방록》, 學校條에 "民間吉
凶, 一依朱子家禮行事"라든지 同 取士條下에서 "科擧之法, 其考校倣朱子議"라 한
것을 들고 있는데, 이러한 근거는 너무나 피상적이므로 士大夫學을 朱子學에만 국
한시킬 수 없다.

66) 《明儒家案》 師說, 〈王龍溪畿〉.

67) 《劉子全書》 卷 38, 經術十一章句 分經에서 "心齋王氏, 啓其端, 而未竟其說. 愚嘗
竊取其義者也"라 하고 있다.

68) 李卓吾의 사상은 龍溪와 心齋 두 계통을 종합 발전시킨 것이지만 더 직접적으로
는 후자에 속한다. 이에 대해서는 蕭公權, 《中國政治思想史》(台灣, 1982), p.588, 圖
表 및 島田虔次, 〈中國近世主觀唯心論 — 萬物一體の仁の思想〉(《東方學報》, 京都
28, 京都大學校人文科學研究所, 1968), 附錄 참조.

한《대방록》의 정치비판은 모든 전통적 전제군주론, 주로 정주학적 명분론에 대한 과감한 도전이었다는 점에서도 서로 유사하다고 할 수 있다.[69]

4. 《명이대방록》의 職分觀

지금까지의 논술에서 우리는《대방록》의 정치사상이 명분질서를 거부하고 그 대신에 職分秩序를 추구하는 데 주안점을 두고 있다는 사실을 명백히 하였다. 그러는 동안 그러한 직분질서에 대한 요망이《대방록》에서 비롯된 것이 아니고 象山이 일찍이 창도하여《대방록》까지 이르렀다는 사실도 알 수 있었다. 물론 군신의 職分 개념은 훨씬 이전부터 있었으며 宋代 士大夫學의 등장과 더불어 그 직분에 대한 논의가 더욱 활발해졌을 뿐이다. 이제《대방록》의 직분론을 논하기에 앞서 먼저 정주학의 직분론의 祖型이라 말할 수 있는 司馬光의 說을 잠시 살펴보는 것이 이해에 큰 도움이 되리라 생각한다.

象山이 지적한, 정주학의 명분설이 사마광의 그것을 추종하였다는 주장은《資治通鑑》의 초두에 있는 다음과 같은 내용을[70] 두고 한 말이다.

> 천자의 職은 禮보다 더 큰 것이 없고, 禮는 分보다 더 큰 것이 없고, 分은 名보다 더 큰 것이 없다. 禮란 무엇인가? 기강이 이것이다. 分이란 무엇인가? 군신이 이것이다. 名이란 무엇인가? 公·侯·卿·大夫가 이것이다. 무릇 사해가 넓고 인민이 많기 때문에 1인의 통제를 받아야 하니 비록 絶倫의 힘과 高世의 智를 가진 자라 할지라도 분주하게 복역하지 않을 수 없는 것은 禮로서 기강을 삼는 때문이 아니겠는가?

---

69) 心齋의 言說에서 군주 전제제에 대한 직접적 비판은 찾아볼 수 없다. 그러나 다음과 같은 位分論, 곧 "觀夫堯舜文王孔子之學, 其同, 可知矣. 其位分殊有上下之殊, 然其爲天地立心, 爲生民立命, 則一也"(《王心齋先生遺書》卷 1, 語錄)라 한 데서도 程朱의 명분론에 반대한 陽明의 '分'론과 일치한다는 것을 알 수 있다.

70) 司馬光,《資治通鑑》卷 1,〈周紀〉1.

사마광의 이른바 직분은 군주를 절대자로 한 명분질서 체계 내에서의 職任을 뜻하는 것으로서, 결국 "군신의 位는 마치 천지를 바꾸어 놓을 수 없는 것과 같으며…… 군신의 分은 당연히 수절하여 伏死할 뿐"[71]이다.

이는 바로 《대방록》에서 통박한 小儒가 말한 것으로, 군신의 義는 천지간에서 도망할 곳이 없는 階梯的 명분질서를 기반으로 삼아서만 성립되는 군신의 직분이다. 《대방록》에서 지적한 다음과 같은 기술은 분명히 명분론적 직분관을 의식한 글이다.[72]

　　나는 治法이 있은 뒤에 治人이 있다고 생각한다. 非法의 法이 천하인의 수족을 묶어 놓은 뒤로는 비록 유능한 治人이 있어도 끝내는 이리저리 끌리며 혐의를 받을까 눈치 살피기에 바쁘며, 비록 실시할 수가 있어도 그 分에 주어진 바에 따라 무사안일하려 하여 능히 한도 밖의 공명을 세우지 못하게 된다. ……때문에 治法이 있은 뒤에 治人이 있어야 하는 것이다.[73]

이렇듯, 秦이후의 惡法(非法의 法)은 전제군주권을 강화하는 데 그 목적

---

71) 《資治通鑑》 卷 1.
72) 필자는 〈陽明思想에서의 '分'의 문제〉(《東洋史學硏究》 6, 1973), p.82에서 본 인용문을 주자학의 定分論을 부정하는 예로 들고 "陽明이 제시한 재능에 따른 事功主義를 기반으로 하여 새로운 職分論을 창출하는 기반으로 삼으려 한 것 같다"고 하였다. 이 글은 이러한 문제를 제기하려 하였으며, 여기에 덧붙여 주자의 정분론은 신분의 고정화를 포함하여 우주적 계제질서를 구상한 것이었으나, 《대방록》에서는 政法的 개념으로서 직분문제만을 관심의 대상으로 하였을 뿐, 사회사상으로서의 성격은 희박하다. 따라서 《대방록》에서 '分'을 타파하자는 주장도 程朱의 정분론적 직분관에 대한 비판이다.
73) 강조 표시한 부분의 원문은 "卽有能治之人, 終不勝其牽挽嫌疑之顧盼, 有所設施, 亦就其分之所得, 安于苟簡, 而不能有度外之功名"이다. 여기 "亦就其分之所得"의 分字는 대부분의 刊本에서는 分으로 쓰고 있으나, 台灣 新興書局의 覆指海本에서는 分대신 外字를 쓰고 있다. 宮崎市定은 〈明夷待訪錄當作集(續)〉(《東洋史硏究》 25-2, 京都, 1966年, p.218)의 이 구절을 검토하며 차라리 "亦爲祖法之所碍"로 대폭 수정하는 것이 옳을 것 같다고 말하고 있으나 이는 지나친 주장이다. 다만 其分과 其外의 의론은 대부분의 刊本이 分으로 쓰고 있을 뿐 아니라 그 뜻도 "각자의 分이 주어진 한도 안에서……" 해야 황종희의 직분 이론에 바로 부합된다. 아마 覆指海本에서 外로 쓴 까닭은 分을 草書로 쓰면 外字로 읽게 되는 오류 탓이리라. 그러나 의미상으로 보면 外로 써도 뜻이 통하지 않는 것은 아니다. 다시 말해 "각자의 밖에서 주어진 바에 따라……"라 하면 分의 外在性을 강조하게 되기 때문에 뜻은 역시 통한다.

이 있을 뿐, 능력 있는 자가 공명을 세우려 해도 거기에 얽매여 결국 각자의 주어진 '分'의 틀을 벗어나지 못한다고 하였다. '其分'이란 전제제를 옹호하는 명분론자의 직분을 가리킨 것으로 黃은 그것이 깨지지 않으면 三代에 행해진 군신의 직분을 펼 수 없다고 한다. 三代의 직분은 군신이 다같이 천하를 위하여 '盡分'하는 것이었으나, 그 이후에는 군주가 교만하여 천하를 私物視하여도 아첨하는 신하는 오히려 그것을 합리화하려 하여, 그 非法의 法은 천하인의 수족을 묶어 천하를 위해 공명을 세우는 길을 막아버렸으니 마땅히 無法의 法(三代의 法)에 의한 변법으로, 참된 군신의 직분을 다하도록 해야 한다는 것이다.[74] 이 군신의 직분이야말로 '君臣의 대의'요 또한 '군신의 大分'이라는 것이다

《대방록》에서는 군신의 직분을 설명하면서 천하를 大木에 비유하고 군신을 그 大木을 운반하는 羣工에 비유함으로써 군신은 단지 앞에서 끌고 뒤에서 미는 기능적 차이(分)에 불과하다고 하였다.[75] 이미 군신의 義를 부자의 仁에서 분리하여 臣을 同一身으로 나눈 작은 君主로 본 이상, 군신의 分을 이러한 기능적 차이로 보는 것은 당연하다. 명분론적 지배질서가 뿌리박고 있는 현실체계의 개혁을 강하게 의식한 그는 거기에 동조하는 일체의 논설을 철저하게 공박하였다.[76] 그는 맹자의 周代爵祿說을 인용하

---

74) 山下龍二는 《대방록》의 變法 주장을 王安石과 康有爲의 變法과 동일한 발상으로 보고 있다.[《陽明學の硏究》成立篇(東京, 1971), pp.156~157] 아무튼 《대방록》의 〈原法〉에서 주장한 變法의 필요성을 《南雷文約》卷 4, 〈明名臣言行錄〉에서도 "明之人物, 其不遜於漢唐, 明矣. 其不及三代之英者, 君亢臣卑, 動以法制束縛其手足, 蓋有才而不能盡也"라고 한 것 이외에 隆武紀年 史臣曰條에서도 같은 말을 되풀이하고 있다.

75) 《待訪錄》, 〈置相〉.

76) 그는 자신이 믿는 정치 대의에 어긋난다고 생각할 때는 그의 부친(黃尊素)과 그로 하여 잃었던 東林黨이나 자신이 참가했던 復社에 대한 비판과 반성도 서슴지 않았다.(候外盧, 《中國政治通史》卷 5, pp.157~158). 《待訪錄》, 〈原法〉에서 "萬歷初, 神宗之待張居正, 其禮稍優. 此於古之師傅未能百一, 當時論者駭然, 居正之受無人臣禮. 夫居正之罪正坐不能以師傅自待, 聽指使於僕妾, 而責之反是, 何也? 是則耳目浸淫於流俗之所謂臣者, 以爲鵠矣. 又豈知臣之與君名實, 而實同耶?"라 하여 당시의 논자, 다시 말해 神宗初 동림파의 선구적 정의파 관료의 군신관이 俗儒, 곧 정주의 명분론에 젖어 있었다고 지적하고 있는 것도 그러한 예에 속한다. 張居正은 "蓋聞君臣

여,[77] 秦 이후 군주권이 일반 관료 체계 내에서 벗어났으며, 특히 明代에
승상제를 없앰으로써 군주의 지위는 "截然히 無等級"하여 전제권이 강화
되었다고 지적하고, 군주의 位를 六職의 하나로 보아 관료체계 내에 묶어
버림으로써 그 초월적 존재를 인정하려 하지 않았다. 이러한 경향은 淸初
三遺老에게 공통적으로 보이는 반전제사상에 나타나고[78] 특히 황종희의,
황제권을 견제할 승상제의 회복을 주장하면서 동시에 학교를 통한 여론정
치를 시행하자는 주장은, 帝權을 남용하지 못하게 하자는 구상에서 나왔
다고 할 수 있다. 《待訪錄》의 〈原臣〉편에서는 신하의 出仕와 非出仕의 경
우를 분리하여 설명하고 있다.

> 군신의 명칭은 천하로 말미암아 있는 것이다. 내가 천하의 책임을 맡지 않
> 으면 군주에게는 길손이요, 나아가 벼슬할 때에는 천하로써 일삼지 않으면
> 군주의 僕妾이 되지만, 천하로써 일삼으면 군주의 師友가 되는 것이다.

여기에서 황종희는 군신관계를 명쾌하게 구분하여 출사했을 경우에도,
천하를 위하여 일할 때는 帝의 師友가 되며 군주 개인을 위할 때는 그 奴
僕이 된다고 하였다. 신을 군주의 師友로 본다든지 또는 작은 君主로 보는
이런 견해는 象山 계통의 職分論에서 이미 예견되었는데, 군신의 직분을
기능적 차이로 설명할 때 결국 이러한 결론에 도달할 수 있기 때문이다.
그러나 더욱 직접적으로는 心齋의 "나가서 벼슬하면 帝者의 師가 되고 들
어와서는 천하만세의 師가 된다"는 팽배한 사대부의식이 《대방록》에 이
어져 구체화된 것이다.

사대부의식은 宋學의 발흥과 더불어 조성되어 왔다. 宋代의 명분론에서

之大義 分無所逃……"(《張太丘先生文集》 書牘五, 〈與王繼津書〉)라 한 바와 같이
그 언행이 철저한 명분론자였다. 黃의 위의 말은 명분론으로서 명분론을 비난하는
것이 부당하다는 지적이다.

77) 《待訪錄》, 〈置相〉. 孟子의 周代爵祿說은 〈萬章下〉.

78) 王夫之는 《讀通鑑論》 卷 8, 〈桓帝〉, p.10b에서 "古之天子, 雖極尊, 而與公侯卿大夫
士, 受秩於天者均"이라 하였고, 顧炎武는 《日知錄》 卷 5, 〈王公六職〉 之一에서 "坐
而論道謂之王公, 王公爲六職之一也. 未有無事而爲人君者. 故曰天子一位"라 하였다.

는 군주의 절대권을 인정하는 이면에 군주권에 대한 사대부 자신의 존립 근거를 확보하려 하였다. 그러한 사정을 대변해 주는 예로 朱子와 象山의 학문에 두루 정통할 뿐 아니라 功利主義派에 속하는 呂祖謙[79]을 들 수 있다. 그는 명분을 '爲世大法'이라 하여[80] 군주를 天을 대신하여 그것을 지키는 자로 보면서도,[81] 天만이 가진 명분의 소재를 아는 자를 사대부라고 보았다.[82] 따라서 군주가 天에게서 기탁받은 명분질서를 지키는 일은 사대부를 통해서만 비로소 가능하게 되는 것이니, 사대부가 군주권에 대하여 한편에서는 守節伏死할 신하로서의 직분을 강조하면서도, 한편으로는 士를 天에 직접 연결시킴으로써 士가 군주권에 기생하는 존재가 아니라, 군주권조차 제어할 수 있는 독자적 세력으로서의 권위를 갖고 있다는 것을 인정하려 하였다. 송대 사대부가 아래로는 민중에 대해서, 그리고 위로는 군주권에 대해서 갖는 이러한 긍지는 심재와 梨洲의 帝者師友論과 동일선상에서 이해할 수 있다.

그러나 이주의 《대방록》은 송대의 명분론자나 상산계통의 직분론자의 막연한 사대부의식과 자부심을 강조하는데 그친 것이 아니라, 한 걸음 더 나아가 사대부가 구체적 현실 사회 내지는 정치 현실에서 실천을 통하여 그 이념을 실현하기를 기대하고 있다는 데 주목해야 한다. 황종희는 사대부를 정치의 주체로 본다. 사대부 가운데 出仕者(관료)는 관계에서 행정을 담당하게 하고 아직 출사하지 않았거나 退官한 자는 학교를 중심으로 養士와 論政을 담당하게 하여[83] 사대부가 주재하는 천하사회를 구상하고 있는 것이다. 이를 위해 군주권을 관료체계 안에 편입시켜 관료로써 그 師友 관계에 두고 재야의 사대부는 학교라는 論政的 기구를 통해 그들 지도자에게도 군주의 師傅에 맡게 하려 하였다. 다시 말해

---

79) 呂祖謙(號, 東萊)은 陳亮, 葉適 등과 함께 功利主義派에 속하는 학자로 황종희가 특히 그들의 저술을 열심히 읽었다.(《梨洲遺著彙刊》 首卷 ; 全祖望撰, 《梨洲先生神道碑文》; 黃炳垕 編, 《黃梨洲先生年譜》 참조)

80) 《東萊博議》 卷 13, 〈鄭文夫人勞楚子入享於鄭〉, p.3a.

81) 《東萊博議》 卷 7, 〈王賜號公晉候玉馬〉, p.6a,b.

82) 《東萊博議》 卷 5, 〈辛伯諫周公黑肩〉, p.7a.

83) 吳金成, 〈黃宗羲의 敎育改革論〉(《歷史敎育》 17, 1974), p.97.

> 대학은 祭酒에 당세의 大儒를 추대하여 그 대우를 재상과 같이 하되 혹 퇴
> 임한 재상으로 그 직을 맡게 한다. 매달 초하루에 천자가 대학에 臨幸하며 宰
> 相·六卿·諫議가 모두 수행한다. 제주는 정면으로 강학할 때 천자도 제자의
> 列에 앉고, 정치에 결함이 있으면 제주는 치언을 기탄 없이 한다.(〈學校〉)

고 주장, 天子에 대하여 士 개인이 아닌 士 집단(학교)이 천자의 전제권을
제어하려 한 것으로, 이러한 방식을 지방관에 대한 郡縣의 學官에서도 마
찬가지로 적용해야 한다는 것이다.

이에 따르면 士大夫는 교화와 교육의 진정한 뜻을 아는 자이며, 천자는
그 뜻을 실천하도록 하늘로부터 위임받은 자이다. 따라서 천자가 이를 제
대로 실현하지 못하면 사대부의 비판을 받아 마땅하다는 것은 송대 이래
사대부의식의 한 표현이라고 할 수 있다.

여기서는 天의 뜻이 곧 民의 의사가 되기 때문에 군주와 사대부 사이에
의견의 차이가 없을 때에는 三代의 치세를 맞이할 수 있으나, 그렇지 못할
때는 民의 대변자로서 士가 군주를 放棄해야 한다는 혁명론에까지 이르게
된다. 군주가 天意(民意)를 거역하려 할 때는 학교라는 論政的 기구를 통
해 사대부들은 그들의 단합된 힘을 과시해야 한다고 주장하여, 東漢 太學
生 3만인은 危言深論하여 豪强을 두려워하지 않았으니 公卿마저 그 貶議
를 회피하였고, 宋의 諸生들은 宮門에서 북을 치며 李綱의 기용을 재촉하
였으니 이는 三代의 유풍에 가까운 바라고 하고, 또 郡縣學校와 지방관의
관계도 중앙의 경우와 마찬가지이며, 만약 郡縣官이 실정을 할 때는 학생
들은 북을 쳐서 대중을 모아 성토해야 한다는 것이다.[84] 이처럼 학생들의
적극적 정치참여를 권장하고 있는 것은 전제군주권에 대해 사대부의 학교
를 중심으로 조직된 역량으로 대항하자는 의도로 볼 수 있다.《대방록》에
서 일반적으로 사대부라고 할 때, 거기에는 관리는 물론 수업 중에 있는
학생(諸生)까지도 포함하며 천하를 주도해 나가야 하는 일체의 독서인을
말한다. 위로는 군주의 位를 관료질서에 끼워넣으려 하였을 뿐 아니라, 아
래로는 胥吏까지도 士로 충당하려 하였다.

---

84) 《待訪錄》, 〈學校〉.

평화로운 시대에는 士人이 많은데 출사의 길이 좁아서 드디어 재능이 있는 자가 산골짜기에 숨어서 늙어죽게 되니…… 만일 구실아치를 모두 士人으로 바꾸어 쓰면 일체 그 반대가 되어 胥吏의 害를 없앨 수 있다.(〈胥吏〉)

황종희가 구상한 정치세계는 사대부의 세계를 뜻하는 것이었다. 그의 사대부 천하에는 구실아치와 학생까지도 포함하는 모든 독서인을 뜻하는 것이었으므로, 《대방록》에서는 君과 臣과 法이 문제가 될 뿐, 民을 따로 거론할 필요가 없었다. 산야에 묻혀 있는 재덕을 겸비한 士를 발굴하여 쓰자는 주장이나, 학생을 정치에 참여시키자는 주장도 사대부 천하를 구상한 정치관에서 나온 것이다. 淸朝 지배 아래에서 벼슬하지 않고 "亡國大夫의 사적을 주로 기술한" 황종희는 그 자신이 草野窮民으로 묻혀 있었기 때문에[85] 능력이 있어도 발휘할 기회를 얻지 못하는 많은 사대부를 보았으며, 반대로 名公 巨卿의 顯職에 있는 많은 사람의 잘못된 행위는 그에게 더욱 두드러져 보였을 것이다. 그의 窮民 생활은 그의 천하관에도 반영되었을 것으로 벼슬의 原義와 타락한 현실적 임관에 대하여,

三代의 盛時에는 士는 恒産이 있어 貧함 때문에 벼슬하지는 않았다. 그 뒤에 不仁者가 고위에 있고 賢人이 하위에 있게 되어 비로소 貧함 때문에 벼슬하게 되었고, 다시 그 뒤에는 벼슬을 私利를 도모하는 도구로 삼게 됨에 따라 富하고 貴하지 않을까만 염려하게 되니 恩澤은 民에게 가지 않고 언론은 위에 통하지 않게 되어 무위도식하면서도 그 자리만 지키게 되어 (벼슬은) 오르지 貧함을 위해서만 존재하게 되었다.

고 하여 현재의 관리는 천하를 위해서가 아니라 개인만을 위하여 있는 것이라 개탄하고 이어,

때문에 居卑 居貧의 한계가 뚜렷하게 되었지만 (下位라 하더라도) 과연 그 출처는 올바른 것이다. 會計나 牛羊의 관리직이 居卑의 道로서 位가 낮은데 높은 것을 말하면 그 말이 대부분 국가의 대사에 관계되는 것은 아니나 당연

---

85)《南雷文定前集》凡例.

히 말해야 될 것을 말하지 않는다면 직분에 다하지 못한 바가 있음도 알 수가 있다. [86](강조는 필자)

하여 맹자의 "직위는 낮으면서 높은 것을 말함은 잘못이다(位卑而言高罪也)"[87]라 한 말의 진정한 뜻은 지위가 낮더라도 말을 해야 될 때 국가적 중대사라 하여 말하지 않는다면 이는 도로 그 직분에 어긋나는 것이라고 설명하고 있다. 그는 유교 경전을 신봉하지만 자기가 인식한 천하관에 따라 '聖人'의 말을 이와 같이 수정·보완하기도 한다. 천하가 사대부가 다스려야 하는 천하이고, 그리고 전제제와 더불어 사환의 道가 타락하면, 三代에서와 같이 천하의 통치는 사대부에 귀속되어야 하며, 또한 그 직위에 관계없이 천하사를 논의해야 한다는 것이다.[88] 이러한 구상, 다시 말해 학생과 구실아치의 정치 참여를 적극적으로 주장한 데는 明代 이래 사대부의 수적 증가[89]와 더불어 士의 현실적 직위에 대한 욕구가 작용하였을 것이며, 더욱이 '草野窮民'인 자신의 개인적 경험은 하층 사대부의 천하(천하인민)에 대한 인식의 정당성을 인정하도록 하였을 것이다.

황종희의 직분론은 군신과 사대부의 직분을 다루는 데 그쳤다. 四民(사·농·공·상)의 지도적 지위에 있는 士는 위로는 군주 전제권을 制肘하며, 아래로는 농·공·상의 業을 이룰 수 있도록 보장해 주는 일을 그 임무라고 보았으니, 이는 넓은 의미에서 직분이 되는 것이며 관료체계 안에서의 그것은 좁은 의미의 직분이라고 보았다. 그가 구상한 직분 질서가 이룩된 사회

---

86) 《孟子師說》 卷 5, 〈仕非爲貧也章〉. 인용문 중 강조 표시한 부분의 원문은 다음과 같다. "位卑而言高, 所言未必國家之大事, 非所當言而言, 則於職分有所不盡, 可知矣" 이 가운데 "非所當言而言, 則於職分有所不盡, 可知矣"를 해석하면서 否定詞 非字가 '所當言'을 부정하는지 아니면 '所當言而言'을 부정하는지 문제가 된다. 맹자의 원문에 가깝도록 해석하면 전자가 맞고 이 문장 전체의 뜻을 살리려면 후자에 가깝다. 여기서는 후자로 해석해두지만 어떻게 해석하더라도 전혀 다른 뜻은 되지 않는다. 필자가 전자로 해석하는 다른 한 이유는 〈非黃〉을 써서 梨洲에 혹독하게 비난한 章炳麟의 〈非所宦言〉(檢編九章)도 黃의 이 글을 의식한 글이기 때문이다.
87) 《孟子》, 〈萬章〉 下.
88) 《南雷文案》 卷 4, 〈黎眉郭公傳〉.
89) 吳金成, 〈明朝前期의 生員政策에 대하여〉(《歷史敎育》 10, 1967).

는 개인(士)의 능력을 제한하는 모든 명분론적 法制가 사라져 군주는 臣과
마찬가지로 천하를 위해 그 分을 다하여 事功을 이루어야 할 기능적 직분
은 있으되 전제권이 부정된 三代와 같은 이상사회였다. 그러나 그러한 신
시대가 아직 실현되지 않은, 따라서 앞으로 실현되어야 할 현실사회에서
는 士에도 갖가지 分이 없을 수 없었다.[90] 明·淸 왕조가 교체될 때, 천하는
그대로 존재하는 엄연한 현실을 그는 "나라는 망해도 역사는 망하지 않는
다(國可滅 史不可滅)"[91]고 표현하며 淸朝의 요청에도 끝내 따르지 않은 채,
한사람의 길손으로서 亡國大夫의 遺事를 엮는 일을 亡國遺臣의 한 직분이
라고 생각하였다.

5. 맺음말

이제까지 보아온 것처럼 《대방록》의 정치사상은 한마디로 표현하여 현
실 왕조의 지배이념이 되어온 명분질서를 부정하는 데서 출발하여, 군신
의 기능적 직분질서를 확립하여 三代의 이상사회를 실현하자는 待望에서
끝난다고 할 수 있다.

황종희가 秦·漢 이후의 정치를 타락한 정치로 보았던 것은 군신의 직분
이 밝혀져 있지 않기 때문이며, 특히 明 이후를 '無善治'의 암흑시대로 규
정한 것은 승상제를 폐지하여 군주의 자리가 등급이 없이 절대화하여 군
신 간의 직분이 더욱 혼미해졌기 때문이다. 이와 같이 군주권이 절대화한
데는 정주학의 군신관, 다시 말해 군신의 義를 극대화한 명분론이 그 이념
상의 근거가 되었다고 하여, 이를 철저히 비판하였다.

그는 명분설을 비판하면서 정주와 대립하여 맹자의 역성혁명설을 祖述
한 象山의 정치관을 근거로 하고, 여기에 양명의 '分' 타파론을 바탕으로

---

90) 《南雷文約》卷 2, 〈謝時符先生墓誌銘〉에 이렇게 쓰고 있다. "遺民者, 天地之元氣
也. 然士各有分, 朝不坐, 宴不與, 士之分, 亦止於不仕而已"
91) 《南雷文案》卷 3, 〈旌表節考馮母鄭太夫人墓誌銘〉.

하여 '진정한 군신의 義'는 상하의 종적 명분에 있는 것이 아니라 기능상
의 횡적 직분에 있는 것이라 하여 象山에서 鄧牧·陽明으로 이어지는 反名
分論의 한 계통의 정치설을 종합하였다.

　그는 東林派와도 밀접한 관계에 있으면서도, 양명학의 명교적 입장에서
동림학을 양명학의 별파로 보아 정주학적 명분설에 치우치는 경향을 바로
잡고자 하는가 하면, 양명학 左派의 反名敎的 경향을 비판하였다. 그러면
서도 동림파의 淸議와 그 실행정신을 《대방록》의 學校論으로 수용, 전개
하고 王畿, 王艮으로 대표되는 양명학 좌파의 사상을 취사선택하였다. 왕
기와 周汝登(海門) 계통의 素位安分說이 갖는 사회에 대한 소극적 자세보
다는 王艮, 李贄 계통의 반명분론적 位分說을 받아들였다. 반명교적 사상
가 李卓吾의 전제왕권에 대한 비판시각이 《대방록》과 유사함을 보이는
것도 양자의 선학 劉宗周와 王艮의 학문 경향과 관련하여 이해할 수 있는
것으로, 황종희는 비록 명교의 입장을 뚜렷이 하면서도 맹자 이래의 重民
說을 직분론으로 종합하면서 여러 학설을 博多하게 채용하는 데 얽매이지
않았다.[92]

　황종희는 象山에서부터 양명학 좌파에 이르는 반명교적 位分說을 직분
론으로 체계화하면서 한편으로는 군신질서를 擬似父子倫理로 설명한 명
분론의 논리기반을 정면으로 破衝하려 하였다. 부자와 군신관계를 단순히
나누어 子는 父의 분신인 데 반해 군신은 동일체의 각 분신이기 때문에,
臣의 職은 천하에 대해서만 책임을 질 뿐 君과는 師友관계에 불과하며, 더
구나 벼슬하지 않는 士는 君과는 아무런 관련도 없다는 것이다. 군신은 다
같이 천하를 위해 기능적 직책을 다하면 되는 것으로 그는 이것을 盡分이
라고 표현한다. 이것이 그가 구상한 직분질서로서 여기에는 상하의 고정

---

92) 候外盧, 《中國政治通史》 卷 5, p.161에서는 《대방록》의 私利觀을 墨子의 利害觀을
　　받아들인 것으로 보고, W. T. de Bary는 이를 도가적인 견해로 본다. "Chinese
　　Despotism and the Confucian Ideal," J.K. Fairbank(ed.), *Chines Thought and
　　Institution* (Chicago : 1957), p.170. 그러나 황종희는 기본적으로 양명학의 입장에
　　서 전제군주제의 부정과 직분질서의 확립에 필요하다고 생각되는 모든 학설을 받아
　　들여, 거기에 어긋나지 않는 한 그가 비판하던 주자학설에서도 취할 점을 발견한다.

적 位分질서는 모두 배제되고 있다.

明의 유신으로서 淸朝의 사환 요구에 따르지 않은 채, 草野의 窮民으로 명에 대한 절개를 지킨 그가, 왕조의 흥망과 관계없이 존재하는 천하의 실체(천하인민)를 더욱 선명히 인식하면서 천하를 私物視하는 전제군주제와 그 이념적 근거라고 본 명분론을 가차없이 비판하면서도 사대부의 정치적 사회적 역할은 상대적으로 강조함으로써 사대부가 주도하는 천하를 구상하였던 것은, 송대 이래 계속된 사대부의식의 한 반성인 동시에 결산이라 말해도 좋을 것이다. 천하와 士 사이에 가로놓인 간격은 시간이 흐르면서 점차 메워지기를 기대하는 수밖에 없는 것이었다.

(《東洋史學硏究》10, 1976)

동아시아 近世社會의 名分主義의 전개와 굴절
- 나의 明代史硏究 입문, 편력 그리고 과제 -

1. 東林學에서 陽明學 연구로

필자가 明代史硏究에 관심을 갖고 공부하게 된 것은 석사학위 논문을 쓰면서부터이다. 1960년대 초반, 지도교수 高柄翊 선생님께서 東林黨을 공부해 보라는 말씀에 따른 것이 이 방면 연구를 하게 된 계기이다. 그러나 당시에는 동림당 관계 문헌을 구해보기 매우 어려웠는데, 마침 서울대학 도서관에서 동림서원의 제2인자 高攀龍의 문집《高子遺書》를 구해 볼 수 있어서 석사학위 논문은 葉茂才가 지은 고반룡의 行狀을 역주하는 것으로 정하였다. 이 행장의 역주 작업으로 明 萬曆~天啓 연간동안 치열했던 동림당과 비동림당의 당파싸움과 명대 후기 학술사상계의 동향과 함께 당시의 역사적 흐름을 이해할 수 있었다. 역주의 導論부분을 논문화하여 〈明代 東林學派硏究 — 高攀龍의 生涯와 思想을 중심으로〉라는 논문으로 《歷史學報》 27집(1966)에 발표하였다.

동림은 書院講學을 근거로 정치활동을 하였으므로 학문과 정치가 둘이 아니라 하나이다. 그러나 어느 측면에서 보느냐에 따라 학파와 정파로 구분하여 살필 수가 있다. 필자는 그 학문적 계보 내지는 명말 학술사상계의 흐름을 알아보기 위해서라도 먼저 明 중기에 발흥, 유행한 陽明學에 관심을 두지 않을 수 없었다. 동림서원 강학에서는 양명학 특히 그 左派의 反

名敎的 성향에 대하여 매우 비판적이었다. 李卓吾를 선봉으로 하는 陽明左派의 반명교적 태도가 양명의 '無善無惡'설에서 비롯한다고 보고, 이를 동림서원의 院規에 올려놓고 강학으로 이의 변박에 힘썼다. 그러나 黃宗羲에 따르면 동림서원의 창시자 顧憲成 형제는 양명학 우파학자 薛應旂(號는 方山)에게서 배웠으므로, 결국 그들도 양명학 우파계통과 무관하지 않다는 점을 떠올리면 '無善無惡'설은 실은 양명의 제자 王畿(號는 龍溪)의 책임이 크다. 필자가 양명의 四句敎 중에 담긴 이 '無善無惡'설을 龍溪가 三敎合一的으로 심화시키는 과정을 거쳐 이탁오와 같은 극단적 반명교론자들에게 커다란 영향을 끼치게 되었다는 논지로 정리한 것이 〈天泉證道紀와 東林學派〉(《東國史學》8, 1966)라는 글이다.

그러나 뒷날 양명의 四句敎의 문제를 확대하여 명말 학술사상계의 반명교적 경향 또는 새로운 여러 가지 양상이 보이는 어떤 전환기적 흐름과 관련하여 생각해 볼 필요를 느꼈다. 그 결과 동림학자를 비롯한 명말 학술계의 삼교합일적 경향이 禪佛敎의 頓悟·漸修說 등 불교의 융성을 가져왔다는 내용으로 두 편의 논문을 발표하였다.[1]

2. 陽明學은 名敎인가? 反名敎인가?

동림학자들은 양명학의 반명교적 성격에 불만을 갖고 그 비판에 주력하였는데, 그렇다면 양명학의 名分意識의 문제는 어떠한가? 잘 알려진 바와 같이 名敎(分)主義的 이념은 朱子學에서 투철히 보이고 있는데, 이러한 주자학의 명분주의에 대한 태도는 어떠하였는가? 이러한 의문을 해결하기 위하여 양명학의 '分'의식을 살펴보는 일은 매우 중요하다. '分'은 구분 또는 차이로서 사회적으로는 主僕의 分, 華夷의 分과 같이 계급·계층 내지는

---

1) 〈陽明學의 無善無惡說과 明末의 頓悟論議〉(李智冠스님華甲紀念論叢, 《佛敎文化思想史硏究》, 1992)와 〈陽明學과 明末의 佛敎 ― 三敎合一을 중심으로〉(《東洋史學硏究》44, 1993) 2편이 바로 그것이다.

민족적 차별을 의미하고, 단순한 상하의 구별은 군신의 분, 부자의 分으로
서 그 상하질서에는 모두 예절과 도덕성이 강조된다. 君과 臣, 父와 子, 主
와 僕, 華와 夷라는 이름에는 모두 分(구분)이 따르고, 그 분에는 天理가
내재하기 때문이다.

주자학에서 객관적으로 존재하는 理는 명 중기의 사회적 경제적 여러
변화에 따라 점차 그 설득력을 잃어 갔다. 양명은 心, 다시 말해 良知는
四民, 곧 사·농·공·상이 공유하므로 학문도 마땅히 사민에게 개방해야
하며, 상하의 分도 계제적 명분질서이기보다는 기능적·직분적 차이에 불
과하다는 것이다. 이것이 양명이 주자학에 반대한 이유이다. 이러한 내
용을 정리한 것이 〈陽明思想에서의 '分'의 문제 — 社會思想으로서의 성
격〉(《東洋史學硏究》 6, 1973)이다. 〈陽明學의 成立과 展開〉(서울대 동양
사학과편 《講座中國史》, 1989)는 필자의 양명학 관계 논고들을 종합적으
로 다룬 것이다.

東林講學이 양명학의 反名敎的 성향을 비판하고, 이를 바로잡아야 한다
고 한 것은 바꾸어 말하면 朱子學의 명분사상에 동의한다는 말이 된다. 그
러면 도대체 명교 또는는 명분주의라는 것은 무엇인가? 알려지다시피 명
분사상은 孔子의 正名思想에서 유래한다. 하극상이 만연하여 극도로 혼란
한 春秋時代를 산 공자는, 군신부자의 신분질서를 유지하고 孝悌의 도덕
이 지켜지기를 바라는 마음에서 '正名'을 주장하였다. 唐末·五代에 이르러
서도 역시 藩鎭세력에 의한 지방분권적 혼란이 극심하였다. 이를 극복하
기 위하여 宋 왕조는 안으로는 지방분권적 군웅할거를 청산함과 함께 지
주관료층의 전호지배체제를 확립하고, 밖으로는 북방의 이른바 정복왕조
의 압박에 대한 尊王攘夷 大義名分思想이 사대부관료의 새로운 이념으로
대두하게 된 것이다.

司馬光은 그 필생의 명저 《資治統鑑》을 춘추말기 쯤이 三分하는 周 威
烈王 23년부터 쓰기 시작하면서 그 서두에 "天子의 職에 禮가 가장 중요하
고, 禮는 分이 가장 중요하고, 分은 名이 가장 중요하다. 禮란 무엇인가?
紀綱이 이것이요, 分이란 무엇인가? 君臣이 이것이요. 名이란 무엇인가?
公·卿·大夫가 이것이다"고 말하여 명분주의 정치이념을 적절히 표현하고

있다. 北宋 명분론의 理學的 기초는 程資가 닦았으며, 南宋 朱子가 완성하였다. 伊川의 理一分論을 이어받은 주자의 理氣論은 인간의 문제에 적용하면 人性論이 되며, 그 명분론도 이기론적 사고에서 나온다. 氣의 작용으로 나타나는 차별상은 인간사회에서는 상하·빈귀·귀천의 分, 다시 말해 불평등을 낳게 되는데 이는 理의 所以然이며 所當然이다.

또한 혈연적 친분을 사회윤리에 연장 적용하여 사회적 신분과 비사회적(혈연적) 신분을 等質化시킴으로써 군신의 분, 부자의 분, 주복의 분, 심지어 화이의 분이 동질적 연장선상에서 그 윤리성을 강조하게 된다. 朱子는 "천하의 일에 理 없는 것이 없다. ……君臣된 자는 군신의 理가 있고 父子된 자는 父子의 理가 있다"고 하여 定理的 명분론을 제창하였다. 이리하여 북송의 사마광이나 이천 등의 理學者들의 정분론은 주자에 와서 좀더 합리성과 설득력을 갖게 되었다.[2]

그러나 주자가 살아 있을 때, 이미 주자의 정리적 명분론에 대한 반론이 제기되었다. 양명의 선구자 陸象山이 바로 그 사람이다. 명리적 명분론에 대한 비판은 명 중기 양명학의 대두로 비로소 그 설득력을 갖게 되었다.

3. 東林 復社의 分權論

명말·청초의 행동하는 지성인 黃宗羲의 정치개혁서 《明夷待訪錄》은 명 태조의 강력한 군주독재체제에 대한 비판서라 해도 과언이 아니다. 그는 태조가 丞相制를 없애고 相權까지도 스스로 장악하여 명의 정치가 크게 타락하였다고 보고, 그러한 군주독재권력의 이념적 지주인 程朱學의 명분주의를 날카롭게 비판하고 있다. 심지어는 程子나 朱子를 小人이라고까지 나무라면서, 萬曆朝의 명분론적 전제주의를 옹호하는 강력한 정치가 張居

---

2) 韓國孔子學會의 1994년 춘계발표회 (주제 : 《孔子思想과 北宋儒學》)에서 필자는 〈司馬光의 名分論〉이란 논문을 발표하였는데 금명간 단행본으로 간행된다고 한다. 그리고 1977년 동양사학회 추계발표회에서 〈呂祖謙의 명분론과 《東萊博議》〉를 구두로 발표한 것도 모두 필자의 중국근세 명분론에 대한 관심 때문이다.

正 역시 소인이라고 몰아친다. 그의 아버지 黃尊素는 동림파 지도자의 한 사람인 환관 魏忠賢 일당에게 희생당하였으며, 동시에 그는 양명학 우파 학자 柳宗周(1578~1645)의 충실한 제자이기도 하였다. 이런 점에서도 그는 학맥상으로는 양명학 우파계열에 속한다.《명이대방록》의 군주전제지배체제에 대한 비판은 분명히 동림파의 정치의식을 이어받은 것이었지만 그 이념적 근거는 양명학의 '分', 다시 말해 주자학적 명분론에 대한 기능적·직분적 질서의식이었다. 이러한 내용으로 씌어진 것이 〈《明夷待訪錄》에 보이는 職分論〉(《東洋史學硏究》 10, 1976)이다.

명청사연구회 몇몇 회원과 공동연구한 결과인《明末淸初 社會의 照明》(한울, 1990)에서 필자는 〈明末淸初의 東林·復社運動〉에 관한 부분을 집필하였는데, 그 내용은 만력연간에서 청초까지의 동림파와 그 후계자인 복사의 정치운동 및 주장을 고찰한 것이다. 나아가 명 중기 이후 중국을 대표하는 양명학과 양명학 좌파, 그리고 동림파와 복사운동은 어느 정도 공통점이 있지 않을까 하는 시각에서 〈16~7세기 中國의 講學運動과 師友論〉(《明淸史硏究會報》 2, 1993)을 구상하였다.

80년대의 대부분을 필자는 科道官의 言官的 역할을 중심으로 하는 명대의 정치사 연구에 바쳤다.[3] 그 중 陽明이 활동하던 시기, 다시 말해 正德~嘉靖朝의 정치적 동향이 주목을 끌었는데, 分權共政論의 대두도 그 예에 속한다.

王世貞이 〈嘉靖 이래 首輔列傳〉을 쓰게 된 이유도 內閣首輔가 가정조를 분기로 하여 상당한 변화를 보이기 때문이다. 가정 초기의 大禮議도 형식적으로는 대례문제를 둘러싸고 내각이 권력다툼을 벌였으나, 실질적으로는 武宗의 난정으로 군주전제권이 그 한계를 드러내자, 楊廷和 內閣을 비롯한 滿朝百官이 군주권에 제동을 걸고자 일으킨 사건이었다. 말하자면 帝權과 內閣權의 대결이라고 할 수 있다. 결국 전자의 승리로 끝나고 말았지만, 이 대결 과정에서 楊內閣측에서 分權共政論은 강력하게 제기하였다는 점에서 정치적 의미를 찾을 수 있다. 일본의 동림파 연구자들은 동림파

---

3)《中國近世政治思想史硏究 — 科道官의 言官的 機能》(지식산업사, 1988).

인사들의 정치주장이 六部의 분권 및 중앙집권에 대해 지방분권을 통하여 전제군주권력을 분산시키는 것을 목적으로 하고 있었다고 밝히고 있는데,[4] 필자는 그러한 분권의 선구적 주장이 가정조에서 비롯한다는 사실을 알게 되었다. 이러한 인식을 가지고 썼던 논문이 〈明代後期分權共政論的展開〉라는 글로서, 1991년 上海 復旦大學校에서 열린 제4회 中國明史國際學術會議에서 발표하였으나 아직까지 이 글이 간행되었다는 소식은 듣지 못하고 있다.

어쨌든 가정조부터 특징적으로 보이는 '분권공정' 논쟁은 동림파의 활발한 논의를 거쳐 황종희를 비롯한 明 遺老들에 이르러서는 특히 지방분권화가 더욱 깊이 있게 강조되었다. 황종희는 초기 작품 《留書》, 〈封建論〉에서 "지방분권적 봉건제를 실시하여 각기 자기 영역을 지키게 되면 비록 夷狄으로부터 침략을 당하더라도 천하가 송두리째 망하지는 않을 것"이라 말하였다.

그 10년 뒤에 다시 쓴 《明夷待訪錄》, 〈方鎭論〉에서는 "지금은 봉건문제는 먼 일이 되고 말았다"고 말하며 변경에 方鎭을 설치, 봉건에 가까운 군현제를 실시하자고 주장하여 처음의 의견을 약간 수정하였다. 顧炎武도 郡縣論에서 "건의 뜻을 군현제에 부치자"고 하여 군현관이 선정을 계속할 경우 당대는 물론, 그 자손 대까지 세습할 수 있도록 하자는 등, 그들의 봉건적 군현론은 중앙집권적 지배에 대해서 지방분권적 통치를 강조한 것이었다. 특히 황의 方鎭論은 중국이 이적을 지배한다는 전통적 중화의식에서 벗어나, 이적의 침략으로부터 민족의 자기생존을 꾀해야 한다는 내용에서, 일종의 자기 방어책이었다는 점에 주목할 필요가 있다. 가정 이래의 분권론은 明·淸 교체를 경험한 뒤에는 "중국인은 중국을 다스리고, 이적은 이적을 다스릴 것"(《留書》, 〈史〉)을 주장할 만큼 질적 변화를 겪었다.[5]

---

4) 관계논문으로는 小野和子의 〈東林黨考(二) — その形成過程おめくつて〉(《東方學報》 55)와 〈東林黨と張居正 — 考成法お中心に〉(《明淸時代政治社會》, 1983)을 들 수 있고, 溝口雄三의 〈いわゆる東林派人士の思想 — 前近代期における中國思想の展開〉(《東洋文化研究所紀要》 57, 1978) 등이 있다.

4. 名分主義 연구관심의 동아시아世界로의 확대

1980년대는 소련과 동구를 비롯한 사회주의체제의 동요와 해체로 세계
사의 흐름에 큰 변화가 일어났다. 그리고 그러한 변화의 물결은 동아시아
세계에도 파급되어, 급기야는 1992년 韓·中 수교를 비롯해 동아시아 국제
관계도 커다란 변화의 양상을 보이고 있다.

이러한 동아시아세계의 급격한 변화에 따라 여러 나라의 중국사연구자
의 발걸음도 빨라져, 중국과 일본에서는 1980년대 후반에 이르러 국제관
계사 연구에 눈에 띄는 성과를 이루었다.[6]

필자도 이러한 국제사회의 변화에 발맞추어 1992년 10월 歷史學會의 월
례발표회에서 〈17∼18세기 中國的 世界觀의 變化와 朝鮮의 東華意識〉이
라는 제목의 글을 발표하였고, 다음해 7월에 미국 미시간 주립대학 제1차
朝鮮學國際學術大會에서 〈朝鮮의 兩班社會와 陽明學 辨斥問題〉라는 논문
을 발표하였다. 그리고 금년 2월 동양사학회가 中國 天津 南開大學校 史學
科와 공동주최로 개최한 제14회 동계워크샵에서 〈中國的 國際秩序의 推
移와 韓·日의 對應〉이라는 글을 발표하였는데, 이는 17∼18세기 중국적
세계관의 변화 문제를 고찰하는 과정에서 동아시아의 국제질서를 통시대
적으로 개관한 글이었다. 이들은 모두 필자의 연구주제의 하나가 되어 온
양명학과 명분론 및 화이론에 대한 연구관심을 조선사회에까지 확대해 보
려는 시도와 관련된 것으로서, 다음에 그 내용과 문제의식에 대하여 개략
적으로 논급해 보고자 한다.

---

5) 〈新發見 黃宗羲 著作二種과 그 民族思想問題〉(《東洋史學硏究》 39, 1992).
6) 일본에서는 예컨대 歷史學硏究會에서 1987년 "世界史認識における國家"라는 주
   제 아래 여러 部會로 나누어 연구토론회를 열고 있으며(그 성과는 《歷史學硏
   究》 573을 참조하라), 중국에서도 최근 들어 여러 대학에서 한국학연구소, 일본
   학연구소 등을 세워 외국 및 국제관계사 연구에 노력하고 있다.

1) 17~18세기 중국적 세계관의 변화와 조선의 東夏意識

아시아 역사의 전개에서는 韓·中·日 삼국이 주도적인 역할을 해왔고, 또 하고 있다. 이 세나라는 漢文化(儒敎文化)와 大乘佛敎文化를 정신적 지주로 삼는다는 공통점이 있으며, 동시에 중국을 중심으로 서로 밀접한 교섭하면서 발전해 왔다. 그런데 明·淸시대의 중국은 역대 왕조가 개방적이었던 것과는 달리 대외적으로는 매우 폐쇄적 경향을 띠게 되었으며, 한·일 양국도 따라서 소극적 자세를 취하지 않을 수 없었다.

다만 해양국으로서의 일본은 明 중기 이후 해이해진 邊備를 뚫고, 이른바 嘉靖倭寇가 되었으며, 16세기 후반에는 이른바 假道入明의 기치를 내걸고 한반도를 침략하여 동아시아 세계를 크게 뒤흔들었다. 그리하여 일본은 무력을 바탕으로 그 국제적 지위를 높였으며, 德川幕府에 와서는 대외적으로 쇄국정책을 실시하는 가운데 명·청 교체기를 겪으면서 일본이 중국에 버금가고 기타 국가는 下視한다는 의미에서 이른바 '日本型 華夷觀'이 정착하게 되었다는 견해가 일본학계의 정설인 것 같다.[7]

그러면서도 그들은 같은 시대에 해당하는 조선후기의 北伐論, 小華論은 尊明排淸의 시대착오적인 학술계의 병폐로서, 19세기 후반에 이르러서는 변화하는 국제사회에 적절히 대응하지 못한 요인이 된 사상이라고 비판하고 있다.[8] 그리고 이러한 발상에 대하여 우리나라 학계에서는 적절한 대응을 하지 못하고 있는 것 같다.

필자는 명과 조선의 관계사에도 관심을 가지고 몇 편의 글을 발표하면서, 修山 李種徽(1731~1786)의 소중화론에 대해서도 그 사상이 특이한 데가 있어 이를 중심으로 조선후기 사대부들의 소화의식 일반을 추적해 보

7) 荒野泰典, 《近世日本と東アジア》(東京大學校出版會, 1988), 2章 〈近世の東アジアと日本〉 참조.

8) 예컨대 紙屋敦之, 〈幕府制國家の成立と東アジア〉의 코멘트 및 寺內威太郎, 〈東アジアの李氏朝鮮〉(《歷史學硏究》 573, 1987)과 左久間重男, 〈明淸からみた東アジアの華夷秩序硏究〉(《思想》 796, 1990. 10)에서는 華夷秩序의 변화는 明日 사이에만 있었던 것처럼 언급하고 朝鮮은 거의 제외하고 있다.

았다. 修山은 金哲埈 교수의 연구에 따르면 양명학 계열의 학자로서, 그의 고대사론은 중국사 내지 中國疆域에 대하여 만주와 반도를 포함하는 우리의 강역과 역사에 대한 민족적 자부심, 이른바 東華意識이 철저하였다. 이러한 문화적 소화의식은 실학자의 그것과도 일맥상통하는 새로운 천하관으로서[9] 새로운 조명을 필요로 하는 것이다.

수산이나 실학자들의 소화의식이 그같이 반드시 부정적인 것이 아니라면, 尤庵 宋時烈을 필두로 하는 老論系列의 소화의식 또한 반드시 부정적이라 할 수는 없다. 왜냐하면 조선 사대부의 소화의식은 기본적으로 문화가치가 그 기준이 되고 있기 때문이다. 거기에는 王夫之와 같은 漢人 사대부에게서 보이는 종족과 地界를 기준으로 하는 화이사상을 볼 수가 없으며, 일본과 같이 武를 가치로 의식한 것도 아니었다. 또 하나 지적할 것은 소화론이 결코 조선후기에 와서 비로소 대두한 것이 아니라, 적어도 고려시대부터 시작하여 여말 성리학의 수용 이후 조선 사대부들의 문화의식 속에 면면히 이어져왔다는 사실이다. 거기에는 事大慕華意識이 물론 함께 있다. 그러다가 滿淸이 明을 멸망시키고 중국의 주인이 되자 尊我的 華夷意識이 드러나게 되었으니 말하자면 조선형 화이관이라 할 것이다.

이러한 구상을 논리적으로 체계화하기 위해서는 동아시아 삼국에 걸친 횡적 고찰과 고려에서 조선후대에 이르는 종적 고찰을 동시에 진행해야 할 것이다.

2) 朝鮮 양반사회와 양명학의 辨斥問題

지금까지 조선의 양명학에 관한 연구에서는 양명학의 변척문제에 대해서도 숱한 논급이 있었다. 그 과정에서 양명학 변척의 원인은 여러 가지로 설명할 수 있지만, 이들을 요약해 보면 조선조 사대부의 사표가 되는 퇴계와 율곡이 양명학을 배척하였기 때문이라는 지극히 단조로운 논리를 펴는 데 불과하다. 과연 그 한 가지만으로 설명이 가능할까?

---

9) 졸고, 〈17~8세기 朝鮮學人 尊我的 華夷관의 한 視覺〉(《東國史學》 17, 1982).

그들은 尊明事大한다고 하면서 명에서는 文廟從祀하는 왕양명의 良知
學의 수용을 왜 그토록 거부하였는가? 사실 조선은 사대정책을 표방하면
서도 明의 환관정치나 三敎合一적 사상경향에 대해서는 매우 비판적이었
다. 임진왜란 전에 使行에 참가하였던 趙憲·허봉의 중국비판이나[10] 李瀷의
송 태조나 명 태조에 대한 비판도 공공연하였다. 이러한 조선 士人의 중국
비판은 그들의 소중화의식과 관계가 있었음은 물론이다.

양명학은 일부 학자들이 소극적으로 받아들였다. 霞谷 鄭齊斗(1649~
1736)는 江華學派를 연 대표적인 인물이다. 그의 학문은 정치성을 배제하
고 만민적 입장을 가짐으로써 양명의 양지학을 수용할 수 있었으나, 그도
정주학적 한계를 뛰어넘은 것은 아니었다. 그의 중년기의 사상을 집약적
으로 담고 있는〈任戌遺敎〉는 특히 가부장제를 중심으로 하는 양반사회
의 신분제를 옹호하고 있다. 君臣의 分, 主僕의 分을 강조할 뿐만 아니라
嫡庶의 分을 강조하여 양반사회의 기강을 바로잡아야 한다는 주장은 분명
히 程朱學的 名分主義 노선을 따른 것이다.[11]

이같이 양명학자로 손꼽히는 霞谷도 사회신분문제에 관련해서는 단연
주자학적 입장을 옹호하고 있다. 이렇게 볼 때 조선의 양명학 배척은 단순
히 退溪, 栗谷을 따랐기 때문이라는 학술·사상적 이유만이 아니라, 조선의
양반사회가 자기 이념으로 받아들이기를 거부하였다고 보는 것이 타당할
것이다. 하곡이 양명학을 받아들이면서도 양반사회의 계급조직적 신분질
서는 주자학의 그것을 옹호했던 점을 보더라도 그러한 설명이 가능한 것
이다. 말하자면 양명학이 발흥, 유행했던 明·淸의 紳士社會와 朱子學을 고
집한 조선의 양반사회는 그 체질이 서로 달랐을 것이다.

과거제도 운영에서도 조선은 明과 달리 그 응시자격에 상공인이나 庶孼
출신과 같은 중인은 제외시켰으며, 부정기적 특별시험도 자주 실시하는

---

10) 夫馬進,〈趙憲《東還封事》に見える中國報告〉(《中國邊境社會の歷史的硏究》,
   1989). 이 밖에도 夫馬進은 최근 閔鼎重,〈《燕行日記》に見える王秀才問答につい
   て〉(《淸朝治下の民族問題と國際關係》, 平成 2年 度科學硏究費補助金總合硏究 (A)
   硏究成果報告書) 등 한·중 관계 연구에 관심을 보였다.

11) 尹南漢,《朝鮮時代의 陽明學》(1982), p.217.

등 왕권에 비해 상대적으로 양반사회의 입김이 강하였다. 상속제도에서도 明은 均分相續이었던 까닭에 사회계층의 이동이 활발하였음에 비하여, 씨족적 위계질서가 지속적으로 유지된 조선의 양반사회는 장자상속이 그 바탕을 이루고 있었다.[12] 이러한 조선의 양반사회는 양명학의 聖愚無分, 四民平等을 강조하는 良知學보다는 주자학의 명분론적 이데올로기를 더욱 필요로 하였다.

그렇다면 조선의 양반사회가 어떻게 이루어졌으며, 그 왕권이 상대적으로 약했던 이유는 어디에 있는가? 이러한 문제는 이미 상당 부분 밝혀져 있으나, 또 새로운 시각에서 밝혀야 할 부분도 있으리라 생각한다. 다만 중국사를 연구하는 시각에서 주자학의 명분주의가 서로 다른 체질을 가진 여러 사회에서 어떻게 전개되고 굴절되었는가 하는 점을 비교 고찰하여 일정한 성과를 얻게 되면 동아시아 역사를 재구성하는 데도 도움이 될 수 있을 것이다.

---

12) 일본의 상속제는 장남 이외의 자손에게는 전혀 몫이 없는 장자상속제이므로 조선의 경우와는 또 달랐다. 그리고 일본의 양명학이 하층 무사계층에서 신봉되었던 사실 등도 흥미 있는 일로 동아시아 삼국의 그것들과 비교·검토해 볼 필요가 있다.

제 2 부
근세적 지성운동

제 1 장
明末·淸初의 東林·復社運動

1. 머리말

명말 정치사에서 東林黨이 차지하는 정치적 비중은 매우 크기 때문에
그에 관한 연구성과도 상당한 양에 이른다. 그럼에도 동림당의 정치적 역
할을 긍정적으로 평가할 것인지 아니면 부정적으로 평가할 것인가 하는
문제에 대해서는 의견일치를 보지 못하고 있다.

예를 들어 동림당이 閹黨과의 투쟁에서 대체로 정의의 편에 섰다는 의
견이 있는가 하면, 그들의 비타협적 도덕주의가 결국 명 제국의 멸망을 불
러왔다는 부정적인 평가도 존재한다. 더구나 萬曆 초기에 大學士 張居正
이 강력한 정치로 대내적으로는 민생의 안정을 꾀하고, 대외적으로는 국
세를 만회해 보려는 노력에 대하여 동림당의 신진관료들이 별다른 대안
없이 반대함으로써 제국의 멸망을 재촉하였다는 부정적 시각도 강하게 영
향을 미치고 있다.

그러나 중국사의 큰 흐름에서 보면 명의 운명을 결과적으로 단축시켰다
하여 동림당을 부정적으로만 평가할 수 없다는 반대 시각 역시 존재한다.
사실 탐욕스런 神宗의 악정이나 熹宗의 무능한 정치를 둘러싸고 內閣派의
무기력한 추종, 齊·楚·浙 3黨의 작난, 魏忠賢을 수괴로 하는 閹黨의 난정
에서 정의파 관료로 이루어진 동림파가 강력히 대항하여 새로운 정치를

실현해 보려 했던 노력은 결코 과소 평가할 수 없다.

天啓末, 동림당의 지도자들이 위충현당 때문에 궤멸되다시피 하였으나, 復社로 대표되는 사대부의 결사운동은 동림의 정치 노선을 직·간접적으로 지지, 추종하여 그 계승자로서의 위치에 서게 되었다. 그러나 복사는 그 구성원이 동림당처럼 중진관료가 아닌 하급 사대부층이 주류였기 때문에, 그들은 어디까지나 문학적 결사운동을 하거나 정치적 대중운동을 전개하는 데 그쳤다.

이러한 결사운동은, 明·淸교체 뒤에 자연히 반청적 성격을 띠지 않을 수 없었고, 이리하여 청으로부터 회유와 압박을 당하지 않을 수 없었다. 이와 같이 동림·복사운동은 명말·청초 사대부관료의 일관된 정치활동이었다. 그들 중, 紳士 사대부는 명의 몰락한 뒤에도 운동을 계속했을 뿐 아니라, 학문적으로 전통적 방법론을 벗어나 새로운 방향을 찾아나갔다. 명말·청초의 격동기에 동림에서 복사로 이어지는 전 과정을 단절이 아니라, 하나의 연속적 과정으로 파악함으로써 당시의 시대적 특징을 이해하는 일은 중국 근대사를 이해하는 데 하나의 중요한 작업이 될 것이다.

이 글은 이러한 시각에서 동림당의 형성에서부터 그 활동 내용, 동림에서 복사로의 연결성, 복사를 대표로 하는 文社의 결사운동과 그것의 청조 치하에서의 변모과정 등을 총체적으로 다루었다. 그러나 이 글은 필자의 독창적 노력에 따른 것이라기보다는 지금까지 이 분야에서 쌓아올린 선학들의 연구성과를 필자 나름의 명말 정치사에 대한 이해의 시각에서 종합·재구성한 데 불과한 것임을 밝혀둔다.

2. 東林黨運動

1) 동림당의 형성

(1) 反內閣派운동

《明史記事本末》의 저자 谷應泰는 〈東林黨議〉의 기술을 만력 21년(1593) 癸巳京察에서부터 시작하고 있다. 張居正의 집정기를 포함하여 만력 20년까지 많은 정치적 사건이 일어났는데도 동림당파의 활동이 癸巳京察에서 시작한다고 보는 데는 그만한 이유가 있다.

경찰이란 정기적 관리근무평정으로서, 이 癸巳年의 경찰은 吏部尙書 孫鑨과 考功郞中 趙南星이 주재했고, 뒷날 東林書院의 창시자 顧憲成은 당시 吏部郞中의 직위에서 그들을 보좌하고 있었는데, 이 일로 말미암아 내각과 이부의 갈등이 더욱 격화되었다. 말하자면 계사경찰로부터 內閣權과 吏部權의 충돌이 더욱 표면화하여 당쟁의 논의가 일게 되었다.[1] 사건의 전말은 이러하다. 이부상서 孫鑨은 그 이전까지 내각의 지시를 받아오던 인사행정의 관례를 깨고 이부가 독자적으로 인사를 수행해야 한다고 믿고, 근무평정에서 趙南星·顧憲成 등의 도움을 받아 내각의 간섭을 모두 배제하였다. 그 결과 내각파계열의 인사도 추호의 특례를 인정하지 않은 채 대상자를 처벌하는 등 일을 엄격히 하여 내각의 불만을 불러왔다.

알려지다시피 인사권은 본래 이부의 소관이었으나, 내각의 권한이 강화되면서 그 간섭을 받은 것이다. 내각은 원래 독립된 관직이 아니라 翰林院의 兼官으로서 관위도 낮았기 때문에 보잘것없었다. 그러나 仁宗 이후 閣臣의 지위는 점차 높아졌으며, 嘉靖연간에 이르러서는 六部를 뛰어넘었다. 재상이란 이름은 없으나 재상의 실권을 갖게 되었다고 할 수 있다. 이리하여 이부는 內閣首輔의 압제를 받지 않을 수 없었으니, 이 내각권의 강화와 육부에 대한 압박은 장거정의 집정기에 이르러 절정에 달하였다. 내각은 특히 이부에 대하여 관리의 근무평정을 통하여 그 지배를 강화하였으며, 관료의 인사이동에 이부가 내각에 일일이 그 양해를 구하는 형편이었다.

이 같은 내각의 권한이 원래 祖宗의 법에 규정되어 있지 않았던 까닭에, 장거정이 죽은 뒤 내각의 권한이 약화되면서 이부의 도전을 받게 되었다. 孫鑨의 전임 陸光祖가 이부상서였을 때 이미 이부에서는 내각의 간섭에 문제를 제기하였다. 만력 19년 수보 申時行이 물러날 때, 후임으로 趙志皐와 張位를 비밀리에 천거하여 육광조의 노여움을 샀던 것이다. 일반적으

---

1) 林麗月, 〈閣部衝突與明萬曆期的黨爭〉(《國立師範大學校歷史學報》 10, 1982)와 城井隆志, 〈萬曆期の政治黨派と士大夫 ― 萬曆 20年代の吏部について〉(《九州大學校東洋史論集》 13, 1984)는 이러한 시각에서 씌어진 글이다.

로 내각 대학사의 선임방법은 廷推, 다시 말해 九卿科道官會議에서 복수 추천하면 황제가 그 가운데서 한 사람을 뽑는 것이 상례였다.

그러나 申은 이를 무시하였기 때문에 陸이 이부상서로서 강력하게 항의하였던 것인데, 결국 申의 뜻이 그대로 받아들여져 趙·張이 入閣하였다. 사건은 趙·張의 입각으로 끝나는 듯하였으나, 이 문제를 계기로 내각파와 이부의 조남성·고헌성 등 반내각파 사이의 불화는 더해갔다.[2]

손룡은 그러한 육광조의 뒤를 이어 이부상서가 되자, 그 역시 대학사와의 대등성을 주장하여 서로 길에서 만나도 길을 양보하지 않을 정도였으며, 인사문제에서도 내각의 사전 지시를 일체 기다리지 않았다. 이러한 내각에 대한 태도가 계사경찰에서도 그대로 드러난 데 불과하다.

계사경찰에 불만을 품은 수보 王錫爵은 이부가 專權結黨한다고 꾸짖는 上諭를 票擬하여 올렸다. 그 결과 손룡은 奪俸하고 조남성은 3級을 강등한다는 처분이 내려졌다. 이에 王汝訓·魏允貞·于孔兼·陳泰來·顧允成·張納陞·薛傅敎 등 내각파 인사들이 그 부당성을 항의하다가 좌천되었다.

또한 그 해 가을 行人司 行人 高攀龍도 역시 왕석작과 대립하다 좌천되었고, 다음해인 22년 계사경찰에서 중요한 역할을 담당했던 고헌성도 閣臣의 會推를 당하여 王家屛을 천거하다가 神宗의 미움을 사 관직삭탈의 처분이 내려졌다. 이와 같이 반내각파 인사들이 주로 專權結黨한다는 누명을 쓰고 떠나게 되자 이로 말미암아 두 파 사이에 공방시비가 본격화되었다. 谷應泰가 東林黨議의 시작을 癸巳京察로 본 까닭이 여기에 있다.

이제까지 계사경찰로 내각과 이부, 내각파와 반내각파의 대립이 격화되었던 사정을 살펴보았다. 그런데 그들 사이의 대립과 충돌은 갑작스레 일어난 것이 아니라 매우 복잡한 政情을 깔고 서서히 나타났다. 이 때문에 당시의 정세와 연관해서 이른바 동림당의 형성문제를 살펴보지 않으면 안된다.[3]

---

2) 反內閣派는 張居正의 집정기에 형성된 것으로서 이는 閣·部權의 대립관계에서가 아니라 張居正의 전제정치에 반대한 일부 관료들로 말미암은 것이다. 이에 대해서는 나중에 다룬다.

3) 東林黨의 형성문제에 관해서는 小野和子, 〈東林黨考(二) — その形成過程をめぐっ

우선 당시의 내각 수보 王錫爵에 대하여 살펴보자. 그는 만력 21년 초, 내각에서 물러나 귀향 중, 신종의 부름을 받고 재입각하였다. 신종이 그를 부른 까닭은 三王並封이라는 무거운 짐을 맡기는 데 있었다. 삼왕병봉이란 皇長子 常洛 대신 신종의 총애를 받는 鄭貴妃 소생 皇三子 常洵을 태자로 책봉하려는 의도에서 세 皇子글 동시에 왕에 봉함으로써 태자책봉을 연기하려는 미봉책이었다. 이것은 만력 18년(1596), 수보 申時行이 祖制에 따라 태자책립을 서두를 것을 주청하였고, 동 19년에는 이를 강력히 요구하는 言官들과 그들에 동조한 신료들의 정치비판에 대한 미봉책이었다.

'이같이 정국이 소란한 가운데, 신시행은 당초의 뜻을 굽혀 결국 신종의 뜻을 지지하는 密揭를 올렸다. 그러나 이 밀계가 탄로나 申은 궁지에 몰려 내각을 떠나지 않으면 안 되었고, 그 후임으로 앞서 말한 것처럼 趙志皐·張位가 역시 申의 密薦으로 廷推를 거치지 않고 입각하여 이부와 내각의 충돌이 일어났다.

어쨌든 삼왕병봉의 책임을 맡고 출범한 왕석작 내각은 그 밖에도 여러 가지 문제로 그 전부터 내각과 대립해 오던 顧憲成·允成 형제를 비롯한 張納陛·于孔兼·史孟麟·薛傅敎 등으로부터 심한 공격을 받았다. 이처럼 내각과 반내각파와의 관계가 악화되고 있는 가운데 마침 癸巳大計가 이루어져 양측의 갈등은 한층 심각해졌다.

내각과 반내각파의 갈등의 연원을 따지면 장거정 내각까지 거슬러 올라간다. 장거정은 만력 초부터 권력을 장악한 수보로서 강력한 정치력을 행사하였다. 그러나 만력 5년, 그가 부친상을 당하고도 복상하지 않고 계속 집무토록 하는 조치가 내려지자, 觀政刑部 鄒元標는 이에 항의하였으며, 조남성·李三才·고헌성 등 신인관료들이 이를 지지하고 나섰다. 또한 동 10년에는 張이 발병하자 관료들은 그의 쾌유를 빌기 위해 서명하였다. 그러나 顧는 그들과 행동을 같이하기를 거부하였으며, 동료들이 염려하여 대신 서명하였으나, 그는 이 서명을 지우고 말았다. 이와 같이 추원표·고헌성 등을 중심으로 하는 반장거정 관료그룹은 만력 초부터 형성되기 시작하였다.

그러면 그들이 반장거정 운동에 앞장섰던 이유는 어디에 있었던가? 이 문제를 논하기에 앞서 張의 부국강병을 위한 考成法으로 대표되는 행정개혁의 내용을 살펴볼 필요가 있다. 그것은 내각을 정점으로 六科의 감찰권을 압박하는 한편, 그들을 통해서 하급관청에 대한 관리체제를 강화, 강력한 중앙집권적 국가를 건설하려는 것이었다.[4] 이와 같이 내각에 권력을 집중시킨 강력한 중앙집권제 국가건설을 목표로 한 고성법과, 이를 골자로 한 장거정의 강권정치는 자연히 言官이나 공론을 중시하려는 신진관료들의 지지를 얻을 수 없었다. 고헌성·추원표·조남성 등은 바로 공론을 정치에 반영하려는 신진관료들로서 언론을 막으려는 장거정에 반대하는 것은 당연한 일이었다. 反張 운동은 이러한 배경에서 나온 것이다.

내각과 반내각파의 대립은 만력 초 장거정 내각에서 이미 싹트기 시작하였으며, 張의 추천으로 수보가 된 申時行 역시 기본적으로는 장내각의 정치노선을 따랐다. 申의 密薦으로 입각한 趙志皐·張位나, 그 뒤 삼왕병봉의 책임을 지고 입각한 왕석작도 신종의 사적 권력행사에 따름으로써 반내각파 세력의 형성을 촉진하였다. 그때까지는 아직 동림당이 형성되지 않았다. 동림서원의 창설은 만력 32년(1604)의 일이었다. 고헌성을 비롯한 반내각파 관료들이 내각파와의 정치분쟁에서 쫓겨나 江蘇省 常州府 無錫에 동림서원을 건설하고 講學을 시작하자, 東林이라는 이름이 붙게 되었다. 결국 정치적 반대 세력으로부터 東林黨이라 공격받은 것은 빨라도 만력 32년 이후의 일이다.

(2) 礦監稅使와 동림당의 형성

내각파와 반내각파의 관계가 악화되는 가운데, 만력제의 실정으로 이름 높은 礦監稅使의 파견이 시작되었다. 만력 24년(1596)의 광산개발과 상세 징수를 위한 광감세사의 파견은 명목상으로는 불탄 궁전의 재건 때문이었

---

4) 小野和子,〈東林黨と張居正 — 考成法を中心に〉(《明淸時代の政治と社會》 55, 京都, 1983) 참조.

으나, 실은 신종의 사적 욕구를 채우기 위한 것이었다.

광감세사는 물론 환관으로 충당하여 전국 각지에 파견하였으나, 특수한 지역 이외에는 礦使와 稅使를 겸임시켰다. 이들 환관들은 각각 1백 명에서 1천 명 정도의 하수인을 두어 갖가지 범법행위로 가혹하게 세금을 거두어 여기저기서 민란이 일어났다. 이들은 경제적인 수탈을 일삼을 뿐 아니라, 황제의 명령을 직접 받는 까닭에 지방관의 임면조차 가능했으니, 공권력으로서의 관료기구는 그 정상적 기능이 마비될 수밖에 없었다.

이렇게 광감세사의 폐해가 커지자, 外廷에서는 科道官은 물론 반내각파 관료측에서도 신종과, 심지어는 군주권 자체에 대한 비판의 소리까지 일게 되었다.[5]

礦稅에 반대한 것은 내각도 마찬가지였다. 그러나 결국 이를 막지 못했다는 점에서 내각도 비판의 대상이 되었다. 광감세사를 처음 파견할 때 내각의 업무를 주관한 輔臣은 張位였으나, 그때 그는 환관이 아닌 撫按官으로 대체해 환난을 줄이자는 고식적 타협책을 제시할 정도였다. 장위에 이어 내각의 업무를 담당했던 沈一貫도 광감세사를 철수시킬 기회를 놓치고 말았다. 만력 30년 초, 신종이 병으로 위독하였을 때, 광감세사의 철수문제와 건언 등의 일로 처벌받은 자의 사면 및 복권 등에 관해 말하고, 沈이 이를 받아 적었다. 그러나 병이 낫자, 이를 후회한 신종이 앞서 내린 유명을 철회하였는데, 이때 심이 수보로서 이를 만류하지 못하고 타협적인 태도를 취하였다는 신료들의 비판이 빗발쳤다. 어쨌든 礦稅의 禍는 갈수록 그 도를 더하여 明朝 멸망의 단서가 되었다.

광세사의 주역인 환관은 원래 帝室의 私奴다. 황제에게 그들은 관·군에 대한 밀정으로 이용하기에 아주 적합한 존재였으나, 그로 말미암아 일어나는 폐단이 컸기 때문에 명의 태조는 역대 왕조의 黨禍를 거울삼아 그들의 정치개입을 금지하였다. 그러나 영락제가 제위를 찬탈할 때, 그들을 이용한 것을 계기로 하여 내각과 더불어 제권의 유지를 위한 중요한 역할을

---

5) 礦稅使의 폐해와 東林 측의 비판, 그리고 이를 통한 동림당의 형성에 관해서는 小野和子, 〈東林黨考(一) — 巡撫李三才をめぐって〉(《東方學報》 52, 京都, 1980) 참고.

담당하게 되었다.

그러나 환관은 어디까지나 私奴이지 公人은 아니다. 관·군을 감찰하는 司禮監도 공적 감찰기구와는 달리, 완전히 관료체계의 외곽에서 이루어지도록 한 제실 중심의 특무기구이다. 이 점 또한 宋·元과도 또 다른 명대의 특색이다. 명대의 특무정치는 중기 이후 제실의 與民爭利적 경향이 심화되면서 강화되어 갔다.[6] 후기에 오면 환관들은 관료는 물론 심지어는 대신들까지 구타하는 등 무례한 행동을 예사로 저질렀다. 장거정이 閣臣으로서 전제권을 행사할 수 있게 된 것도 환관의 지원이 있었기 때문이며, 악명 높은 司禮太監 魏忠賢이 날뛰게 된 것도 실은 그 연원이 오래다.

어쨌든 신종의 탐욕에서 비롯한 광세의 화는 전국 도처 광감세사의 발길이 닿는 곳마다 민변을 불러일으켰다. 만력 26년에서 42년까지 16년 동안, 중요한 민변만 하더라도 20회 정도를 열거할 수 있는데, 그 지도자는 관원과 지방의 향신에서부터 직공 부판에 이르기까지 다양하며, 민변에 동원된 인원도 적은 곳은 수천에서 많은 곳은 수만에 이르렀다.[7]

이 같은 민변의 빈발로 관인사대부들의 위기의식은 높아질 수밖에 없었다. 그들은 광감세사의 부당성을 날카롭게 비판하는 상소를 수없이 올렸다. 때로는 군주권 자체에 대한 비판도 서슴지 않았다. 명대의 언론은 모든 관료에게 열려 있었으나, 역시 그 주된 소임은 言官, 다시 말해 科道官에게 있었다.[8]

科·道官은 태조가 제권을 강화 유지하기 위한 감찰을 목적으로 설치한 것이었으나, 15세기 중엽 이후, 정치적, 군사적 내지는 사회경제적 여러 변화에 따라 과·도관은 차차 정치의 비판을 담당하는 언관으로서의 기능이 강화되었다. 제실과 王府의 여민쟁리적 莊田이 급격히 늘어나고, 이를 지

---

6) 《明史》卷 304, 〈宦官〉 1, 〈汪直〉傳 및 丁易, 《明代特務政治》(北京, 1951), pp.26~ 45, 351~365 참조.

7) 田中正俊, 〈民變·抗租奴變〉(《世界の歷史》 11, 東京, 筑摩書房, 1962) 및 劉志琴, 〈試論萬曆民變〉(《明淸史國際學術討論會論文集》, 天津, 1982) 참조. 劉志琴는 이 논문에서 1598년에서 1614년에 이르는 사이의 주요민란 20건을 들어 분석하고 있다.

8) 졸저, 《中國近世政治史硏究》(지식산업사, 1987), pp.7~16, 289~304 참조.

탱해 주는 환관의 특무정치가 강화되는 정치현실을 비판하는 과·도관의
목소리가 높아갔다. 특히 만력조에 들어 내각파와 반내각파로 나뉘면서
당파적 양상을 띠자, 과·도관의 정치적 역할은 두드러졌다. 장거정의 考成
法으로 과·도관의 방만한 언사를 어느 정도 제어할 수 있었다 해도, 張 사
후에는 마치 봇물이 터지듯 그들의 언관으로서의 활동은 활발했다.

과·도관은 명 중기 이래 인사권에도 상당한 영향력을 행사하였다. 成化
초 九卿科道官會議의 성립으로 과·도관은 廷推를 통하여 대신의 陞遷에
관여할 수 있으며, 그 이후에는 拾遺權을 가짐으로써 백관의 고과에 문제
가 있을 때 이를 문제삼을 수 있게 되었다. 이와 같이 발언권의 강화와 인
사권에 영향력을 갖게 된 과·도관은 품계가 낮으면서도 그 정치적 지위는
높았다. 그리하여 만력 21년경 내각권과 이부권이 서로 다툴 때, 과·도관
의 감찰권(또는 言權)이 끼여들어 3권이 이른바 정족지세를 이루었다.[9]

이와 같이 발언권이 강화된 과·도관은 만력 24년 이래, 광감세사의 파견
같은 악정에 대하여 날카로운 정치비판을 하기 마련이었다. 정치비판이라
는 점에서는 동림파(반내각파)에서도 마찬가지다. 주로 중수지주층 출신
의 동림파측에서는 중앙집권체제에 의한 부국강병의 실현을 목표로 하는
비동림파(내각파)와 대립하는 과정에서 과·도관의 언론에 기대하는 바 컸
다. 다시 말하면 그들은 言路의 개방을 통하여 중앙이 아닌 지방으로부터
의 정치를 실현하려 하였다.[10]

동림파와 과·도관, 그 양자는 분리해서 생각할 수도 있지만, 동림파측의
과·도관으로 동일시할 수도 있다. 그들의 정치비판, 이를테면 광감세사의
파견에 대한 비판은 신종의 노여움을 사서, 과·도관의 員缺이 생기면 이를
보충하지 않은 채 내버려두었다. 부족한 인원의 방치는 과·도관의 경우 가
장 심했지만, 일반관료도 마찬가지였다. 만력 말년은 상하 관료의 인원부
족이 만성화되어, 관료지배체제 그 자체가 심각한 위기를 맞게 되었다. 말

---

9) 謝國禎,《明淸之際黨社運動考》二(人人文庫本), 〈萬曆時代之朝廷及各黨之紛爭〉,
   p.30.
10) 小野和子, 앞의 글(《明淸時代の政治と社會》55, 京都, 1983), pp.91~96.

하자면 신종은 환관지배를 통해서 관료의 행정기능을 철저히 방해하였으
니, 이것이 만력조의 원결 사태이다.[11]

이 원결 사태를 신종이 道家的 無爲而治를 실현해보려는 망상적인 구상
이라고 보는 견해가 있다.[12] 다시 말하면 부국강병을 이룩해 보려던 장거
정의 강압정치에 속박받던 신종이 張 死後 친정체제를 구축하면서 총애하
는 鄭貴妃가 황자를 낳는 등 권태로운 생활이 시작되는 가운데 무위이치
를 구상하였다는 것이다. 어쨌든 이러한 무위이치의 정치에서는 장거정과
같은 중앙집권적 정치체제의 강화를 목표로 하는 정치도, 또는 동림파와
같이 공론정치의 실현도 기대할 수 없었다. 齊·楚·浙 3黨의 당파정치가 판
치는 대신, 동림파의 정치적 세력은 크게 沮喪될 수밖에 없었다.

2) 동림당과 명말의 정치

(1) 동림당과 환관의 당(閹黨)

명조의 정치도 만력 중기 이후부터는 여러 가지 모순이 나타나기 시작
하였다. 國本과 大計, 궁전의 일부 소실과 萬曆東征, 광·감세사의 파견과
대소관의 결원 등 쌓여왔던 정치문제가 일어나 왕조의 행정질서는 파국을
맞았다. 그런데도 신종은 조회에 참석하는 일이 거의 없을 정도로 정치에
무관심하였다.

만력 30년대에 이르면 수보 沈一貫이 淸流의 동림파에 대항하여 파당
정치를 꾀하였다. 그리하여 동림파와 반동림파의 대립이 본격화해 갔으
며, 반동림파가 동림파를 공격하는 과정에서 출신지를 매개로 하는 崑黨·
宣黨·浙黨 등의 인맥관계가 형성되었다. 또한 과·도관으로 구성된 제·초·
절 3당이 있어 40년대에 생긴 곤당·선당과 합세하여 동림에 대한 공격을
강화하였다.[13] 이러한 가운데 여러 가지 정치적 사건이 일어나서 정국을

---

11) 和田正廣, 〈萬曆政治における員缺の位置〉(《九州大東洋史論文集》 4, 1975),
    pp.53~54.
12) 黃仁宇, 《萬曆十五年》(北京, 1982), p.38.
13) 졸저, 앞의 책, p.255.

더욱 어렵게 만들었으니, 만력 43년 梃擊사건과 동 39년·동 45년의 京察이
그것이다. 정격이란 張差란 자가 막대기를 들고 황태자가 있는 慈慶宮에
침입한 사건으로서, 동림파 측에서는 그것이 鄭貴妃 측의 음모라고 의심
하여, 이후 紅丸·移宮사건과 함께 3案으로서 정치적 쟁점이 된 사건이다.

어쨌든 이러한 정치문제로 정국이 어수선한 가운데 제·초·절 3黨이 정
국을 주도하였는데, 그 가운데서도 제당의 元詩敎는 수보 方從哲의 문하
생으로서 동림을 공격하는 데 앞장섰다. 동향의 趙煥을 이부상서로 추대
한 원시교는 제당의 중심인물일 뿐 아니라, 3黨의 수괴로서 정계를 좌지우
지하였다. 특히 銓政을 손에 쥔 그는 淸流(동림파)에 대한 공격을 계속하
여 善類一空의 상태가 되었으며[14] 다음해에 이루어진 閣臣의 廷推도 3黨
과도의 뜻대로 진행되어 동림파 인사는 거의 조정에 발을 붙이지도 못할
형편이었다.

그러나 3黨도 그들 공동의 적이었던 동림파가 정계에서 세력을 잃자, 내
분이 생기기 시작하였다. 제당과 절당 사이에 인사문제로 틈이 생겨 절당
에서는 方從哲까지 공격하는 등 양당이 분열하자, 方을 업고 막강한 영향
력을 행사하던 원시교도 고립될 수밖에 없었다.

만력 48년(1620) 8월, 신종에 이어 光宗이 즉위하였으나 1개월 만에 죽
고, 그 아들 熹宗이 대를 이었다. 그러나 그의 재위 7년 동안은 만력 이래
의 당쟁이 더욱 가열되어 明朝의 멸망이 재촉되었다. 우선 두 차례의 제위
교체기를 통해 이제까지의 3당의 부정적 작태가 폭로됨으로써, 자연히 그
들의 당세는 꺾이고 대신 동림당이 다시 집권함으로써 정국은 새로운 양
상을 맞게 되었다.

새 황제가 즉위할 때는 일반적으로 전대의 폐정을 청산하기 위해 노력
하기 마련이다. 光宗 泰昌帝가 즉위할 때, 광감세사를 없애고 言事로 죄를
받은 관료들을 기용하였다. 무엇보다 중요한 것은 그렇게도 말썽 많던 황
태자 책립문제가 해결되어, 동림파의 주장대로 장자 常洛이 즉위하게 된
것으로, 이 때문에 동림파 인사가 많이 기용되었다. 3당으로부터 東宮이

---

14) 《明史》 卷 218, 〈方從哲〉傳.

大東, 동림이 小東으로 공격받아 수세에 몰리던 입장이 역전되었다. 鄒元標가 大理寺卿에 기용된 것을 필두로 侍讀學士 劉一燝, 韓壙을 禮部尙書 兼東閣大學士에, 그리고 舊輔 葉向高도 특별 徵召되었으며, 다음 天啓朝에 들어와서도 동림파 인사가 계속 발탁되었다. 만력 말년, 7년 동안 수보의 자리를 지켜온 무능한 방종철도 紅丸·移宮案으로 동림파의 탄핵을 받고 드디어 물러났다.

홍환안이란, 광종이 즉위 며칠 만에 이질을 앓게 되었는데, 鴻臚寺官 李可灼이 올린 빨간 알약을 먹고 죽은 사건이었다. 그러자 여기에 의혹이 있다 하여 동림당과 제·초·절 3당 사이에 논란이 벌어졌다. 다음 이궁안이란, 광종이 죽고 그 아들 熹宗이 16세로 제위를 잇자, 희종의 유모 選侍 李氏가 乾淸宮을 차지하여 희종을 돌보고 있었는데, 이에 대하여 동림파의 과도 楊漣과 左光斗가 그 부당성을 강하게 주장, 결국 李選侍를 딴 곳으로 옮기도록 만든 사건이다. 이 홍환·이궁 두 안은 만력 43년에 일어난 梃擊案과 더불어 이른바 3안으로서 이후 동림당과 제·초·절 3당 사이에 주요 쟁점이 되었다.[15] 다시 말해 3안의 배후에 정귀비 일파가 깊이 관여하고 있다고 믿는 동림파의 문제 제기로 정국은 만력조 당쟁의 연속이었다.

이와 같이 동림·비동림 사이에 3안을 가지고 논란이 계속되는 가운데 북경에서 추원표와 馮從吾가 首善書院을 열자, 無錫의 동림서원과 함께 동림파 인사의 강학의 중심지로 발전하였다. 이러한 분위기에서 동림파의 정치활동은 더욱 활발히 이루어졌으며, 天啓 3年의 京察은 동림파 측에서 일방적으로 주도하였다. 다시 말해 이부상서 張問達과 左都御史 趙南星이 경찰을 주관하였는데, 元詩敎를 비롯한 3당의 관료들을 만력조에 結黨亂政하였다는 이유로 대거 축출하는가 하면, 더러는 奪俸 하는 등 기세 등등하던 3당의 도당이 일망타진되는 지경에 이르렀다.

반대로 동림당 인사들은 승진 가도를 달리는가 하면, 정가의 중요한 자리를 차지하여 활발한 정치활동을 하고 있었다. 이렇게 동림당의 기세가 상승하고 있을 때, 한편에서는 그동안 동림파의 득세로 밀려난 수많은 반

---

15) 졸저, 앞의 책, pp.260~265.

동림당 인사들이, 어린 희종을 내정에서 쉽게 조종할 수 있는 환관 魏忠賢의 휘하로 몰려들어 동림당에 대한 반격의 기회를 노리고 있었다. 제·초·절 3당의 王紹徽·阮大鋮·崔呈秀·魏廣微 등이 위충현의 지시를 받아 동림을 치는 大獄을 음모하였으니, 汪文言의 옥[16]이 바로 그것이다.

왕문언은 捐納으로 監生이 된 사람으로 知術과 俠氣를 두루 갖추어 3당을 서로 떼어놓아 黨人정치를 깨뜨리려 하였다. 그는 엄당에게 공격을 받으면서도 동림파를 위한 활동을 계속하여 동림파 대학사 섭향고를 內閣中書에 발탁하고, 조남성·양련·좌광두 등과도 밀접한 관계를 유지하였다. 천계 4년, 給事中 완대성의 이과도급사중 승진문제를 놓고 좌광두·魏大中과 의견이 맞지 않자, 위대중 등에 대하여 왕문언과 왕래하면서 奸利를 일삼는다고 탄핵하는 한편, 위충현은 汪을 詔獄에 처하고 正人들을 얽어 정치문제화하려 하였다. 그러나 대학사 섭향고와 과·도관 袁化中·黃尊素 등의 변호로 汪만 廷杖의 처벌을 받는 것으로 마무리되었다.

얼마 뒤, 副都御史 楊漣이 위충현의 스물 네 가지 죄를 들어 공격하고 이어 魏大中도 충현의 죄를 폭로하자, 충현은 도리어 왕문언의 옥사를 확대하여 동림파 인사들을 한꺼번에 없애려 하였다. 천계 5년 3월에는 다시 왕문언의 옥사를 일으켜 양련·좌광두·위대중·원화중 등을 체포 구금하였는데, 죄목은 熊廷弼의 뇌물을 받았다는 것이다. 이것은 물론 엄당이 동림파에 가까운 熊을 汪의 옥에 연루시켜 반대파를 제거하려는 음모였다. 熊은 經略으로 요동을 방어하고 있었으나, 요동문제가 심각해지자 군무에 익숙치 못한 廣寧巡撫 王化貞과의 사이에 전략상의 이견으로 불화가 일어나, 廷臣들도 그들에 대한 지지와 반대로 의논이 나뉘었다. 그는 원래 동림파에 속하지 않았으나, 요동방어의 공로를 인정받아 동림파측의 비호를 받게 되었다. 그러나 동림파의 비호를 받는다는 이 점이 바로 반대파의 공격을 더욱 재촉하는 결과를 불러왔다. 웅정필과 왕화정의 불화가 계속되는 가운데, 廣寧의 수비가 뚫리자 두 사람이 모두 하옥되었으며, 이를 계기로 위충현은 熊이 왕언문에게 뇌물을 주어 구명운동을 하였다는 이유로

---

16) 趙翼,《二十二史箚記》卷 36, 汪文言之獄.

汪의 獄에 연루시킴으로써 동림당을 대대적으로 탄압하기 시작했다. 먼저
양련·좌광두·위대중 등은 詔獄에 내려 전후로 죽였으며, 이듬해 6년 2월
에는 蘇杭太監 李實의 誣奏사건이 일어났다. 환관 이실은 織造太監이었는
데, 소주부동지 楊姜이 그를 탄핵하다가 도리어 탄핵을 받았다. 탄핵을 받
은 楊을 옹호한 전 應天巡撫 周起元도 역시 이실에게 탄핵을 당하는 사건
이 있었는데, 이와 같이 이실과 주기원의 사이가 나빠진 틈을 이용하여 위
충현은 주기원이 순무였을 때 이실의 이름을 빌어 10수만 금의 뇌물을 받
았다고 탄핵하였다. 뿐만 아니라 위충현은 자기와 대립관계에 있었던 동
림파의 중심인물 周順昌·周宗建·繆昌期·高攀龍·李應昇·黃尊素 등 여섯
사람을 거기에 적당히 연루시켜 칙허를 얻었다. 이것이 이른바 이실의 誣
奏로, 이 사건으로 동림파의 지도자들이 거의 제거되었다.[17]

엄당의 과·도관 王紹徽와 崔呈秀이 〈天鑑錄〉·〈同志錄〉·〈點將錄〉 등
동림파의 인물을 망라한 살생부를 작성하였으며, 또한 霍維華의 청에 따
라 〈三朝要典〉이 勅撰되어 이른바 동림의 죄악을 낱낱이 폭로하였다.[18] 이
같이 위충현을 수괴로 하는 閹黨의 작난이 한창이던 천계 7년, 광종이 죽
고 毅宗 崇禎帝가 17세의 약관으로 즉위하자, 엄당을 탄압하기 시작했다.
시정무뢰배 출신의 위충현이 이해와 정실을 따라, 야합을 마음대로 하는
내각파 계열 관료들의 추종을 받아 동림파와 대결하는 형세 아래 전권을
행사하는 것이 위충현당, 다시 말해 엄당의 실상이었다. 숭정원년 정월에
는 환관의 정치활동을 봉쇄하고 위충현과 그 당인 최정수를 육시함으로써
일단 엄당시대의 종말을 고하였다.

(2) 東林講學과 붕당정치의 시인

동림당이란 호칭은 天啓朝에 위충현을 중심으로 한 엄당이 정치적 적대
세력을 그렇게 부른 데서 비롯하였다. 예컨대 〈東林點將錄〉은 엄당의 왕
소휘가 동림당 인사들은 《水滸傳》의 호걸 108인에 견주어 뽑은 것이며,

---

17) 《明史》 卷 245, 〈周起元〉傳.
18) 《明史》 卷 305, 宦官 2, 〈魏忠賢〉傳.

역시 엄당의 御史 盧承欽은 〈동림점장록〉을 본떠 《東林黨人榜》을 지어
당인의 성명과 죄상을 들어 천하에 공포하였다. 동림당에 대한 비판은 만
력 30년대 말부터 본격화하기 시작하는데 齊黨의 元詩敎는,

> 오늘의 파쟁은 문호에서 비롯하였고 문호는 동림에서 비롯하였으며 동림
> 은 고헌성이 주장하였고…… 羽翼을 言路에 두고 瓜牙는 諸 曹에 포열하여
> 大內와 통하면서 朝權을 조정하니 고헌성이 있고서는 언제 편하기를 바라겠
> 는가?[19]

하여 파당의 모든 책임은 동림에게 있다고 하였다. 동림을 파당정치의 장
본이라 보는 견해에 대하여 동림을 옹호하는 측에서는 반론을 제기한다.
《東林本末》의 저자 吳應箕는,

> 동림이란 문호의 별명이요, 문호란 또 붕당의 별호이다. 무릇 소인은 나라
> 를 망하게 할 때 반드시 붕당을 들고 나오는 법이다. 이에 동림의 이름이 드
> 러나 화를 받음이 심하니 어째서 나라의 버림을 받는 것인가?[20]

라 말하여 동림을 붕당으로 모는 것은 소인들이 나라를 망치려는 징조라
면서 그 부당성을 지적하고 있으며, 黃宗羲도 《明儒學案》에서,

> 高景逸이 顧涇陽과 동림서원을 재건하여 강학하는데 매월 3일에는 원근에
> 서 수백 인이 모여 세계를 기강하고 시비를 명백히 하고자 하였다. 소인은 이
> 를 듣고 미워하여 조정에서 한 가지라도 옳은 일을 하고, 한 가지라도 정론을
> 말하면 모두 그를 지목하여 동림당이라 하였다.[21]

고 동림서원의 강학은 세계를 세우고 시비를 명백히 하는 것을 목적으로
할 뿐이므로, 동림강학자를 동림당인으로 보는 것은 부당하다고 말한다.
그러나 오응기나 황종희는 동림을 순수한 학문적 차원에서만 보려는 것이

---

19) 谷應泰, 《明事紀事本末》 卷 66, 萬曆 41年 2月 辛丑條.
20) 吳應箕, 《東林始末》, 〈東林始末序〉.
21) 黃宗羲, 《明儒學案》 卷 58.

아니고, 黨人으로 규정하는 데 반대하고 있을 뿐이다.

　사실 동림서원의 창시자 고헌성은 만력 22년 반내각파 운동을 계속하다 파직되어 물러난 뒤, 동향의 재야사대부와 함께 강학을 시작하였으며, 동지들의 적극적 호응으로 만력 32년에는 고향인 無錫에 동림서원을 건설하고 본격적인 강학활동에 들어갔다. 서원의 창설자 고헌성을 비롯하여 강학에 참여하는 재야의 사대부는 顧와 함께 중앙 정계에서 내각파 관료에게 밀려난 인사로 현실정치에 관심이 높을 수밖에 없었다. "원근에서 모인 수백 명이 세계를 바로 세우고 시비를 가리려 하였으며", "강습한 뒤에 왕왕 조정을 諷議하고 인물을 재량하니 그 풍을 흠모하는 조정의 선비들이 멀리서 몰려들었다"[22]고 한다. 이같이 동림강학에 조정선비들의 모이는 모습을 부정적으로 과장하여 반동림파의 과·도관 朱一桂와 徐兆槐는 다음과 같이 공박한다.

　　　臣이 금일의 천하 대세를 보건대 모두 동림으로 쏠리고 있습니다. ……顧憲成이 謫官하여 林居하자 諸臣이 여기서 강학한 지 얼마 안되어 그 무리 날로 많아져 有司를 挾制하고 鄕曲에 憑凌하니 門 드디어 市와 같습니다. …… 무릇 동림강학이 이르는 곳에 主從이 백여가 되고, 該縣이 반드시 먼저 廚傳을 설하고 집사를 계하며 官穀程席의 需는 200금 내외가 아니면 안 됩니다. 會講 중에는 반드시 時事로서 모임을 하고 강을 마치면 곧 출간하여 원근에 傳布하는데 각 邑의 행사가 이것과 틀리면 빨리 고쳐 그 영이 순조로이 이루어지도록 하니 지금은 이내 浙中 諸郡에까지 미치고 있습니다.[23]

　이를 통해서도 동림이 지방에서 갖는 영향력을 짐작할 수 있다. 다시 말해 그들은 "유사를 협제하고 향곡에 널리 퍼져", "회강 중에는 반드시 시사로서 모임을 하고 강을 마치면 곧 출간하여 원근에 전"하는 등 지방에서 일으키는 동림운동의 바람은 천하의 대세를 그리로 쏠리게 할 정도였다. 그 대세를 규정하는 역량은 과연 무엇이었던가? 동림파는 물론 근대적 의미의 정당은 아니었다. 그들이 내각이나 3黨과 대립하는 과정에 정당적 조

직이나 뚜렷한 정치목표를 가졌던 것은 아니다. 그리하여 어떤 학자들은
동림의 지도자, 예컨대 고헌성이나 고반룡 등은 뚜렷한 정견을 가졌다기
보다는 도덕을 부흥시켜 명말의 위기상황에서 벗어나 보려던 이상주의자
에 불과했다고 주장한다. 따라서 그것은 봉건전제주의적 사상지배를 강화
하려는 것으로, 이를테면 장거정과 같이 부국강병을 추구하는 등의 새로
운 정책을 제시하지 못하고, 단지 정치를 어지럽힐 뿐이었다는 것이다.[24]
또 어떤 연구는 고헌성을 필두로 한 동림파의 인사들이 지나치게 군자·소
인을 가리고, 시비곡직을 따져 이것이 결국 문호를 열고 화를 불어오게 되
었다고 하였다. 다시 말하면 도덕주의적 과격성이 결국 나라를 망쳤다는
것이다. 그러나 동림에 대한 이러한 부정적 평가는 어디까지나 국가위주
또는 왕조중심적 사고에서 비롯한다.[25] 이는 명말·청초의 일부 지식인이
亡國보다 亡天下를 심각하게 고뇌했던 것[26]과는 큰 차이를 보인다.

전통시대에는 派黨은 용납되지 않았다. 漢의 黨錮 이래 당쟁은, 나라의
멸망을 불러오는 것이어서 역사적으로도 부정적인 평가를 받았을 뿐 아니
라, 전제군주제의 이념으로도 그것은 용납될 수 없는 것이었다. 그래서 위
충현과 그 일당은 동림파를 黨으로 몰아 그 지도자들을 처형하고 서원을
철폐하는 등 철저히 탄압하였다. 동림을 당으로 몰려는 움직임은 위충현
이전에도 이미 있었다. 이부상서 손룡과 고공랑중 조남성 그리고 이부랑
고헌성이 주재한 계사경찰에서 내각파의 인물까지 처분의 대상으로 하는
엄격한 조치에 대하여, 수보 왕석작이 이부가 전권결당한다고 나무라는
상유를 票擬해 올려 그들 반내각파 인사들을 처벌한 사건은 유명하다.

24) 劉志琴, 〈論東林黨的興亡〉(《中國史研究》 1979年 3期). 劉志琴의 견해는 小野和
    子, 앞의 글(《明淸時代の政治と社會》 55, 京都, 1983), pp.64~65에서 역시 소개하
    고 있다.
25) 李焯然, 〈論東林黨與晚明政治〉(《明淸史集刊》 1卷, 1985), pp.63~76이 한결같이
    그러한 논지이다. 특히 陳鼎이 《東林列傳》의 서문(p.71)에서 "東林講學의 氣節과
    名義가 나라가 망해도 더욱 빛난다"고 한 대목(원문은 "梁溪諸君子講學東林 天
    下從之 皆尙氣節重名義 及國亡 帝后殉節 効在五十餘年之後 亡國有光 於明爲烈")
    을 두고 淸 乾隆帝가 邪說이라고 배척한 견해를 적극 지지하고 있는 점이 더욱
    그러하다.
26) 顧炎武, 《日知錄》 卷 10, 〈正始〉.

또, 《명사기사본말》에서 〈동림당의〉가 이 무렵부터 시작됐던 것으로
보는 사실을 떠올릴 필요도 있다.

붕당을 말하면 북송대 歐陽修의 〈붕당론〉을 빼놓을 수 없다. 그의 주장
에 따르면 군자는 道를 같이하기 때문에 朋이 되지만 소인은 利를 따라 일
시적으로 黨이 되었다가, 利가 없어지면 서로 흩어지기 때문에 군자는 붕
이 있으나 소인은 붕이 없다는 것이다.[27] 이러한 견해에 대하여 동림강학
의 지도자 고반룡은 다른 의견을 제시한다. 다시 말해 그는 군자의 붕, 소
인의 당이라고 하는 설을 배격하고, 붕과 당에는 어떠한 구별도 없으며,
소인도 붕을 할 수 있고 군자도 당을 할 수 있다는 것이다. 문제는 붕당
그 자체가 아니라, 偏黨의 黨이 나쁘다는 것이다. 그러면서 그는 옛부터
붕당으로 나라가 망한 까닭이 무엇인지에 대하여,

> 人主가 신하의 붕당을 싫어하게 되면 소인은 이를 틈타 드디어 군자를 가
> 리켜 붕당이라고 지목하여 모두 내쫓는다. 소인된 자는 군자가 자기들을 붕
> 당이라 할까 겁이 나 당세를 강화하여 군자를 쫓으며 군자된 자는 오직 소인
> 이 붕당이라고 몰아붙일까 겁내어 자기 당을 완화하여 소인을 피한다. ……
> 붕당으로 나라가 망하는 것은 이 때문이다. ……군자의 당이 성하면 소인의
> 당은 흩어진다. 천하는 군자의 당이 다스리는 법이니 당의 유무를 논할 것 없
> 다. 이러한 이치가 밝지 않으면 군자가 당 만들기를 꺼려할 것이니 슬프다.[28]

하여 소인의 붕당에 대항하기 위하여 군자도 붕당을 적극적으로 조직할
것을 주장하고 있다. 말하자면 전통적으로 부정적으로만 받아들여지던 당
의 존재 가치를 처음으로 인정한 것이다. 이는 당시의 사상계에서 일부 진
보적 사상가들이 횡적 朋友윤리를 주창하던 분위기와도 전혀 무관하지 않
다. 뿐만 아니라 명대 후기에 내각을 비롯한 신료들이 무능하거나 유약한
군주의 전권남용을 막기 위해 군주의 독단에 대한 '公議'를 계속 주장해[29]

27) 《歐陽文忠公集》 17, 〈朋黨論〉.

28) 高攀龍의 〈朋黨說〉은 《高子遺書》에는 들어 있지 않고 國立北平圖書館舊藏의 《高
子未刻稿》에 들어 있는데, 필자는 京都大學校 人文科學研究所의 複寫本을 이용하였다.

29) 졸고, 〈嘉靖初 政治對立과 科道官 — 大禮議를 중심으로〉(《東洋史學研究》 21,

향촌에서는 그 나름의 '地方公議'를 강조하던 그러한 분위기[30]와도 연관하여 이해해 볼 수 있을 것이다.

황실과 내각 그리고 엄당 측이 동림을 붕당으로 몰아 탄압하는 상황에서, 동림 측은 붕당을 합리적으로 해석하여 더 적극적으로 대응하려 하였다.[31] 여기서 우리는 도덕을 존중하는 이상주의자들의 편견에 다소의 책임을 물을 수 있다고는 하더라도, 동림파의 사회경제적 위치 내지 명말의 시대적 성격에 비추어 이를 객관적으로 살피는 일이 우선되어야 그 평가를 올바르게 할 수 있을 것이다.

3) 동림의 사회적 기초와 정치주장

명 중기 이후부터는 정치·군사·사회·경제적 변화가 현저하였다. 대외적으로는 土木堡事變 이래 북방이 불안하고, 대내적으로는 어리고 무능한 군주가 나와 정치가 어지러웠다. 皇室莊田을 비롯하여 諸王, 훈척의 토지가 늘어나고 관료지주의 수탈은 거듭되었으나, 그런 가운데서도 수공업 분야의 생산은 늘어갔다. 그 결과 상품 화폐경제가 농촌에까지 보급되었으며, 稅·役의 은납화 경향이 촉진되어 계층의 분화가 가속화하였다.

이 과정이 바로 里甲制 질서의 해체과정으로서, 이러한 현상은 명말까지 계속 심화되었다. 국가는 이갑제의 질서와 기능을 바로잡거나, 또는 그 재편을 반복해서 시도했으나 헛된 노력에 그칠 뿐이었다. 농촌의 농민은 떠돌게 되었으며, 유민의 일부는 도회로 흡수되어 상업이나 수공업에 종사하는 등 급격한 사회변화가 일어나고 있었다.

이러한 변화를 동림파의 顧允成(고헌성의 아우)은 하늘이 무너지고 땅이 꺼지는 시대(天崩地陷)라 표현하고 있다.[32] 동림파 인사는 명말을 어째

1985), pp.29~36 참조.

30) 夫馬進, 〈明末反地方官士變〉(《東方學報》 52, 京都, 1980), pp.597~602.

31) 高攀龍을 중심으로 한 동림파 인사들이 朋黨을 긍정적으로 인식하는 문제에 관해서는 小野和子, 〈東林黨考〉(二) ; 〈東林黨と張居正 ― 考成法を中心に〉(《明淸時代の政治と社會》 55, 京都, 1983), pp.307~315 참조.

32) 《明儒學案》 卷 60, 〈東林學案〉 3, 〈主事顧涇凡先生允成〉.

서 그와 같은 위기위식을 가지고 바라보았던 것일까? 이러한 위기의식을
이해하기 위해서는 먼저 동림파 인사의 사회경제적 기초를 살펴볼 필요가
있다. 小野和子의 분석에 따르면,[33] 첫째 부류는 지방의 望族으로 독서인
가정의 출신, 둘째 부류는 농촌에서 중견적 지위를 차지하는 중등지주층
과 그 이하의 소지주 및 자작의 경작지주, 셋째 부류는 상인 출신으로 유
형화할 수 있다고 한다. 그러나 그 가운데서도 중소지주층이 상당수를 차
지하고 있어서, 상품경제가 진행되고 있던 당시 왕조의 정치적 수탈로 그
들은 몰락의 위기를 강하게 의식하고 있었다.[34] 그들은 자신의 지주적 경
영기반, 나아가서는 지주제적 지배 기구의 기반을 공고히 하는 가운데 한
편으로는 이갑제 아래의 기초단위로서, 또 한편으로는 그것을 空洞化하는
지주로서 서로 모순되는 입장에 섰다. 그러면서 그들은 전체로서는 이갑
제의 개편·보강 또는 실질적인 해체로 향촌질서의 재편·강화를 목표로 하
는 이른바 신사, 다시 말해 향촌의 지도자이기도 하였다.[35] 중소지주층 출
신인 그들 동림파 인사들은, 장거정과 같은 내각파의 주역들이 중앙에서
지방을 조정하는, 이른바 중앙집권적 부국강병책에 찬성하지는 않았다. 물
론 그들이 부국강병 그 자체를 반대한 것은 아니지만, 내각파가 중앙의 재
정을 우선한 데 반해 그들에겐 지방의 이해가 우선일 수밖에 없었다. 그러
면 이같이 그들과 대립적 입장에 선 장거정 등 내각파의 사회경제적 기반
은 어떠하였는가?

隆慶朝의 閣臣 高拱과 융경 5년(1571) 몽고족 알탄(俺答)汗의 강화, 이
른바 융경화의에서 廷臣의 분분한 논의를 배제하고 王崇古와 王과 인척관
계였던 이부시랑 張四維가 함께 강화에 주력하였는데, 王·張은 모두 山西
의 대상인 출신 관료였다. 산서관료들은 만력연간 장거정의 집정 아래에

---

33) 小野和子, 〈東林派とその政治思想〉(《東方學報》28, 京都, 1958), pp.258~265 참조.

34) 田中正俊, 앞의 글, p.54 ; 溝口雄三, 〈いわゆる東林派人士の思想 ― 前近代期にお
   ける中國思想の展開〉(《東洋文化硏究所紀要》57, 1978), pp.173~197 참조. 이들도
   小野和子의 분석과 별로 다르지 않다.

35) 溝口雄三, 위의 글, p.134 ; 崔晶硏, 〈明朝의 統治體制와 政治〉(《講座中國史》
   IV ― 帝國秩序의 完成, 1989), pp.30~45.

서도 일정한 지위를 가지고 중요한 국정에 참여하였다.[36] 특히 장거정에
이어 수보가 될 차례였으나, 친상을 당하여 기회를 놓친 장사유가 대표적
이다.[37]

장거정의 추천으로 입각한 신시행과 왕석작은 烏程의 대향신 지주 董份
의 문하생으로서, 특히 申과는 사돈관계로서 그들은 董씨가 80회 생일을
맞아 存問할 것을 주장하다가 과·도관의 항의로 뜻을 이루지 못하였다. 얼
마 뒤, 董家의 악질적 토지겸병으로 董씨의 변이라는 民變을 불러온 유명
한 사건이었다.[38]

이렇게 볼 때 고공과 장거정에서 장사유·신시행 내각으로 이어지는 역
대 閣臣의 권력기반은 대상인·대향신 지주계층이었다. 그들은 안으로는
대상인·대향신 지주와 야합하고 밖으로는 군벌화 경향이 강했던 邊臣, 邊
將들과 야합한다는 비난을 동림파 인사들(과·도관)로부터 받았다.[39]

내각파와 동림파의 사회경제적 기반은 이렇게 차이가 있다. 내각파의
기반이 대상인·대향신 지주계층이었음에 반하여 동림파는 주로 중소지주
세층이있다. 따라서 양지의 정치적 지향도 다를 수밖에 없었다. 앞서 논급
한 것처럼 중소지주층 출신인 동림파 인사들은 부국강병을 바라지 않는
것은 아니었지만, 대상인·대지주계층을 권력의 기반으로 했던 내각파 인
사들이 중앙에서 지방을 통제하는 중앙집권적 부국강병책에는 반대했다.
그들은 어디까지나 지방의 이해를 우선하여 지방에서 중앙을 견제하여 부
국강병을 이루려 하였다. 동림당이 형성되기 이전인 만력 초에 장거정내
각에서 실시한 考成法을 예로 들 수 있다. 고성법은 과·도관의 고유권한인
관료에 대한 감찰권과 정치에 대한 비판적 발언권을 제한하여 내각을 정
점으로 한 강력한 중앙집권적 정치체제를 구축하려 하였다. 그러나 일단
의 신진관료집단 — 반내각파 동림파로 이어지게 된 — 은 감찰권을 내각

36) 小野和子, 〈山西商人と張居正 ─ 隆慶和議を中心に〉(《東方學報》58, 1986), p.556.
37)《明史》卷 219, 〈張四維〉傳.
38) 左伯有一, 〈明末董氏の變 ─ 所謂奴變の性格と關聯して〉(《東洋史硏究》16. 1).
39) 小野和子, 〈東林黨考(二) ─ その形成過程をめぐって〉(《東方學報》55, 京都,
1983), p.293.

으로부터 독립시킬 것을 주장하고, 동시에 언론(정치비판)을 자유화하여 '천하의 公', '천하의 理'를 아래서부터 중앙의 정치에 반영하려 하였다. 이 '천하'는 지역적인 이해와 구체적인 문제를 망라한 '지방'을 그 안에 포섭한 천하이며, 그것은 사대부만이 아니라 이념적으로는 재야의 필부까지도 포함한 천하였다. 중소지주층 출신인 그들은, 군주권을 궁극적으로는 이 '천하의 공', '천하의 理'로 규정해야 할 것으로, 지방에서 중앙을 견제함으로써 이루어질 수 있는 것이라고 확신하였다.[40]

이와 같이 천하의 '공'·'리'를 내세워 군주권을 견제하려는 노력은 嘉靖 초기의 大禮議에서도 구체화되고 있다. 예컨대 楊廷和 내각파에서는 구경과·도관회의의 공론으로 分權共治가 이루어져야 한다는 주장을 강하게 드러내고 있다. 이러한 주장은 군주의 독단에 따른 중앙집권적 전제정치체제에 대한 반론으로서, 특히 武宗의 난정에 가까운 전제정치의 반동으로 나타난 결과라 할 것이었다.[41] 가정시의 이러한 공론에 따른 분권공치론은 만력 때에 와서는 동림파가 더욱 구체적이고 활발하게 전개하였다. 溝口雄三의 표현을 빌리면, 동림파의 정치투쟁은 황제 환관파의 황제일원적인 지배체제를 강화하려는 국가헤게모니에 대한 향촌지주 측의 향촌헤게모니 싸움, 다시 말하면 군주독단의 국가헤게모니에 대하여 분권공치적인 군주주의를 추구하려는 데 있었다.[42] 이렇게 하여 명 왕조의 전제체제의 기반이던 이갑체제가 무너짐으로써 일어나는 위기상황을 극복해 가려는 것이었다. 이러한 관점에서 볼 때 이른바 동림당의 반내각·반환관투쟁은 단순히 파벌적 정치항쟁이 아니라, 이갑제 하의 전제지배체제가 무너지는 데 따른 체제적 위기를 둘러싼 정치투쟁이라 할 수 있을 것이며[43] 이러한 의미에서 동림당쟁은 군주일원적 지배체제라는 舊에 대하여 공론에 의한 분권공치적 군주지배라는 新의 당쟁이라고도 할 수 있을 것이다.[44]

---

40) 小野和子, 위의 글, pp.96~97.
41) 졸고, 앞의 글(《東洋史學硏究》 21, 1985), p.51.
42) 溝口雄三, 앞의 글, p.246.
43) 金鍾博, 〈明代 東林黨爭과 그 社會的 배경〉(《東洋史學硏究》 16, 1981), pp.10~17.
44) 溝口雄三, 앞의 글, pp.131~132, 245~246 ; 小野和子, 〈東林黨考〉(二)와 〈東林黨と

사실 명말에는 민변이 자주 일어나고 있었다. 이미 언급한 만력조 광세의 화로 말미암아 전국에 걸쳐 일어났던 민변 이외에도 도시의 민중과 노예·농민에 의한 민변, 杭租·奴變[45] 그리고 심지어는 향신과 생원에 의한 士變[46]까지 일어날 정도로 사회는 격동기였다. 그 가운데서도 특히 선진지대인 蘇州에서 일어난 開讀의 변[47]은 동림파 지도자의 한 사람인 周順昌이 체포될 때 시민이 관군에 대항하여 일으킨 사건이다.

주순창은 소주 사람으로 일찍이 福州推官으로 있을 때 稅監 高寀의 주구에 대항하여 중소상인들이 민변을 일으키자 그 변호에 힘썼으며, 뒤에 이부원외랑으로 북경에 있을 때 인사의 부정에 불만을 품고 사직하여 귀향하였다. 그는 불과 몇 畝의 田土를 소유한 빈한한 살림이었으나, 그 자신은 백성의 어려움을 알고 지방관에 그 시정을 요구하는 등 평소 일반인의 깊은 신뢰를 받았다고 한다. 그는 원래는 동림파와 아무런 관계도 없었으나, 魏大中의 아들을 사위로 맞으면서 동림파 인사가 되어 천계 6년 동림파 지도자들과 함께 처형당하였다. 다른 지도자들의 경우와는 달리, 신흥도시인 소수의 시민들은 그의 체포를 위한 開讀式을 보고만 있지는 않았다. 개독이란 東廠의 提騎가 縣廳에서 피고인을 잡아 경사로 압송하기에 앞서 勅旨를 피고와 공중에 낭독하는 의식을 말한다. 그런데 周가 구류되어 개독을 기다리던 현청으로 수만 명의 군중이 모여들어 閹黨의 순무 毛一鷺를 저주하는가 하면 諸生들의 심상찮은 움직임이 계속되더니, 결국 현청을 점거하는 사태로까지 발전하였다. 이리하여 개독식을 치르지 않은 채 야음을 타서 周를 몰래 압송하는 데 겨우 성공한 모일로는 이 사건의 주모자인 顔佩韋 등 13명을 체포, 그 가운데 5인의 시민을 처형했다. 熹宗이 죽고 毅宗이 즉위하여 위충현을 비롯한 엄당이 주멸되자 소주의 사대부 文震孟·姚希孟 등이 돈을 모아 그들 희생자의 묘를 세워 5인의 묘라 하

張居正 ― 考成法を中心に〉(《明淸時代の政治と社會》55, 京都, 1983), pp.64~65, 98.

45) 田中正俊, 앞의 글 및 吳金成, 〈明末·淸初의 社會變化〉(《〈講座中國史〉 IV ― 帝國秩序의 完成》, 1989), pp.122~123 참조.

46) 夫馬進, 앞의 글 참조.

47) 田中正俊, 앞의 글, pp.56~62.

여 그 뜻을 기렸다.

주순창의 이 개독의 변이 가장 전형적인 사건이지만, 이 밖에 楊漣·左光斗·李應昇·黃尊素 등이 체포될 때도 그 규모가 크든 작든 저항하는 움직임이 있어 동림파와 일반 민중의 관계를 짐작케 한다. 그것은 민중이 동림파 인사의 反礦稅 투쟁이나 織傭의 변, 개독의 변 등 조정 환관파와의 항쟁에 지지를 보내고 또 반대로 동림파 측에서는 각처에서 일어나는 민란에 동정적이었다는 점과 궤를 같이 한다. 주순창의 개독의 변에서 보여준 민중의 용기는 반환관투쟁을 하는 동림파 인사와 마찬가지로 목숨을 아끼지 않을 만큼 확고한 것이었다. 징세의 해는 단순히 지주층만이 아니라 상인이나 자영농, 佃戶에 이르기까지 직·간접으로 미치고 있었기 때문이다. 그들은 조정의 환관 일파에 대해서만이 아니라 향신대지주(豪强)의 횡포에 대해서도 마찬가지 이유로 폭동을 일으켰다.[48]

만력연간에 일어났던 董씨의 변이 그러한 경우에 속한다. 지방의 호강과 중앙의 대관은 그 이해관계가 일치한다. 그들은 황제일원적 전제지배체제, 다시 말하면 황제독단의 국가헤게모니 노선을 지지하고 있어서 향촌지주 측의 향촌헤게모니 노선을 지지하는 동림파와는 적대적일 수밖에 없었다.

동림파 인사들은 민변에 동정적이었고, 地方 公議에 귀기울이면서 이를 중앙정치에 반영하려고 노력하였다. 명말에 특징적으로 나타나는 중앙과 지방의 괴리현상을 당하여, 그들은 지방행정에 관한 권한을 중앙에서 지방으로 대폭 넘겨줄 것을 주장하고, 지방재정을 중시하였다.[49]

3. 復社運動

1) 동림에서 復社로

만력 말, 明의 동북변을 침범했딘 만주족은 천계 2년(1622), 瀋陽을 함락

---

48) 졸저, 앞의 책, p.231.
49) 夫馬進, 앞의 글, pp.597~602, 614~616.

하고 동 6년에는 遼河를 건넜으며, 숭정 2년에는 다시 크게 침입하였다.

이 같은 어려운 상황에서도 浙黨의 溫體仁은 내각에서 파당정치를 일삼았다. 다시 말해 전쟁의 수행과정에서 병부상서 袁崇煥이 皮島의 毛文龍을 죽인 것을 문제삼아 袁을 처형하고, 또한 袁과 관계가 깊던 錢龍錫을 비롯한 동림파 관료를 모두 없앰으로써 온체인 중심의 반동림파내각이 들어섰다.

온체인 일파는 군대에 환관을 파견하여 감독하게 함으로써 군의 부패를 가져왔고, 만력 이래 거둬들이던 遼餉에 대한 각종 명목의 군비증액으로 민중의 부담은 더욱 늘어났다. 이리하여 숭정 초에 陝西省에서는 王嘉胤·高迎祥·李自成 등의 반란이 일어났다. 이와 같이 밖으로는 만주족의 침입과, 안으로는 농민반란이 속출하는 내우외환의 상황에서 復社가 동림의 뒤를 이어 등장했다.

숭정 2년, 복사가 설립된 그 해 제1회 尹山大會가 열리더니 그 이듬해, 鄕試를 위해 남경에 모인 생원들을 중심으로 제2회 金陵大會가 열렸다. 그 때 향시에 복사의 楊廷樞가 수석으로 합격하고 張溥와 吳偉業도 우수한 성적으로, 그리고 그 밖의 동인들도 수십 명이 합격하였다. 이듬해 會試에는 오위업이 수석이 되고 장부 등이 역시 합격하였다.

당시 수보 周延儒는 士人의 여망을 얻기 위하여 스스로 主考官이 되어 장부와 같이 문명을 떨치던 인사들을 발탁하여 座主 門生관계를 맺었다.[50] 그러나 周는 이 일로 온체인과의 사이에 틈이 생겼다.[51] 장부는 庶吉士가 되었으나 주연유와 대립하게 된 온체인과의 관계도 역시 악화되었다. 결국 숭정 5년 張은 친상을 당하자, 이를 핑계로 향리로 돌아오고 말았다.[52]

장부가 귀향하자 복사의 활동도 활발해져 과거에 뜻을 둔 자들이 많이 몰려들었다. 그리하여 숭정 6년(1633) 봄 소주의 虎丘에서 제3차 대회가 열렸는데, 이 때 운집한 군중이 수천을 헤아릴 정도였다 한다. 이 호구대

---

50) 《明史》, 卷 2 ; 小野和子, 〈東林黨考〉(二)와 〈東林黨と張居正 — 考成法を中心に〉 (《明淸時代の政治と社會》 55, 京都, 1983), pp.62~65.

51) 《復社紀略》 卷 2.

52) 《復社紀略》 卷 2.

회부터 장부는 西張, 張采는 南張이라고 불리웠는데, 특히 서장은 공자에
비견될 만큼 추앙 받았다. 그는 제자들이 과거에 많이 합격할 수 있도록
社의 조직을 통하여 민첩한 수완을 발휘하였으며 이 때문에 복사에 가입
하려는 자들은 더욱 늘어났다.[53]

복사의 기세가 이같이 성하자 溫내각에서는 이에 대한 대책으로 과거
대신 추천제도를 시행토록 주청[54]하는 등 복사의 세력을 견제하기 위한 조
치를 강구하였다. 그럼에도 불구하고 복사의 지도층은 과거합격으로 정계
에 진출하여, 잔류 동림관료와 함께 정치운동을 펴나갔다. 社의 동인들은
지방관으로도 진출하였으며, 관료로 나아가지 못할 경우에도 지방정치에
상당한 영향력을 행사하였다. 또한 그들이 정치운동을 전개하는 과정에서
의 대중동원 능력은 대단한 것이었다. 예컨대 太倉州知事 劉士斗는 부임
한 뒤 언제나 兩張과 정치를 상의하였는데, 일찍이 劉에 나쁜 감정을 가졌
던 署蘇州府事 周之夔로부터 탄핵을 받아 강등되는 일이 일어났다. 유사
두는 평소 선정으로 사민의 추앙을 받아 오던 터여서, 그가 이임할 때 수
십만 명이 동정파시를 결행하였으며, 兩張은 한편으로는 동림당인과 연락
하여 周의 배척운동에 나섰다. 周는 科試를 처리하면서 불공평하다는 불
평을 지방학교의 생원들로부터 들어왔기 때문에, 그 배척운동은 짧은 시
일 안에 실효를 거두어 周는 퇴직하지 않을 수 없었다.[55]

복사의 대중동원을 통한 실력행사는 장부가 죽은 뒤, 위충현의 당인이
었던 완대성에 대한 배척운동에서도 발휘되었다. 李自成의 농민반란이 격
화되자, 阮은 재빨리 이를 피하여 남경에 숨었다가 기회를 보아 조정에 복
귀하려는 공작을 하고 있었다. 이를 미리 막기 위하여 복사가 중심이 되어
일으킨 운동이 南都防亂揭 사건이다.[56] 이는 吳應箕와 顧杲의 발의에 따른

---

53) 《復社紀略》 卷 2.
54) 《復社紀略》 卷 2.
55) 《復社紀略》 卷 3.
56) 《復社紀略》 卷 4. 宮崎市定은 復社의 정치활동 가운데 대중동원능력을 그 첫째로
   꼽으면서 周之夔배척운동을 실례로 들고 있다. 《東洋史研究》 25-2(京都, 1966),
   pp.162~163.

것으로, 吳가 성명문을 기초하였으나 社內 의견의 불일치로 발표를 늦추다가, 숭정 11년 7월에 이르러서야 발표하였다. 그 내용은 阮이 엄당으로서 동림의 지도층 학살에 가담하였으며, 逆案이 발표된 이후에도 흉포한 짓을 저질러 왔을 뿐 아니라, 아직도 남경의 고관 대작이 그 손아귀에 놀아나고 있으니 이를 내버려두어서는 안 된다는 것이었다. 이 성명문의 첫 번째 서명자가 고헌성의 종손인 顧杲였고, 이어서 황존소의 아들 黃宗義, 위대중의 아들 魏學濂 등 천계조에 처형된 동림당 지도자의 자제들을 필두로 복사의 관계자 140인이 차례로 서명하였다.[57] 이 防亂揭는 남경 곳곳에 퍼져 일반 서민의 마음을 움직였다. 이러한 방법은 생원층을 중심으로 한 대중운동이란 점에서 동림당의 상주문을 통한 정치운동과는 그 효과나 영향이 크게 달랐다.

이자성의 농민반란은 숭정 10년에서 12년 사이에 하남·호광·사천·안휘까지 확대되었으며, 만주족은 이 혼란을 틈타 하북·산동까지 남하하였다. 이 사이 온체인이 물러나고 薛國觀이 수보가 되었으나, 군사를 훈련하고 군량을 모으는 등 軍費를 늘려 농민을 곤궁하게 만들었을 뿐, 이렇다 할 정책을 내놓지 못하였다. 평소 薛에게 불만을 갖고 있던 복사의 吳昌時는 薛이 숭정제의 신임을 잃었다는 점을 이용하여 그를 제거하였다. 應社 이래 복사의 동인으로서의 吳는 장부와 함께 다음 수보를 찾던 끝에 숭정 14년 周延儒를 재입각시키는 데 성공하였다.

주연유는 숭정초에 온체인과 함께 입각하여 수보가 되었으나, 동림의 姚希孟 등과도 교섭했으며, 숭정 3년에는 복사의 장부·오위업·馬世奇 등이 회시에 합격하자, 主考官인 그와 관계를 맺어 일부 복사인사와도 친근한 사이가 되었다. 그러나 이를 질시한 溫의 계략으로 결국 周는 사직해야만 했다. 그렇지만 그는 온체인이 동림파의 錢謙益을 규탄할 때도 가담하는 등 환관파와도 깊은 관계를 맺었던 복잡한 인물이다. 그는 결국 溫과 불화하게 되었는데, 溫과 적대관계였던 복사의 장부·오창시 등은 기회를 틈타 周의 정계복귀를 성공시켰다.[58]

---

57) 留都防亂揭의 原文은 《復社紀略》 卷 4, 〈復社姓氏錄〉.

장부의 직위는 서길사에 불과하였으나 재야에 있을 때도 멀리 조정을
조종할 정도로 막강한 영향력을 행사하였다.[59] 그리하여 그는 周의 내각
복귀운동을 성공적으로 추진하였으며, 복귀한 뒤에도 정치개혁을 위한 인
재 등용에 대한 약속을 얻어냈다. 그러나 불행히도 周는 복귀한 뒤 얼마
지나지 않아 40세의 나이로 죽었다. 하지만 양자의 약속은 상당 부분 이루
어졌다. 周는 농촌의 안정을 위하여 수탈정책을 완화할 것을 주장하여 재
가를 얻는 한편, 동림파의 鄭三俊·劉宗周·范景文·倪元潞 등을 관직에 복
귀시키고 이미 죽은 자는 贈職하였다.[60] 뿐만 아니라 조서 하나로 무고한
인명을 잔학한 방법으로 처형하던 宦官緝事를 폐지하고,[61] 군대 감독을 위
한 환관의 파견도 금하도록 하였다.[62]

이와 같이 장부 등이 옹립한 周內閣은 엄밀한 의미에서는 동림·복사와
환관파의 세력균형 위에 세워진 것으로 동림·복사의 정책을 충분하지는
않더라도 실현하려고 노력하였다. 그러나 주연유는 본질적으로는 탐욕스
런 인물이었으므로 동림·복사 측과 일시적으로 타협했을 뿐, 張이 죽은
뒤, 유대관계가 희박해지자 그에 대한 동림·복사 측의 비판이 일어났다.[63]
복사의 설립에 공이 있었던 熊開元은 주연유의 수뢰를 탄핵하다 처벌받았
으며, 탄핵에 동조하던 동림파의 劉宗周 등도 처벌받았다. 동림·복사 측의
비판과 함께 환관 측도 周가 동림파와 타협하였다는 사실을 빌미로 그를
탄핵, 그는 결국 면직되고 말았다.[64]

58) 이에 관한 논의는 小野和子, 〈明末の結社に關する一考察〉下, pp.79~81와 〈明末
·淸初における知識人の政治行動〉, pp.95~97 참조.
59) 吳偉業, 《復社記事》를 비롯하여 《明史》卷 288, 〈張溥〉傳과 卷 308, 〈周延儒〉, 〈溫
體仁〉傳 등. 이에 대한 詳論은 宮崎市定의 〈明夷待訪錄當作集(續)〉(《東洋史硏究》
25-2, 京都, 1966), pp.179~183 참조.
60) 《明史》卷 288, 〈張溥〉傳.
61) 《明史》卷 308, 〈周延儒〉傳.
62) 《明史》卷 308.
63) 《復社記事》.
64) 周延儒는 人이 본래 탐욕할 뿐 아니라 대단히 복잡한 인간관계를 맺고 있었기 때
문에 張·吳 등이 그를 내각으로 추대할 때 社內에서 비판이 있었다.(《明史》卷
308, 〈周延儒〉傳) 이에 대해서는 小野和子, 〈明末の結社に關する一考察〉, pp.82~

周內閣이 무너진 뒤, 일 년도 지나지 않은 숭정 17년(1644) 3월, 이자성이 이끈 농민군이 북경으로 진주하자 숭정제는 자살하였으며, 이에 따라 明 277년 역사는 종말을 고하였다. 명이 망하고 그 후계정권인 南明이 섰으나, 동림·복사와 환관파의 당쟁은 다시 일어났다. 남명정권의 성립에 福王을 옹립하려는 환관파의 馬士英 일당과 이에 반대하는 동림·복사 사이의 분쟁이었다. 복왕은 신종의 총비인 정귀비 소생의 常洵으로 일찍이 동림당쟁의 한 원인이 된 國本문제를 일으킨 장본인이다. 결국 환관파가 승리하여 복왕 옹립에 공을 세운 마사영이 수보가 되어 완대성 등 자기 당인을 기용하여 동림·복사에 대한 보복행위를 시도하였다. 그들은《三朝要典》을 다시 펴내고《蝗楠錄》과 같은 살생부를 만들어 동림·복사를 탄압하였다. 그 뒤 唐王·桂王 정권이 들어섰으나, 이 모두 만주의 남하에 따라 그 명운은 오래 가지 않았다.

2) 復社의 성립

(1) 복사 前身으로서의 應社

명말 지식인층의 정치운동을 黨社運動으로 특징지을 수 있지만,[65] 黨·社의 연결관계가 반드시 그렇게 선명한 것은 아니다. 명말에 성행한 文社, 다시 말해 문학적 결사는 원래 "文으로 벗을 모으고 詩酒로 창화하는" 전통적 사대부사회의 기풍에서 비롯한 것으로, 그 직접적 연원을 따지면 가정연간까지 거슬러 올라간다.[66] 그러나 직접적인 연원은 만력 말 동림당에 대한 탄압으로 서원이 문을 닫고 강학이 금지됨에 따라, 강서지방을 중심으로 한 문인들 사이에 점차 성행했던 모임에서 그 유래를 찾을 수 있다.

강남지방을 중심으로 한 문사들 가운데 가장 대표적인 것이 복사다. 복사는 당시에도 소동림이라 불릴 정도로, 그 인적 구성이나 운동의 성격 등에 많은 공통점이 있었기 때문에 동림·복사운동을 연관지어 보는 것이 일

---

83 참조.

65) 謝國楨,《明淸之際黨社運動考》에서 東林黨·復社 등의 내용을 서술하고 있다.

66) 謝國楨,〈明末淸初的學風〉(《明末淸初的學風》, 北京, 1982), p.7.

반적이다.[67]

그런데 복사의 내력을 이해하기 위해서는 그 전신인 應社에 대하여 살펴볼 필요가 있다. 응사는 천계 4년(1624)경 강소성 常熟에서 尊經復古를 표방하며 설립되었다.[68] 응사의 첫 참가자는 양정추·장부·장채 등 10여 인으로 楊이 사장이었는데, 그들은 五經을 각각 분담하여 그것에 관한 八股文을 評選하는 일을 담당하였다. 당시에는 팔고문이 유행하여 사대부들이 과거에만 매달린 나머지, 유교경전의 정신을 잃어가고 있다는 비판의 소리가 높던 터라, 각각 전문별로 경을 분담하여[69] 과거의 학설을 비판·검토하면서 초학자를 올바르게 지도하려는 것이었다.

팔고문의 평선이 社의 중요한 활동내용이었으나, 그것이 곧 사의 목적은 아니었다. 사의 설립시기인 천계 4년은 동림당과 엄당이 三案을 둘러싸고 격렬한 정쟁을 벌이던 때였으며, 특히 양련이 위충현의 24항 大罪를 들어 탄핵한 직후였다. 그리고 설립지 또한 양련이 지현을 지낸 바 있는 常熟이었다. 응사의 설립시기나 지역이 그곳의 청년지식인들로 하여금 국가의 장래에 대해 적극적 관심을 갖게 하였음이 틀림없다. 그러나 그들이 현실적으로 할 수 있었던 일은, 당시의 사대부들의 최대 관심사였던 팔고문을 통하여 자신들의 이상을 더욱 널리 선전하고 실현하는 것이었으며, 그리하여 사의 목적인 尊經復古, 다시 말해 경전의 정신에 따라 복사를 실현할 수 있다고 믿었다. 따라서 팔고문의 평선이란 어디까지나 불우한 그들의 뜻을 의탁하려는 수단에 불과한 것이었다.[70]

응사의 설립 뒤, 몇 년 동안은 환관파의 철저한 탄압으로, 동림당은 그 지도층을 거의 잃었다. 그러나 그들 동림당 지도자들이 체포될 때, 각처에

---

67) 謝國楨, 《明末淸初的學風》(北京, 1982).

68) 張薄는 그의 文集 《七錄齊集》 卷 15, 〈五經微文序〉에서 社의 목적을 '尊經復古'라 표현하고 있다. 應社에 관한 연구로는 專論한 것은 朱倓, 〈明季南應社考〉(《國學季刊》 2, 3)이 있으며, 그 밖에도 謝國楨의 위 연구를 비롯하여 復社에 관한 대부분의 연구가 應社에 대하여 언급하고 있다.

69) 張薄, 《七錄齊集》 卷 15, 〈五經微文序〉.

70) 小野和子, 〈明末·淸初における知識人の政治行動〉(《世界の歷史》 11, 筑摩書房), p.83.

서는 크고 작은 규모의 민중적 저항이 있었다. 소주와 같은 선진지방에서 주순창의 체포에 항거하는 수만의 군중시위인, 이른바 개독의 변을 지휘한 수백 명의 諸生 가운데 응사 관계자와 더불어 뒤에 만든 복사의 동인이 많이 끼어있었다는 사실은 주목할 만하다. 복사의 지도자가 된 장부는 그 민변의 책임을 지고 스스로 희생되기를 원한 顔佩韋 등 5인의 묘비문을 지어 유명하거니와, 비문에는 주동자의 구원을 위하여 군중의 선두에서 활약하던 그들 생원의 모습을 생생히 그리고 있다.[71]

숭정제가 즉위하자, 먼저 위충현과 그 하수인 崔呈秀를 제거하고, 대신 동림파 계통의 인사를 대폭 기용하였다. 엄당정치를 정당화한 《삼조요전》을 폐기하고, 엄당을 단죄하는 〈欽定逆案〉이 발표되는 등 대세는 역전되었다.

이 무렵 응사의 동인들이 과거에 많이 합격하였다. 천계 7년에는 장채·서연·주표·라만조 등이 향시에 합격하고, 일찍부터 위명을 날린 장부도 숭정 원년에 恩貢生의 자격으로 국자감에 입학하였으며, 廷試에도 우수한 성적으로 합격하였다. 이에 따라 불과 27세의 약관인 그에게 여러 貢士들이 다투어 교제를 원하였을 뿐 아니라, 심지어 조정 대신들도 허리를 굽혀 초대할 정도로 그의 명성이 京師를 울렸다. 이보다 앞서 張이 일찍이 은공생으로 북경에 갔을 때, 成均大會라는 문회를 주최한 바 있다. 당시 북경에는 뒤에 幾社·復社에 가입한 사람들이 중심이 되어 燕臺十子盟이 결성되어 있었다. 이 연대십자맹은 엄당정치의 종식과 동림의 부흥을 표방하는 幾社의 명사들이 많이 참가하고 있었기 때문에 이를 기사의 전신이라고도 하며, 또한 그들 대부분이 복사에 참가하고 있었던 까닭에 그 전체적인 흐름은 응사에서 기사, 복사로 연결되고 있었다.[72]

그러나 복사가 응사나 기사 등의 각 사를 통합하여 가는 과정이 그리 쉬웠던 것은 아니다. 예컨대 당시의 문단에 상당한 영향력을 갖고 予章社를

---

71) 小野和子, 〈明末の結社に關する一考察〉 上(《史林》 45-2, 1962), pp.43~44.
72) 復社의 원류와 그 계통에 대해서는 表를 만들어 설명하고 있다.(謝國楨,《明淸之際黨社運動考》, p.202 참조)

경영하던 艾南英은 응사의 복고주의적 경향에 강한 불만을 품고 있었다.
宋의 문장을 통하여 古文에 접근하려는 唐順之·歸有光 등의 입장을 지지
하였던 그는 응사가 '존경복고'를 표방하면서 경을 자의적으로 해석한다고
통렬히 비판하였다.

그는 응사의 동인 陳子龍을 비난하고, 장부가 평선한 〈表經〉을 문장의
도적이라고 비방함으로써 응사 측을 크게 자극하였다. 艾의 이러한 비난
에 장부와 오창시는 동인 장채에게 편지를 보내어 단호한 대책을 강구토
록 하였다. 장채는 장부와 함께 兩張으로 널리 알려진 인물로서 그는 완곡
한 표현으로 예남영의 오류를 지적하였으나 艾는 조금도 타협할 뜻을 보
이지 않아, 결국 양측은 결별할 수밖에 없었다.[73] 이 논전을 계기로 복사설
립이 촉진되어 숭정 2년(1629) 드디어 복사를 성립하게 되었다.[74]

(2) 복사의 성립과 그 사회경제적 배경

복사는 처음 吳江知縣이었던 熊開元의 지지를 얻어 孫淳·吳曾羽을 중
심으로 한 몇몇 사람이 만들었다. 그런데 만들 당시 응사의 동인 사이에
찬반양론이 일어 의견을 일치시키지 못했던 것 같다. 社의 장인 양정추는
사를 설립한 이래 실무를 맡아오던 손순이 복사의 창설을 주도한 사실을
매우 불쾌하게 여겼기 대문이다.[75] 어쨌든 복사의 창설로 이같이 응사는
분열될 위기를 맞이하였으나, 장부가 그 조정 역을 맡아 결국 응사를 복사
에 합류시킴으로써 양 사가 합쳐졌다. 응사의 병합을 전후하여 각지에 크
고 작은 문사가 차례로 병합되었다. 江北의 匡社, 中江의 端社, 松江의 幾
社, 萊陽의 邑社, 浙東의 超社, 浙西의 莊社, 黃州의 質社, 浙西의 聞社, 江
北의 南社, 江西의 則社, 歷亭社, 席社, 崑陽社, 雲簪社, 吳門의 羽朋社, 武
林의 讀書社, 山左의 大社 등이 합쳐짐으로써 복사는 전국적인 통일조직
을 갖추게 되었다.[76] 이리하여 복사의 1회 대회가 尹山에서 열렸다.[77] 참가

---

73) 陸世儀, 《復紀社略》 卷 1 ; 謝國楨, 〈復社始末〉 上(《明淸之際黨社運動考》),
    pp.157~158.
74) 小野和子, 〈明末の結社に關する一考察〉(上), pp.48~49.
75) 小野和子, 위의 글, pp.49~50.

자들은 멀리 호북·하남·안휘·절동에서도 모여들어 그 수가 약 700명에 이르렀으며, 참가하지 못한 사람은 문장을 보내와 모인 시문이 2,500여 수에 이르는 등 크게 성황을 이루었다.

윤산대회는 복사의 통합된 형태를 취하고 있으나, 그 조직은 반드시 단일 통합체는 아니었다. 예컨대 각지의 문단을 대표하고 있는 松江의 幾社, 中江의 端社, 武林의 讀書社 등이 모두 복사에 통합되었지만, 응사에 참가하면서도 다른 한편으로는 그들 독자의 활동을 계속하는 문사도 있었으니, 여러 문사의 복사와의 통합이라 하더라도 그 조직과 운영이 각각 달랐다.[78] 복사가 응사를 비롯한 지방 각사의 통합적 조직으로 성립되는 모습을 陸世儀는,

> 世敎가 쇠퇴하면서 士子는 경서에 통하지 않고, 공소한 학문으로서 관에 이용될 뿐이다. 조정에 출사하여 君에 이바지하지도 못하며, 지방관이 되어서도 인민에 혜택을 주지 못한다. 인재는 날로 저하되고 吏治는 날로 악화된다. 丈夫는 스스로의 덕과 힘을 돌볼 틈도 없이 사방의 多士와 함께 古學을 부흥하여 훗날 힘써 유용함을 기약하니 따라서 이름하기를 복사라 한다.[79]

하여 복사가 출현하지 않을 수 없는 학술·사상적 배경과 복사성립의 불가피성을 말하고 있다.

'復社'란 이름은 응사의 '존경복고'의 복과 밀접한 관계가 있다. 원래 復은 易의 卦名으로 그 뜻은 근원으로 돌아가는 것, 옛날로 복귀하는 것이다. 응사가 목표로 한 것은 '존경복고', 다시 말해 경전에 따라서 복고한다는 것이었으나, 복사의 복은 경전을 포함한 '학술의 부흥'이라는 좀더 포괄적 복고를 의미하는 것이다.[80] 그러나 복고를 하는 데는 역시 경전을 따르는 것이 가장 우선하는 것이므로, 장부는 육경의 대의를 배워 인간이 원초적

---

76) 陸世儀,《復社紀略》卷 1 ; 朱彝尊,《靜志居詩話》.
77) 陸世儀,《復社紀略》卷 1 등.
78) 小野和子,〈明末の結社に關する一考察〉(上), pp.52~53.
79) 陸世儀,《復社紀略》卷 1.
80) 杜登春은《社事始末》에서 "復이란 絶學을 興復하는 義이다"라고 말하고 있다.

으로 갖고 있는 본래 면목을 발견하고, 양심에서 우러나오는 것을 문장으로 표현해야 한다는 것이다. 문장을 통하여 육경의 정신으로 돌아가는 것이 중요하지, 문장의 형식이나 방법 그 자체는 별 문제가 되지 않는다는 것이다.[81] 그러나 六經의 정신을 이해함으로써 있는 그대로의 성정으로 복귀만을 생각한다면, 이는 너무 소극적이다. 육경이 인간의 본성에 관한 것이라면, 인간사회를 다스리는 데 필요한 정치제도와도 결코 무관할 수는 없을 것이다. 장채는 장부의 《七錄齊集》 서문에서,

> 經을 窮하면 王道가 밝아지게 되며, 史에 통하면 王事가 드러나게 된다. 왕도를 밝히려는 자는 동시에 體를 세워야 하고, 왕사를 밝히려는 자는 동시에 用에 맞추어야 할 것이다.[82]

고 하여, 經이란 정치로 세워야 할 정신이나 원리를 보이는 것이며, 史란 정치의 변천과정을 추적하여 정치의 방법을 구체화하는 것이라 했다. 장부와 장채는 兩張으로 널리 알려진 복사의 지도자로서 그들은 경과 사의 의미를 전통적인 차원이 아니라, 학문적 정열과 시대적 사명감으로 강하게 의식하였으며, 이러한 진보적이며 실천적 의욕이 社의 동인들을 이끌어나갈 수 있는 원동력이 되었다.

복사를 이끄는 지도자들은 경전을 주관적으로 이해하는데 만족하지 않고, 실증적 연구방법을 꾀하였다. 예컨대 항주의 독서사에서 하던 三禮에 관한 연구방법을 들 수 있으니,

> 일자일구도 소홀히 하지 않고 宮室에서 升降의 作法, 祭典에서 器皿의 배치에 이르기까지 면밀히 고증하였다. 음악은 스스로 十二律管을 만들어 合·呂를 시험하고, 토지제도는 산속에 들어가 老農과 함께 농사지었다.[83]

할 정도로 독서사의 연구방법이 실증적이었다는 사실을 알 수 있는데, 이

---

81) 張薄, 《七錄齊集》 卷 2, 〈張受先稿序〉, 〈房稿表經序〉, 〈移墨表經序〉.
82) 張薄, 《七錄齊集》 卷 2, 〈續集序〉.
83) 《復社姓氏傳略》.

것은 청초의 정치, 학술, 사상적 여러 사정과 결합하면서 고증학으로 이어
졌다. 어쨌든 복사는 정치제도를 복고하면서, 가능한 한 옛 제도를 객관적
으로 연구한다는 실증주의적 방법을 추구하였다.

복사에 가입하려면 盟詞를 서약해야 하는데, 誓詞의 내용은 이러하다.

> 匪彝에 따르지 말고, 聖書를 비난하지 말며, 老成人에 위배되지 말라. 스스
> 로 장점을 뽐내지 말며, 남의 단점을 헐뜯지 말고, 巧言으로 정치를 문란케 말
> 며, 干進으로 몸을 욕되게 하지 말아야 한다. 이후 이를 범하는 자 있으면 작
> 으면 간하고, 크면 제적한다. 모두 준수할지니라.[84]

이러한 서사로 미루어보더라도 복사는 단순히 문장만을 위주로 한 막연
한 독서인의 집합체라기보다, 동일한 목적을 실현하기 위한 조직체임을
알 수가 있다. 사실 서사를 마친 자들로서 동인조직이 이루어지면, 각 府
마다 長을 뽑아 社友의 통제와 연락 등의 실무를 맡게 하였다.

복사가 성립된 시기, 다시 말하여 응사에서 복사로 확대 개편된 숭정 2
년이라는 시점은 비록 위충현 일파가 실각하였다 하나, 아직도 반동세력
은 호시탐탐 복귀의 기회를 노리고 있었으며, 국내적 모순과 만주족의 위
협에 따른 민족적 위기가 점차 커지던 시기였다. 이러한 시대에 동림의 후
예, 다시 말하여 복사의 동인들이 무엇을 이루겠다는 뚜렷한 정치적 목적
을 갖고 있지는 않았다 하더라도, 구국을 위한 정치운동에 적극적 자세를
보이는 것은 지극히 당연한 일이었다. 이것이 동림당의 전통을 이어가려
했던 장부 등 복사 지도층의 정치적 감각이었을 것임이 틀림없다.

복사의 조직은 소주에서 비롯하였으나, 그 규모는 전국적이었다. 가입
총수는 2,264명으로 南直隷 및 절강이 가장 많아 그 반 이상을 차지하였는
데, 兩省 가운데서도 소주가 377, 송강이 102, 항주가 104, 가홍이 140명으
로 이 네 府가 특히 많다.[85] 복사의 동인이 많은 이들 지방은 명대 중기 이
후 견직물이나 면직물의 중심지이며, 상공업이 급속히 발전한 선진지역으

---

84) 《復社紀略》 卷 1.
85) 小野和子, 〈明末·淸初における知識人の政治行動〉, pp.89~90.

로, 일찍이 광세의 화에서 본 것처럼 환관의 수탈이 극심하였다. 그리하여
織傭의 변이나 개독의 변이 일어나지 않을 수 없었던 이유로 정치·사회
변혁에 대한 욕구가 다른 지역에 비하여 훨씬 높은 지역이었다는 사실을
떠올릴 필요가 있다.

복사 동인은 그 구성원이 대부분 下層 紳士이든가, 아니면 과거에 급제
하지 못한 생원층이었다.[86] 동림이 대신급을 포함한 중견관료층이 그 중심
을 이루고 있었음에 비하여 복사는 그렇지 못하였다. 원래 文社는 팔고의
평선기관이었기 때문에, 벼슬한 관료보다는 과거를 목표로 한 지방의 생
원층이 많았다.[87] 그 밖에 文名은 세상에 높았지만 때를 만나지 못하여 벼
슬을 포기한 자들이나, 또는 관료로 복무하다가 정치적 분쟁에 밀려 향리
로 돌아온 자도 끼어 있었다.

따라서 그들 복사 동인들은 동림당 인사와는 다른 각도에서 정치·사회·
문화 활동을 펴나갔다. 그들의 집합장소가 되는 서원과 문사의 부속 書坊
을 중심으로 지방정치가 이루어졌다. 그들은 중앙관료나 지방관료를 비판
하는가 하면 서민을 위한 저작활동도 하였으며, 또는 농민이나 상공인의
반환관투쟁에 보조를 맞추기도 하고, 앞장서서 민변을 지도하는 등의 활
동하였는데, 이것은 그들의 출신 계층과 밀접한 관련이 있다.

복사 동인의 출신계층도 동림파와 비슷한 중소지주층이었다. 물론 그들
의 출신계층이 매우 복잡한 것임은 틀림없으나, 그 주류는 역시 과거를 목
적으로 하는 지주층이었다. 그러나 역시 동림파와는 달리 복사의 동인은
주로 하층 신사였다는 점에서 사회에 대한 불평이 더욱 컸을 것이며, 이에
따라 師 주위에는 개혁지향적인 분위기가 지배적이었을 것이다.[88] 장부가
僮僕을 해방시켜 준 일도 그러한 분위기에서 가능하였을 것이다.

만력조의 수보였던 왕석작의 친척 가운데 吳世睿가 있었는데, 그 집의

---

86) 大久保英子,〈明末讀書人の結社と敎育活動〉(林友春 編,《近世中國敎育史硏究》,
      1959), p.191.
87) 宮崎市定,〈張溥とその時代〉(《アジア史硏究》 5, 京都, 1977), p.158 ; 小野和
      子,〈明末の結社に關する一考察〉(下), p.69.
88) 大久保英子, 앞의 글, pp.201~202.

동복인 張嶢가 일찍부터 글을 익혀 복사에 가입하기를 희망하였다. 그러나 주인 吳가 이를 허용하지 않자 장요는 가족을 이끌고 복사의 오창시의 노비가 되었다. 이를 들은 장부는 贖金을 마련하여 지주에게 예속된 호적의 삭제를 교섭하여 오세예는 할 수 없이 이를 받아들였다.[89] 장부는 또한 紀綱의 僕의 악습을 개혁한 경우도 있었다. 張은 강소 태창인으로서 그 아버지는 太學生, 백부는 공부상서까지 지낸 명문 출신이었으나, 서출이었기 때문에 일족의 멸시를 받아야 했다. 특히 백부의 '기강의 복'들이 主家의 부와 권세를 업고 자기를 경멸할 뿐 아니라, 농민을 가혹하게 수탈하였으므로, 張은 그들을 엄하게 벌을 주어 태창지방의 '기강의 복'의 폐습을 개혁하였다. 유식한 동복을 해방시켜 주고 '기강의 복'을 처형한 복사의 지도자 장부의 이러한 행위는 당시 복사의 진보적 성격의 일면을 보여주는 좋은 예라 할 것이다.[90]

3) 淸朝의 탄압과 文社의 대응

(1) 청조의 文社탄압

동림·복사운동은 명이 멸망한 뒤에는 반청활동으로 이어졌다. 太湖 주변에는 吳易를 중심으로 孫兆奎·陳子龍 등 복사 동인들이 반청활동에 참가하고 顧咸正·楊廷樞도 여기에 호응하였으며,[91] 오응기·황종희 등도 각지에서 反淸 의용군을 조직하였다. 順治 4년에 일어난 吳松提督 吳勝兆의 역모사건도 복사와 관련이 있다. 오제독의 幕客 戴之儁이 복사의 동인으로서 역모를 하였으나, 일이 실패하자 戴 자신은 물론 진자룡·양정추 등이 이에 연루되어 처형된 것[92]도 복사의 반청사상에 연유한 것이었다.

그러나 복사는 그 지도자 장부가 죽은 뒤 조직이 크게 해이해졌고, 이에 더하여 명이 멸망함으로써, 사 동인들이 전사하거나 은둔하여 사실상 해

89) 小野和子, 〈明末の結社に關する一考察〉(上), p.65.

90) 《復社紀略》卷 4, 〈復社姓氏錄〉.

91) 謝國禎, 《顧亭林年譜》, p.23 ; 《陳忠裕公文集》所收〈陳子龍年譜〉, 順治 3年條.

92) 〈陳子龍年譜〉, 順治 4年條.

체되었다. 반청운동도 복사가 그 조직을 통하여 하지 않고, 과거의 사의 조직을 이용하여 개별적으로 하였다. 따라서 기존의 복사의 조직은 반청운동을 하는 하나의 기반을 제공해 준 데 불과했다고 할 수 있다.[93]

명이 멸망한 뒤, 복사 동인들 가운데는 노선을 달리하는 경우도 물론 있었다. 이자성이 즉위할 때 이를 간청하는 권진표를 쓴 周鍾이나 청조에 투항한 陳名夏 같은 이도 있다.[94] 그러나 이는 극히 예외이며, 대부분의 경우는 그렇지 않았다. 顧夢麟·楊彝·劉城·沈壽民·黃宗羲·顧炎武 등은 청조의 중국지배가 확고해진 이후에도 과거에 응하지 않고, 오로지 후진양성과 저작활동에 종사하면서 명의 遺老로서 세상을 마친 사람들이다. 이들은 명이 멸망한 원인이 제도적 모순에 있다고 날카롭게 비판하면서도 반청감정을 결코 떨쳐버릴 수 없었으며, 이들을 따르는 후진들에게는 이것이 반청행동으로 연결될 가능성도 언제나 존재하였다.

청조는 군사적 지배만이 아니라, 사대부에 대해서 전대 이래의 통제책을 같이 시행하지 않으면 안 되었다. 그 본격적인 사대부정책은 순치 7년(1650) 섭정왕 도르곤(多爾袞)이 죽고 순치제의 친정체제 후부터 시행되었다. 다시 말해 순치 9년에 서원창설 및 집회결사 등을 금지시키는 등의 몇몇의 조치가 바로 그것이다. 명대의 서원은 관립학교와는 달리 사설학교 성격이 강하여 재야의 반권력적 성격을 띠기 마련이었으니, 동림서원의 경우가 그 두드러진 예에 속한다.[95] 청은 이를 거울삼아 서원이 정치운동을 위한 집회장소가 되지 못하도록 철폐령을 내림[96]과 동시에 생원의 정치운동도 모두 금지하였다. 新臥碑文[97]에 명시한 8개 항목 가운데,

　　一. 생원은…… 관청에 함부로 드나들어서는 안 된다. 다시 말해 자기의 이해에 절실히 관계되는 것이 있더라도 家人의 代告만을 허락하며 타인의 詞訟에 관계하는 것도 허락하지 않는다.

93) 小野和子,〈明末の結社に關する一考察〉(下), p.88.
94) 溫睿臨,《南疆逸史》卷 2,〈周鍾〉; 計六奇,《明季北略》卷 22,〈從逆諸臣〉.
95) 小野和子,〈東林派とその政治思想〉(《東方學報》28, 京都), pp.275~278.
96)《康熙會典》卷 51,〈學校〉.
97)《康熙會典》卷 51.

一. 軍民의 利病에 관하여 생원이 상서 간언하는 것은 허락하지 않는다. 만약 한마디라도 建白하면 違制로 다스려 생원의 자격을 빼앗고 처벌한다.

一. 생원이 타인을 규집하고 결사 訂盟하며 관청에 압력을 넣거나 武斷鄕曲함을 허가하지 않는다. 또한 망령되이 자기가 쓴 문장을 刊刻하는 일은 허락하지 않는다. 어기는 자는 提調官에 넘겨 벌한다.

위의 3개 조항만 보더라도 청조가 학생들의 집단행동이나 중앙, 지방을 막론하고 정치에 간여하지 못하게 했던 저간의 사정을 알 수 있다. 학생층의 집단행동은 어느 시기에나 쉽게 이루어질 수 있는 것이어서 명조에서도 금지하였지만,[98] 이민족으로서의 청조의 금압조치는 더욱 철저하지 않을 수 없었다. 순치조에 학생층의 집단적 시위행위는 18년 소주지방에 있었던 哭廟사건[99]을 들 수 있다. 吳縣知縣 任維初가 순무 朱國治의 뇌물요구에 응하여 常平倉의 미곡을 팔아먹은 사건이 알려져, 생원 천여 명이 지현의 추방을 요구하며 집단소동을 일으켰다. 이 운동은 결국 실패로 돌아가고 말았지만, 명말 南都의 생원이 완대성을 배척한 운동을 일으킨 이래 생원층을 중심으로 일으킨 반관적 정치운동으로 일반에 주는 충격은 매우 큰 것이었다.

다음으로 언론 및 출판을 통한 사대부의 사상통제를 들 수 있다. 명말 이래 복사를 비롯한 문사의 호칭을 社盟·社局·坊社 등 다양하게 사용하였으며, 그 주요 업무의 하나는 書坊과 밀접한 관계 아래 社友에 의한 選文과 시세에 관한 서적, 또는 소설의 출판이었다.[100] 따라서 그 출판물은 문사가 본래 갖는 재야적, 반권력적 성격을 반영하기 마련이었다. 순치 14년 楊雍建의 상주에 "서방의 출판물은 四書諸家辨·四書大全辨 등 선유를 비

---

98) 明代에도 明倫堂 옆에 臥碑를 세우고, 여기에 군민의 利病에 관한 일이면 심지어 百工技藝에게도 建白하는 것을 허락하면서도 오직 학생에게만은 불허한다는 내용을 새겼다.《大明會典》卷 78,〈學校〉의 學規. 이에 대한 詳論은 졸저, 앞의 책, pp.37~38.

99) 蕭一山,《淸代通史》, p.309.

100) 謝國禎,《明淸之際黨社運動考》卷 7,〈復社始末〉上.

웃고 이설을 숭상하여 명교에 득죄함이 적지 않으니 청컨대 部에 勅하여
그 板을 훼손하소서"[101]라 한 건의에 따라 금령이 내려졌다. 이러한 건의나
금지조치는 이전에도 문사의 출판물에 불온한 것이 많았다는 사실을 단적
으로 보여주는 것에 불과하다.

　이와 같이 청조는 순치제의 친정 이후부터 독서인층의 정치활동에 대한
금지 등 일련의 조치를 강구해 오다가, 순치 14년부터 사대부에 대한 통제
책을 더욱 강화하였다. 科場案과 江南奏銷案 등이 그것이다. 과장안이란
擧人이 과거에서 뇌물을 쓰는 등 부정행위를 했다든지 또는 답안지의 문
리가 거칠거나 經의 주가 반체제적이라는 등의 이유로 합격자의 자격을
박탈하는 제도로, 심할 때에는 대역죄로 몰아 엄형에 처하는 경우도 있었
다. 과장안에는 社人들이 연루되기가 쉬웠으며, 그럴 때마다 동인들은 동
지애를 발휘, 여러 가지 방법으로 대응하였다.[102] 이리하여 순치 17년 給事
中 양응건은,

　　　　사인이 풍기가 불순하고 사맹을 세워 衙門을 把持하며 공사를 關說하는 것
　　　이 일반의 풍기가 되고 있습니다. 엄히 금지하여 이후 이런 일이 있으면 각기
　　　해당 學臣을 바로 파직해야 할 것입니다.[103]

하여 사인의 풍기를 바로잡기 위해서도 사맹의 불순한 활동을 금지할 것
을 건의하고 있다. 당시는 鄭成功이 張煌言 등과 합류하여 장강 일대를 점
령하고 있었을 뿐 아니라, 이에 고무된 항주 사람 陸彎은 청조에 투항한
복사의 오위업을 배척, 물의를 빚은 일과 관련하여 생각해 볼 때 楊의 상
소와 이에 따른 조정의 금령조치가 나온 배경 등을 이해할 수 있다.

　과장안과 더불어 강남의 문인대책의 하나로 실시된 江南奏銷案이 있다.
원래 소주·송강·상주·진강 등의 지방에는 紳衿의 抗糧이 많고 虧空이 수
십만에 달하여 청조는 그 징수를 구실로 강남 일대의 紳衿 사이에 퍼져 있

────────────

101)《淸朝文獻通考》卷 29,〈學校〉7.
102) 小野和子,〈明末·淸初における知識人の政治活動〉, pp.103~104.
103) 謝國禎,《明淸之際黨社運動考》卷 13(餘論所引,〈黃門奏疏〉上).

던 반청적 기풍을 없애보려 하였다. 순치 18년, 그 징수방법을 엄격히 한다는 방침 아래, 처벌이 논의된 신금의 수가 13,500여 명을 헤아릴 정도였다 하며, 이때 오위업 등 社의 관계자들도 여럿 처벌받았다.[104]

이와 같이 순치 말부터 청조는 과장안이나 주소안을 통하여 사대부 통제책을 본격화함에 따라 문인의 사기는 떨어질 수밖에 없었다. 다음 康熙朝에 들어와서도 순치 때의 강경한 문인대책을 기본적으로 따라했으며, 이는 雍正·乾隆朝에도 마찬가지로 이어졌다.

(2) 동림·복사운동의 결정 《明夷待訪錄》

黃宗羲·顧炎武·王夫之 이 세 사람을 명말·청초의 3대 사상가 또는 명말의 三遺老라 부른다. 그 가운데서도 황종희는 동림당의 지도자 가운데 한 사람인 黃尊素의 아들로 만력 38년(1610) 절강 餘姚에서 태어나 강희 34년(1695) 86세로 타계할 때까지 동림·복사운동의 전 과정을 비교적 생생하게 체험하였다. 뿐만 아니라, 이를 그의 저서 《明夷待訪錄》으로 집약해 이론화하였다는 점에서 동림·복사운동의 결정이라 할 만하다.[105]

그는 어렸을 때 楊漣·左光斗 등 동림당 인사들이 그의 집을 출입하며 벌이는 정치문제에 대한 토론을 옆에서 들으며 자랐고, 천계 6년에는 아버지 尊素가 당인으로 몰려 詔獄에서 죽는 비운을 맛보았다. 숭정제가 즉위하자, 그는 아버지의 원수를 갚기 위하여 長錐를 품고 상경하였으나, 이미 위충현이 자살한 뒤였기 때문에 그 아버지를 고문한 옥졸을 찾아가 장추를 던져 상처를 입히고, 함께 희생된 동림당인의 자제들과 함께 조옥의 中門에 제단을 만들어 제사지내니 그 곡성이 인근을 울렸다 한다.

그는 부친의 원수를 갚는 과정에서 동림의 제자들과 사귀는 한편, 숭정 3년에는 남경에서 복사에 참가하였고 그 뒤 항주의 讀書社에도 참가하였

---

104) 杜登春은 《社事始末》에서 "江浙의 文人이 丁酉一案을 거치면서 100여 명이 피해를 보니 社局은 이에 거의 종식되었다"고 하고 있다.

105) 小野和子는 〈明末·淸初における知識人の政治行動〉에서 《明夷待訪錄》에 보이는 黃의 정치사상을 復社運動의 總括이라 하고 있으나, 필자는 이를 동림·복사운동의 총괄이라고 확대해도 좋으리라 생각한다.

으며, 숭정 11년에는 고헌성의 종손 顧杲 등 동림의 자제 및 복사 동인들과 함께 주동이 되어 추진한 阮大鋮을 배척하는 南都防亂揭운동에도 앞장섰다. 숭정 17년 나라가 청에 망하자 수백 명의 향리의 자제를 규합, 世忠營을 조직하여 청군에 저항하다가 지명수배를 당하는 등 곤란을 겪기도 하였다.

이후 청의 중국지배가 확립되면서 강희제의 부름을 받았으나, 사양하고 학문생활로 일생을 마친 그의 생애는 동림에서 복사로의 정치운동을 총괄한 것이라 하여도 과언이 아니다. 황종희(號는 梨洲)·고염무(號는 亭林)·왕부지(號는 船山) 세 사람은 모두 복사의 동인으로서, 명의 멸망 이후에도 반청저항운동에 참가하였으며, 청조의 통치 아래에서는 저술이나 후진양성에 전념하면서 불사이군하였다는 공통점을 지닌다. 이같이 비슷한 역정을 거쳐온 그들은 학풍상에도 공통점이 있다. 그들은 治學方法에서 원리적인 이념을 경서에서 구하고 구체적인 방법은 史書에서 구하되, 객관적 진실을 광범한 사료와 면밀한 실증적 방법으로 규명한다는 것이었다. 그런데 여기에는 강렬한 중화주의적 민족의식이 전제되어 있다는 것을 지나쳐서는 안 된다.[106]

황종희는 천하의 통치를 위해서 군주제 그 자체는 인정하면서도 군주절대체제에 대해서는 날카로운 비판을 서슴지 않았다. 송대 이래, 군주권이 강화된 추세를 비판적으로 논술하였을 뿐 아니라, 특히 명대에 이르러 丞相制를 없애고 군주권을 더욱 강화한 사실을 맹자의 민본사상에 입각하여 비판하였다. 그는,

> 옛날엔 천하가 주인이라면 군주는 객이어서 무릇 군주가 일생 동안 경영한 것은 천하를 위해서였다. 지금은 군주가 주인이고 천하가 객이 되어 무릇 천하가 도무지 안녕을 얻지 못하는 것은 군주 때문이다. ……그러니 천하에 큰

---

106) 이제까지 명말·청초의 3대사상가 가운데서 중화주의적 민족의식 면에서는 黃이 가장 약하다는 설이 일반적이었다. 그런데 최근 《明夷待訪錄》보다 10년 전에 쓰인 《留書》의 내용을 분석한 小野和子는 왕부지의 화이사상에 견줄 정도로 黃의 민족의식이 강렬하였다고 주장한다(〈《留書》の思想〉, 《明末·淸初期の硏究》, 京都, 1989).

해를 끼치는 것은 군주일 뿐이다. 만일 군주제가 없었던들 사람들은 각기 私를 따르고, 사람들은 각기 利를 추구할 수 있었을 것을. 아! 군주를 두게 된 뜻이 진실로 이같이 되었는가![107]

라고 하여 三代의 이상사회로 돌아갈 것을 주장하고 있다. 그는 군주는 천명에 따라 천하만인을 위한 정치를 해야 하며, 군주 一人一姓의 안위만을 생각하는 정치로 천명을 어기면 放伐하여도 좋다는 맹자의 역성혁명사상을 적극적으로 수용하는 동시에, 명대 군주권 강화의 이념적 기초가 된 주자학의 명분론은 철저히 비판하였다.[108] 군주도 재상이나 마찬가지로 하나의 지위와 이에 따른 직분을 갖고 있기 때문에 결코 초월적인 존재가 될 수는 없으며, 따라서 군주의 직분은 천하 만인의 私와 利의 추구를 보장해 주는 데 있다는 주장인 君主職分論은 양명학, 특히 그 좌파의 人欲肯定論을 바탕으로 성립했다고 할 수 있다.[109]

황종희는 사대부의 정치參與를 강조하면서 학교의 중요성을 역설한다. 다시 말해 학교에 論政의 기능을 부여, 이를 통하여 사대부의 公論을 정치에 반영해야 한다는 것이다. 그는,

천자가 옳다고 하여 반드시 옳은 것은 아니요, 천자가 그르다 하여 반드시 틀린 것도 아니다. 천자도 역시 감히 혼자서 시비를 결정할 것이 아니라 그 시비를 학교에서 공론하여야 한다.[110]

고 하여 사대부의 대중적 여론을 학교가 수렴함으로써 사대부의 정치참여를 적극적으로 실현하고, 동시에 상대적으로 천자의 전권을 견제하려 하였다. 이러한 주장은 언로를 개방하고 여론을 존중하여 帝權의 남용을 막아야 한다는 동림당의 정치적 주장을 이어받은 것이다. 공론정치를 강조

---

107) 《明夷待訪錄》, 〈原君〉.
108) 졸고, 〈明夷待訪錄에 보이는 職分論 — 宋代 이래 位, 分觀의 변천상에서 본〉 (《東洋史學研究》 10).
109) 위의 글.
110) 《明夷待訪錄》, 〈學校〉.

하기 위해 그는 학교의 중요성을 다음과 같이 역설하였다.

　　대학의 祭酒에는 당대의 큰 학자를 추천하여 그 지위를 재상과 대등하게
하며, 때로는 재상으로서 퇴직한 자가 이를 맡는다. 매달 초하룻날 천자가 대
학에 참석할 때 宰相·六卿·諫議가 모두 수행한다. 祭酒가 남면하여 강학하면
천자도 역시 제자의 열에 서고, 정사에 잘못이 있으면 祭酒가 직언하기를 꺼
리지 않는다.[111]

　論政機構인 학교의 최고책임자인 祭酒는 천자를 제자의 열에 두고 강론
하며, 정치비판을 거리낌없이 하도록 하는데, 이는 지방학교에서도 마찬가
지며, 學官이 강학하면 郡縣官이 제자의 좌석에서 청강하여야 하며 또한
학관이 중심이 되어 공론을 수렴하여 이를 지방행정에 반영해야 한다는
것이다.

　황종희의《明夷待訪錄》은 멀리는 맹자의 민본사상을 이어받고, 가까이
는 동림 이래 복사의 정치적 주장을 체계적으로 이론화한 것으로서 원론
인 군주·관료·법·재상·학교론에 이어 과거·토지·병제 등에 관한 구체적
제도개혁론을 펴고 있다. 고염무의《日知錄》이나 왕부지의《黃書》도 모
두 그들의 강렬한 정치적 관심을 드러낸 정론으로서, 명대의 군주전제권
을 철저히 비판한 점에서는 궤를 같이한다.[112]

　그들의 과학적 실증적 학문연구 방법은 특히 順治 후기의 文社에 대한
탄압과 밀접한 관계가 있다. 그러한 탄압 아래서 문사는 더는 정치활동을
계속할 수가 없었으며, 따라서 社가 원래 표방하였던 문학적 결사 또는 八
股文 평선기구로서 점차 문헌고증학적 학문연구방법에 의존하는 경향으
로 흐르게 되었다. 특히 고염무는 고증학의 창시자로 유명하거니와, 講經
會에 대한 황종희의 다음과 같은 지적은 그러한 학문연구의 경향을 적절
히 표현해 주고 있다.

---

111) 위와 같음.
112) 謝國楨,〈明末淸初的學風〉, p.5 ; 小野和子,〈明末·淸初における知識人の政治行
　　動〉, pp.106~107.

康熙 6·7년 陳夔憲이 강경회를 만들었다. 故家의 경서를 모아 동지와 그 득실을 토론하고 조금이라도 애매하면 격렬하게 토론하였다. 賈達·馬融·盧植·鄭玄이라도 각각 오류가 있다. 이들 서로 모순되는 것은 조화를 이룰 때까지 계속하였다. ……수년 동안 겨우 詩·易·三禮를 마칠 뿐이었다.[113]

위에서는 그의 제자인 萬斯同·萬斯大 형제가 길러낸 강경회의 치학방법에 관하여 기술하고 있다. 社를 피하고 굳이 會라는 이름을 쓰고 있는 까닭은 청조의 社盟 금령 때문임을 쉽게 짐작할 수 있다.

이후 옹정연간에는 曾靜의 역모사건을 비롯한 크고 작은 문자옥이 일어나서 문인에 대한 탄압이 더욱 강화되었으며, 이에 따라 사대부의 학문도 왕조권력에 영합하는 경향이 뚜렷하였다. 그래도 고증학이 권력에 영합하는 선에서 탄생한 것은 물론 아니다. 다만 청조의 문사에 대한 탄압이 늘어나는 시대적 상황에서 사대부들은 무망한 반청활동 대신 실증적·과학적 방법으로 학문을 연구, 경전의 본뜻을 밝혀 三代의 이상사회를 실현하려 하였다. 이러한 방법으로 명말·청초에 경세치용의 실학이 성립한 것이니, 이는 동림·복사운동의 종결이요, 청조 고증학의 선구가 되었다.

4. 맺음말

만력조는 神宗의 탐욕과 정치에 대한 무관심으로 말미암아 제국의 운명이 누란의 위기를 맞이하고 있었다. 세 황자의 並封문제, 礦監稅使로 말미암은 민란의 발생, 만주족의 동북변 위협 등 여러 가지 어려운 문제가 겹치는 가운데 동림당과 이에 반대하는 세력들 사이에 문호가 열리고, 당파정치는 상황을 더욱 어렵게 만들고 있었다.

동림당이란 호칭은 중앙정계에서 밀려난 일부 관료 가운데 고향이 강소성 상주부 무석이었던 고헌성 등이 만력 32년(1604) 향리에 동림서원을 세

---

113) 黃宗羲, 〈陳夔獻墓誌銘〉, 《黃梨洲遺著彙刊》.

워 강학한 데서 비롯한다. 하지만 동림당의 정치행위 연원을 따지면 서원이 건립되기 훨씬 전인 만력 초의 장거정 집정기까지 거슬러 올라간다. 대학사 장거정이 考成法을 골자로 하는 강력한 내각정치로 중앙집권적 부국강병책을 실시하려 하자 고헌성·조남성·추원표 등 신진관료들은 반기를 들었다. 그들의 반장거정운동은 만력 10년 신종의 친정 이후에 나타난 황실 위주의 부패한 정치에 무기력하게 따르는 내각파에 대한 반대운동으로 이어졌으며, 이 운동은 다시 동림당운동으로 이어졌다.

이렇게 볼 때 동림당은 만력 초기의 장거정 집정기에 그 싹이 터서 중·후기를 거치면서 당으로 형성되었다고 말할 수 있다. 그렇다면 그 형성의 배경과 계기는 무엇인가? 명초의 이갑제적 지배질서는 명 후기에 이르러 해체위기를 맞이하였으며, 그 대신 향촌사회 질서 유지를 위한 신사층의 기능이 크게 강화되었다. 동림당 구성원의 주류는 중소지주층으로 그들은 지주의 지위를 유지하기 위해서 향촌 중심의 부국강병책을 주장하지 않을 수 없었다. 이 점에서 필연적으로 황실을 중심으로 한 대지주, 대상인층의 이해를 대변하는 내각파의 중앙집권적 부국강병책에 대립적 태도를 보이게 되었다.

동림당 지도자 가운데 한 사람인 高攀龍은 붕당에 대한 종래의 부정적 관념을 깨고, 동림당의 붕당으로서의 정당성을 주장하였다. 그의 붕당설은 군자의 붕당만이 아니라 소인의 붕당도 긍정했다는 점에서 송 구양수의 붕당설을 넘어서는 것으로 평가되고, 이는 당시 동림을 붕당으로 몰아 탄압하는 상황에서 붕당의 합리적 해석을 통하여 좀더 적극적으로 대응하려는 노력의 결과였다.

어쨌든 천계 6년(1626) 고반룡을 비롯한 이른바 동림당의 여섯 군자가 엄당에게 제거되었지만, 그들과 같은 사회경제적 기반을 가졌던 독서인층에서 문학적 결사운동이 일어났다. 그 가운데서도 복고를 표방하여 복사를 창립한 張溥 등은 동림의 정치노선을 이어받았다. 동림의 지도자 가운데 한 사람인 周順昌이 체포될 때 일어난 開讀의 변은 소주의 시민들이 일으킨 항의시위로서 생원층이 이를 지도하였으며, 사태가 수습되었을 때 책임을 지고 처형당한 5人의 묘비명을 장부가 편찬했다는 사실도 동림과 복사의 관계를 말해주는 좋은 예라 할 것이다.

소동림이라 일컬어지는 복사의 구성원은 동림당처럼 대신급을 포함한 현직관료나 퇴직관료가 아니라, 하층 신사와 생원층이 주를 이루었기 때문에 대중운동을 펴나가기에는 유리하였다. 社의 문학활동에 운집하는 군중은 때로 수천을 헤아렸으며, 그 조직을 이용하여 지방과 중앙의 정치에도 상당한 영향력을 행사하였다. 숭정 11년 위충현당인이던 阮大鍼을 배척하기 위한 이른바 南都防亂揭사건은 그 대표적인 예로 이 운동의 서명에는 동림당의 지도자 고헌성·황존소·위대중의 자손들을 필두로 하여 복사의 관계자 140명이 가담하고 있다. 이 밖에도 署蘇州府事 周之虁의 악정을 규탄하였던 운동이나 숭정 14년 周延儒를 재입각시켜 정치개혁을 시도하면서도 장부가 앞장서 동림당과 제휴하는 등의 일을 주도하였다.

동림·복사운동은 南明정권에서나 청조치하에서도 계속되었다. 특히 청조치하에서 결사운동은 반청적 성격을 띠지 않을 수 없었다. 복사의 동인들은 서원이나 社의 부속 書坊을 집합장소로 하거나 저작활동을 통하여 정치비평을 하였는데, 이러한 비판은 자연히 반관적 반체제적 경향을 띠게 마련이었다. 그 결과 社의 조직이 청조치하에서는 온전하게 존속할 수가 없었기 때문에 기존의 조직이 반청운동의 기반을 제공해 주는 정도였다.

어쨌든 이같이 해체된 상태에서나마 옛 社盟의 동인들이 하는 반청운동에 대하여 청조는 철저한 금압조치를 강구하지 않을 수 없었다. 순치제의 친정 이후 시행했던 서원의 창설이나 집회결사의 금지, 그리고 언론 및 출판의 억제 등 일련의 조치가 바로 그것이다. 뿐만 아니라 과거에서 부정한 행위를 하였다는 이유로 科場案을 일으키든가, 강남 선진지대의 紳衿의 抗糧이나 虧空 등을 구실로 奏銷案을 일으켜 신사계층에 흐르고 있던 반청적 기풍을 없애려 하였다.

순치조를 지나 강희·옹정조에 이르면서 청조의 중국지배가 뿌리를 내리며 취했던 신사세력에 대한 청조의 강경탄압책과 온건회유책은, 이제까지 반청 성향을 지녔던 문사의 동인들에게 제3의 방향을 찾도록 하였다. 황종희의 《明夷待訪錄》이 그 대표적인 경우이다. 여기서 그는 명조의 군권전제지배체제를 강력히 비판하고, 학교를 통해 신사의 공론이 중앙정치에 강력히 반영되는 分權共治的 정치방식이 우수하다고 주장하였다.

황종희와 더불어 명말·청초의 3대 사상가로 일컬어지는 고염무·왕부지 등의 학문연구방법도 당시의 그러한 상황에서 나타난 것이다. 원리적인 이념을 경서에서 구하고 구체적인 방법을 사서에서 구하되 많은 사료와 면밀한 고증학적 연구방법으로 객관적 진실을 밝힌다는 것이다.

동림·복사운동은 여기 새로운 시대를 지향하려는 명말의 3遺老, 특히 황종희의 《명이대방록》에서 그 궁극적 결정을 볼 수 있다.

(《明末·淸初社會의 照明》(한울아카데미, 1990)

제 2 장
16~17세기 중국의 講學運動과 師友論
- 陽明의 〈拔本塞源論〉에서 《明夷待訪錄》의 學校論까지 -

1. 머리말

16~17세기는 明王朝의 正德(1506~1521), 嘉靖(1521~1566)에서부터 淸의 康熙(1662~1722) 중엽에 해당하는 시기로서 여러 방면에 걸쳐 변화가 있었던 것으로 알려지고 있다. 그 변화는 대체로 다음과 같이 정리해 볼 수 있다.

첫째로 정치상의 변화를 들 수 있다. 알려진 바와 같이 정덕제의 방만한 생활과 환관 劉瑾의 난정 등으로 정치기강이 매우 해이해졌으며, 가정연간에 들어와서는 "門戶가 점차 열리는"[1] 현상이 나타나 만력 이후의 당쟁으로 발전하게 되고, 이어 明·淸 교체라는 큰 정치변동을 겪게 되었다.

둘째로는 사회경제상의 변화를 들 수 있다. 16~17세기 이후, 은 경제의 발달과 里甲制의 해체로 사회변화가 활발하게 이루어졌으며, 佃戶의 抗租가 빈발하고 抗糧運動도 뒤이었다.[2] 농업을 本, 상업을 末業으로 하던 중 농억상의 전통이 서서히 무너지고, 農을 버리고 商賈에 종사하는 사람들

---

1) 《明史》 卷 215, 〈王治列傳〉.
2) 朴元熇, 〈明末·淸初의 민중반란〉(吳金成 등, 《明末·淸初社會의 照明》, 한울, 1990), pp.85~86 ; 田中正俊, 〈民變·抗租奴變〉[《世界の歷史》 11(ゆらぐ中華帝國), 東京, 筑摩書房, 1961], pp.70~80.

이 눈에 띄게 늘어나는 추세를 보였다.[3]

셋째로는 학술 사상계의 변화이다. 종래 주자학을 體制敎學으로 숭상하던 사대부사회의 일각에서 宋代 陸象山의 心學을 이어받아 새로운 변화를 꾀하는 기풍이 생겨났다. 陳白沙의 심학적 경향과 그에 이은 양명학이 그러한 사조에 따라 일어났으며, 그것은 이후 학술 사상계에 많은 영향을 끼쳤다. 이러한 각 방면의 변화는 별개의 현상으로 나타나지만, 실은 16~17세기 중국의 역사조건과 상호 관련을 가지면서 진행되었다.

필자는 이 시기 역사를 이해하기 위한 하나의 방법으로, 사대부의 정치의식이나 윤리사상이 당시의 사회변화와 서로 연관성을 갖고 전개되는 양상을 적절히 보여준다고 믿어지는 士人들 서로의 동지의식 내지 오류에서의 붕우관의 중시와 그 차이에 관하여 주목하게 되었다. 당시 지식인, 사대부 사이에는 자아의식, 아니면 계층의 공통적 이해관계에서 동류의식이 폭넓게 존재하였으며,[4] 이러한 배경 아래에서 붕우와 師友에 관한 논의들이 집중적으로 보이고 있다. 예컨대 양명의 〈拔本塞源論〉을 위시한 중요한 여러 논설에 보이는 동지의식, 그 제자인 泰州派의 개창자 王心齋의 이른바 淮南格物說과 이에 기초한 帝王師論, 그리고 역시 태주파 계통에 속하는 何心隱과 李卓吾의 師友論 등이 그것이다. 이와 관련하여 양명학의 발전이 講學의 성행과 궤를 같이하였다는 사실을 고려해야 한다.

알려지다시피 강학 또는 會講은 동지적 결합으로 이루어지는 것인 만큼, 명대의 가장 대표적 강학처인 東林書院의 동지적 결합 내지 그 붕우론도 흥미를 끈다. 그리고 17세기를 산 黃宗義는 동림파의 후예로서, 그의 정치개혁서 《명이대방록》은 동림의 정치사상을 집대성하였다고 평가되고 있고, 특히 學敎講學에서는 황제가 제자열에 서야 한다는 특이한 사우론

---

3) 陳學文, 〈明代中葉民情風尙習俗及一些社會意識的變化〉(《山根幸夫敎授退休紀念 明代史論叢》下卷, 東京, 汲古書院, 1990), pp.1210~1213 ; 余英時 著, 鄭仁在 譯, 《中國近世宗敎倫理와 商人精神》(大韓敎科書朱式會社, 1993)의 허편, 〈중국상인의 정신〉 부분 참조.

4) 吳金成, 《中國近世社會經濟史硏究 — 明代紳士層의 형성과 社會經濟的 역할》(一潮閣, 1986), pp.65~79.

을 펴고 있다.

지금까지 이 방면에 관한 연구는 상당한 양에 이르는데, 이들은 대개 당시 사대부사회의 뚜렷한 특징을 보여주고 있었던 강학이나 사우론에 대해서도 일정한 관심을 가지고 논급하고 있다.[5] 그러나 그것은 단편적인 것일 뿐, 이에 관한 종합적이고 체계적인 연구는 거의 없는 형편이다.

이 글은 제목에서 보여주고 있듯이 양명에서부터 양명학 좌파와 동림파를 거쳐,《명이대방록》의 학교론에 이르기까지의 사우론의 내용과 성격을 중심으로 살피려 한 것이다. 이러한 고찰을 통하여 오랜 유교적 전통이 있는 군신·부자 위주의 종속적 오륜관이 이 시기에 이르러 횡적 수평적 붕우론의 중요성을 강조하게 된 과정도 살펴볼 것이다. 이러한 작업이 16~17세기 중국의 시대적 특징을 이해하는 데도 도움이 되었으면 한다.

2. 陽明의 강학운동과 호걸동지의식

王陽明(1472~1528)이 明 왕조의 體制教學이던 주자학의 성리학에 반기를 들고 양명학의 기초가 되는 心卽理說을 확립하게 되는 출발점은 '龍場의 頓悟'에 있었다. 정덕 3년(1508), 37세 되던 해에 양명은 환관 劉瑾을 탄핵하다 貴州 龍場驛丞으로 좌천되어 각고의 노력 끝에 "성인의 도는 내 본

---

5) 이 글에 도움을 준 논문으로는 吳相勳,〈李卓吾의 交友觀과 生死觀〉(《全海宗博士華甲紀念史學論叢》, 一潮閣, 1979);權五重,〈東林派의 形成에 대한 一考察〉(같은 책);申龍澈,〈李卓吾의 歷史人物비평 — 明代 史評에서 한 공헌〉(《高柄翊先生回甲紀念史學論叢·歷史와 人間의 對應》, 한울, 1984) 등 국내 논문을 비롯하여, 중국 嵇文甫,〈17世紀中國思想史槪論〉;〈左派王學〉(《嵇文甫文集》上, 河南人民出版社, 1985);侯外盧,《中國思想史》4卷 下冊(北京人民出版社, 1960), 第20章 王陽明的唯心主義思想, 第25章 東林黨爭的歷史意識及其社會思想;島田虔次,〈中國近世主觀唯心論 — 萬物一體の仁の思想〉(《東方學報》 28, 京都大學校人文科學研究所, 京都, 1968);小野和子,〈東林派とその政治思想〉(같은 책);森紀子,〈何心隱論 — 名教逸脫の構圖〉(《史林》 60-5, 京都, 1977). 그리고 De Bary(ed.), *Self and Society in Ming Thought* (Colombia univ. press, 1970) 所收의 "De Bary : Individualism and Humanitarianism in late Ming Tought"를 비롯한 몇 편의 논문을 들 수 있다.

성에 自足하다. 이전에 이를 事物에서 구한 것은 잘못이다"고 大悟한 것이
그것이다.[6] 그 다음해에 知行合一說이 나왔으며, 그의 필생의 학설인 致良
知說은 그로부터 10여 년 뒤인, 그가 50세 되던 해에 제창했다.[7]

일반적으로 명대 학술의 하나의 특정으로 강학활동을 들고 있고, 양명
학의 경우 그 서원강학의 특징을 말하면 당연히 용장시절의 강학부터 언
급해야 할 것이다.[8] 그가 어려운 환경에서 처음으로 龍岡書院을 세우고 諸
生을 모아 가르칠 때, 그들이 서로 경계하여 지킬 4개조의 敎示를 주었는
데, 그 내용은 立志·勸學·改過·責善으로서[9] 여기에는 교사 중심의 강의가
아니라 서로가 경계하고 가르친다는 儒家 본래의 교학방법인 敎學相長의
뜻이 담겨져 있다. 특히 책선이 붕우의 도이며, 과실을 바로잡아 주는 이
가 스승이 된다는 점을 강조하면서 "대체로 말하면 교학상장이니, 諸生의
책선은 마땅히 자신부터 시작해야 될 것"[10]이라고 끝맺고 있다. 말하자면
교육은 학생들이 서로 토론과 실천을 통하여 자각해 가는 과정임을 가르
친 것이니, 종래의 주입식 교육과는 그 방법을 달리하고 있는 것이다.

알려지다시피 명대의 학교제도는 태조가 군주권의 강화를 위한 정책 방
향의 일환으로 취한 것이어서 관료양성을 목적으로 하는 과거제도와 짝을
이루며 운영되었다. 따라서 전제군주제의 이론적 기초가 되는 주자학을
체제교학으로 받아들여 학교 교육의 내용으로 함으로써 조그마한 이의도
용납하지 않았으며, 영락제는《五經大全》,《四書大全》,《性理大全》을 편
찬하여 학교의 교과서로 사용하게 하는 등 학문과 사상에 대한 통제를 엄
격히 하였다.[11] 師道도 이러한 관점에서 강조하였다. 태조는 "치국의 要는

---

6)《陽明全書》(臺灣, 中華書局印) 卷 32,〈年譜〉.
7)《陽明學便覽》(陽明學大系) 12卷(東京:明德出版社, 1974), 中國編 참조.
8) 陽明의 年譜에 따르면 그가 34세 되던 해, 다시 말해 弘治 18年(武宗 즉위년)에
   이미 모여드는 제자와 함께 강학에 열심이었다 하며, 특히 담약수와 함께 강학하
   는 등 사대부사회에 오래도록 황폐화한 '師友의 道'를 일깨웠다 한다.(《陽明全
   書》卷 32)
9)《陽明全書》卷 26,〈敎示〉條,〈立志·勸學·改過·責善〉.
10)《陽明全書》卷 26,〈責善〉.
11) 多賀秋五郎,〈王陽明と明代の敎育制度〉[《陽明學入門》卷 1(陽明學大系)(東京, 明

敎化가 먼저이며, 교화의 道는 학교가 근본"이라 하여 학교의 중요성을 강조하면서, "師道가 서지 않으면 교화가 이루어지지 않는다"[12]고 하여 전국에 府·州·縣學을 세우고 學官도 신중을 기하였다.

그러나 이러한 교과서 중심의 학교교육은 학관의 연구의욕을 떨어뜨리고, 학생도 과거준비에만 몰두하게 함으로써 학문과 사상의 발전에는 도움이 되지 못하였다. 더구나 시대의 하향과 더불어 국가권력이 약화되면서, 학교에 대한 통제력도 점차 느슨해져 학생의 출석률이 낮아지고, 學官의 자질 또한 눈에 띄게 낮아졌다. 성화연간에 이미 "천하의 교관은 모두 歲貢出身으로 언행과 문장이 남의 사범이 되지 못하는" 형편이 되었거나[13] "日暮途窮하여 자기 앞가림도 못할" 자들이 학교 교육을 담당할 정도였다 한다.[14] 양명학이 성행하던 가정연간에는 "남북의 國學이 텅 빌" 만큼 허술하였다 하며,[15] 명말에 이르면 수험을 포기하고 자신들에게 주어진 특권만을 향유한 학생들이 늘어나 그 폐해가 컸다는 顧炎武의 지적은 잘 알려져 사실이다.[16] 어쨌든 양명은 사대부가문 출신으로서 그러한 학교교육을 거치지 않고 과거에 합격했으니, 이러한 배경은 그의 사상 형성에 상당한 영향을 주었을 것이다.[17]

정덕 5년, 劉瑾이 처형된 뒤, 양명은 盧陵知縣을 시작으로 여러 관직을 거치며, 당시 江西地方에 자주 일어나던 민란을 진압하느라 바쁜 가운데서도 書院講學에 힘을 쏟았다. 그러나 그의 본격적인 강학활동은 역시 정덕 말년을 전후하여 치양지설을 제기한 이후의 일이었다. 가정 원년(1522), 그의 나이 53세에 稽山書院에 主講으로 초빙되어 강학할 때, 300명 이상의 청중이 몰려들어 많은 사람들이 문인 되기를 원하였으며, 이후 사방에서 모여드는 청강생들을 수용하기가 어려울 정도였다고 전해지고 있으니,[18]

德出版社, 1971)], pp.227~230.

12) 《明太祖實錄》, 洪武 2年 冬10月 辛巳條.

13) 《明史》, 〈志〉 45, 〈選擧〉.

14) 査繼佐, 《罪惟錄》 卷 26, 〈學校志〉 總論.

15) 多賀秋五郎, 앞의 글, p.231.

16) 《顧亭林文集》 卷 1. 〈生員論〉 上.

17) 多賀秋五郎, 앞의 글, p.231.

당시 그의 강학활동이 얼마나 활발했는지를 짐작할 수 있다. 그는 서원의
설립목적이 학교교육이 미치지 못하는 바를 보충하기 위해서라며,

> 무릇 三代의 學은 인륜을 밝히는 데 있다. 오늘날의 學宮도 堂名을 明倫이
> 라고 하니 그 학교를 세우는 목적이 진실로 삼대의 뜻임이 분명하다. 그러나
> 과거의 業이 성하면서부터 士는 모두 記誦과 詞章에 몰두함으로써 功利가 그
> 心을 喪惑하게 되었다. 이에 스승의 가르침과 제자의 배움에 드디어 명륜의
> 뜻을 알지 못하게 되었다.[19]

고 하여, 인륜을 밝히는 일에 관심을 두지 않고 있는 당시의 학교교육의
실태를 전통 유가적 입장에서 비판하고 있다.

양명은 자신이 서원강학에 적극적이었으며, 그 문인들 또한 이에 적극
호응하여 서원을 세웠다가 스승의 사후에는 祠堂에 모시는 등 정덕·가정
연간에 서원은 융성기를 맞이하였다. 그러나 서원강학이 양명학에 그쳤던
것은 아니다. 일찍이 양명과 함께 강학한 湛若水(1466~1560)도 가는 곳마
다 서원을 세우고, 그의 스승 陳白沙(1428~1500)의 사당을 모셨다.[20] 이와
같이 양명과 약수가 그 제자와 함께 서원의 건립과 사당을 세우는 데 열심
이었으며, 그 때문에 파벌을 조성한다는 평도 들었지만,[21] 그것이 기초가
되어 명대의 서원강학이 융성기를 맞이하였다. 여기서 유의할 점은 그들
이 心學者라는 사실이다. 황종희도 "명대의 문장과 事功은 전대에 미치지
못하지만, 단지 理學만큼은 전대가 미치지 못하니 牛毛나 菌絲도 辨晳치
않음이 없었다"[22]고 하여 같은 理學이라도 명대의 학술이 宋代의 그것과
다른 특징이 있다고 지적하고 있다. 그는 또한 당시의 학문이 같지 않은
경향에 대하여 "不同함이 곧 강학하는 까닭이니, 같다면 왜 강학하겠는

18) 《陽明全書》卷 34, 年譜 3.
19) 《陽明全書》卷 7, 〈萬松書院記〉.
20) 盛郎西, 《中國書院制度》(上海中華書局, 1934), pp.80~81 ; 多賀秋五郎, 《陽明學
    入門》卷 1(陽明學大系)(東京, 明德出版社, 1971), pp.247~249.
21) 《明世宗實錄》卷 199, 嘉靖 16年 4月 壬申條 ;《鮚埼亭集》卷 28, 〈陸桴亭先生〉傳.
22) 《明儒學案》凡例.

가?"라고 한 呂涇野의 말을 인용하여, 師友가 모여 함께 '理'의 소재를 강론하는 것이 명대 학문연구의 방법이라 말하고 있다.[23] 양명은 여러 벗이 서로 모여 강학하는 것을 혼인에 비유하여, 자신은 媒酌者에 해당한다고 말하고 있는데,[24] 이는 "師友의 道가 오래 황폐하여 모두 기이함을 좇고 이름내기를 좋아하는" 당시 사대부사회의 폐풍을 강학을 통하여 바로잡고자 했던[25] 노력 가운데 하나였다.

어쨌든 명대의 학술, 특히 양명의 良知學의 강학은 서원을 중심으로 했지만, 경우에 따라서는 때와 장소를 가리지 않고 동지들 사이에 자유롭게 토론하도록 함으로써 이른바 강학의 시대를 이루게 되었다. 양명이 수제자 王畿와 錢德洪과 더불어 天泉橋에서 행한 無善無惡說에 대한 강론은 四句教言으로 세상에 널리 알려져 있거니와, 이러한 유의 강학은 南宋 이래 사대부사회에서 유행하기 시작한 서원강학[26]과는 또 다른 것이었다. 이러한 강학의 형태는 元代를 거쳐 명대 전반기에 이르기까지 사상성이 부족한 주자학 일변도의 학문적 분위기에서 벗어나려는, 이른바 명대의 학술 내지 양명학적 강학방식이라 부를 수 있는 것[27]으로, 이는 일찍이 양명이 貴州 龍場의 諸生에게 준 4개조의 教示에서 이미 예시했다.

양명이 지적했듯 강학의 가장 중요한 존재이유가 인륜을 밝히는 데 있었다면 인륜에 대한 주자학과 양명학의 관점을 비교해 볼 필요가 있다. 알려졌듯 宋明 理學에서는 우주만물은 각기 그 근거인 理를 갖추고 있으며, 이 점은 인간도 마찬가지라 주장한다. 주자는,

---

23) 《明儒學案》 卷 8, 〈河東學案〉 2, 〈呂涇野先生語錄〉. 그런데 呂는 심학자라기보다는 朱子學을 尊信하는 薛瑄의 제자이지만 담약수나 양명학자인 鄭守益과 함께 '共主講席'하였다.(《明史》 卷 281, 〈儒林〉 1, 呂柟傳) 心學者 王과 湛의 講學風이 오히려 당시의 주자학에 영향을 준 것으로 보인다.

24) 《陽明全書》 卷 4, 〈寄希顏〉 3.

25) 《陽明全書》 卷 34, 弘治 18年 乙丑條.

26) 盛郎西는 "北宋의 諸儒는 대부분 私家에서 강학하였으며, 南宋의 諸儒는 대부분 書院에서 강학하였기 때문에 남송 때에 서원이 가장 성행하였다"고 한다. (《中國書院制度》, 上海中華書局, 1934, p.27)

27) 尹南漢, 《朝鮮時代의 陽明學研究》(1982), p.56.

우주에는 一理만이 있다. 하늘이 理를 얻어 하늘이 되고, 땅이 理를 얻어 땅이 되며, 모든 天地間에 생존하는 것은 理를 얻어 性이 된다. 이를 張하면 三綱이 되고, 紀하면 五常이 된다. 생각하건대 이 理가 이르는 곳, 유행하지 않는 곳이 없다.[28]

하늘이 民을 낳음에 언제나 仁義禮智의 性을 주고, 군신·부자·형제·부부·붕우의 倫을 序해 왔으니 천하의 理는 먼저 一人의 몸에 갖추어져 있다.[29]

고 하여 三綱과 五常 내지 오륜은 천지에 貫流하는 理(천리)가 인간에 나타난 현상에 불과하므로, 君과 臣, 父와 子, 兄과 弟, 夫와 婦, 붕우 사이에는 分(區分)과 序(倫序)가 분명하여 禮로 이를 지켜야 한다고 하였다. 이것이 예교사상이요 명분론이다. 그런데 理는 形而上의 원리로서, 그 현상화를 위해서는 氣의 작용이 따라야 한다. 이에 대해 주자는 다시,

사람은 理와 氣가 합하여 생기는 것이다. …… 무릇 사람의 언어와 동작, 사려와 營爲는 모두 氣다. 그런데 거기에 理가 있다. 때문에 發하여 孝弟忠言, 仁義禮智가 되니 모두 理다. 그런데 理氣 五行이 交感 萬變해서 인물이 태어날 때는 精粗의 不同함이 있는 것이다.[30]

하였다. 사람을 포함한 삼라만상은 理氣의 합작으로 생겨나며, 특히 인물은 氣(氣質)의 淸濁에 따라 聖愚·상하·존비의 구별이 있게 된다는 것이다.[31] 따라서 현상적으로 존재하는 사회 계층질서의 하층에 속하는 愚者나 下位子도 居敬 窮理의 도덕적 수양으로 신분을 극복할 수 있는 것이다. "배워서 이를 수 있다"는 말이 바로 그것이다.[32] 어쨌든 이렇게 성립되는 인간사에서, 그 인간 상호관계를 유교에서는 삼강오륜으로 규정하고, 오륜에서 붕우관계를 제외한 나머지 四倫은 모두 주종관계로 설명하고 있다.

28) 《朱子文集》 卷 70, 〈讀大紀〉.
29) 《朱子文集》 卷 15, 〈經筵講義〉.
30) 《朱子語類》 卷 78.
31) 《朱子文集》 卷 74, 〈玉山講義〉.
32) 島田虔次, 《朱子學と陽明學》(東京, 1967), pp.33~35.

특히 주자학에서는 군신·부자관계를 더욱 강조하여 "三綱의 要나, 五常의 本은 인륜과 천리의 지극함이니 천지간에 도망갈 곳이 없다"[33]거나, 또는 "군신·부자의 位는 고정되어 바꿀 수 없으니 事의 常이며, 君이 명령하고 臣이 행하는 것은 道의 經이다"[34]고 하여 군신·부자윤리의 당위성 내지는 합리성을 들어 사·농·공·상의 계층질서나 심지어는 지주·전호의 지배·피지배 관계를 정당화 합리화하려 하고 있다.[35]

위에서 다룬 것처럼 明 태조와 영락제가 體制敎學으로 받아들인 주자학의 명교사상은 明 중기 이래의 생산력 발전과 화폐경제의 전개라는, 변화하는 사회현실에 능동적으로 대처하기에는 기능에 한계가 있었다.

다시 말하면 사회경제적 변화로 말미암아 사회의 내부 모순이 드러남으로써 종래의 명교질서는 유지될 수 없었다.[36] 양명의 '용장의 돈오'와 이를 기초로 하여 성립한 치양지설은 이러한 사회변화에 대응할 필요에서 제창되었다고 할 수 있다. 새로운 天理를 창조하는 양명학(心卽理)의 良知는 주자학(性卽理)에서처럼 천리가 定理的인 것이 아니다. 이는 어디까지나 인간에 내면화하여 주자학의 외면적 권위에 도전한 것일 뿐, 인간사회의 오륜적 倫序를 거부한 것은 결코 아니다.[37] 예컨대 그는 부자·군신·붕우관계에 대하여,

> 心卽理다. 이 마음에 사욕의 가림이 없으면 곧 천리이니, 외부로부터 조금이라도 첨가됨이 있어서는 안 된다. 이 천리에 따르는 마음으로써 아버지 섬기는 일에 發하면 곧 효가 되고, 임금 섬기는 일에 發하면 곧 충이 되며, 교우와 치민에 발하면 곧 信과 仁이 된다. 단지 이 마음의 去人欲 存天理하는 공부에 있을 뿐이다.[38]

---

33) 《朱子文集》 卷 13, 〈癸未垂拱奏箚〉 2.

34) 《朱子文集》 卷 14, 〈甲寅行宮便殿奏箚〉 1.

35) 守本順一郎, 《東洋政治思想史硏究》(東京, 1967), pp.125~128 ; 졸고, 〈陽明思想에서의 '分'의 문제―社會思想으로서의 性格〉(《東洋史學硏究》 6, 1973), pp.74~79.

36) 溝口雄三, 〈明末を生きた李卓吾〉(《東洋文化硏究所紀要》 55, 東京, 1971), pp.50~54.

37) 島田虔次, 앞의 글, pp.126~128 ; 小野和子, 〈儒敎イデオロギ－における正統と異端〉(《岩波講座·世界歷史》 12, 1978), pp.389~910.

하여, 명교적 윤리관에 조금도 이의를 달지 않았다. 이처럼 양명은 주관적 良知를 사물에 실현시키면 된다는 主觀唯心論의 입장에서, 주자학적 천리에 거역할 가능성을 논리적으로 준비하고는 있었다 하더라도, 현실적으로 존재하는 주자학적 명분질서의 모순을 의식했던 것은 아니다. 오히려 주자학적 천리나 명교질서를 이론적으로 보강할 뿐 아니라, 전통적 윤리도덕론인 오륜이나 사회의 계층질서에 대해서는 더욱 적극적으로 유지 옹호하는 입장이었다.[39]

이러한 명교적 입장을 지키기 위하여 그는 한편으로는 강학하면서, 다른 한편으로는 이른바 事功에 열심이었다. 그 하나로 먼저 군사적 업적을 들 수 있다. 그는 정덕 11년 당시의 병부상서 王瓊의 천거로 南贛巡撫가 되어 江西·福建지역의 匪賊討伐에 나서 크고 작은 민란을 진압한 것을 비롯하여, 정덕 14년에는 유명한 南昌의 寧王 朱宸濠의 반란, 그리고 가정 6년에 일어난 思恩 田州지방 土酋의 난을 평정한 것 등이 유명하다.[40] 또한 里甲制와 里老人制의 붕괴로 말미암아 향촌사회가 흔들리자, 그 질서를 유지하기 위하여 十家牌法을 시행했고, 민병조직으로 總小甲制를 편성했으며, 南贛鄕約을 실시하여 향촌의 교화를 꾀했다.[41] 이 밖에 그가 고위관직을 역임하면서 정치·사회·경제방면에 걸쳐 이룩한 '事功'은 모두 명교질서의 유지와 옹호를 위한 그의 노력이었다.

양명은 그러나 '산중의 적'보다는 '심중의 적'을 물리치는 일을 더욱 중시하였다.[42] 그는 심중의 적은 '人欲'이며, 이 인욕은 致良知, 다시 말해 人心의 良知를 실현시킴으로써 물리칠 수 있다고 주장한다. 그는 자기를 포함한 천하인이 모두 良知를 이루어야 하며, 천하 사람들이 良知를 이룬 상태가 다름 아닌 大同世界라고 인식하였다. 그의 만년의 중요한 논설은 예

---

38) 《傳習錄》 上, 3.

39) 小野和子, 앞의 글, pp.390~392.

40) 中山八郎, 〈王陽明と明代の政治軍事〉(《陽明學入門》(陽明學大系) 1 卷, pp.168~197.

41) 宋正洙, 〈明末·淸初 鄕約·保甲制의 形成과 그 展開〉(《明淸史硏究會會報》 1, 1992), pp.14~19.

42) 《陽明全書》 卷 4, 〈與楊士德薛尙謙書〉.

외 없이 良知的 大同의 이상을 간절하게 외치고 있는데, 제자 섭문울과 학문을 논하면서,

　　이제 진실로 호걸동지의 士를 얻어 서로 돕고 보충하여 함께 良知의 學을 천하에 밝혀 천하 사람으로 하여금 모두 良知를 이루게 하여, 相安 相養하며, 自私·自利의 폐단을 버리고 시기 질투하는 습성을 모두 없애 마침내 大同을 실현하게 되면, 나의 狂病과 喪心이 씻은 듯 완치될 것이니 어찌 快하지 않겠는가?[43]

라고 하여 뜻을 같이 하는 호방한 사대부들을 모아 천하의 사람들로 하여금 良知를 이루게 하여, 私利를 좇고 남을 시기하는 폐단을 버리게 하여 大同社會를 실현하는 일이 지상의 과제임을 천명하고 있다. 그의 이러한 이상은 良知的 만물일체사상에 뿌리를 둔 것이지만,[44] 특히 불평등한 인간사회에 대한 사대부로서의 강렬한 책임의식의 표현이었다.[45]

　양명의 良知學에서는 四民이 평등하며 聖과 愚의 차별도 무시한다. 經典은 마음의 각주에 불과하며, 상하의 구별이나 내외 간격이 본질적으로 존재하지 않는 만물일체의 대동적 이상을 기대한다.[46] 사농공상의 구별 없이 良知를 본원적으로 타고났으면서도 이를 깨닫지 못한 상태에서 이를 먼저 깨닫고, 천하 사람을 깨쳐서 대동을 실현케 할 자는 역시 사대부라는 것이다. 따라서 양명이 생각할 때, 사대부와 백성의 관계는 가족관계와 마찬가지이며, 그 자신이 도탄에 빠진 백성을 보고 아픔을 참지 못하여 "狂病과 喪心"의 고통을 호소한다. "나는 이제야말로 狂者的 氣槪가 되어 천

---

43) 《傳習錄》中, 〈答聶文蔚〉.

44) 島田虔次, 〈中國近世の主觀唯心論について ― 萬物一體の仁の思想〉(《東方學報》28冊, 京都, 1958年 3月), pp.29~55.

45) 山下龍二에 따르면 陽明의 一體說에는 두 가지 측면이 있다. 天地萬物이 一體임을 直覺하는 일종의 哲學的 일체론과 인간세계의 政治的 社會的 일체론이 그것이다.[《陽明學の硏究》展開篇(東京, 1971), p.138]

46) 졸고, 〈陽明學에서의 '分'의 문제 ― 社會思想으로서의 性格〉, 《東洋史學硏究》6, 1973, pp.66~74 ; 〈陽明學의 成立과 展開〉(《講座中國史 Ⅳ ― 帝國秩序의 完成》, 1989), pp.57~62.

하 사람들에게 나는 言과 行을 가리지 않는다고 말하게 되었다"⁴⁷⁾고 하여
스스로 '狂者'의 氣槪로 지행합일의 실천, 다시 말해 良知的 대동사회의 구
현에 앞장서게 되었다고 술회하고 있다.

이처럼 그가 인간의 본질적 평등을 강조하면서 대동적 이상사회의 실현
을 바라면 바랄수록, 현실적으로 존재하는 불평등사회의 모순을 더욱 심
각하게 생각할 수밖에 없었다. 당시 사회는 화폐경제의 발달로 사회계층
의 분화가 심해졌으며, 이에 따른 사회적 모순은 양명을 상심시키고 미치
게 만들었다. 宋·元代의 지주와 전호관계는 '主僕의 分'이 엄존하여 程朱
學의 定理的 名分論이 그 존비·상하의 명분질서를 유지 존속하는 이념적
기초를 이루었으나, 明·淸代의 상황은 이와 달랐다.

전호의 신분이 올라감에 따라 양자의 관계는 상하 존비의 종적 질서보
다는 '長幼의 分' 다시 말해 선배·후배라고 하는 횡적 질서가 존중되는 사
회로 바뀌었다.⁴⁸⁾ 양명에게 孝弟에 관한 설명이 잦은 것도, 당시의 향촌질
서가 이전까지의 주종의 종속관계에서 장유의 횡적 관계로 이행되어 가는
현실사회의 변화를 반영하는 것이었다.⁴⁹⁾ 그가 '狂者'의 기개로 일체적 대
동사회를 실현하고자 한 동지의식도 결국 그러한 현실적 사회의식의 진보
적 표현이었다 할 것이다.

---

47)《傳習錄》下, 112.

48) 仁井田陞은 일찍이 宋代의 '主僕의 分'에서 明末 이래 '長幼의 序'로 변화하여 갔
다고 하여, 佃戶를 農奴에 비정하여 明末淸初에 전호의 法的 地位가 상승해 갔다고
하였다.(〈中國の農奴·雇傭人の法的身分の形成と變質 ─ 主僕分について〉,《中國
法制史硏究·奴隷農奴法》, 東京大學出版會, 1973) 그 뒤 相田洋, 重田德, 高橋芳郎
등도 이 문제에 관하여 논의를 계속하였는데, 최근 濱島敦俊은 이런 여러 논의를
검토하면서, 佃戶의 신분상승과 함께 地主가 城居 不在化되어 가면서 전호에 대한
諸般 規制가 약화되었다고 하였다. 그리하여 抗租·缺租에 대해서도 근거할 律例가
빠져 있어 明末淸初에는 官憲의 대책이 어려웠으므로 雍正 5년 缺租禁止 및 裁制
의 立法이 마련되었다는 논지로 '主佃之分'에 관해 법률적 측면에서 살피고 있다.
(《明代江南農村社會の硏究》, 東京大學出版會, 1982, pp.30~31 ;〈主佃之分〉小
考〉,《中村治兵衛先生古稀紀念東洋史論叢》, 1986)

49) 졸고, 〈陽明學에서의 '分'의 문제〉, pp.47~49.

3. 王心齊의 帝王師論 시비

왕양명 자신은 致良知說을 발명하여 미친 듯한 정열로서 호걸동지를 규
합하여, 당시 학술사상계의 무기력한 성리학적 풍토를 바꾸고자 필생의
정열을 쏟았다. 따라서 치양지설을 발명하고 내놓는 데 급급해서, 이를 깊
이 있게 연구하고 선전하는 일은 후학에게 기대할 수밖에 없었다.

良知學을 전파하는 데 공이 큰 여러 제자들 가운데 泰州派를 개창한 王
心齊(名은 艮, 1483~1540)는 이른바 양명의 으뜸가는 '호걸동지'이다. 특
히 그는 스승의 양지학을 이어받아 전파하면서, 사대부가 걷고 실천하여
야 할 師道를 특히 중요시하고, 이를 뚜렷한 논지를 가지고 자세히 설명하
고 있다.

일반적으로 心齊를 논할 때 자주 인용되는 다음의 大丈夫論은 송대 이
래 높아진 사대부의식의 적극적 표현이며, 양명학의 호걸동지의식을 특징
적으로 나타내고 있다는 점에서 주목받아 왔다.

> 대장부는 不忍之心으로 천지만물로 하여금 자기에 의존하게 한다. 때문에
> 나아가면 반드시 帝王의 스승이 되고, 野에 있을 때는 반드시 天下萬世의 스
> 승이 된다. 나아가서 제왕의 스승이 되지 못하면, 그 本을 잃는 것이며, 野에
> 있으면서 천하만세의 스승이 되지 못하면 그 末을 잃는 것이다.[50]

라고 한 것이 그것이다. 사대부(대장부)가 제왕의 스승이요, 천하만세의
스승이어야 한다는 이러한 帝王師說은 심제가 제자를 상대로 양지학을 강
론하는 과정에서 자주, 그리고 확신을 갖고 말한 교설이었다.

이는 《論語》 이래의 師說에서 보는 바와 같이, 道에 대한 가르침이 반
드시 일정한 스승으로부터 나오는 것이 아니라는 전통적 견해[51]를, 한편으
로는 이어받으면서도 다른 한편으로는 이를 뒤집어 士大夫라면 누구나 스

---

50) 《王心齊全集》 卷 2, 〈語錄〉.
51) 《論語》, 〈述而〉篇의 三人行說을 들 수 있으며, 韓愈의 〈師說〉도 이를 祖述한 것이다.

승이 되어 道를 敎說해야 한다는 당위론에서 설명하고 있어서 그 立論이
다르다. 이 같은 師道에 관한 교설에 대하여, 어떤 제자가 "남의 스승되기
를 좋아하는 것이 아닌가?" 하고 의문을 표시하자, 심제는

> 학문이 남의 스승 되기에 족하지 않으면, 구차한 道이다. 때문에 반드시 修
> 身을 本으로 한 다음에 師道가 확립되어야 善人이 많아진다. 만약 몸이 一家
> 에서 수신하여 本을 세워 一家의 法이 되면, 이것이 일가의 스승이 된다. ……
> 몸이 천하에서 수신하여 本을 세워 天下의 法이 되면, 이것이 천하의 스승이
> 된다. 때문에 나아가면 반드시 帝王의 스승이 된다는 말은 나의 修身立本의
> 學이 人君의 敬과 信을 불러와 王者가 法으로 취하도록 하자는 것이다.[52]

고 답하여, 이른바 자신의 修身立本의 學을 구구하게 설명하고 있다. '수신
입본'이란 《大學》의 8조목 가운데 修身 齊家의 修身을 말하는 것으로, 심
제는 士大夫의 궁극적 책임이라고 믿는 《대학》의 治國 平天下를 강론하
면서, 이같이 수신의 중요성을 특히 강조하였다. 사실 양명학에서 《대학》
은 특별히 중요한 의미를 지닌다. 왜냐하면 앞장에서 논의한 대로 양명의
親民說은 朱子의 新民說에 반대하여 성립하였으며, 역시 양명학의 핵심이
되는 치양지설은 《대학》의 格物致知에 대한 주자의 해석을 거부하고 성
립되었기 때문이다.[53]

  양명학의 치양지는 心의 良知를 가정과 국가와 천하에 실현하는 것으로
서, 이를 신봉하는 심제는 良知를 실현하는 주체를 身으로 보고 수신을 특
히 강조하였다.

> 格은 格式의 格이며, 身으로부터 家·國·天下가 모두 物이다. 物은 모두 本
> 과 末이 있는 것이니, 身은 本이요, 家·國·天下는 末이다. 末의 不正은 그 本
> 의 不正 때문이니, 末을 바로 하려 하면 本을 바로 하여야 할 것이니, 本은 곧
> 末의 格式이기 때문이다. 그러므로 格物이라 하는 것이다.[54]

---

52)《王心齊全集》卷 3, 〈語錄〉.
53) 졸고, 〈陽明學의 成立과 展開〉, pp.55~57.
54)《王心齊全集》卷 3, 〈語錄〉.

이처럼 《대학》의 수신·제가·치국·평천하의 身·家·國·天下 가운데서 身이 本이요, 家·國·天下는 末이라 하여 修身을 가장 중시하고 있다. 그는 "身이 천하·국가의 근본임을 알면, 천지만물이 자기를 따르지 자기가 천지만물에 의지하지 않는다"[55]고 하여 身이 천하 국가의 주체임을 누누이 강조하면서, 그렇지 못하고 "만일 道로써 남을 따른다면 妾婦之道가 된다"[56]고 단언하고 있다. 이와 같이 士大夫의 한 몸을 천하 국가의 근본이라 하여, 수신을 치국 평천하에 우선한다고 보기 때문에, 그는 〈明哲保身論〉을 지어 보신의 중요성을 강조하고 있으며,[57] 이 밖에도 修身·安身·敬身·尊身 등 몸[身]에 관해 여러 각도에서 분석을 시도한 사실[58]도 결코 우연한 일이 아니다.

수신을 근본으로 보는 심제의 격물설을 黃宗羲는 淮南格物說이라 하여 그 독자성을 평가하고 있듯이,[59] 이는 분명히 양명이 心을 物로 보아 그 不正을 바로잡는 것[格]을 격물이라 해석한 데 그친 것과는 차이가 있다.[60] 그런 점에서 格物의 의미를 수신에서 강조하고 있는 회남격물설은 분명히 한발 앞선 것임이 틀림없다. 사대부의 一身을 천하국가의 주체로 삼고 이를 근본으로 할 때 師道가 확립된다는, 이른바 帝王師說은 이 회남격물설을 기초로 하고 있는 것이다.

이러한 사대부의 주체성을 적극적으로 강조한 師說에 제자들 사이에는 아무래도 납득하기 어려운 부분이 있었던 모양으로, 또 어떤 제자가 "나아가면 帝王의 스승이 되어야 한다면, 천하에 臣下될 자가 없을 것이 아닌가?" 하고 염려하자, 심제는

---

55) 《王心齊全集》 卷 2, 〈語錄〉.

56) 《王心齊全集》 卷 3, 〈語錄〉.

57) 《王心齊全集》 卷 4, 〈雜著〉.

58) 島田虔次, 《中國における近代思惟の挫折》(東京, 1970), pp.95~97 ; 山下龍二, 《陽明學の研究》(展開篇)(東京, 1971), p.17.

59) 《明儒學案》 卷 32, 〈處士王心齊先生艮〉. 劉宗周도 이 설에 대해서 "心齊王氏啓其端而未竟其說 愚嘗竊取其義者也"라고 하여 높이 평가하고 있다.(《劉子全書》 卷 38, 經術十一章句 〈分經〉)

60) 졸고, 〈陽明學의 成立과 展開〉, p.76.

그렇지 않다. 학문이란 학문을 스승으로 삼는 것이다. 학문이 어른(長)이 되고, 학문이 임금이 된다. 제왕이 우리 道를 尊信하면 우리의 道가 제왕에 전해지니, 이것이 제왕의 스승이다. 우리 道가 公卿大夫에 전해지게 되면, 이는 공경대부의 스승이다. 그 尊信을 기다리지 않고 보배를 쉽게 팔아 넘기려 한다면, 이는 남의 머슴살이와 같아서 나에게는 스스로의 主宰를 잃는 것이다.[61]

하여, 사대부는 道를 敎學하는 것이 本領이기 때문에 학문 앞에는 제왕도 따르지 않을 수 없다는 논리를 폈다. 사대부의 주체성과 학문의 권위를 무한히 강조하는 대목이다. 그는 자신의 帝王師論이 학자적 겸손함이 없다는 주위의 논란을 의식하면서 "스승이란 것은 中立이며, 同類를 선도하는 것이다. 師道가 서면 善人이 많고, 선인이 많으면 朝廷이 바르게 되고, 조정이 바로 되면 천하가 다스려진다. 천하의 致善한 자가 아니면 누가 능히 수행하겠는가?"[62] 하여, 師道는 공명정대한 것으로 이를 확립해야만 정치가 바로 된다는 주장을 동학들과도 거침없이 토론하고 있다.

이처럼 사대부의 一身이 근본이요, 천하와 국가는 그 末이 된다는 따위의 생각이 고대 중국의 사유방법에 전혀 없었던 것은 아니다. 《莊子》襄王篇에 "道의 眞으로 몸[身]을 다스리고, 그 나머지[緒餘]로서 나라를 위하고, 그 찌꺼기[土苴]로서 천하를 다스린다"는 인간주체의 사유방식이 심제에 이르러 강렬한 사대부의 주체의식으로 나타나게 된 것이다.

수신을 근본으로 하는 심제의 師論, 특히 帝王師論은 그 제자들 사이에서 뿐만이 아니라 바깥에서도 상당한 反論이 따랐던 모양이다. 역시 양명학자의 한 사람으로서 東林講學과도 사상적 교류를 가졌던 管志道(1536~1608)[63]는 이것이 "師道로서 臣道를 가리워, 천하 사람들로 하여금 군주를 깔보게 하는 마음을 열어놓게 하는 것"[64]이라고 날카롭게 비판하였으며, 심지어 동문과 쌍벽이라 할 王龍溪(名은 畿, 1498~1583)도 견해를 달리하였다. 용계는 문제의 《장자》양왕편의 말을 인용하면서,

---

61)《王心齊全集》卷 3,〈語錄〉.
62)《王心齊全集》卷 5,〈尺牘〉,〈答鄒東廓先生〉.
63) 荒木見悟,《明末宗教思想研究》(東京, 1979), 4章〈東溪と顧憲成〉 참조.
64)《師門求正牘》卷 中, 32丁.

이는 아직 見性하지 못한 말이다. 性이란 心의 生理, 이른바 仁이다. 仁은
萬物을 一體로 삼으니, 그 천하 국가를 나처럼 보지 아니함이 없다. 孔門의 學
은 오직 求人에 힘쓰는 데 있으니, 그 핵심이 《대학》의 '明德 親民'에 드러나
있다. 명덕은 致身하는 까닭이니 내 一體의 體를 세우는 것이요, 親民은 천하
국가를 다스리는 까닭이니 내 일체의 用을 達하는 것이다. ……사물이 하나
인데 본말을 나누어 반드시 修身을 근본으로 삼는다면…… 만약 身을 至道라
하고, 家·國·天下를 緖餘로 삼는다면 정신의 집중됨이 이미 萬物과 自己가
다르게 되어…… 一體라 할 수 없는 것이다.[65]

하여 身을 근본이라 하고, 家·國·天下를 말단으로 나누어 보는 것은 만물
일체설에 위배되는 것이라 비판하고 있다. 양명의 만물일체사상은 〈拔本
塞源論〉과 〈大學問〉에서 집중적으로 강론한 것이며, 이는 〈四句教〉의 無
善無惡說과 함께 그가 만년에 천명한 중심 사상으로서[66] 용계는 이 스승의
학설을 이어받아 심화시키는 데 있어 심제를 뛰어넘고 있다. 용계는 宋代
의 伊川과 明道를 가끔 비교하면서 전자의 학문 태도에 비판적 태도를 취
하고 있다. 예컨대,

    伊川은 평생을 剛毅하여 世教를 유지하는 데 힘써, 師道로서 자기 책임으
    로 하였으나 明道는 스스로 부족하다고 여겼다. 명도의 겸손한 가르침을 알
    지 못하였으니, 아깝다! 이천의 깨닫지 못함이여! 학문이 아침에 젖어 명도가
    형인데도 어찌할 수 없었으니, 하물며 朋友間에서랴![67]

라고 하여 師道를 자임하는 이천의 고답적 학문태도를 나무라고 있는데,
이는 바로 心齊의 帝王師論에 대한 비판에 다름없는 것이다.[68] 사실 용계
는 同門의 高弟이면서도 학문적 태도나 사상경향이 다른 점이 많았다. 사

---

65) 王畿, 《王龍溪全集》 卷 13, 〈贈憲伯太谷朱使君平寇序〉.
66) 錢穆, 《陽明學述要》 5(臺灣, 1955), 〈陽明的晚年思想〉.
67) 《王龍溪全集》 卷 1, 〈撫州擬峴臺會語〉.
68) 당시 羅洪先도 心齊의 '出入爲師'說에 불만을 나타내었던 모양으로, 심제가 용
    계에게 보낸 답서에서 이에 대한 해명을 하고 있다.(《王心齊全集》 卷 5, 〈尺
    牘〉, 〈答王龍溪〉)

대부의식의 철저함은 二王이 마찬가지지만, 용계는 사대부가 어떤 경우라
도 스승이 되어야 한다는 심제의 견해에 찬동하지 않고 있다. 다시 말해
"士君子가 天地間에 立身하는 데 오직 나아가 벼슬하고, 물러가 野에 處할
뿐이다. 나아가면 經綸을 발동하여 천하를 兼善할 것을 생각하고, 물러나
면 백성을 다스리며 지방을 편안히 하는 데 細民을 우선적으로 생각해야
할 것"[69]이라 하여 이른바 천하를 자기의 책임으로 한다는 전통적 사대부
의식을 뚜렷이 하고 있다. 하지만 그는 良知學을 전파하기 위해 당시 여기
저기 同志會에 참여하면서 師道만이 아니라 붕우와 동지의 중요성을 함께
강조하고 있으며, 특히 가족과 사우관계에 대하여 그는,

> 옛사람이 말하기를 父子 兄弟는 責善하지 않고, 책선을 붕우에게 돌리는
> 것은 (부자 형제는) 同志가 아니기 때문이다. 文王과 周公, 明道와 伊川과 같
> 은 관계는 父子로서 師友가 된다. 가정은 화목하여 조금도 어긋남이 없어야
> 한다. 이 뜻이 진실로 같다면 천백 년 후세라도 오히려 상응하겠지만, 뜻이 같
> 지 않다면 堯舜의 朱均과의 관계도 또한 헛것일 뿐이다.[70]

하여 朋友나 師弟는 道(良知)의 실현을 위하여 뜻을 같이 하는 동지의 관
계이지만, 가족관계는 그런 것이 아니다. 다만 문왕과 주공, 명도와 이천의
경우는 양자를 겸하였으므로 최선이 된다 하여 가족관계에 道의 문제를
제기하고 있는 데 주목할 만하다. 그는 인근의 尊師閣에서 "四方의 同志가
群集"하여 '盟約'하는 기회에 "제자가 반드시 스승보다 못하지 않고, 스승
이 제자보다 반드시 나으란 법이 없다. 오직 이 道로 나아갈 뿐이니 각기
스스로 그 마음을 다할 뿐이다"라고 하여, 사우는 모름지기 師道의 고답적
교설보다는 敎學相長의 횡적 일체적 求道의 자세를 지녀야 한다고 역설하
였다.

　이와 같이 용계는 師道에 못지않게 붕우의 도를 함께 중시하면서 師友
의 道를 부모형제의 관계에까지 이어나가려 하고 있다. 따라서 강학하는

---

69)《王龍溪全集》卷 5,〈蓬萊會籍申約〉.
70)《王龍溪全集》卷 15,〈天心授受冊〉.

방식에도 차이가 있었다. 심제는 '修身立本'의 師道에 입각한 고답적 자세로 강론하여 수많은 관중을 동원할 수 있었지만,[71] 용계는 당시 서원 중심의 강학은 물론 기타 크고 작은 講會에 主講으로 참석하면서 良知學의 전파를 위한 강학활동에 열심이었다. 예컨대 그가 復初書院에 주강으로 초빙되었을 때 "理(良知)學과 붕우의 관계는 고기와 물의 관계와 같다"고 하면서 會約을 정하고 월 1회 대회를 열도록 하는가 하면,[72] 洪都同心會에서 舊會約에 따라 월 2회 열리던 大會를 현실적 조건을 감안하여 연 4회로 하되, 회기를 10일로 하게 하는 등 후진을 위한 강학지도에 앞장섰다.[73] 이들 강회는 더러 수백 리 밖에까지 회원조직을 갖고 있어, 때로는 백여 명에서 천여 명이 참가하는 성황을 이루었고, 장소는 서원만이 아니라 사찰이나 도관도 이용하였다.[74]

그러나 심제를 祖述하는 泰州派學者들은 새로운 강학의 풍을 열었다. 이에 대해 黃宗羲는 "풍속의 교화를 임무로 하고 機에 따라 지시하니, 이를 따라 노니는 農·工·商賈가 천여 명이었다. 추수 뒤 농한기가 되면 무리지어 깅획하는데, 한 촌을 마치면 또 한 촌으로 가면서 앞에서 노래하면 뒤에서 화답하니 낭랑한 소리가 끊이지 않더라"고 표현하고 있다.[75] 강학은 좌파학자들만 한 것이 아니다. 內閣職에 있으면서 강학으로 이름을 떨친 方獻夫나 徐階도 강학하였다. 方은 양명의 歿後 3년 만에 在朝의 王門弟子들이 모인 慶山房講會를 주도하였으며,[76] 徐階 역시 양명학자 羅近溪의 주선으로 嘉靖 후기 몇 해 동안 행한 靈濟宮에서의 강학이 아주 성황이었는데, 이때 主講은 자기가 맡았으나 때로는 스승 聶豹와 歐陽南野 程文

---

71) 그가 小車를 만들어 陽明學을 강론하면서 지나다닐 때 "사람들이 모여 구경하는 자 千百"이 되었다 한다.(《明史》 卷 283, 〈王艮列傳〉)

72)《王龍溪全集》 卷 2, 〈桐川會約〉.

73)《王龍溪全集》 卷 2, 〈洪都同心會約〉.

74)《王龍溪全集》 卷 2, 〈宛陵會語〉,〈洪都同心會約〉,〈桐川會約〉.

75)《明儒學案》 卷 32, 〈泰州學案〉 1, 〈處士王東崖先生襞, 樵夫朱恕·陶匠韓樂吾·田夫夏叟附〉. 같은 내용이《耿天台先生文集》 卷 14, 〈王心齊先生傳·樵朱陶韓二子附〉에도 보인다.

76)《陽明全書》 卷 34, 〈年譜〉 3.

德에게 分主케 하여 學徒가 천 명에 이르렀다 한다.[77] 이 밖에도 일일이 다룰 수는 없지만, 嘉靖年間은 양명학이 크게 유행하면서 그 좌우파를 가릴 것 없이 실로 강학의 전성기를 이루었다.[78] 講學과 師友에 관한 정연한 이론은 다음 章에서 다룰 터이지만, 어쨌든 이러한 강학풍조는 명말의 사상계, 심지어 불교계에 이르기까지 상당한 영향을 끼쳤던 것 같으며,[79] 때로는 학술이 편파적이라는 이유로 규탄받아 조정에서 철폐까지 거론하는 일도 있었다.[80]

4. 何心隱의 '家', '會' 중시의 師友論

《明儒學案》에 따르면 何心隱(1517~1579)은 諸生 시절에 스승 顔山農으로부터 心齊의 '立本'의 뜻을 전수받고, 《대학》은 먼저 齊家하는 데 있다고 하면서 일족과 함께 聚和堂을 설립하여 몸소 일족의 家政을 주도하였다고 한다.[81] 심은은 지주집안 출신으로 郡試에서 第一로 합격하였으나 反名教的 성향이 강한 태주파의 학자 顔山農의 제자가 되어 良知의 學에 심취하면서 과거의 뜻을 버리고 일생 布衣로서 講學에 종사한 인물이다. 산농에게 배운 심제의 '立本'이란 修身立本, 다시 말해 淮南格物說로서, 심은이 특히 제가를 중요시하였다는 《명유학안》의 지적에는 그만한 이유가 있다. 심은 스스로 이에 대해서,

　　　姚江이 처음으로 良知의 뜻을 발명하여 눈이 뜨였으나 아직 身을 드러내지

77)《明儒學案》卷 27,〈南中王門學案〉3,〈文貞徐存齊先生階〉.

78) 沈德符,《萬曆野獲編》卷 24,〈書院〉, p.48 ; 尹南漢,《朝鮮時代의 陽明學研究》(1982), pp.55~58.

79) 荒木見悟,《佛敎と陽明學》(東京, 1979), pp.98~113 ; 졸고,〈陽明學과 明末의 佛敎 ― 三敎合一說을 중심으로〉(《東洋史學研究》44, 1993), pp.147~154.

80) 盛郎西, 앞의 책, pp.85~86 ; 多賀秋五郎,《陽明學入門》卷 1(陽明學大系)(東京, 明德出版社, 1971), pp.247~249.

81)《明儒學案》卷 32,〈泰州學案序〉何心隱條.

못하였다. 泰州가 本을 세운다는 뜻을 밝혀내어 身을 높일 것을 알았으나, 아직 家를 드러내지 못하였다. 이에 벗을 모아 孔氏의 家를 이루기를 바랐다.[82]

고 하여 그 뜻을 명확히 하고 있다. 양명의 치양지설은 《대학》의 격물치지에 대한 주자학과의 해석상의 차이에서 비롯하였는데, 심제는 한 걸음 더 나아가 수신을 근본, 제가·치국·평천하를 末事로 보는 이른바 회남격물설을 내세웠다. 그런데 심제의 再傳 제자 하심은에 이르러서는 다시 한 걸음 더 나아가 제가를 중시하여 聚和堂을 설립하여 '孔氏의 家'를 이루고자 하였다.

聚和는 聚和合族의 의미이다. 심은은 취화당을 세워 族議를 수렴하고 一族의 자제를 모아 교육하였으며, 또한 자신의 族政을 맡아보면서 賦役에서 冠婚喪祭 鰥寡孤獨에 이르기까지 어려운 일이 있을 때는 서로 도와 문제를 함께 해결하려 하였다. 그 결과 일족 사이에는 族誼가 돈독하고 예교와 신의의 풍속이 일어나 상당한 성과를 거두었는데, 聚和堂의 설립과 운영은 곧 《대학》의 '齊家'의 실험에 다름 아니었다.[83] 그러나 심은의 '家' 개념은 단순한 가족이나 종족에 머무는 것이 아니라, 심제의 '身'이 연장 확대된 家를 가리키는 것이다. 다시 말하면 사대부의 身을 개별·고립적 一身이 아니라 상하·전후·좌우로 연장·확대할 수 있는 '伸'으로, 그리고 사대부의 家를 역시 상하·전후·좌우로 확대한다는 뜻에서 '嘉(加)로 정의하고 있는[84] 이유와 같다. 그런 뜻에서 家는 會와 통한다.

　　무릇 會는 家에서 형상을 취하여 그 身을 간직한다. 그런데 서로 더불어 會를 주동하면 身에서 형상을 취하여 그 家를 드러낸다. ……곧 (會는) 天下·國의 身, (天下·國의) 家로서의 그 身, 그 家를 드러내고 간직할 수 있게 된다.[85]

82) 耿定向, 《耿天臺先生文集》 卷 16, 〈里中三異傳〉.
83) 耿定向, 《耿天臺先生文集》 卷 16 ; 鄒元標, 〈梁夫山傳〉(《何心隱集》, 北京中華書局, 1960), 附錄 1 참조. 연구서로는 楊天石, 《泰州學派》(北京, 1980), pp.134~137 ; 森紀子, 〈何心隱論 ―名敎逸脫の構圖〉(《史林》 60-5, 京都, 1977), pp.52~54.
84) 《何心隱集》 卷 2, 〈矩〉.
85) 《何心隱集》 卷 2, 〈會語〉.

會의 개념을 받아들여 이를 통하여 身·家는 天下·國의 身·家로 연장·확대된다는 것이다. 다시 말해 心·意·知는 身의 주인(身)이요, 身은 家의 주인(身)이요, 家는 國의 주인(身)이요, 國은 天下의 주인(身)이라는 것이다. 반대로 天下는 國의 家, 國은 家의 家, 家는 身의 家, 身은 心·意·知의 家가 되니, 바로 이 《대학》의 家야말로 孔氏의 家이며, 孔氏의 家는 곧 사대부의 집회를 뜻하는 것으로서, 그 형상을 家에서 취한다.

이와 같이 상하·전후·좌우로 확대하여 이루게 되는 孔氏의 家나 會의 구성원은 말할 것도 없이 士이며, 士들은 붕우관계로 이루어진다. 하심은 이 붕우관계를 특히 중요시한 이유가 여기에 있다. 그는 五倫 가운데서 붕우관계에 대하여,

> "天地의 交를 泰라 한다"(《易》泰卦) 하였으니, 交는 友에서 다하며 友는 交에서 취한다. 이를 따라 배운다는 것은 友의 交에서 다한다. 昆弟가 交아님이 아니며, 交에 가깝지만 아직 천지의 交에 이르지는 못한다. 능히 交하지 않고 泰하겠는가? 부부·부자·군신도 交 아님이 아니나, 또는 交이지만 짝이며, 또는 交이지만 친하며, 또는 交이지만 능멸하고 원조한다. 八口의 천지나 백성의 천지가 交 아님이 아니지만, 그 交에서 작은 것이다.[86]

라 하여 《易》의 원리로서 인간관계를 풀이하고 있다. 즉 《역》에서는 天이 陽爻, 地가 陰爻, 그리고 천지가 交하는 자태가 천지의 가장 안정된, 균형 잡힌 '泰'의 상태이다. 따라서 交는 천지의 道로서 이것이 인간관계에서는 붕우교제에서 가장 잘 실현되고, 완성된다는 것이다. 이에 비하여 五倫 가운데 나머지 四倫, 다시 말해 부자·부부·형제의 가족관계나 군신관계는 상하 존비의 종속성을 띤 치우친 성질 때문에 붕우관계처럼 순수한 水平的 사회관계와는 다르다는 점에서 '小交'라는 것이다.

명·청 사회는 상인의 지위가 크게 올라갔다.[87] 이러한 사회현상은 그의 사회의식에도 반영되어 "商賈는 農·工보다 크고, 士는 商賈보다 크며, 聖

---

86) 《何心隱集》 卷 3, 〈論友〉.
87) 傅衣凌, 《明淸時代商人及商業資本》(北京, 1980), pp.1~48.

賢은 士보다 크다"[88]고 하여 사·농·공·상이라는 전통적인 사민의 순서를
무시하고 있다. 상고가 신흥세력으로 농·공보다 상향 이동할 뿐 아니라,
"儒를 버리고 商을 택하는" 일도 매우 많은 역사적 현실은[89] 심은으로 하
여금 인간의 성취를 위한 욕망의 무한성을 실감케 하였을 것이다.[90] 그리
고 그 무한한 추구는 上下 尊卑를 강조하는 명분론적 권위의 벽을 허물고
계속 상하·전후·좌우로 뻗어가려는 욕망의 본질을 알게 하였을 것이다.
오륜의 경중에 대한 그의 인식의 변화도 이러한 사회현실의 변화에 따른
사회의식의 변화와 궤를 같이하는 것이다.

　어쨌든 이처럼 오륜 가운데서 붕우를 제외한 나머지 사륜을 小交라고까
지 말한 심은의 붕우관이 名教社會에서 그대로 받아들여질 리가 없다. 그
를 사숙한 李卓吾(名은 贄, 1527~1602)는 《何心隱論》을 지어 심은의 그
같은 붕우관에 대한 당시 사람들의 평을 소개하여,

　　　그 心隱을 근심하는 자는 말하기를 인류의 다섯 가운데, 公은 그 넷을 버리
　　고 오직 몸을 師友 賢聖 사이에 두었으니 偏枯하여 교훈이 될 만하지 않다.
　　윗사람에게는 언언하고 아랫사람에게는 관관한 것은 委蛇의 道이지만, 公은
　　홀로 危言 危行하여 스스로 재앙을 불렀으니 명철보신이라 할 수 없다.

하면서, 이러한 견해는 의식주에나 안주하는 세속의 庸夫 俗子들의 짓으
로 논평할 가치조차 없는 것이라고 일축하고 있다.[91] 그러나 심은이 치국
평천하의 이상을 실현하기 위해서 붕우의 도를 중시한 것은 사실이지만,
당시 논자의 말처럼 그가 오륜 가운데 사륜을 버린 것은 결코 아니었다.[92]

---

88) 《何心隱集》 卷 3, 〈答作主〉.
89) 余英時 著, 鄭仁在 譯, 《中國近世宗教倫理와 商人精神》, pp.175~234.
90) 森紀子는 何心隱의 反名教的 입장을 여기서 볼 수 있다고 하였다. 예컨대 공자가
　　70에 '不踰矩'에서 矩는 名教에서는 儒家의 定規的 矩(잣대)를 의미하는 것이었으
　　나, 심은은 이를 무한정의 天則으로서 儒 佛 仙에 얽매이지 않고 적용할 수 있다고
　　보았으며, 이것이 名教逸脫의 근거가 된다고 하였다.(森紀子, 앞의 글, pp.56~58)
91) 《焚書》 卷 3, 〈何心隱論〉.
92) 小川晴久, 〈朋友論ノート〉(《人文科學科紀要》 74, 東京大學教養學部, 1982), pp.249~
　　257.

일반적으로 붕우관계는 다른 넷이 종속성이 강한 데 비하여, 橫的 對等性 均一性에 그 특징이 있다. 그는 《書經》大禹謨의 '允執厥中'을 논하면서 "君은 中이니, 心을 상징한 것이다. …… 오직 中이 均이 되니, 均은 君이 다"라고 하고, 또 "君은 均이며, 君은 群이다. 臣民은 君의 群이 아님이 아 니며, 반드시 君이 있은 뒤에 群하고 均할 수 있다"[93] 하여 君을 현실의 군 주라기보다는 중심주체 내지는 균일의 의미로 보고 이를 인륜관계와 관련 하여 설명한다. 즉,

> 透心이 되면 心에 主가 있어 四體 百骸를 일관한다. 단지 자기만 일관하는 것이 아니라 남도 일관한다. 君臣·父子·夫婦·昆弟·朋友는 모두 남이다. 남을 일관하는 것은 군신·부자·부부·곤제·붕우를 일관하는 것이니, 人心이며 道心 이다. 道心은 그 心을 君에 道하는 것이다. 그 心을 君臣에 君하면 君臣을 群 하게 되어, 君臣은 均하게 된다. …… 그 心을 父子에 群하면 父子를 群하게 되어, 父子는 均하게 된다. …… 夫婦를 群하게 되면 夫婦가 均하며, 昆弟를 群 하게 되면 昆弟가 均하고, 朋友를 群하게 되면 朋友가 均하게 됨에 이르러서 는 그 마음을 道에 君하지 않음이 없으니, 中이다.[94]

고 하여 군신관계나 가족관계와 같은 종속을 그 본질로 하는 '小交'도 道 心의 공평무사한 대등성과 균일성으로 극복할 수 있다고 하였다. 이는 개 인과 개인의 수평적 교섭인 交友관계를 나머지 四倫에 推해한다는 것으 로,[95] 이 새로운 '均' '中'의 시각을 가지고 〈拔本塞源論〉이래의 양명학의 관념론적 大同一體思想을 좀더 구체적으로 설명하려 하였다.

어쨌든 치국 평천하에는 개인보다는 집단이, 그리고 가족관계보다는 붕 우관계가 중요하며, 군신관계도 마찬가지로 중요한 것이다. 이런 점에서 심은은 오륜에서 붕우와 군신의 二倫을 더욱 중시하여,

> 達道는 처음은 君臣에 속하니 그 上이기 때문이며, 뒤에는 朋友에 속하니

---

93) 《何心隱集》卷 2, 〈論中〉.
94) 위와 같음.
95) 小川晴久, 앞의 글.

그 下이기 때문이다. 下가 上에 交하면 부자·형제·부부의 道가 자연히 상하
에 統하여 達한다. 무릇 부자·곤제·부부는 진실로 천하의 達道이긴 하지만
천하를 統하기 어렵다. …… 君臣의 道는 友朋이 交를 아래에서 說하지 않으
면 밝아지기 어려우며, 友朋의 道는 君臣이 政을 위에서 내지 않으면 이루어
지지 않는다. 行으로서 道를 당시에 行하고, 明으로써 道를 萬世에 밝히는 것
이니 表裏가 아니고 무엇인가?[96]

라고 하여 군신의 역할은 위에서 仁政을 베푸는 것이며, 붕우는 아래서 敎
化를 담당하는 것을 임무로 하기 때문에 이 양자는 정치와 교화로서 천하
만민의 통솔에 필요하다는 것이다. 따라서 상호의존하는 붕우·군신 二倫
은 표리관계를 이루고, 그 밖의 부자·형제·부부의 가족관계는 여기에 통
할되어 각기 자기 실현을 한다는 것이다. 심은은 堯舜은 "君臣으로서 師
友"이며, 文武는 "父子로서 師友"이며, 周武는 "兄弟로서 師友"였다고 말
하면서 "부자가 一君臣이요, 형제가 一君臣이요, 사우가 一君臣이다. ……
皇極의 宗旨는 宗旨요, 人極의 宗旨도 宗旨니, 역시 하나의 군신관계가 서
로 스승이 되고, 서로 벗이 됨"[97]을 이상적인 일로서 설명하고 있다. 군신
은 물론, 부자 사이도 수직관계가 아니라 어디까지나 사우관계의 수평성·
균등성으로 보완하여 이상적 인륜에 이를 수 있다는 것으로, 이는 앞 장에
서 보아온 것처럼 敎學相長으로 위에서 政令을 내고, 아래서 道를 전파해
야 한다는 점에서, 군신·부자도 사우가 된다는 王龍溪의 설이 깊이 있게
체계화된 것임을 알 수 있다.

이처럼 심은은 군신·부자도 儒家의 군신·부자라는 점에서 사우관계가
되어야 한다는 것이다. 말하자면 유가가 중심이 되어 치국 평천하가 실현
되어야 한다는 것인데, 여기에는 학문이 필수적이다. 원래 유가는 師弟가
儒를 敎學하는 학파를 의미하는 것으로서, 심은이 붕우와 함께 행하는 강
학을 강조하는 까닭이다. 그는 당시의 內閣首輔 張居正이 강학을 싫어하
여 서원의 철폐령을 내리자, 이에 항의하여 장편의 〈原學原講〉을 지어,

---

96) 《何心隱集》 卷 3, 〈與艾冷溪書〉.
97) 《何心隱集》 卷 2, 〈宗旨〉.

> 學은 學인데 왜 반드시 講하는가? …… 貌가 있으면 반드시 事가 있고, 學이
> 있다. 學은 貌에서 근거하였다. …… 言이 있는 이상 반드시 事가 있고, 講이
> 있다. 講은 言을 근거하였다. …… 때문에 學이란 것은 그 講하는 데서 배우는
> 것이니, 講이 없으면 어찌 學이 있겠는가?[98]

라고 하여 '貌'와 '言'을 外在化·具象化하여, 學의 근거를 貌에서 구하고 講
의 근거를 言에서 구함으로써 모와 언, 학과 강의 불가분한 관계를 논하고
있다. 講學은 태주파의 사회활동 내지 학문연구에서 매우 성행하였으나
하심은에 와서 붕우론과 함께 이론적으로도 체계를 갖추었을 뿐만 아니라,
그의 생애에서 講會는 실로 지상과제라 할 것이었다. 그는 중국 철학사상
에서 오랜 연구와 논란의 대상이 되어 온 理와 事의 문제를 학문에 관련시
켜 이렇게 논하고 있다. 즉,

> 學에 矩가 있는 것은 단지 理만이 있는 것이 아니라, 실로 事가 있다. 形과
> 繩과 矩는 하나다. …… 象이 있고 形이 있는 것은 理가 事에 나타난 것이니,
> 저울(衡)이 이미 걸리고, 먹줄(繩)이 이미 쳐지고, 자(矩)가 이미 재지는 상태
> 다. 자(矩)는 재는 것으로, 格하여 形과 象을 이루는 것이니 物이다.[99]

라고 하여, 宋·明 理學에서 理의 관념론적 측면을 강조하던 것과는 달리,
事와 物에 나아가 敎學할 것을 강조하고 있는 점에 역시 주목할 필요가 있
다. 이는 《대학》의 八條目을 가시적인 身·家에 응축시켜 단적으로 物로서
파악하고자 한 시도와 일치하는 것이다. 理가 事에서 나타나기 때문에 학
문에 '矩'가 설정되며, 그 理의 발현체인 事에 따라 배워야 한다는 것이다.
이처럼 理를 발현하게 하는 所以로서의 구체적 외재적 사물에서 學의 근
거를 구하는 심은의 학문적 자세는, 心卽理의 입장에서 '心外無物, 心外無
理'를 외치던 양명의 그것과는 거리가 있으며, 이 점에서 청조의 經世 實
學의 선구라 할 만하다.[100] 黃宗羲가 태주파의 극단적 유심론을 경계하면

---

98) 《何心隱集》 卷 1.
99) 《何心隱集》 卷 2, 〈矩〉.
100) 森紀子, 앞의 글, pp.47~49.

서도 "心隱의 학이 영향에 떨어지지 않았다"[101]고 하여 그런대로 긍정적
평가를 내리고 있는 것도 이 때문이다.

하심은은 대지주 출신으로 일찍이 聚和堂을 세워 族政을 주도하다가 額
外賦稅문제로 지방관과 맞서다 고향을 떠났으며, 뒤에 북경에서 태주파의
耿定向을 통하여 國子監司業 張居正을 만나게 되었다. 장거정과의 대화에
불만을 품은 그가 "公은 太學에 있으면서, 《大學》의 도를 아시오?"하고 힐
난하자, 張은 "당신이 때때로 날아보려 하지만, 날 수 없을 거요"라 되받았
다. 물러나 심은이 "張公이 반드시 首相에 올라 먼저 講學을 탄압할 것이
며, 반드시 나를 죽일 것이다"[102]라고 한 탄식은 과연 적중하였다. 강학을
통하여 '大學의 道'를 실현하기 위해 동분서주하던 그와, 사대부사회의 분
분한 의론이 군주전제적 정치기강을 해칠 것이라는 정치적 소신[103]을 지니
고 있던 張은 조금도 양보 없는 대결을 펼쳤다. 심은에 대한 체포령이 내려
져 있었던 만력 5년, 장거정의 奪情事件으로 비판의 소리가 높이 일었을
때, 심은도 이에 가담하였으며, 이 일이 결국 그의 命運을 줄여놓았다.[104] 사
실 강학은 곧 하심은의 생애였다. 北京 復孔堂에서 강학한 이후 萬曆 3년
首輔 장거정의 상소로 시작된 書院講學에 대한 탄압으로 다음해 그가 湖北
의 孝感에서 체포되어 처형될 때까지, 重慶을 비롯하여 杭州·道州·黃安 등
실로 천하를 半周하면서[105] 강학으로 일생을 마쳤다 해도 과언이 아니다.

---

101) 《明儒學案》 卷 32, 〈泰州學案序〉 何心隱條.

102) 《何心隱集》 卷 4, 〈上祈門姚大尹書〉.

103) 張居正, 《張太岳集》(上海古籍出版社, 1984) 卷 36. 〈陳六事疏〉는 당시의 여섯 가
지 要務를 개진한 것인데, 그 가운데 "議論을 줄여야 한다"는 조항을 첫째로 들고
있다. 이에 관한 연구로는 小野和子, 〈東林黨と張居正 ― 考成法を中心に〉(《明淸
時代の政治と社會》, 京都, 1983) ; 졸저, 《中國近世政治史硏究》(지식산업사, 1988),
pp.213~223 ; 졸고, 〈明末淸初의 東林·復社의 分權論〉(《金昌洙敎授華甲紀念論叢》),
pp.530~534.

104) 沈德符, 《萬曆野獲編》 卷 18, 〈大俠遁色〉 ; 吳相勳, 〈李卓吾의 交友觀과 生死觀〉
(《全海宗博士華甲紀念史學論叢》, 一潮閣, 1979), pp.317~319. 楊天石는 奪情事件을
전후하여 장거정을 공격한 사람 가운데 御史 傅應禎과 劉臺, 그리고 進士 鄒元標가
모두 심은과 같은 고향인 江西 吉安府人이어서 張이 그를 더욱 의심하였다고 한다.
(《泰州學案》, pp.126~127 참조)

105) 《何心隱集》 附錄 2, 解文炯, 〈梁夫山先生遺集序〉.

程學博은 그의 祭文에서 "선생은 강학 때문에 毒死되었다"고 하면서 "젊어서부터 늙어 죽을 때까지, 집에 있을 때나 사방에 나다닐 때나 하루라도 강학하지 않은 날이 없고, 一事라도 강학하지 않은 것이 없었다. 강학 이외에 내 몸, 내 집, 내 兒女나 일체 世情俗態 따위는 털끝만치라도 선생의 입에 올리거나 마음에 두지 않았다"[106]고 하였다. 또한 耿定力은 심은을 따라 강학하는 자가 천백을 헤아렸다고 할 정도로 그의 강학활동은 활발하였다. 심은이 옥중에서 자기를 위한 구명운동을 하는 이에게 글을 보내어 "元(심은의 본명은 梁汝元)은 일개 細人이고, 강학은 하나의 大事입니다. 불행히 세인으로서 대사를 감당하다가 이 지경이 되었으니, 元의 구명운동에 참여한 여러분은 단지 원을 구하는 게 아니라 강학을 구하는 것입니다"라고 하면서 자신에게 萬餘言으로 된 《原學原講》한 권이 있으니, 이로써 뒷날 강학자를 구제하는 근거를 삼아달라는 부탁을 하고 있다.[107]

이탁오는 그가 영걸로 숭배하는 하심은이 장거정에게 희생당하는 과정을 지켜보면서 세상에 붕우의 의리가 없다고 크게 탄식하면서, 그의 오랜 후견자 耿定向에게 절교장을 보내었다.[108] 탁오는 道를 추구해 가는 과정에서 죽음까지도 뛰어넘은 하심은이 원통하게 죽은 것을 애석해 하고 한편으로는 이를 찬양하였다.[109] 이처럼 그는 하심은에 대하여 그 名教的 五倫觀의 새로운 해석과 함께 일생 會講을 통한 실천적 삶을 기리면서, 그 자신 당시의 전통적 남존여비의 관습에 역행하는 태도를 보임으로써 명교측의 거센 반발을 불러일으킨 일로도 유명하다.[110] 어쨌든 그는 하심은에서 본격화한 붕우관계의 중요성을 설명하는 과정에서 友와 師의 連稱 및 그 의미를 다음과 같이 말했다.

---

106) 《何心隱集》附錄 3, 〈祭梁夫山先生文〉.

107) 《何心隱集》卷 4, 〈謝進賢王大人書〉.

108) 吳相勳은 탁오가 경정향과 절교한 직접적 계기는 심은의 죽음을 보고만 있었기 때문이라고 하면서도 기본적으로는 학문의 성격상 차이, 다시 말해 耿이 지나치게 명교적 인륜에 집착하였기 때문이라고 한다.(吳相勳, 앞의 글, pp.321~326 참조)

109) 《焚書》卷 3, 〈何心隱論〉; 위의 글, pp.317~321.

110) 《明史》卷 221, 〈耿定向列傳〉.

옛 사람은 붕우가 중요한 줄 알았기 때문에 友字에 특별히 師字를 더하였
다. 벗이 스승이 될 수 있음을 보여준 것이다. 만약 스승으로 모실 수 없으면
곧 벗으로 대할 수 없으므로 결국 友 한 자로 표현했을 뿐이다. 따라서 벗이
라고 하면 곧 스승이 그 가운데 있는 것이다.[111]

이 말은 양명학적 사우관이 전개되면서 겪은 변천의 모습을 짐작케 한
다. 다시 말하면 왕심제에서는 '修身爲本', 다시 말해 대장부는 어느 경우
에도 師가 되어야 한다는 입장에서 제왕사론이 나왔는데, 심은에 와서는 '齊
家爲本', 다시 말해 師友는 講會를 통하여 유가의 이상을 실현해야 한다고
하였다. 탁오는 벗과 스승은 둘이 아니라 벗의 연장선에 스승이 위치한다
고 하여, 붕우를 중시하는 심은의 견해에 동참하였다.[112]

심은과 탁오는 스스로 명교의 죄인임을 인정하였으며,[113] 결국 명교 측
의 지탄을 받아 명운을 재촉하였으니 '명철보신'에 실패한 셈이다. 대장부
는 모름지기 제왕의 스승이 되어야 한다고 주장한 心齊의 保身 安身의 주
장에 어긋난 것이다. 어긋났다기보다는 '天下爲家'를 이루기 위하여 일신
의 안위를 살필 겨를이 없었으므로, 그들이 주위에서 '명철보신'하라는 권
유를 일축한 것은 오히려 당연한 일이었다.

5. 東林書院 講會와 朋友意識

書院講學은 양명학의 유행과 함께 성행하였으나, 정작 講學으로 이름을
날린 명말의 東林書院은 오히려 주자학을 표방하고 양명학에 대해서는 비
판적이었다. 특히 양명학의 無善無惡說이 지닌 反名敎的 성향[114]에 대해서

---

111) 《焚書》 卷 2, 〈爲黃安二上人〉, 〈眞師〉.
112) 申龍澈, 〈李卓吾의 歷史人物批評〉(《高柄翊先生回甲紀念史學論叢 歷史와 人間의
    對應》, 한울, 1984), pp.927~929.
113) 탁오는 말할 것도 없고, 심은도 스스로 명교의 죄인이라고 인정하고 있다.(《何
    心隱集》 卷 4, 〈與鄒鶴山書〉)
114) 졸고, 〈陽明學의 無善無惡說과 明末의 頓漸論議〉(《李智冠스님華甲紀念韓國佛

는 더욱 그러하였다. 동림서원의 창설자 顧憲成(1550~1612)과 高攀龍(1562~1626)은 서원을 세우기 전부터 동지들을 모아 그 무선무악설을 비판하는 講會를 열었으며, 서원의 창설 이후에는 〈院規〉의 四要에 이를 올려놓고 그 변박을 중요한 과제로 삼을 정도였다.[115]

그러나 무선무악설은 양명이 먼저 말하기는 하였지만, 이를 反名敎的 경향으로 심화시킨 이는 王龍溪를 비롯한 左派的 성향의 제자들이었다.[116] 사실 동림학자들은 양명학 우파의 학맥과 상당한 관계를 갖고 있었다. 顧憲成은 그 아우 允成과 더불어 薛方山의 문하에서 修學하였는데, 방산은 양명의 제자 歐陽南野에게 배웠다. 그리고 남야는 羅洪先·鄒守益·劉文敏 등과 함께 스승 양명의 명교적 정신을 이어받아 그 좌파적 유폐를 막고자 노력한 학자다.[117] 그뿐이 아니다. 하심은이 강학 때문에 장거정의 미움을 사서 결국 목숨까지 잃게 되자, 그의 동향의 후배로서 뒤에 顧憲成과 함께 동림강학은 지도자가 된 鄒元標가 하심은의 傳을 써서 그 억울한 죽음을 애통해 하고 있었다는 것은 결코 우연이 아니다.[118] 이런 정황으로 미루어 동림강학이 양명학적 師友論, 더 구체적으로는 講學運動家 何心隱의 동지의식 내지 그 사우론의 영향을 일정 정도 받았을 것이며, 또한 조정이 양자를 탄압할 때 士人을 위시한 대중적 격분이 따랐던 것도 어떤 시대적 동질성에서 온 것임이 틀림없다.[119] 顧憲成은 東林會語에서 오류 가운데 붕

教文化思想史》, 1992) 참조.

115) 《東林書院志》卷 2, 〈院規〉, 〈四要〉.

116) 졸고, 〈天泉證道記와 東林學派〉(《東國史學》8, 1965), pp.65~69.

117) 졸고, 〈東林學派研究 — 高攀龍의 生涯와 思想을 중심으로〉(《歷史學報》, 1966), pp.139~146. 만력 20년을 전후하여 양명학자 許孚遠·周汝澄·楊起元이 南京에서 강학할 때도 許는 周·楊의 무선무악설을 비판하는 입장에 섰으며(《明儒學案》卷 36, 泰州學案 5, 尙寶周海門先生汝澄) 같은 양명학자로서 역시 무선무악설에 반대한 管東溟도 東林派의 초청으로 강학하는 등 그들과 밀접한 관련을 가졌다.

118) 《何心隱集》附錄 1, 鄒元標 〈梁夫山傳〉. 鄒도 陽明學者이며, 동림강학에도 참여하였을 뿐 아니라 天啓年間에는 馮從吾와 함께 北京에 首善書院을 열어 東林書院에 동조하여 강학하였다.

119) 候外盧는 東林 六君子의 체포시, 周順昌의 開讀式을 계기로 일어난 蘇州의 民變과 心隱의 처형시에 있었던 武昌의 소요를 함께 '民變'이라고 한다.(候外盧, 앞의 책, p.1009 ; 吳相勳, 앞의 글, p.319) 참조

우관계의 중요성을 다음과 같이 설명하고 있다.

　　人倫에 다섯이 있는데…… 오직 군신·부자·부부·형제는 각기 專主가 있으
나 붕우만은 兼攝되지 않음이 없다. 군신의 義, 부자의 親, 부부의 別, 형제의
序는 각기 專屬이 있으나 講習은 관통되지 않음이 없다. 하물며 事變이 닥쳐
옴과 千頭萬緖를, 위로 君과 親에 말할 수 없으며, 가운데 형제에 말할 수 없
으며, 아래로 妻子에 말할 수 없으나 오직 조용히 붕우에게만은 의논할 수 있
다. 인정의 蔽와 천태만상을 위의 君과 親에 고할 수 없고, 가운데 형제에 말
할 수 없으며, 아래의 처자에 말할 수 없으나 오직 붕우만은 機를 따라 전할
수 있다. 논지가 이렇게 되어 붕우가 아니면 그 군신·부자·부부·형제를 이룰
수 없으며, 강습이 아니면 그 붕우를 이룰 수 없다는 것을 안다. 단지 그것만
이 아니다. 군신관계는 敬이 勝하고, 부자·부부·형제관계는 愛가 勝하니, 勝
하면 편벽하고, 편벽함은 폐단이니 역시 붕우의 도로서 그 사이에 돌보지 않
으면 구제하기 어렵다.[120]

　군신과 부자·부부·형제의 가족은 專主·專屬의 관계이며, 또한 군신관
계는 敬에 치우치고 가족관계는 愛에 치우치는 폐단이 있는 데 반해 道의
강습으로 맺어지는 붕우관계는 평등하여 전혀 폐단이 없다는 것이다. 따
라서 붕우의 도로서 군신·부자·부부·형제관계를 보충하고 돌보면, 그러한
치우침의 폐단을 구할 수 있다는 것이다. 이러한 논리는 하심은의 그것과
흡사함을 확인할 수 있다. 앞 장에서 본 것처럼 심은은 사람과 사람 사이
의 교제는 천지의 도로서 붕우관계에서 가장 잘 실현되고 완성된다는 것
이며, 가족관계나 군신관계는 상하 존비 친일의 종속적 편파적 성질 때문
에 '小交'가 된다고 보아, 후자가 전자의 대등성·균일성을 가지고 극복할
때 비로소 오륜은 천지의 도를 실현할 수 있다는 설명을 떠올릴 필요가
있다.

　顧憲成의 주장과 같이 동림서원은 "널리 동지를 연합하고", "스승을 찾
고, 붕우를 구하여" 이를 조직적으로 구성하고 운영한 데 특색이 있다.[121]

---

120) 《東林書院志》卷 3, 〈會語〉 1, 〈顧涇陽先生東林商語〉上, 〈麗澤衍〉.
121) 《東林書院志》卷 3, 〈院規〉, 〈九益〉. 吳桂森은 동림강학의 아홉 가지 특징 가운
　　데서 두 가지를 '廣聯同志'와 '尋士覓友'로 들고 있다.

우선 서원을 중심으로 활동한 중심인물은 주로 진사 출신의 전·현직관료였으며, 擧人·生員은 소수만이 참여하고[122] 있다는 점에서도 당시의 다른 서원과는 상당한 차이가 있다. 그러나 서원의 융성기에는 會講에 참여하는 인원이 수백 명에 이르러 그들을 다 수용할 수 없었다고 하니,[123] 이는 정규구성원이 아니더라도 청강을 허용하였기 때문이다.[124] 구성원을 출신 지역별로 보면 無錫을 포함한 江蘇省 출신이 가장 많고, 浙江·江西·湖北·河北 지역 출신도 있다.

구성원의 인적 관계는 師弟·血緣·姻戚·交友·親知 관계로 나누어 볼 수 있다.[125] 이렇듯 서로 친밀한 인적 결합은 無錫의 東林이라는 지연과 더불어, 그들이 反張居正運動에서부터 反內閣運動 反宦官運動이라는 일련의 황제전권체제에서 황실위주의 부패와 비리에 항거하다 물러나지 않으면 안 되었던 투쟁과정에서 맺어진 인연 때문이었다.

동림강회는 院規 내지는 會規에 따라 운영되는데, 매년 봄이나 가을에 1차 대회를 열며, 연 8차의 小會를 여는데, 대회와 소회를 막론하고 회기는 3일 동안 계속된다.[126] 다른 지역 출신의 구성원들은 자기의 향리에 동림서원의 分院이라 할 강학장소를 세웠다. 예컨대 인근의 武進에는 經正堂, 金壇에는 志矩堂, 宜興에는 明道書院, 常熟에 虞山書院이 그것이며, 他省에도 鄒元標가 江西에 仁文書院을, 馮從吾가 陝西에 關中書院을, 劉宗周가 浙江에 證人書院을, 孫奇逢이 河北에 雙峰書院을 세워 동림서원과 밀접한 관련 아래 각각 강학하였다.[127] 또한 동림회강 이외에도 인근의 향읍

---

122) 王天有는 〈東林登科錄〉을 토대로 분석 가능한 288명 가운데 진사 출신이 166, 거인 출신 7, 생원 4, 기타 4명으로 통계하고 있으며(《晩明東林黨議》, 上海, 1991) 權五重에 따르면 《東林書院志》,〈列傳〉의 주요인물 58명 가운데 40명이 전·현직 관료이며, 14명이 거인, 생원은 겨우 3명이다.[〈東林派의 形成에 대한 일고찰 ― 東林書院의 構成과 活動을 중심으로〉(《全海宗博士華甲紀念史學論叢》, 一潮閣, 1979), pp.342~348] 이 章의 관련 기술은 주로 權五重의 글에 따른다.
123) 高攀龍,《高子遺書》附錄, 葉茂才 撰〈行狀〉;《明史》卷 231,〈顧憲成〉傳.
124) 《東林書院志》卷 2,〈院規〉,〈會約儀式〉.
125) 權五重, 앞의 글, pp.351~354.
126) 위의 글 참조.
127) 權五重은 역시 동림서원의 구성원으로서 인근이나 또는 먼 곳에 따라 건립한

에 교화와 구휼을 목적으로 하는 同善會를 비롯하여 同壽會·五經會·興讓堂을 설치하여 운영하기도 하였다.[128] 특히 同善會는 이 때부터 崇禎年間까지 전국에 10여 개소나 존속하면서 활발한 사회복지 활동을 펴나갔다.[129]

東林會約에 따르면 동림강학은 비록 주자의 白鹿洞規에 따라 순수한 학문적 자세를 지닐 것을 누누이 강조하고 있지만, 서원의 구성원들이 대부분 중소지주층 출신으로서[130] 명말의 사회적 모순이 깊어지던 시점에서 현실정치에 남다른 관심을 가질 수밖에 없었다. 더구나 隆慶朝 이래의 정치는 대지주, 대상인과 관련을 맺은 황실중심의 內閣派·宦官派가 중앙집권적 부국강병을 강행하고 있었으며, 특히 萬曆 중기 이후에는 황실을 둘러싼 부패권력의 정치적 비리와 경제적 수탈이 매우 심하였다.[131] 이에 반해 중소지주층 출신의 소장관료들은 향촌중심의 부국강병책을 주장함으로써 서로 이해관계를 달리하였다. 이러한 대립은 만력 초 정거정의 집정 때부터 나타났다.[132] 장거정의 奪情事件에 鄒元標가 반대하다가 좌천되자 顧憲成 등이 그 입장을 지지하였으며, 이후 그들 소장파 관료들은 조정의 부당한 정책에 반대하여 반내사·반환관 운동을 계속하다가 좌천되거나 파직되는 과정에서 그들 사이에 동지적 유대가 강화되었다.

동림강학이 현실정치문제에 민감한 것은 당연한 일이었다. 顧允成이 "하늘이 무너지고 땅이 꺼져도 몰라라 하고 단지 강학에만 몰두하여 즐겁게 지내며…… 縉紳은 단지 '明哲保身'의 一句를 밝히고, 布衣는 단지 '諸侯에 傳食한다'는 일구에 급급한다"고 하여 당시 講學人의 사회적 무책임성을 개탄하고 있으며,[133] 〈院規〉에서도 강학의 무용론에 대하여 "강학하고

書院을 조사하여 일람표를 작성해서 설명하고 있다.(위의 글, pp.368~354)

128) 위의 글, pp.356~359.

129) 夫馬進, 〈同善會小史〉(《史林》 65-4, 京都, 1982) 참조.

130) 小野和子, 〈東林派とその政治思想〉(《東方學報》 28, 京都, 1981), pp.258~265.

131) 金鍾博, 〈明代東林黨爭과 그 社會背景〉(《東洋史學研究》 16, 1981) ; 졸저, 앞의 책, pp.224~270.

132) 小野和子, 〈東林黨と張居正 — 考成法を中心に〉(《明清時代の政治と社會》, 京都, 1983), pp.96~98.

133) 高攀龍, 《高子遺書》 卷 11, 〈顧季時行狀〉.

행하면 어찌 유익하지 않겠는가? 病은, 행하는 데 있는 것이지 강학에 있지 않음을 모르는 것이다"[134] 하여 강학의 사회적 실천을 강조하고 있다.

역시 〈원규〉에서,

> 학자는 도에 뜻을 두어야 하는 것이니 불원만리하고 尋士覓友해야 한다. 오늘날 一堂에 모여 앉아 피차 서로 嚴憚하니 餘師가 되는 것이며, 피차 서로 切磋하니 餘友가 되는 것이다. …… 1인의 견문은 유한하고 衆人의 견문은 무한하다. 혹 심신의 密切함을 參究하고, 혹 詩書의 要義를 따지며, 혹 고금의 인물을 詳考하고, 혹 경제 실사를 商量하며, 혹 鄕井의 이해를 궁구하여, ……얻지 못하면 일거에 대중에게 質正하여, 중지를 모아 서로 즐겨 해결해 간다.[135]

하여 道에 뜻을 두는 학자는 모름지기 불원만리하고 스승을 찾고 붕우를 구하여 강학하는 일이 중요함을 말하면서, 아울러 고금인물과 경세 실사와 향정의 이해와 같은 經世致用의 學을 대중에게 質正하는 학문의 새로운 연구방법을 제시하고 있다. 동림파 사람들이 대중의 여론을 듣는 방법에 주목할 필요가 있다. 趙南星은 상소문에서 "國是는 대중이 모두 옳다고 해야 하는 것이다. 중론이 반드시 옳지 않더라도 옳은 것(是)은 중론의 밖에 있지 않다"[136]고 주장하였으며, 그 밖에도 동림파 인사는 일반적으로 '조정의 공론' 내지는 '민중의 여론'을 내세워 군주권의 남용을 견제하려는 경향이 강하였다.[137]

한편 동림강학의 이러한 經世實學的 성격은 명말·청초 經世致用의 學으로 이어져서 다시 고증학으로 이어져 가거니와, 어쨌든 동림회강은 종래의 회강에 비하여 정규회원들이 조직적으로 운영하였고, 학문의 내용도 실학적 성격이 강하였다. 단지 경세실학에 그치는 것이 아니라, 정치운동

---

134)《東林書院志》卷 2,〈院規〉,〈二感〉.
135)《東林書院志》卷 2,〈九益〉.
136)《趙忠毅公集》卷 12,〈覆新建張相公定國是正紀綱疏〉.
137) 小野和子,〈東林黨考(二) — その形成過程をめぐって〉(《東方學報》55, 京都, 1983), pp.297~307.

도 같이 하였다. 강학 중에 틈틈이 조정을 비판하고, 인물을 평가하는 일을 서슴지 않을 정도로 정치적 색채를 강하게 지닌[138] 동림강학 사람들은 후기에는 중앙의 관료로 있는 동지들의 강학처인 北京의 首善書院과도 서로 和唱하면서 정치활동도 겸하였다. 이리하여 반대파로부터 그들이 朋謀結黨하여 '東林黨'을 이루어 정치를 문란하게 한다는 지탄을 받게 되어, 天啓 5년(1625) 정부에서 전국 서원의 철폐령을 정부에서 다시 내리게 되었다.

장거정 이래 제2의 사원 철폐가 단행되고 그 지도자들이 희생되었으나, 동림서원을 중심으로 본격화한 會·社運動[139]은 淸朝의 지배체제가 강해져 본격적 탄압이 있기까지 후진들이 활발히 이어나갔다.[140]

6. 《明夷待訪錄》의 學校論과 師友論

黃宗羲(1610~1695)는 閹黨 魏忠賢에게 희생된 東林派 지도자의 한 사람인 黃尊素의 아들이며, 또한 陽明學 右派學者로서 동림강학에 참여하였고, 명이 망하자 自絶함으로써 충의를 보인 劉宗周의 제자이다. 그는 정치적 탄압으로 동림서원이 철폐되고 동림파의 정치활동이 좌절되는 것을 경험하고 명·청 교체의 고난을 겪으면서 동림의 후예인 復社에 가담하여 활동하였으며, 청조의 요청에도 끝내 仕宦을 거부하였다. 이 같은 실천적 학문생활을 한 그의 정치개혁서 《明夷待訪錄》은 위로 양명학의 사상적 입장을 이어받으면서[141] 동림파의 사상과 실천을 총괄하고 발전시킨 결정체

---

138) 《明史》 231, 〈顧憲成〉傳.
139) 中國史에서 會나 社는 그 기원이 오래지만, 講學을 위한 집회 또는 社會福祉 등을 위한 結社운동은 아마도 강학운동과 관련하여 성장해 온 것이 아닌가 한다. 그런데 조직적인 講會나 結社는 陽明學左派 특히 何心隱의 회강을 거쳐 동림서원을 중심으로 본격화, 명말청초에 복사 등의 결사운동으로 전개되고 있으므로 이를 엄격한 의미에서는 謝國楨과 같이 '黨社運動'이라 하기보다는 會社運動이라고 하는 것이 옳을 것 같다.
140) 졸고, 〈明末·淸初의 東林·復社運動〉(《明末淸初社會의 照明》, 한울, 1990) 참조.

라고 할 수 있다.[142]

특히 《명이대방록》의 학교론은 재야 사대부의 講學處로서의 동림서원을 정부설립의 학교제도와 결부시켜 사대부위주의 유교적 정치이상을 실현하려 한 개혁론이라는 점에 특색이 있다. 그는 학교론을 전개하면서 양명학 이래의 동지의식 내지 師友觀을 하나의 기본시각으로 설정하고 있다. 그는 학교의 강학을 주재하는 대학의 祭酒와 지방의 學官을 정치적으로나 사회적으로 존대하는 방안을 여러 가지로 강구하고 있었다. 중앙의 대학에 대하여,

> 大學祭酒에는 당세의 大儒를 추대하여 그 대우를 재상과 같이 하되, 혹 퇴임한 재상으로 그 職을 맡게 한다. 매달 초하루에 천자가 대학에 나가면 宰相 六卿 諫議가 모두 수행한다. 祭酒는 南面으로 講學하고, 天子는 弟子列에 앉는다. 정치에 결함이 있으면 祭酒는 기탄없이 직언한다.

고 하여, 養士만이 아니라 論政機構로서 학교의 중요성을 전제하고, 이를 매개로 天子와 祭酒는 師弟관계가 되어야 한다고 하였다. 이런 생각에는 사대부가 정치의 주체라는 의식이 강하게 바탕하고 있다.[143] 지방의 郡縣 學官도 마찬가지다. 군현의 學官도 군현의 公議에 따라 名儒 가운데서 선출하는데, 그 자격은 歷仕에 관계없이 學行의 정도를 기준으로 한다는 것이다. 그리고 역시 학교론에서 군현관과 學官, 提學과 學官의 관계에 대해서도 다음과 같이 말했다.

> 郡縣에서 초하루와 보름에 읍내의 搢紳士子가 모여 學官이 강학하면 군현의 관리는 제자의 열에서 北面하여 再拜하고, 스승과 제자가 서로 어려운 문제를 토론한다. …… 名儒를 뽑아 學政을 감독하게 하지만 學官은 提學에게 예속되는 것이 아니며, 그 학문·품행·명성·연배에 따라 서로 師友가 된다.

141) 山井湧, 〈陸王學譜〉 下, 《陽明學入門》, pp.149~153 ; 졸고, 〈《明夷待訪錄》에 보이는 職分論 — 宋代 이래 位·分觀의 변천상에서 본〉(《東洋史學硏究》 10, 1976), pp.2~7.

142) 졸고, 〈明末·淸初의 東林·復社運動〉, pp.74~79.

143) 위의 글, pp.21~30.

郡縣官 역시 郡縣學校의 강학에 참여하여 學官의 제자로서 禮를 올리며, 또한 提學도 學官에 대하여 監督官으로서 군림할 것이 아니라 師友로서 서로 존대해야 한다는 것이다. 지방 僻地에서도 學行이 있는 자를 蒙師로 뽑아 分敎를 담당하게 한다는 등 유능한 학자와 독서인을 학교를 중심으로 선발하여 사대부의 이상을 실현하도록 하려는 것이었다.

명대 후기의 하심은이나 동림의 강학은 서원을 중심으로 재야의 사우나 붕우 사이에서 이루어졌는데, 黃宗羲에 와서는 천자를 관료체계 안에 편입시킨 다음 천자에서 重臣에 이르기까지 모두를 다시 학교 울타리 안으로 끌어들여 이들을 大學의 祭酒나 지방 學官의 弟子列에 서게 하려 한 것이다. 그의 이러한 구상은 중국의 역대 왕조가 학교 및 서원의 대책에 실패하였다는 전제에서 나온 것이다.

그는 학교는 원래 인재의 양성과 함께 논정의 기능이 역시 중요한 것이라고 믿었다.[144] 그런데 후세에 이르러 조정의 잘못으로 학교의 본래 기능이 변하여 많은 문제를 일으키게 되었다는 것이다. "학교가 변하여 서원이 되니, 서원에서 그르다[非]고 하는 것이 있으면 조정에서 옳다[是]고 칭찬하고, 옳다[是]고 하는 것이 있으면 조정에서 반드시 그르다[非]고 나무랐다"[145]고 한 지적은 하심은과 동림서원의 강학에 대립적인 조정의 태도를 두고 한 말임이 분명하다. 동림강학에서는 公論(是非)에 따라 정치할 것을 강력히 촉구하였으나, 조정에서는 이를 무시할 뿐만 아니라 강학을 탄압하고 심지어는 서원의 철폐령까지 내렸다.

7. 맺음말

지금까지 陽明의 〈拔本塞源論〉에서부터 《明夷待訪錄》의 학교론에 이르기까지에 보이는 사대부의 講學活動과 師友意識이 변화해 가는 과정을

---

144) 吳金成, 〈黃宗羲의 敎育改革論〉(《歷史敎育》17, 1974), p.97.
145) 《明夷待訪錄》, 〈學校〉.

살펴보았다. 이제 이를 요약하면서 16~17세기의 시대적 특징과 관련하여
정리 서술하는 것으로 결론을 대신하고자 한다.

陽明學의 특징은 萬物一體的 大同의 理想을 실현하려 한 데 있다. 물
론 대동사상은 양명학 특유의 것이 아니지만, 적어도 15세기 중엽 이후
중국의 정치적 사회경제적 변화에 대응하여 사대부의식의 자기변혁을
꾀하는 과정에서 새로운 의미를 갖고 나타난 것이었다. 양명의 학문적
성숙기의 논설인 〈발본색원론〉이나 〈대학간〉 등에는 빠짐없이 "호걸동
지의 결합으로 대동을 실현하려" 하고 있을 뿐 아니라, 이러한 그의 豪
傑同志意識은 '狂者'로 자처할 만큼 강렬한 것이었다. 양명은 명 중기 이
후 유랑민의 발생과 민란, 계층이동과 四民의 순위변동이라는 시대적 추
이에 따라 불평등 사회의 문제를 해결하기 위해 사대부의 책임감에 무한
히 호소하였다.

대동적 이상사회를 이룩하기 위해서는 광자적 정열을 가진 동지의 결합
과 이들에 의한 良知學의 실현이 무엇보다 필요한 것으로 인식되었다. 이
러한 배경 아래 새로운 방식의 강학이 유행하게 되었다. 16세기 경부터 유
행하기 시작한 心學的 풍조는 종래 朱子學의 권위주의식 내지는 注入式에
서 벗어나 師友가 함께 토론하고 납득하는 개방적 강학방식을 열었다. 이
는 주로 湛甘泉이나 王陽明의 講學活動에서 볼 수 있는 講會 會講의 성격
을 띠는 새로운 방식이었다.

특히 양명은 致良知說을 내놓으면서부터 書院은 물론 어느 곳에서나
적게는 몇 명, 많게는 백 명, 천 명에 이르기까지 집단을 이루어 강학하였
으며, 이러한 개방적인 방식은 그 후학들에게 이어져 良知學의 闡發과 宣
戰에 백방으로 활용되었다. 이러한 개방적 강학의 풍조는 명대 지방학교
가 전국적으로 설치되고, 시대가 내려가면서 점차 쌓여간 학생층의 집단
행동 내지 동류의식과 직접적 연관은 없었다 하더라도, 그러한 분위기는
어떤 시대적 공통성을 띠고 있는 것이 사실이다. 어쨌든 16~17세기에 성
행했던 강학은 송학에서도 없었던 것은 아니었으나, '同志的 結合'이라는
성격은 매우 흐렸으며, 淸朝의 考證學과는 더욱 대비되는 개방적 방식이
었다.

양명의 호걸동지에 대한 갈망은 二王(王心齊와 王龍溪)과 같은 걸출한
제자를 배출하였다. 특히 泰州學을 창시한 心齊는 사대부의 책임의식을
강조하면서 사대부는 모름지기 제왕의 스승이 되고, 전하만인의 스승이
되어야 한다고 하였다. 사대부가 帝王의 스승이 되고, 천하만세의 스승이
되어야 한다면 그 주체가 튼튼하지 않으면 안 된다. 心卽理(良知)학에서는
心이 사대부의 주체이며, 그 심의 실현은 身을 통하여 이루어지기 때문에,
심제는 《대학》 八條目의 해설에서 修身이 齊家 治國 平天下의 근본이 된
다고 하였다. 이러한 '修身立本'의 사도를 중시하는 심제는 사대부의 明哲
保身 安身 尊身을 강조하게 마련이었다.

그러나 심제의 帝王師說에 대한 비판이 두 가지 측면에서 이루어졌다.
하나는 명대처럼 군주권이 강화된 사회에서 帝權에 대한 紳權의 우위를
용납하기 어렵다는 견해로서, 管東溟은 사도로서 왕도를 가릴 위험이 있
다고 비판하였다. 다른 하나는 그 獨尊的 師道論이 겸손하지 못하다는 비
판시각이다. 王龍溪는 사도를 사대부의 책임으로 하는 것은, 겸손하지 못
할 뿐 아니라, 학문이 아집에 빠질 위험도 있다고 하였다. 나아가 그는 명
우의 도는 책선에 있는 만큼 親昵에 치우친 가족관계도 사우의 도로서 보
충하면 최선이 될 것이라 하고 있다. 二王의 학문성향이 어느 정도 차이가
있더라도, 그들은 평생 講學으로 양지학에 종사하였으며, 특히 태주파에
속하는 좌파학자들의 일상적 강학활동은 어떤 시대적 특징을 보여주고 있
었다. 그리고 높은 관직에 있으면서 京師에서 講壇을 설치한 方獻夫나 徐
階의 경우, 청중이 수백·수천 명을 헤아렸다 하니, 가청조의 강학이 양명
학의 유행과 함께 전성기를 이루었다는 것을 알 수 있다.

심제의 身을 근본으로 하는 이른바 修身立本설은 何心隱에 와서는 身과
아울러 사대부의 家를 중시하는 이론을 내놓았다. 家는 儒家 또는 孔氏之
家(孔氏學派), 아니면 會를 뜻하는 것으로, 이를 실천하기 위하여 그는 여
러 가지 활동을 펴나갔다. 먼저 聚和堂을 세워 一族의 子弟를 교육하고 族
誼로서 부세 등의 族政을 주도하였으며, 천하를 누비면서 했던 강학(회)
활동으로 따르는 자가 천 명에 이르렀다. 장거정이 강학을 싫어하여 서원
철폐령을 내리자, 〈原學原講〉을 지어 貌가 있으면 반드시 事가 있고 學이

있으며, 言이 있으면 반드시 事가 있고 講이 있다 하여, 貌와 言을 外在化
具象化하여 學과 講이 불가분의 관계임을 들어 항의하였다.

심은은 講學論과 함께 朋友論에 독특한 논리체계를 세웠다. 그는 오륜
가운데 朋友의 交가 天地의 도를 가장 안정되고 균형 있게 실현하고 있다
고, 《易》의 원리를 이용하여 설명하고 있다. 나머지 四輪, 다시 말해 父子·
夫婦·兄弟의 가족관계와 군신관계는 上下 尊卑의 종속적 성질 때문에 小
交라 하였다.

그는 身을 伸, 家를 加(또는 嘉)라고 하여 심제의 수신입본설에서 한걸
음 더 나아가, 사대부라는 한 몸이 상하·전후·좌우로 확대되어 家가 되고
會가 되며, 이 朋友·師友의 集體인 家(儒家)와 會(講會)를 매개로 하여 치
국 평천하를 이룰 수 있다고 하였다. 이처럼 身의 상하 좌우로의 확대 내
지 상승 현상은 당시 장사가 農工보다 이익이 더욱 많아, "儒를 버리고 商
을 택하는" 사례가 많았던 현실을 반영한 것이었으며, 이러한 사회적 학문
적 변화는 태주학의 慾望肯定의 경향과 함수관계를 갖는다는 점을 지나쳐
서는 안 된다.

李卓吾는 심은을 求道者로 존경하여 그 論을 써서 칭송하였으며, 두 사
람은 反名教的 성향 때문에 體制側 名教側으로부터 희생당한 공통점이 있
다. 탁오는 오륜 가운데서 붕우의 중요성을 강조하고 평생 이를 실천한 심
은을 특히 영웅시하면서, 세상의 이기적 붕우관계를 개탄하였다. 그도 붕
우론을 써서 벗과 스승은 둘이 아니라 벗의 연장선에 스승이 위치한다는
붕우론으로 심은의 붕우설에 동참하였다.

心齊가 修身偽本의 師道를 강조하고 사대부는 모름지기 명철보신할 것
을 가르쳤으나, 심은과 탁오는 붕우지교를 중시하여 명철보신설의 사대부
이기주의를 비판하였다. 이 점에서는 오히려, 親昵에 치우친 가족관계의
폐단을 붕우의 수평성·균등성으로 보충할 것을 주장한 용계의 의견을 수
용하였다고 할 수 있다.

강학은 양명학의 유행과 함께 성장하였으나, 그 가장 전형적인 것은 역
시 동림서원에서 볼 수 있다. 東林書院의 창건자 顧憲成과 그 동료들은 만
력초 장거정 반대운동에 참가한 이후, 계속하여 반내객운동, 반궁관운동

등 당시 황실위주의 부패와 비리에 항거하였다. 退官한 동지로서, 그 강학
은 자연히 정치현실에 비판적이었다. 강회는 會約에 따라 연 1차의 대회와
8차의 소회가 각 3일 동안 열렸다. 서원의 구성원들은 동림을 중심으로 하
고, 가까운 곳에 서원을 세워 分院으로 운영하였으며, 먼 곳에서도 동지들
의 서원강학이 서로 관련을 맺고 이루어졌다. 이처럼 동림강회는 顧憲成
의 지적과 같이 "널리 동지를 연합하고", "스승을 찾고, 붕우를 구하여" 이
를 조직적으로 구성하고 운영하였다. 이런 점에서 그것은 하심은의 강학
론과 그 운동의 결실이라 해도 좋을 것이다.

동림서원의 강학이 이와 같이 동지적 결합으로 이루어지고 있었던 만큼
동지의식도 강하였다. 顧憲成은 오륜 가운데 군신관계와 가족관계는 主屬
의 관계로서 前者는 敬에 치우치고, 後者는 愛에 치우치는 폐단을 지니는
데 반해 붕우관계는 주와 속이 없는 평등관계라고 하였다. 붕우의 도로서
오륜 중 나머지 하나는 사륜을 보충하고 調攝하면 그 폐단을 없앨 수 있다
는, 이러한 동지의식에 기초하여 동림강학이 성립하였다.

동림서원의 강학은 전통적 哲學의 命題와 아울러 현실의 여러 사회적
정치적 문제에 관한 연구와 토론으로 진행되었다. 강학을 통하여 학문의
경세실학적 중요성을 강조하고, 대중의 輿論(公論)으로 군주권을 견제하
려는 학문연구 방법을 중시하여, 명말·청초 경세치용의 학으로 이어졌다.

黃宗羲는 동림파 지도자의 한 사람이었던 黃尊素의 아들이며, 양명학자
로서 동림강학에도 참여하였던 劉宗周의 제자로서 동림의 후예인 복사의
회원으로 활동하였다. 《明夷待訪錄》은 동림의 사상과 실천적 학문을 총괄
하면서 발전시킨 그의 정치사상서 내지 정치개혁안이라 할 것으로서, 특
히 陽明學 이래 계속된 강학활동과 사우에 관한 논의를 받아들여 학교론
을 이루었다는 점에서 주목을 끈다. 黃宗羲는 학교는 원래 신재의 양성과
함께 정치를 논하는 이중적 기능을 가졌으나, 후세에 군주의 독단과 탐욕
때문에 학교와 서원이 양립되는 결과를 낳아 그 두 가지 기능을 모두 잃어
버리게 되었다는 것이다. 즉, 朝廷은 서원의 강학을 통한 시비와 공론을
받아들이지 않고, 학교의 학관에 대한 대우나 학생대책에도 관심을 갖지
않아 정치와 교육의 가장 중요한 문제를 버려두고 있다는 것이다. 그리하

여 학교의 위상을 높이는 방안으로서, 당대의 大儒를 祭主에 추대하여 그가 主宰하는 강학에 천자를 위시한 조정의 중신을 弟子列에 참여시키려 하였다. 마찬가지로 지방학교에서도 학관이 주재하는 강학에 지방관이 제자열에 앉고, 揚學은 학관과 사우가 되어야 한다는 것이다.

《명이대방록》의 君主絶對制 비판의 기본시각은 학교론이나 사우론에서도 마찬가지로 적용되고 있다. 학교가 아닌 일반 군신관계도 사우관계에 불과하다는 것이다. 황종희는 오륜 가운데서 군신관계를 특히 중요시한 송대 定理的 名分論者나 이를 옹호한 명대의 장거정을 小儒라고 비난하면서 군신관의 새로운 정립을 주장하였다. 사대부가 벼슬하면 군주의 신하가 되지만, 그렇지 않으면 나그네에 불과하다는 것인데, 전자의 경우도 主從이 아닌 師友關係라는 것이다. 군신관계를 부자관계와 동일시하는 定理的 名分說에 대하여, 아들은 아버지의 분신이지만 臣과 君은 기능적 차이가 있을 뿐, 횡적 대등한 관계라 하여 그 허구성을 비판하고 있다.

그리고 군신관이 잘못된 원인의 하나가 臣官을 臣僚에 포함시킨 데 있다고 하여, 환관과 궁녀는 군주의 僕妾인 데 반해 관료는 사우가 된다는 주장도 명대 정치에 환관의 작폐가 컸었던 점을 의식했기 때문이었다.

이와 같이 군신은 기본적으로 사우관계이며, 특히 학교 강학을 통하여 儒者가 스승이 되고, 황제가 제자가 되어야 한다는 황종희의 학교론·사우론은 왕심제의 제왕사론을 이어받은 것이다. 사대부가 제왕의 스승이 되어야 한다는 이러한 주장은 위로는 양명에서 이왕, 그리고 하심은과 동림파 인사의 강학을 통한 사우 간의 활동과 경험을 토대로 이어져 왔다.

《명이대방록》의 학교론이 양명학 이래의 강학과 이를 통한 사우간의 同志的 여러 활동의 총결산이라고 한다면, 여기에는 양명학류의 강학시대를 종결한다는 뜻이 있다. 사실 청조의 지배가 康熙帝에 이르러 확실시되면서 사대부의 회사운동이 탄압을 받게 되었고, 아울러 강학활동도 위축되게 마련이었다. 강학활동의 위축은 경세실학의 발전에 따른 내부적 요인도 있으니, 명말 청초를 겪으면서 송명 理學의 관념론보다는 경세치용의 학과 연구방법이 필요했던 것이 그것이다. 이러한 추세가 顧炎武 이래, 청조 고증학의 강학에 대한 금기를 불러왔기 때문이다.

16~17세기에 성행한 강학 내지 강회활동이나 사우론은 19세기 말, 梁啓超·譚嗣同 등 개혁적 인사에게 계승되었다. 특히 그 사우관은 譚嗣同의 仁사상에 발전적으로 이어져 내려왔음은 널리 알려진 사실이다.

(《明淸史硏究會會報》2, 1993)

제 3 장
帝權과 相權의 대립과 그 논리
- 嘉靖·隆慶朝 內閣派의 大臣共政論 -

1. 머리말

明 帝國을 세운 太祖 洪武帝는 역대왕조의 쇠미와 멸망의 가장 큰 원인이 帝權의 약화에 있다고 보고, 이를 강화하기 위하여 中書省을 폐지하고 丞相制를 없앴다. 六部를 비롯한 중앙과 지방의 주요기구를 황제에게 직속시키는 한편, 황제권의 행사에 방해가 되는 모든 권한을 분산하는 등 군주권 강화를 위한 일대 개혁을 단행하였다.

그러나 현실정치는 개인의 의도대로만 되는 것은 아니다. 우선 태조가 승상제를 폐지함으로써 구축한 군주절대체제는, 어리거나 무능한 군주가 다스릴 경우 여러 가지 모순을 낳게 된다. 뿐만 아니라 하나의 체제가 일정한 기간을 지나면 정치·사회·경제적으로 여러 가지 변화를 겪지 않을 수 없으며, 그렇게 되면 옛 제도는 새로운 상황에 대응할 탄력성을 잃게된다. 이러한 상황이 되면 옛 제도와 사상의 여러 가지 모순이 나타나게되며, 따라서 그것에 대한 비판적 성찰과 그에 따른 새로운 정치이념이 나오게 마련이다. 嘉靖朝에 門戶가 점차 대립하게 되는 현상과 이에 따른 제권과 內閣權(閣權)의 서로 다른 정치적 주장, 그리고 內閣의 首輔權을 둘러싼 분쟁과 이에 따른 서로 다른 정치적 주장들이 대두하였다.

嘉靖帝의 즉위를 전후하여 楊廷和內閣에서 취한 여러 시책과 大禮義의

발생은, 正德朝의 亂政을 경험한 楊內閣이 황제권의 견제가 필요하다는
사실을 절감한 데서 비롯하였다.[1] 특히 대례의를 통해 주장한 양정화내각
의 禮論은 제권을 견제하기 위한 정치이론으로서 주목할 필요가 있으며,
이와 반대로 帝의 편에서 楊內閣의 예론을 반박하고, 급기야는 內閣權을
얻어낸 張璁 일파의 政論도 주의할 필요가 있다. 필자는 이전 글에서 전자
의 주장을 分權共政論, 후자의 그것을 君主獨斷論으로 부르면서 이것이
東林黨의 分權公治的 君主主義論과 皇帝宦官派의 皇帝一元的 國家主義論
의 대결의 선구적 형태라고 규정한 적이 있다.[2]

이 글에서는 이 점을 더 명확히 하기 위하여 대례의를 통하여 나타난 楊
內閣의 大臣共政論과 張內閣의 君主獨斷論을 살펴보고, 그 전개로서의 隆
慶朝내각의 閣臣 사이에서 일어난 대립의 양상과 정치적 주장을 살펴보려
한다. 이렇게 함으로써 嘉靖 이래 內閣權 쟁탈과 그들의 政論이 明代政治
史에서 차지하는 위치와 의미를 이해할 수 있을 뿐 아니라, 萬曆朝 東林派
의 分權公治論 연구의 전 단계 작업으로 삼을 수 있다.

2. 楊廷和내각의 대신공정론

世宗 嘉靖帝는 武宗의 從弟로써 武宗이 無子하였기 때문에 그 대통을
잇게 되었다. 이 典禮問題를 처리하면서 禮部가 首輔 楊廷和의 지시에 따
라 "世宗은 孝宗에 入繼하였기 때문에 세종의 생부 興獻王을 皇叔으로 해
야 한다"고 주장하자, 世宗은 "자신이 독생자로서 만일 孝宗을 皇考로 한
다면 그의 生父母는 無後가 될 것"이므로 이를 받아들일 수 없다는 주장으
로 맞선다. 新帝의 즉위와 함께 열린 이 대례의는 황제와 내각 사이에 팽
팽한 대결정국을 낳게 되었다.[3] 世宗은 남의 자식이 된 도리를 할 수 있도

---

1) 졸저,《中國近世政治史硏究》(지식산업사, 1988), pp.143~148.
2) 졸고,〈嘉靖初 政治對立과 科道官 – 大禮議를 중심으로〉(《東洋史學硏究》 21,
   1985), p.51.
3) 大禮議를 정치적 관점에서 다룬 李洵의 論及(《明淸史》, 1956)이 있은 이래 南

록 해달라는 간곡한 뜻이 받아들여지기를 희망하면서 手勅을 전하였으나
楊廷和는 이에 대하여 단호한 태도로,

> 臣 등에게 "至親은 부모와 같음이 없다" 하시니 臣 등이 어찌 聖意를 받들
> 지 않겠습니까? 실로(禮에) "남의 뒤를 잇는 자는 그 아들이 되는 것이니 남
> 의 뒤를 이으면 그 私親을 돌아보지 않는다(爲人後者 爲之子 旣爲人後 則不
> 復顧其私親)" 하니 이는 천지의 經常이요, 고금의 通誼입니다. …… 대저 天下
> 萬歲의 公議는 진실로 1人의 私情으로 폐할 수 없습니다. 이것은 국가의 典禮
> 에 관계되는 바 크니 감히 아첨하여 旨에 따를 수 없습니다.

라는 내용의 상소와 함께 手勅도 封還하였다.[4] 封還은 封駁이라고도 하는
데 황제의 뜻에 찬동할 수 없는 경우 이를 돌려보내는 것으로 황제권에 대
한 내각의 거부권행사라고 할 수 있다. 漢·唐의 재상은 封駁權을 행사할
수 있도록 제도화되어 있었으나, 宋·明과 같이 황제권이 강화된 정치제도
아래에서는 어려운 일이었다. 더구나 명대에는 丞相制가 폐지된 상태에서
六科給事中이 문서상의 착오가 있을 때, 이를 바로잡기 위하여 봉박을 허
가하고 있었으니, 이는 오히려 군주절대권 행사에 도움을 주는 것이었나.
명대 내각에는 거부권이 따로 주어져 있지 않았는데도 楊內閣은 대례의에
서 抗疏 13회에 네 차례의 거부로 맞섰다.[5]

이와 같이 강력한 권한을 행사한 楊廷和는 어떤 인물이었는가? 그는 成
化 14년에 진사, 正德 2년에는 內閣大學士로 있다가 환관 劉瑾의 미움을
사 南京吏部侍郎으로 좌천되었다. 劉가 처형된 뒤 李東陽에 이어 首輔가
되었으나, 환관 谷大用, 義子 錢寧·江彬 등의 횡포가 심한데다 武宗의 불
측한 행위로 직무를 제대로 수행할 수가 없었다. 그러나 正德 16년 武宗이

炳文, 《明史》(上海人民出版公司, 1985) ; 懷效鋒, 《十六世紀中國的政治風雲》(香港商
務印書舘, 1988) ; 羅輝映, 〈論明代大禮義〉(《明史研究論叢》 3, 江蘇古籍出版社,
1985) 등이 내용에는 다소 차이가 있지만 동일한 입장에서의 서술이며, 國內 연
구로는 필자의 논고 이외에 최근 鄭台燮, 〈大禮議의 典禮論分析〉(《東國史學》
24, 1990)이 새로운 시각에서 이전의 연구성과를 비판적으로 이어받았다.

4) 《明武宗實錄》 卷 4, 正德 16年 7月 甲子條.
5) 《明史》 卷 190, 〈楊廷和〉傳.

후사가 없이 죽자, 상황은 또다시 달라졌다. 그는 太后의 승인을 얻어 藩王世子 世宗을 맞아들이는 데 앞장섰을 뿐만 아니라 정치적 공백기를 이용하여 佞臣 江彬·錢寧을 체포, 처형하는 등 이제까지와는 달리 적극적 자세로 나섰다. 세종이 藩王府에서 상경하여 즉위하기까지 37일 동안 그는 太后의 승인을 얻어 정사를 총람하게 되었는데, 이 과정에서 武宗의 遺詔와 世宗의 卽位詔書를 기초하였으며, 여기에 따라 武宗朝의 폐정을 혁파하고 새로운 개혁정책을 실시하였다. 이것이 嘉靖新政이다. 그러나 그 자신은 이로 말미암아 불이익을 당한 환관을 비롯하여 帝室에 기생하는 부패세력의 강한 저항을 받게 되었으며, 이리하여 궁졸 100명으로 호위를 받으며 조정을 드나들지 않으면 안 될 정도였다.[6]

이와 같이 신변의 위험을 무릅쓰고 과감한 개혁정치를 단행하려 한 것은 正德·嘉靖 교체기를 이용하여 내각책임체제의 권력구조로 바꾸어 제권의 남용을 막아보고자 한 정치적 신념이 있었기 때문이다. 正德朝의 荒政을 경험한 그는 내각책임체제의 권력구조만이 제권 견제의 유일한 수단임을 알고,

> 옛날 呂端이 王繼恩를 鎭하고 李迪이 八大王을 制하고 韓琦가 允弼을 制한 것은 모두 事權이 專하고 委任이 重하였기 때문에 가능한 일이었으나, 我朝의 내각은 재상의 권한이 없기 때문에 우리의 직임을 다하기 어려운 것이다.[7]

라 하여, 명대의 내각권이 전대의 승상제에 비해 미약함을 개탄하고 있다. 사실 명대의 內閣大學士는, 黃宗羲의 지적과 같이 원래는 '開府의 書記'[8]的 존재에 불과하였으며, 게다가 환관은 황제와 내각 사이를 왕래하며 정치에 깊이 간여하면서 司禮太監이 때로는 大學士 위에 군림하였다.[9] 正統時의 王振, 成化時의 汪直, 正德時의 劉瑾이 모두 그러한 예에 속한다. 楊廷

6) 《明史》 卷 190, 〈楊廷和〉傳 ; 王世貞, 《嘉靖以來首輔》, 〈楊廷和〉傳.
7) 楊廷和, 《楊文忠公三錄》 卷 4, 視草餘錄.
8) 黃宗羲, 《明夷待訪錄》, 置相.
9) 趙翼, 《二十二史箚記》, 明內閣首輔權最重.

和는 내각의 권한이 원래 미약한데다 무종과 같은 무원칙한 군주가 나오면 간신이 정치를 어지럽힐 것을 염려하여, 무종이 죽자 太后의 내락을 얻어 遺詔에 "一應事務는 모두 祖宗舊制에 따를 것"과 "天下事重하니 閣臣과 함께 신중히 처리하라"고 하여 新皇帝의 영입을 둘러싼 모든 문제를 내각 주도로 처리할 수 있도록 보장받았다.[10]

그리고 世宗의 즉위를 전후하여 내각에 동조한 인사를 추려 올려 좌우에 布列하고 반대파를 제거하여 내각 위주의 입지를 다져나갔다. 正德時 내각의 同僚 梁儲·蔣冕·毛紀 등의 절대적지지 아래 환관의 정치개입을 적극적으로 막았으며, 吏部尙書 王瓊이 六部의 수장임을 내세워 대립적 자세를 취하자 그를 제거하고 吏部權을 차지하였다. 이처럼 철저한 내각중심의 세력기반을 구축하여 藩王世子의 영입을 주도하여 이후 世宗의 일거수 일투족을 간섭할 수 있었다. 이리하여 楊廷和內閣의 권위는 더욱 강화되어 "聖意에 與奪하고자 하는 바가 있으면 반드시 내각의 논의를 거쳐서 처리"하게 되었으며[11] "정치는 언제나 내각에 있고 사무는 반드시 내각을 거치"게 될 정도였으니,[12] 이제는 內閣首輔가 아래로는 萬人의 윗자리에 군림하는 '진짜 宰相'의 권위를 갖출 수 있었을 뿐 아니라, 위로는 世宗의 事後의 法裁마저 기할 수 있었다.

楊廷和가 大禮問題로 世宗과 대립하는 과정에서 帝가 표방한 '私情'에 天下萬歲의 公義를 내세워 강하게 반발하고 있는 점에 주목해야 한다. 15· 6세기 중국은 은 경제의 실시 등 매우 큰 사회·경제적 변화와 함께 늘어나는 皇室 및 주변의 사치와 부패와도 관련하여 생각할 것이니, 이러한 제권의 私的 비대화를 막고 그 公的 성질을 회복하려 한 그의 체제 개혁적 관심을 대충 보아넘겨서는 안 된다.

楊廷和가 首輔로서 世宗의 手勅을 몇 차례 封還할 수 있었던 것도 言官을 비롯한 擧朝的 지지가 있었기에 가능했던 일이며,[13] 기본적으로는 내각

---

10) 註 6)과 같음.

11) 《明世宗實錄》 卷 1, 正德 16年 4月 戊申條.

12) 《明經世文編》 卷 127, 陳萬言以裨修省疏.

13) 졸고, 앞의 글 (《東洋史學硏究》 21).

의 票擬權을 강화함으로써 武宗과 같은 난폭한 군주권의 남용이 있더라도 이를 규제할 수 있어야 한다고 믿었기 때문이다. 嘉靖 2년 말 世宗이 中外 臣僚의 반대에도 불구하고 蘇·杭州 지방으로 織造太監을 파견하려는 조치에 대하여 楊은,

> 臣 등은 祖宗의 法을 지켜 폐하께서 준행하여 宗社를 보전하되 천하의 公義를 어겨 후세의 비난을 받지 말도록 하자는 것입니다. 이제 臣 등이 말하여도 듣지 않으시고 九卿과 六科·十三道가 말하여도 모두 듣지 않으시고 오직 두 셋 奸佞의 말만 들으시니 폐하는 이 두세 사람의 奸佞의 臣과 祖宗의 천하를 共治하시겠습니까? …… 우리 祖宗朝의 모든 批答이 내각에서 票擬하여 進呈하도록 되어 있음에도 오직 正德 1년에 權奸이 亂政하여 비로소 마음대로 票擬하여 御批를 얻어내어 그 貪私를 저지르게 된 것입니다. 新政이 있은 이래 일찍이 그 죄를 묻지 않았던 것인데 드디어 邪佞 소인배로 하여금 오늘날 그 전철을 밟도록 하시니…… 폐하께서는 어찌 그 간계에 빠져 祖宗의 법도를 무너뜨리려 하십니까?[14]

라 하여, 황제의 뜻이 내각을 통하지 않고 票擬되어 진행되는 것에 강력히 항의하고 있으며, 그 뒤 楊이 내각에서 쫓겨날 때 給事中 登繼曾은 그 부당성에 항의하는 다음과 같은 疏를 올렸다.

> 祖宗 이래 모든 批答은 반드시 내각에 내려서 의논한 뒤에 하였는데, 오늘날의 中旨는 事를 考經치 아니하고 文은 理會치 아니한 채 좌우의 群小가 권세를 탐하고 총애를 바라서 이 지경에 이른 것입니다. 폐하께서는 대신과 더불어 共政하지 않으시고 저런 무리의 干進을 받아들이려 하시니 大器가 불안할까 두렵습니다.[15]

대신과 公治共政을 강력하게 촉구하고 있다. 말하자면 황제권은 내각을 중심으로 한 九卿科道官의 公議와 共政을 통하여 행사해야지 황제의 私가 작용해서는 안 된다는 것이다. 천하가 황제의 私的 천하가 아니라 祖宗의

---

14) 楊延和,《楊文忠公三錄》卷 2, 請停止織造二疏.
15)《明世宗實錄》卷 36, 嘉靖 3年 2月 丁酉條.

公的 천하이기 때문이라는 인식에서 비롯하는 이러한 논리는, 황제의 私情은 天下人의 公論에 따라 없어져야 한다는 주장으로써, 이미 대례의에서 보인 바 있다. 이러한 '祖法'과 '公議'는 중국의 정치에서 언제나 강조되어 온 것이 사실이다.[16] 그러나 정치·경제·사회·문화 등 여러 분야에서 뚜렷한 변화를 보였던 당시에, 내각의 首輔權이 강화됨으로써 '帝權과의 대결'이 이루어지던 상황에서 대신과의 共政論이 제출되었다는 사실은 특별한 의미가 있다.

3. 張璁내각의 황제독단론

모든 政事가 楊廷和內閣의 주도 아래 이루어지고 있던 때여서 세종이 孝宗皇考說에 반대하고 興獻皇考說을 주장하였지만 받아들여지지 않았다. 이러한 고립무원의 상태에 빠진 世宗을 두둔하고 나선 자가 있었다.

그는 觀政進士 張璁으로 다음과 같은 議禮疏를 올렸다.

> 廷議는 漢의 定陶王과 宋의 濮王의 고사를 고집하면서 "남의 뒤를 이어 그 아들이 되면 자기 私親을 돌아보아서는 안 된다"고 하니 무릇 천하에 부모 없는 나라가 어디 있겠습니까? 《記》에 "禮는 하늘에서 내려오지도 않고 땅에서 솟아나지도 않으며 단지 인정일 뿐이다" 하였습니다. …… 《禮》에 "長子는 남의 뒤를 잇지 않는다" 하였습니다. 聖考는 단지 폐하 한 분을 낳으셨으니 천하 때문에 남의 뒤를 잇는다면 자식이 스스로 부모의 뒤를 끊을까 두렵습니다. 때문에 폐하는 祖의 뒤를 入繼하되 그 尊親을 폐하지 아니하면 可하지만 남의 뒤를 이어 스스로 그 親을 끊으신다면 불가합니다. 무릇 統과 嗣는 다른 것입니다.[17]

私情의 자연적 발현이 곧 禮요 公이라는 興獻皇考說은. 公議의 私情에 대한 우위, 천하의 개인에 대한 우위 내지 皇家에 대한 우위가 절대적으로

---

16) 吳晗·費孝通,《皇權與紳權》(學風出版社, 1948), pp.39~47.

17)《明世宗實錄》卷 4, 正德 16年 7月 壬子條.

지켜져야 한다는 孝宗皇考說과 반대되는 논리이다. 일개 觀政進士로서 禮를 程朱學的 義理觀에 따르지 않고 陽明學的 人情에 호소한 과감한 주장은[18] 世宗의 비호를 받게 되었으며 점차 동조자도 얻게 되었다.

그는 楊廷和內閣의 비대한 권력을 비판하고 나섰다. 곧,

무릇 (폐하께서) 孝宗皇帝의 아들이라는 설은 그 시작이 집정 1인에서 시작되었는데 禮官이 부화하고 九卿·科道가 부화하여 처음부터 事體의 크고 예의의 막중함을 돌아보지 않았습니다. …… 九卿·六科·十三道官의 連名疏처럼 어찌 의논이 같을 수 있겠습니까? 疏를 여러 사람에게 보이지도 않고 단지 空紙에 九卿의 官銜을 나란히 써보내어 知字를 쓰게 하되 만일 서명하지 않는 자가 있어 회보하면 곧 科道黨與로 하여금 다른 일을 트집잡아 탄핵하게 합니다. 그러면 내각이 批擬하여 自陳케 하고 吏部가 覆奏하여 致仕케 하니 비록 대신이라도 억울함을 삼키며 떠나면서 말 한마디 못하는 형편입니다. 科道官이 連章함에 이르러서도 역시 마찬가지여서 책임진 한 사람이 주도하면 나머지는 오직 知字만 쓸 뿐이니 대세의 절박함 때문입니다.[19]

라고 하여, 首輔 楊廷和를 중심으로 九卿科道가 黨與를 이루어 孝宗皇考說을 관철하려 하고 있다고 비난하고 있다. 張璁派의 科道 曹嘉는,

大順의 道는 大臣의 法이니 무릇 法이란 人君이 천하와 함께 하는 것입니다, 우리 太祖高皇帝는 法을 創하고 治를 制함에 百王을 거울삼았으며, 옛 관직의 설치를 본받아 六部를 설치한 까닭에 감히 丞相의 復設을 말하는 자는 베게 하였고, 대소가 位를 지키고 내외가 내왕을 금하기 때문에 감히 대신의 덕정을 말하는 자도 베게 하였으며, 政은 조정에 있고 權은 主上에 있기 때문에 交結朋黨으로 成法을 어지럽히는 자도 각기 그 죄에 따라 베게 하였습니다. 대신은 법을 만들어 각기 그 職司를 지키며, 小臣은 충성을 다하여 이목의 역할로서 서로 협조케 하였으니 이는 우리 聖祖의 立國 命官의 體로서 붕괴의 조짐을 미리 막자는 뜻에 말미암은 까닭입니다. …… 원컨대 폐하께서는 대신으로 하여금 각기 그 職分을 지키되 代言·票擬하는 자는 권세를 부려 위

18) 中山八郎,〈再び嘉靖朝の大禮問題の發端に就いて〉(《淸水博士追悼記念明代史論叢》, 1936), pp.68~73.

19) 張璁·桂萼,〈謹奏爲條陳證據典籍乞昭聖斷以成大禮事〉(《大禮集議》卷 2).

엄을 세우지 말고, 旨에 따라 覆奏하는 자는 권세에 붙어 利를 좇지 말며, 吏
部는 승진채용에서 私를 행하지 말며, 科道는 糾劾 論諫하는데 세도가를 교
묘히 피하지 말며…… 그런 다음이라야 조정의 威福이 튼튼해질 것입니다.[20]

라고 하여, 역시 楊廷和의 강력한 首輔權行使는 상대적으로 황제권의 약화
를 의미하여 내각중심체제는 결국 태조의 승상제 폐지와 그에 따른 관제개
혁의 정신에 어긋난다는 것이다. 이러한 시각에서 보면 正統 초기 三楊과
같이 칭송받는 輔臣마저도 專權結黨하였다고 비판받을 수 있다.[21] 내각이
나 또는 어떠한 대신도 '專政'을 하게 되면 황제와 백성 사이에 壅滯가 생
기므로 황제권을 원활하게 행사하기 위해서는 어떠한 세력도 침범해서는
안 된다는 것이다. 이러한 발상은 대례의에서 단적으로 드러나고 있으니
張璁은 "禮는 하늘에서 내려오지도 않고 땅에서 솟아나지도 않으며 단지
人情일 뿐이라"고 한 禮書의 말을 인용하여 興獻皇考說을 주장하였고,[22] 霍
韜은 "천하는 천하 사람들의 천하로서 어느 누구도 私的으로 처리할 것이
못 된다"[23]고 하여 천하 사람에게 공통하는 私情은 천자도 마찬가지로써
어느 누구, 다시 말해 대신이라고 해도 이를 빼앗을 수 없다고 주장하였다.
천하 사람들의 人情·私情은 公이요, 이를 빼앗으려는 것은 私라는 말이 된
다. 何淵이 興獻皇帝의 世室을 太廟에 세우라고 하였을 때 張璁이 여기에
반대하면서 "이것(반대)은 신 1인의 私가 아니라 天下萬世의 公議"[24]라고
한 경우의 私도 그 公에 위배되는 私를 말하는 것이다. 張璁이 〈大學或
問〉에서 "천자가 아니면 禮를 논할 수 없으니 분발하여 독단하소서"라고
한 말이라든지, 方獻夫가 "大禮의 議는 聖明의 독단을 입어 천륜이 이미 밝
았습니다"[25]라고 한 말에 표현된 '천자의 독단'은 천하의 公을 실현하기 위
하여 반드시 필요하다는 것이다.

---

20) 《皇明奏疏類鈔》卷 25, 持公論破私黨以定國是.
21) 《明世宗實錄》卷 80, 嘉靖 6年 9月 丁亥條.
22) 《明史》卷 196, 〈張璁〉傳.
23) 《明史》卷 197, 〈霍韜〉傳.
24) 《明世宗實錄》卷 50, 嘉靖 4年 4月 乙卯條.
25) 《明通鑑》卷 52, 嘉靖 4年 12月 辛丑條.

이상에서 살펴본 것처럼 張內閣派와 楊內閣派의 천하관에는 매우 큰 인식의 차이가 있었다. 다시 말해 천하는 '祖宗의 천하'라는 楊內閣 측의 시각에서 보면 祖宗의 천하이기 때문에 천자 개인이 마음대로 할 수 없다는 뜻이 되고, '폐하의 천하'라는 張璁內閣의 시각에서 보면 그것은 당연히 천자의 독단으로 다스려야 한다는 논리가 성립한다. '祖宗의 천하'는 조정의 公論과 公議에 따라 대신과 함께 다스리는 천하인데 반해, '폐하의 천하'는 황제의 독단을 거리낌없이 행사하기 때문에 帝와 民 사이에 대신이 作奸이나 산만한 여론이 있게 되면 정치의 혼란만 불러오게 된다는 것이다. 후자의 입장에서는 言官인 科道官에 대한 탄압도 바로 이러한 이유에서 취해진 조치였다.[26] 어쨌든 대례의를 거치면서 楊內閣이 무너지고 張內閣으로 대체되었지만 正·嘉 교체기를 전후하여 제고된 내각의 수보권은 변화가 없었다. 張璁이 首輔職에 있을 때도 言官 측으로부터 "天子權이 그 손아귀에 쥐어져 있다"[27]라고 비판받을 정도였으니, 비록 世宗의 비호 아래 있었다고 하나 嘉靖 이래로 수보의 권한이 강화되었음을 짐작할 수 있다.

張璁은 내각에 10년 동안 재직하면서 환관 단속에 철저하였으며, "鎭守守備內官 二十七員과 錦衣衛千戶·百戶 五百員과 騰驤衛兵 및 各監局冒役 數千人을 革職시키니 일시에 숙연하였다"[28]고 한다. 이같이 과단성 있는 내정개혁을 통하여 楊廷和 못지않게 수보권을 과감히 행사하였다. 張과 함께 張內閣派 관료의 핵심적 위치를 지켜온 桂萼도 神宗初의 張居正이 시행한 土地丈量과 一條鞭法을 한발 먼저 주장할 만큼[29] 그들 역시 명대 후기의 정치와 사회를 바로잡아 보려는 개혁의지가 가득하였다는 사실을 지나쳐서는 안 된다.

그러나 결국 張內閣派의 승리는 내각권에 대한 제권의 승리라 할 것으로, 이후 世宗의 치세에 내각의 수보권이 막강하였던 것은 사실이지만, 그것은 어디까지나 제권의 지배를 벗어날 수가 없었다. 嘉靖朝의 수보로는

---

26) 졸고, 앞의 글(《東洋史學硏究》 21), pp.36~49.

27) 《明史》 卷 196, 〈張璁〉傳.

28) 李贄, 《續藏書》 卷 12, 〈大師張文忠公〉傳.

29) 《明世宗實錄》 卷 118.

張璁 이외에도 夏言·嚴嵩·徐階가 있어 각각 막강한 권력을 행사하였지만, 그들은 줄곧 '威柄在御'의 상태에서 제권 앞에는 무력할 뿐이었다.

4. 隆慶朝의 전제정치와 分權公治論

穆宗은 世宗과는 달리 연약하고 무능한 군주여서, 嘉靖朝에는 기를 펴지 못하던 환관이 날뛰어 言官이 그들에게 살해되는가 하면, 한편으로는 閣臣 사이의 파쟁을 제대로 수습하지 못하여 점차 파벌정치가 열리게 되었다. 高拱은 穆宗의 裕邸時에 모시던 친분으로 隆慶 2년 말 再入閣하게 되었는데, 高의 입각을 전후하여 禮部尙書 趙貞吉(1508~1576)도 입각하여 두 사람은 言官對策 문제로 대립하게 되었다.[30] 융경 4년 10월 穆宗은 곧 실시하게 될 朝覲考察를 공정하게 하기 위해서는 考察拾遺를 담당할 言官(科道官)을 먼저 바꾸어야 했으므로 과·도관 고찰을 단행하라고 하였다. 사실 목종은 즉위 전인 裕王 때에는 물론, 즉위 뒤에도 言官의 여러 부정적인 측면을 보아왔다. 嘉靖末期에 嚴嵩과 徐階, 徐階와 高拱 사이의 首輔 교체에 따른 세력다툼에서 과·도관이 公疏나 개별 상소를 통해서 어느 한 쪽을 지지 또는 반대하고 아니면 정보원으로 이용되는 수많은 경우를 보아온 터였다.[31] 그러나 徐階의 집정기에는 "公論은 九卿科道에 맡겨야 한다"[32]는 그의 주장에 밀려 별다른 조치를 강구할 수 없었으나, 徐階가 물러나고 高拱이 吏部權을 兼掌한 차제에 科道를 바꿀 것을 명하였다. 그런데 이번에는 공동으로 吏部와 고찰을 주관하게 될 都察院 左都御史 趙貞吉이 과·도관에 대한 不時考察을 부당하다고 지적하고 나섰다.[33]

그러나 穆宗의 의도대로 시행된 고찰에서 高拱은 趙貞吉이 비호하는 과·도관을 없애려 하였고 趙 역시 高派의 言官을 탈락시키려 하여 결국

---

30) 《明史》 卷 214, 〈王廷〉傳.

31) 졸저, 《中國近世政治史硏究》(지식산업사, 1988), pp.198~206.

32) 《明史》 卷 213, 〈徐階〉傳.

33) 《明穆宗實錄》 卷 50, 隆慶 4年 10月 己未條.

27人의 대부분이 쫓겨나게 되었는데, 이부의 입김이 강하게 작용하여 趙派 科道가 여럿 포함되었다.[34] 이러한 상황에서 高의 문생인 給事中 韓楫이 趙를 탄핵하는 소를 올려, 隆慶朝에 이른바 "柄臣相軋 門戶漸開"[35]의 추세가 격화되었다. 어쨌든 趙는 韓의 탄핵에 대한 疏辨에서 高拱의 전권 정치에 대한 비판을 다음과 같이 하고 있다.

> 무릇 楫은 言官이니 公朝의 臣입니다. 그런데 이번에 臣을 탄핵한 것이 과연 公朝를 위해 正論을 편 것입니까? 아니면 私門을 위해 자기 派黨이 아닌 자를 배격하려는 것입니까? …… 近日 (신이) 과·도관 고찰의 중지를 요청한 것은 大學士 高拱과 견해가 달랐습니다, 아마도 高는 聖諭를 빙자하여 私憤을 보복함으로써 威權을 신장하려 하기 때문에 臣은 聖諭를 거두시어 그 모해를 저지하려 했던 것이나 윤허를 받지 못했습니다. …… 臣이 저번에 特旨로 院事를 겸하라 할 때 감히 사양하지 못한 것은 황상께서 高가 내각의 근신으로서 이부를 兼掌시켜 안으로는 기무에 참여하고 밖으로는 銓選을 주관하여 권한과 책임이 너무 커 비록 승상이란 이름은 없으나 그 兼總의 權이 있어 옛 승상도 이에 더할 수 없기 때문이었습니다. 이는 聖祖께서 깊이 경계하여 訓典에 남기신 바로서 황상께서 신으로 하여금 彈壓의 司인 都察院을 맡겨 함께 並立시킨 것이니 어찌 그 勢를 나누고 그 권한을 견제하심이 아니겠습니까?[36]

이 글은 高拱이 內閣大學士로서 이부의 인사권까지 쥐게 되자 전권을 행사하여[37] 私黨을 만들었다고 비판한 것이다. 과·도관도 원래 公朝의 言官으로서 權臣의 출현을 막자는 것이 그 설치 이유인데, 韓楫과 같이 권신 高拱의 門生言官이 사당의 이익을 위해 종사한다는 비판을 동시에 하고 있다. 말하자면 趙貞吉은, 高拱이 대학사 겸 이부상서로서 수백 명의 과·

34)《明穆宗實錄》卷 50, 隆慶 4年 10月 壬戌條.
35)《明史》卷 19, 穆宗本紀.
36)《明穆宗實錄》卷 51, 隆慶 4年 11月 乙酉條.
37) 閣臣이 吏部를 兼掌한 일은 전에도 있었다. 正德朝에 劉瑾의 黨人 焦芳이나 嘉靖朝의 方獻夫·李本·嚴嵩이 모두 그러한 예이나 이들은 특수한 조건에서 일시적으로 兼掌하였다. 그러나 高拱의 경우는 전후 3년간 閣臣으로서 吏部를 겸하여 專權했던 것으로 일찍이 없었던 일이다(沈德符,《萬曆野獲編》卷 7, 〈內閣〉, 輔臣掌吏部).

도관에 대하여 한번에 고찰을 실시하여 반대 당은 제거하고 사당 과·도관을 거느려서 전권체제를 구축하려 한다고 규탄한 것이다. 우리는 여기서 양자의 대립의 본질을 이해할 필요가 있다. 嘉靖 초기에 대례의를 둘러싸고 벌어진 楊廷和內閣派와 張璁內閣派의 대립은 그 양자의 정치적 견해의 차이, 다시 말해 전자의 大臣共政論과 후자의 君主獨斷論의 서로 다른 주장에 유래한다는 사실을 떠올릴 수가 있다. 물론 趙貞吉의 논리 자체만 보면 동일한 大學士로서 정적인 高拱의 세력비대화를 막으려는 것 이상의 아무 것도 아닌 것처럼 보인다. 하지만 대례의를 거치면서 帝權이 相權에 완전히 승리한 뒤부터, 군주권은 언제나 초월적·절대적으로 군림해 온 것이 사실이며, 때때로 嚴嵩과 같은 閣臣은 그 절대적 황제권에 충성스럽게 시종하고, 내각의 首輔에게도 막강한 권력행사가 보장되었다. 楊廷和內閣의 황제와 내각의 公治論的 정치 주장은 비록 실패하기는 하였어도 정치 의식상에는 건재하고 있었던 것이 사실이며, 그러한 면에서 嚴嵩에 대한 잦은 비판은 황제권에 대한 비판을 포함하고 있었다 해도 무방할 것이다. 高拱의 전권정치에 대한 趙貞吉의 비판도 경우는 다르다 하더라도 본질적으로는 동일선 상에서 이해해야 할 것이다.

趙貞吉은 제권의 견제를 직접 주장하고 나올 상황은 아니었지만, 적어도 閣臣에게 나누어 공치체제를 이룩해야 하며, 또한 言官을 존중하고 공론을 중시하여 황제의 독재를 적절히 규제해야 한다고 믿었다. 그는 이러한 점에서도 嘉靖 初에 公議·公論을 중시하고 대신공정론을 주장하던 楊廷和의 선구자적 이력에 찬사를 아끼지 않았다.[38]

5. 맺음말

明代의 分權共政論은 무종 황제의 방종한 생활이 가져온 위기상황을 경험한 楊廷和內閣이 시도하였다. 楊은 正·嘉 교체기의 정치적 공백기를 이

---

38) 李贄,《續藏書》卷 12,〈太保楊文忠公〉傳.

용하여 내각체제를 강화하고 首輔權을 확립하여 군주권을 규제하려 하였으나, 대례의로 말미암아 사정은 달라졌다. 다시 말해 대례의를 통하여 世宗 嘉靖帝와 楊內閣의 대결, 다시 말해 황제권과 승상권이 팽팽하게 대결하게 되었다.

이러한 과정을 겪으면서 世宗을 지지하는 張璁派에서는 군주독단의 정치체제를 주장하고 楊內閣派에서는 내각의 共政을 강조하여 서로 정치노선에 차이를 보였다. 군주독단론자들은 내각의 전권은 백성과 군주 사이의 정치에 壅滯를 불러올 것이라고 반대하였고, 내각의 공정을 강조하는 측에서는 군주권의 남용을 막기 위해서는 공론을 중시해야 한다고 주장하였다.

양자의 대결은, 제권이 승리하면서 楊內閣體制는 무너지고 그들의 공정론은 퇴조하였다. 그러나 그것은 일시적 현상이지 어떤 계기가 오면 다시 드러나기 마련이었다. 隆慶朝에 이르러 閣臣 高拱의 전권정치의 경향에 대하여 동료 閣臣 趙貞吉이 분권론을 제기하였다. 高拱은 穆宗의 태자 시절에 사부였던 인연으로 신임을 받아, 閣臣으로서 吏部를 兼掌하여 穆宗의 지시에 따라 言官을 탄압하여 전권정치를 강화하려 하였다.

그러나 趙貞吉은 言官에 대한 탄압을 그치고 공론을 중시하여 분권을 통한 大臣들의 공동정치참여를 주장하였다. 趙의 주장은 받아들여지지 않았으나, 그의 정치적 입장은 嘉靖 初의 楊廷和內閣派의 대신공정론을 이어받은 것이니, 그가 정치적으로 불우한 고립적 상태에서 首輔 楊廷和의 정치를 지지·찬양한 言說에서도 그러한 사정을 엿볼 수 있다.

(《明史硏究》4(中國明史學會), 1994)

제 4 장
黃宗羲의 政論, 封建論에서 方鎭論으로의 변용과 특색
- 反淸 저항운동의 개혁논리 -

1. 머리말

黃宗羲의 經世思想에 관한 연구는 지금까지 《明夷待訪錄》을 중심으로
이루어져 왔다. 그러나 최근 그 이름만이 전해오던, 《명이대방록》보다 먼
저 저술된 《遺書》를 발견함으로써 황종희 연구에 새로운 전기를 마련하
였다.

明末·淸初의 경세사상을 논할 때, 반드시 淸初 明 遺老들의 封建郡縣論
에 관하여 논급하고 있다. 이는 그 이전까지의 봉건군현 논의가 儒者들에
따른 전통적 政治像의 모색이라는 관심에서 벗어나 정치개혁론으로서 중
요성을 띠고 있기 때문이다. 그들의 봉건제를 지지하는 개혁론적 경향은
청대 "지방자치적 주장으로의 변화"를 열어주는 단서가 되고 있다는 점에
서 특히 주목을 받아왔다.[1]

이 글에서는, 일반적으로 청초의 봉건론을 대표한다고 알려진 것이 顧炎
武의 〈郡縣論〉이므로 이 부분을 주로 다루고, 황종희의 《명이대방록》(이
하 《대방록》이라 함)의 〈方鎭〉論은 여기에 덧붙여 논급하는 데 그쳤다.

---

1) 閔斗基, 《中國近代史硏究》 2, 〈傳統理念의 變用과 發展〉 2, 〈淸代封建論의 近代
的 變貌 — 淸代地方自治論으로의 傾斜과 紳士〉.

그러나 《留書》의 내용이 대부분 그의 투철한 華夷思想을 바탕으로 하는
국방문제를 다룬 것들이어서, 《명이대방록》에 민족사상이 결여되어 있다
고 보아온 일반적 통념에 수정을 불가피하게 하였다. 특히 《유서》의 〈封
建〉은 외국의 침범을 방어하기 위한 최선의 방책이 지방분권에 있으며, 이
를 통해서만 중국을 효과적으로 지킬 수 있다는 주장으로서 새로운 주목을
받게 되었다.[2]

그렇다면 《유서》의 〈봉건〉과 《대방록》의 〈방진〉은 사상적으로 어떻
게 연결지어 이해해야 할 것인가? 이 글은 바로 이러한 의문에 일정한 해
답을 구하기 위하여 준비하였다.[3] 이 연구에서는 전후 10년 차이를 둔 《유
서》와 《대방록》의 저술 배경과 관련하여 내용을 분석·검토함으로써 그
분권론의 실상에 접근하려 한다. 나아가 그의 분권론을 청 유로의 그것들
과 비교하여 분권론을 통해 그의 경세사상의 특징을 살펴볼 것이다.

그리고 이제까지 청초의 봉건군현론에 관한 연구가 활발하게 이루어져
왔음에도 불구하고 전 왕조 明의 봉건문제와는 어떠한 연계성도 고려하지
않았던 것이 사실이다. 명은 태조 때 특유의 諸王分封策을 실시하여 중도
에 여러 변화를 거치면서도 제도 자체는 끝까지 존속되었으며, 南明政權
도 바로 이들 諸王들을 주축으로 이루어지고 있었다. 또한 명의 쇄국정책
에 따라 외국에 대하여 봉건과 조공을 분리하려는 정책이 명초부터 실시
되어 명대 후기에 이르면 이 양자의 분리현상이 심각한 상태로 표면화된
다. 이는 중국중심의 전통적 국제질서가 매우 큰 변화를 맞이한 때문이다.
청초 유로들의 봉건군현론을 다루기 위해서는 이 같은 명의 對內外 봉건
문제를 살펴볼 필요가 있다. 제왕분봉책과 대외 封貢분리의 문제를, 이 연
구의 배경으로 삼은 까닭도 여기에 있다.

---

2) 小野和子, 〈留書の思想〉(《明末淸初期の研究》, 京都, 1988) ; 졸고, 〈新發見 黃宗
   義著作 二種과 그 民族思想 문제〉(《東洋史學研究》 39).
3) 필자는 〈《明夷待訪錄》에 보이는 職分論 — 宋代 이래 位分觀의 변천상에서
   본〉(《東洋史學研究》 10, 1976)에서, 明代 名分論的 君主絶對制를 비판하기 위하여
   황종희는 '君臣之分'의 진정한 의미가 상호 직분의 차이에 있다는 것을 밝혔다는
   논지를 폈다. 《留書》의 〈봉건〉론을 발견한 지금 직분론을 포함하여 그의 분권에
   관한 개혁사상을 전체적 체계적으로 이해해 보려는 의도에서 이 글을 준비했다.

2. 明代 봉건, 淸初 봉건론의 배경

1) 諸王分封制

봉건의 의미에 대하여 《春秋左傳》에서는 "周 懿德을 갖게 되자 형제 만한 것이 없다고 하였다. 때문에 이들을 封建하였다"[4]하고 또 "親戚을 봉건하여 周에 蕃屛으로 하였다"[5]는 기사가 보이고 있다. 왕국의 번병으로서 봉건은 어디까지나 가까운 혈족을 이용하는 것이 좀더 믿을 수 있는 방법이었을 것은 의심의 여지가 없다. 그러나 주의 봉건은 武王이 殷을 정벌하면서 시작하여 成王 康王에 이르는 동안에 同姓은 물론이고 異姓도 각지에 봉하여, 이들 諸侯를 통하여 천하를 효과적으로 통치하였던 것은 알려진 그대로이다.

어쨌든 혈연에 기반을 둔 봉건제도는 西周시대까지는 통치제도로서의 기능을 충분히 하였으나, 시대가 내려올수록 혈연적 유대는 약해져 여러가지 부작용을 낳는다. 봉건제후국의 난립으로 약육강식의 시대가 되어버린 춘추전국시대가 그러하다. 그러던 것이 진시황이 천하를 통일하면서부터 봉건제 대신 군현제도에 의한 통치가 본격화함으로써, 이후 역대왕조에서는 皇子와 혈족에 대한 봉건이 부분적이고 형식적으로만 이루어졌다. 주대와 같은 봉건제는 중국의 정치사에 다시는 나타나지 않았으며, 다만 漢 이후 역대 왕조의 혈족을 위주로 하되 때로는 공신도 명분상 봉하는 형식적 봉건제로서 유명무실할 뿐이었다. 대신 儒者들에 의한 정치이념으로서의 봉건 군현 논의는 계속되었다.[6]

그런데 명 태조가 구상한 제왕분봉책은 이전 어느 왕조와는 달리 정치·군사적으로 뚜렷한 목적을 가지고 혈족만을 대상으로 하여 세밀하게 계획한 것이었다. 이 계책은 명초부터 단계적으로 실시되었다. 태조는 제국을 열자마자 적장자 標를 태자로 정하고, 홍무 2년에는 여러 친왕을 각지에

---

4) 《春秋左傳》, 僖公 24年條.

5) 위와 같음.

6) 閔斗基, 앞의 책, 〈中國의 傳統的 政治像 — 封建郡縣論議를 중심으로〉

분봉하는 봉건제 부활을 공식적으로 선언하면서 이에 따른 법제와 왕국의
내용, 규모 등도 〈祖訓錄〉으로 편찬하도록 하였다.[7] 이 무렵 그는 제왕분
봉의 이유를,

> 천하가 크기 때문에 藩屛을 세워 위로는 국가를 호위하고, 아래로는 생민
> 을 안정시키려 한다. 이제 자식들이 성장하면 마땅히 각각 爵封을 갖고 諸國
> 으로 分鎭될 것이다. 이는 짐이 그 親을 사사로이 하고자 함이 아니라 옛 哲
> 王의 제도에 따라 久安長治의 계책으로 삼고자 함이니라.[8]

고 하여 異姓은 철저히 배제한 채 親子들을 분산시켜 왕조의 장구함을 위
한 계책으로 삼으려 하고 있다. 그는 한편으로는 李善長을 비롯한 개국공
신에게는 公 侯 伯의 爵位를 주어 軍 民政에 걸친 권력의 중추적 역할을
담당케 함으로써, 황제와 황태자를 정점으로 하고 아래로 親王 公 侯 이하
駙馬 伯 郡王으로 서열체계를 갖추었다.[9]

친왕에게는 홍무 3년부터 1차 분봉을 시작하여 11년에 2차 분봉, 24년에
3차 분봉을 마지막으로 하였으며, 이들 분봉된 제왕은 9년부터 연령 순으
로 內地와 北邊의 各都 大邑에 王府를 열어 立國하였다. 이 분봉책은 실제
로 두 가지 중요한 목적, 즉 정치·군사적 목적으로 추진되었다.

첫째, 정치적 목적은 자식들이 자라기를 기다려 지방 각지에 흩어놓아
황실의 정치적 분쟁의 바탕을 미리 없애자는 것이며, 둘째는 군사적 목적
으로 수도가 남방에 위치하기 때문에 북방 이민족에 대한 방어가 자칫 소
홀하게 될 염려가 있으므로 변방의 방어를 위하여 변경에 왕부를 연다는
것이다. 이른바 塞王府의 설치가 그것이다.

이처럼 제왕의 분봉책이 착착 진행되는 과정에서 개국공신을 과감하게

---

7) 〈조훈록〉은 홍무 6년의 初定本, 9년의 更定本, 14년의 갱정본이 있고, 28년의
　　重定本이 〈皇明祖訓〉으로 최후에 작성된 것이다. 黃彰健 〈論皇明祖訓錄頒行年代
　　幷論明初封建諸王制度〉 참조. 張德信 主編 《洪武御制全書》(黃山書社, 1995)에는
　　홍무 6년의 초정본과 28년의 〈황명조훈〉이 수록되어 있다.
8) 《明實錄》 洪武 3年 4月 辛酉條.
9) 佐藤文俊, 〈明太祖の諸王分封について〉(和田博德敎授古稀記念《明淸時代の法と
　　社會》, 汲古書院, 1993), p.7.

숙청하였다. 홍무 9년 行中書省을 폐지하고, 동 13년 丞相 胡惟庸의 옥사
를 계기로 개국공신을 대대적으로 숙청하였다. 이러한 대대적인 숙청은
황제권의 절대화를 위한 작업의 하나로써, 제왕에게도 立國의 개시를 재
촉하고 王相傳體制를 폐지하게 하는 등 분봉정책에 상대적으로 영향을 미
쳤다.[10] 이러한 제왕분봉책에 대하여 趙翼은,

> 明祖가 처음 천하를 정하고 諸子를 各 省·各 府에 분봉한 것은 대개 漢·
> 晉·六朝 및 元의 제도를 모방 참작한 것이다. 外邊은 壯藩으로 지키게 하였
> 으나 실제 권한은 없었으며, 그 가운데 재능이 있는 燕 晉과 같은 諸王은 혹
> 병사를 통솔하여 邊塞을 鎭戍하였으나 이는 특수한 예에 지나지 않았다. 그
> 리고 내지에 분봉된 자는 三護衛를 넘겨 설치하지 못하게 하였다. 따라서 꼬
> 리가 커서 주체하지 못할 환란(尾大不掉之患)을 불러오지 않았으니 그 用意
> 역시 深遠하다 하겠다.[11]

라고 하여 태조가 구상하고 실시한 제왕분봉제가 용의주도하여 운용에서
도 별다른 부작용을 불러오시 않았나고 말하고 있다. 미대부도지환, 다시
말해 꼬리가 커서 주체할 수 없다는 말은 유종원이 봉건제를 비판하는 글
에서 봉건제후국이 강대하여 중앙에서 다스리기 어렵다는 표현에서 나온
것이다. 이는 춘추시대 봉건제후국의 할거와 같이 정치적으로 혼란해질
수도 있다는 뜻으로서, 이후 봉건 군현제를 논의하면서 봉건제의 최대 약
점으로 지적되어 온 것이다.

　명초의 제왕분봉제는 태조가 죽은 뒤, 곧 그 자체가 지닌 모순이 쌓여갔
다. 황태자가 요절하고 그 아들 建文帝가 즉위하여, 燕王 晉王과 같은 塞
王의 강대한 권한을 제한하려는 이른바 削藩策에 연왕이 반발하여 靖難의
役을 일으켰으며, 연왕이 즉위해서도 역시 삭번책이 계속되었다. 따라서
제왕분봉책이 당초에 지닌 邊備의 목적은 없어졌으나 永樂帝의 北京 천도
로 말미암아 이 문제는 저절로 해소되었다. 한편 중앙정부의 정쟁의 소지
를 없애려 한 제왕분봉책의 다른 하나의 목적은 모든 친왕들의 內地 就藩

---

10) 佐藤文俊, 위의 글, pp.11~16
11) 趙翼,《二十二史箚記》卷 32, 〈明分封宗藩之制〉

이 예외 없이 진행되었으므로 온전히 달성되기는 하였다. 그러나 왕부는 기생 집단화함으로써 왕조에도 就藩地에도 적지 않은 우환거리가 되었다.[12] 宗室人口의 증가와 食封制의 실현은 그 폐단이 날이 갈수록 심각하여 사회와 경제에 여러 가지 혼란을 가져와서 취번지는 명말 농민반란의 온상지가 되기도 하였다.[13] 고염무는 이를 '棄物', 다시 말해 쓰레기라고 표현할 정도로[14] 봉건논의의 대상에서 제외하고 말았다.

2) 對外國 '封'과 '貢'의 괴리

중국 역대 왕조 가운데 明·淸 시대가 대외정책에서 가장 폐쇄적이었다. 명 태조는 "조각배도 허가 없이는 바다에 띄우지 못한다"[15]고 할 정도로 일찍이 볼 수 없었던 철저한 海禁政策을 실시하였다. 關禁에 대해서도 "무릇 馬牛·軍需·鐵貨·銅錢·段疋·紬絹·絲綿을 사사로이 外境으로 가져가 팔거나 해외로 가져가는 자는 杖 백대를 치고…… 만약 인구나 軍器를 국경으로 가져가거나 해외로 가져가는 자는 絞하며, 이어서 사정을 누설하는 자는 斬한다"[16]고 할 정도였다. 명 태조가 이민족을 어떻게 의식하고 있었는지를 〈皇明祖訓〉을 통하여 알아볼 필요가 있다.

> 四方의 諸夷는 限山隔海하여 한쪽에 치우쳐 있어서 그 땅에 공급할 수도 없고, 그 民을 使令할 수 없다. 만일 저들이 料量하지 못하고 우리 변경을 어지럽히면 그는 不祥하게 될 것이며, 저들이 중국을 괴롭히지 않는데 우리가 병사를 일으켜 가벼이 쳐도 역시 옳지 못하다. 내 후세 자손들이 중국의 부강함을 믿고 일시 전공을 탐내어 군사를 일으켜 인명을 상하게 하면 절대로 안된다. 다만 胡戎과 서북변경은……

---

12) 趙翼,《二十二史箚記》.

13) 佐藤文俊,《明末農民反亂の硏究》, pp.119~160.

14) 顧炎武,《日知錄》卷 9,〈宗室〉;王春瑜,〈棄物論 ― 談明代宗藩〉(《學術月刊》, 1988, 4).

15)《明史》, 卷 205,〈朱丸傳〉.

16)《大明會典》卷 167,〈關津〉.

이 글에선, 호융과 서북변경을 제외한 외국, 이른바 사방의 오랑캐와의 관계에 대한 그의 견해를 엿볼 수 있다.[17] 그는 계속하여 이 글에서 외국, 다시 말해 동북의 조선, 正東偏北의 일본, 正南偏東의 유구, 서남의 安南·暹羅·占城 등에 대한 외교방침을 일일이 언급하고 있다. 예컨대 안남에 대해서는 3年 1貢을 하게 하면서도 유구에 대해서는 언제라도 조공을 허락하는 등 상대국의 공손·불공손 여하에 따라 조공의 횟수에도 차별을 두고 있다. 다만 〈황명조훈〉이 만들어지던 당시에는 아직 조선·일본과의 관계가 정상화되지 못하였기 때문에 언급을 유보하고 있지만, 이후 조선에 대해서는 3年 一貢을, 그리고 일본에 대해서는 10年 1貢을 허가하였으며, 횟수 이외에도 使行의 인원수와 貢物의 품목, 기타 교역에 관한 세세한 제한들을 가했다.[18] 여기서 살필 수 있는 것은 중국이 외국에 대하여 일률적으로 諸侯國視하고 있는 점은 전통적 대외관에 따른 것이지만, 자국과의 친소관계에 따라 조공의 횟수·사행의 인원수 등에 차별과 여러 가지 제한을 두었다는 점이다.

中華的 天下觀에서 보면 중국 이외에 모든 외국은 봉건제후국이 된다. 그러나 秦·漢帝國 출현 이후, 匈奴를 비롯한 북방의 여러 민족은 중화이념에 따라 종속관계의 틀 속에 묶어 두기가 현실적으로 어려웠다. 이러한 국제관계는 시대가 내려올수록 복잡해져 10세기 이후부터는 이른바 征服國家가 나타나 宋代 이후 한족국가를 위축시켰다. 북방 정복왕조가 나타나 대외적으로 소극책을 취할 수밖에 없었던 송대에 이르러서는, 高麗에서 빈번하게 중국을 오가는 조공사신이 국가의 기밀을 적국 遼에 누설할 위험이 있다며, 이에 반대하는 여론이 蘇東坡와 같은 당로자를 통하여 일어나기도 하였다.[19] 이와 같이 송대부터 조공을 통한 외국과의 내왕을 위험시하던 경향은 정복왕조 元을 이어 출현한 한족국가 明에서 더욱 심해졌다. 예컨대, 고려와 조선에 대한 외교정책에서도 명은 3年 1貢을 하게 하

---

17) 張德信 主編, 《洪武御制全書》, 〈皇明祖訓〉 祖訓首章.

18) 全海宗, 《韓中關係史研究》(1970), pp.22, 50~52 ; 졸고, 〈中國的 國際秩序의 推移와 韓·日의 對應〉(《中國과 동아시아세계》, 1997), p.26.

19) 졸고, 〈杭州高麗寺와 蘇東坡〉(《李永子敎授華甲紀念論叢》, 1997).

였으나, 조선은 오히려 1年 3貢을 주장하는 기현상이 일어난 것이다. 그러나 이러한 현상을 깊이 있게 관찰해 보면 반드시 기이하다고만 할 수가 없으니, 명의 그러한 폐쇄적 경향은 송대 이래 이어져 온 결과이며,[20] 조선의 일년 삼공 주장은 광대한 중국과 좀더 잦고 폭넓은 교류를 희망하였기 때문이다. 명의 이 같은 대외적 쇄국주의 경향은 이후 중국 중심의 국제질서에 그대로 반영되어 조선 일본을 비롯한 동아시아 세계는 대외적으로 폐쇄적 경향이 심해졌다.[21]

중국이 이른바 外夷의 首長에 대하여 봉건하게 되면 반드시 그들로부터 조공이 따르기 마련이지만, 위에서 살펴본 바와 같이 宋代부터 조공문제에 일부 비판적 여론이 일게 되었고, 명 태조의 강력한 쇄국정책과 함께 조공사행에 대한 여러 가지 제한이 훨씬 강화되었다.[22] 말하자면 봉건과 조공은 기본적으로 표리관계인데, 명대부터 이 양자간에 괴리현상이 나타났다. 이러한 괴리현상은 隆慶·萬曆 연간에 몽고와 일본의 침략에 대처하기 위한 외교정책에서 잘 나타나고 있다.[23] 융경 5년(1571) 몽고의 알탄을 義順王으로 봉할 때 조공을 동시에 허가하였는데, 만력 18년, 제3대 의순왕의 대에 양국 평화를 위협하는 사건이 일어났다. 몽고족의 일부가 명의 서방을 침범하는 이른바 潮河의 變이 그것이다. 이에 言官들은 융경 때에 알탄에 대한 封貢으로 일시적인 평화는 가져왔으나, 대신 민족적 저항정신을 잃게 되었다면서 내각의 媚外的인 자세를 비판하였다.[24] 봉공의 분리 외교는 임진왜란 기간에 明과 일본의 평화교섭에서 더욱 극명하게 드러나고 있다.[25] 당시 兵部尙書 石星과 朝鮮經略 顧秉謙 등의 주도 아래 沈惟敬을 내세워 封貢政策을 추진케 하였는데, 이는 明 정부로서는 재정 군사적으로 더는 전쟁을 치르기 어려웠기 때문이었다. 그러나 言官이나 東林派

20) 위의 글, pp.16~27.
21) 위의 글, pp.24~27.
22) 全海宗,《韓中關係史硏究》(1970), pp.4~8.
23) 小野和子,〈明日和平交涉おめくる政爭〉(山根幸夫敎授退休記念《明代史論叢》, 汲古書院, 1990).
24) 谷應泰,《明史紀事本末》60,〈俺答封貢〉.
25)《明史》卷 320,〈外國〉1,〈朝鮮〉; 谷應泰,《明史紀事本末》卷 62,〈援朝鮮〉.

의 전신인 정의파 소장관료들은 일본국왕을 封하는 것은 무방하지만, 그들에게 조공을 허락해서는 안 된다고 반대하고 나섰다.[26] 조하의 변과 임진왜란에서 보여준 조신들의 봉공관은 같은 외교의식의 연장선 상의 것이었다.

이같이 외국에 대한 봉건과 조공을 분리하려는 대외적 감각에는 조공이 바로 市(交易)를 의미하고, 市는 경제적 손실과 국정의 누설로 연결되어 급기야는 중국 변경의 위험을 불러올지도 모른다는 의구심이 바탕하고 있었다. 이러한 의구심은 중국이 더는 세계의 주인이요 지배자이기 어렵다는 현실인식을 반영하는 것이었다. 이것이 명말·청초의 지식인들로 하여금 군주전제체제를 분권화함으로써 중국의 정치체제를 근원적으로 개혁해야 한다는 생각을 갖게 한 이유이다.

3. 淸初의 봉건론과 그 의미

明·淸 交替는 단순한 왕조의 교체에 그치는 것이 아니라, 中華와 外夷의 교체라는 점에서도 청초의 明 遺老에게는 심각한 충격이 아닐 수 없었다. 명초의 제왕분봉제는 변방방어의 기능을 잃게 되면서부터 왕조와 生民에게는 암적 존재가 됨으로써 棄物視되었으며,[27] 외국에 대한 기밀누설을 꺼려 봉건은 하되 조공을 제한하는 등의 조치도 왕조의 보전을 약속해 주지는 못하였다. 따라서 그들은 다 같이 明朝覆滅의 충격을 경험하면서 정치체제에 관한 전통적 논의만을 되풀이하고만 있을 수는 없었다. 새로운 정치체제를 구상하고 이를 실현하여 그 충격에서 벗어나고 심리적 보상을 받으려 하였기 때문에, 전통적인 封建郡縣論議가 새 정치체제의 중요한 과제로 등장하게 된 것은 오히려 당연한 일이었다.[28]

---

26) 小野和子, 〈明日和平交涉おめくる政爭〉.
27) 顧炎武, 《日知錄》 卷 9, 〈宗室〉에 "於是爲宗屬者 大抵皆溺於富貴 妄自驕矜 不知禮義 至其貧者 游手逐食 靡事不爲 名曰 實爲棄物"이라 하고 있다.
28) 閔斗基, 〈淸代 封建論의 近代的 變貌〉(《中國近代史硏究》), p.229.

명말·청초의 봉건군현론에 관하여 말하자면 매우 논리적인 顧亭林의 소론을 자연히 먼저 언급하게 된다. 그는 〈郡縣論〉에서 "봉건이 변하여 군현이 되었다는 사실을 알면 군현의 폐단이 다시 변할 것을 알게 될 것이다. 그렇다면 장차 변하여 다시 봉건으로 바뀔 것인가? 아니다"라고 하여 군현제에 폐단은 있지만 다시 봉건으로 돌아가기는 불가능하다면서 다음과 같이 말했다.

> 봉건의 失은 그 專制가 아래 있고, 군현의 실은 그 전제가 위에 있다. 옛 聖人은 公心으로서 천하사람을 대하여 토지를 나누어주고, 나라도 나누어주었다. 그러나 오늘의 군주는 四海 안의 모든 것을 자기의 郡縣으로 하고서도 모자라서 여러 사람을 의심하고 사사건건 속박하여…… 이러한 상황에서 백성이 어찌 곤궁하지 않겠으며, 나라가 어찌 약화하지 않겠는가?[29]

봉건과 군현은 다 같이 제도로서는 폐단이 있지만, 다만 봉건은 중앙의 군주가 공심으로서 아낌없이 지방에 베풀어주었으나 군현은 군주가 천하를 군현으로서 사유화하려 하였다는 것이다. 따라서 제도로서의 군현제는 현실적으로 불가피하지만 그 통치의 정신은 봉건제적이어야 한다는 것이다. 그것이 정림의 이른바 "봉건의 뜻을 군현제에서 살린다(寓封建之意於郡縣之中)"[30]는 말이다. 봉건의 뜻을 군현제에서 살리는 구체적인 방법은 어떤 것인가? 그에 따르면 "令長(知縣)의 秩을 높여 그에게 경제와 정치상의 권력을 주되, 이들을 감독하는 監司職을 폐지하고, 이들의 관위를 세습하는 장려법을 만들어 예하의 관리를 스스로 임명할 수 있는 제도를 만드는 것"[31]이라 하고, 이렇게 하면 이천 년 동안의 폐단이 사라지리라 확신하고 있다. 동시에 그 두 제도의 장점을 기리고 단점을 보완하는 구체적인 개혁 방안을 제시하고 있다.

명말·청초의 경세사상을 대하면서 고염무와 황종희는 여러 면에서 비

---

29)《顧亭林詩文集》1, 〈郡縣論〉 1.
30) 위와 같음.
31) 위와 같음.

슷한 태도를 보였다. 정림이 이주의 《대방록》을 읽고 열에 예닐곱이 자신
의 소론과 비슷하다고 말하고 있는데,[32] 이는 봉건군현 논의에서도 마찬가
지다. 이주의 분권론을 포함한 경세설에 대해서는 지금까지 《대방록》을
토대로 연구하였으나, 그보다 먼저 씌어진 《유서》를 최근 대륙에서 발견함
으로써 이주 연구에 새로운 장이 열리게 되었다.[33]

《유서》의 〈봉건〉과 《대방록》의 〈방진〉은 모두 명대 중앙집권체제에
대한 지방분권 내지 황제권력의 분산을 주장한 것으로서, 이러한 분권론
은 당시의 개혁사상가들에서는 일반적 경향이었다. 황의 소론과 그 특색
에 대한 논의는 다음 장으로 미룬다.

황이주·고정림과 더불어 이른바 청초 삼유로의 한 사람인 왕부지가 봉
건 군현제를 보는 관점은 두 사람과는 다르다. "一代之治 各因其時"라 하
여 시대의 변천에 따라 제도가 변한다는 입장에서, 그는 봉건제는 물론 잡
건조차도 불가능하다고 주장했다. 그가 두 제도에 모두 단점이 있다고 하
면서도 봉건제보다 군현제가 인민에게 유리하다고 주장하는 점에서는 유
종원의 입장에 가깝다.[34] 다만 君主 한 사람의 통치에 "兵과 民을 나누어
그 治를 오로지 할 것"을 주장한 것은 船山의 독특한 分治論이다.[35]

다음은 청대 顔李學派를 연 顔元(習齊)이 봉건제를 지지하는 논의를 들
수 있다. 그는,

> 후세의 人臣은 감히 봉건을 말하려 하지 않고, 人主 역시 천하를 사사로이
> 함을 즐겼으며 또한 군현을 쉽게 통제할 수 있었다. 그리하여 고립되어 生民
> 과 사직이 그 禍를 당해 혼란하여 망하더라도 후회할 줄 몰랐으니 가히 어리
> 석다 하겠다. …… 봉건을 반대하는 자는 단지 夏와 商이 제후에 망하고, 漢의

32) 《明夷待訪錄》 後, 〈顧寧人書〉.
33) 小野和子, 〈《留書》の思想〉(《明末清初期の研究》, 京都, 1989) ; 졸고, 〈新發見 黃
  宗羲著作 二種과 그 民族思想 問題〉(《東洋史學研究》 39, 1992).
34) 《讀通鑑論》 卷 21, 唐太宗.
35) 蕭公權은 "船山의 立論은 어느 한 시대의 得失만을 논하지 않고 政治進化의 객관
  적 사실에 착안하였다"고 하면서 황과 고가 개혁가적인 데 반해 왕은 과학가 또는
  역사가에 가깝다고 평하고 있다.[《中國政治思想史》(臺北, 1982), 19章 1節]

七國과 唐의 藩鎭의 화를 겉으로만 본 데 불과하기 때문이니, 이는 특히 三代가 봉건으로 망한 것만 알고, 봉건으로 장구하였다는 사실을 알지 못한 것이다. 漢·唐이 分封한 번진의 害가 있기도 하였으나 역시 분봉한 번진의 利가 있었다. 봉건이 없었던들 삼대가 어찌 이천 년이나 존속할 수 있었겠는가?[36]

라고 하여 봉건이 생민에 유리하고 왕조의 수명을 길게 한다는 논지를 펴고 있다. 이와 같이 한·당의 번진도 손해보다는 이익이 많다는 견해는 황종희나 고염무를 비롯하여 청초의 봉건지지론자에게 공통적으로 보이는 경향이다. 이주는 "唐이 망한 까닭은 方鎭이 약했기 때문이지 방진이 강했기 때문이 아니다"[37]고 하였으며, 정림도 尹源의 唐說을 인용하여 "세상에서는 당이 망한 까닭을 제후가 강했기 때문이라고 하였지만 이는 사리에 맞지 않다. 당을 약하게 한 것은 제후다. 당이 이미 쇠약했음에도 오래 망하지 않았던 것은 제후가 이를 받쳐주었기 때문이다"[38]라고 하여 번진(방진)의 세력들이 강성하면 이민족의 침구를 쉽게 물리칠 수가 있다고 주장하고 있다. 습제는 또한 "천하의 田土는 마땅히 천하 사람들의 소유가 되어야 한다"[39]고 주장하여 봉건제와 井田制를 상호 보충적인 관계로 인식하면서 그 구체적인 방안을 제시하고 있다.

다음은 황과 동시대의 학자로서 봉건제와 정전제를 철저히 신봉한 呂留良의 논의를 들 수 있다. 그는,

봉건과 정전의 폐지는 勢요 理가 아니며, 亂이요 治가 아니다. 후세의 군주들은 서로 구차하게 因誤에 빠져 그 私利之心을 길렀기 때문에 삼대를 회복할 수가 없었다. 공자·맹자·증자·주자가 우려하여 반드시 다투어 회복시키려 한 것도 바로 이 때문이다.[40]

라고 하여 봉건과 정전은 군주의 公利之心, 군현제는 私利之心으로 보는

---

36) 顔元, 《存治篇》, 〈封建〉.
37) 《明夷待訪錄》, 〈方鎭〉.
38) 《日知錄》 9, 〈藩鎭〉.
39) 顔元, 《存治篇》, 〈井田〉.
40) 《呂晩邨先生四書講義》 卷 37.

견해 역시 당시 봉건론자들의 일반적 경향이었다. 呂는 華夷思想에 특히
투철한 주자학자로서 反淸謀議로 체포된 曾靜에게 특히 많은 영향을 끼쳤
다. 증은 雍正연간에 여유량의 봉건론을 읽고 감화되어 "봉건은 성인이 천
하를 다스리는 大道요, 또한 바로 戎敵을 방어하는 大法"[41]임을 확신하고
반청거사를 모의하다 구금되었으나, 오히려 옹정제의 사상정책에 희생물
이 되었던 것은 알려진 그대로이다. 옹정제는 "呂留良·曾靜·陸生枏과 같
은 반역의 무리들은 봉건을 입버릇처럼 떠든다. 대개 이들 폐란의 무리들
은 스스로 간악 경사하여 결국 받아들여지지 못할 것을 알고 (춘추전국시
의) 학사들의 遊說의 풍을 모방하려 한다. 속으로 봉건이 이루어지면 이
나라에서 쓰이지 않으면 저 나라로 갈 수 있다고 생각한다"[42]고 통렬하게
비난하면서 柳宗元의 군현제지지론을 들어 군현제야말로 군주의 公心임
을 역설하고 있다. 이처럼 증정의 역모사건을 계기로 명대의 중앙집권체
제를 유지 강화하던 청으로서는 봉건지지론을 반청론과 동일시하기까지
하였다.

4. 浙東의 反淸 저항운동과 〈留書〉의 봉건론

順治 10년(1953), 절동지역의 반청무장활동의 한 부분을 담당하던 황종
희는 淸兵의 지명수배가 내려지자, 노모의 안전을 위하여 귀가하였다. 이
러한 상태에서 《유서》를 썼다.[43] 1644년 봄, 북경이 무너진 지 얼마 안되어
남경의 福王政權이 무너지고, 杭州에 한때 潞王監國이 섰으나 오래가지
못하였다. 薙髮令이 내려진 가운데 그의 스승 劉宗周 등이 순사하자, 이에
자극을 받아 紹興의 魯王監國을 중심으로 절동지역에서 항청 무장세력이
봉기하였다. 황종희도 世忠營을 조직하여 四明山寨를 중심으로 호응하면

---

41) 《大義覺迷錄》 卷 1.
42) 《東華錄》, 雍正 7年 秋 7月 丙午條.
43) 小野和子, 〈浙東のレシ"スタンス〉(《明末淸初の社會と文化》, 京都, 1996), p.62. 이
   하 절동항청운동에 관한 서술은 이 논문에 따른다.

서 한때는 일본으로 가서 구원병을 청하기도 하였다.[44] 청군의 반격이 본
격화하자 노왕감국은 福建으로 후퇴하였으나, 절동의 항청세력은 厦門을
중심으로 鄭成功의 해상세력과 조직적으로 연락하면서 저항하였다. 이처
럼 1640년대 후반은 불리한 상태에서나마 四明山과 朱山列島를 중심으로
일종의 자치구·해방구를 이루어 게릴라 활동으로 침략군을 괴롭혔다.

이 시기에 저술된 《유서》는 실로 당시 四明山寨를 근거로 한 절동 항청
세력의 지방자치적 조직생활을 보여준 것임이 틀림없다.[45] 그 가운데서도
특히 봉건론은 이민족의 침입으로부터 중국을 방어하기 위해 어떠한 정치
체제를 택해야 할 것인가 하는 문제를 중심으로 중국의 역사상 봉건과 군
현의 공과 죄를 비교 고찰하고 있다. 이주는 "삼대이후 천하를 어지럽힌
것으로 夷狄만한 것이 없으니…… 내가 볼 때 이는 봉건을 폐지한 죄 때문
이다"[46]라고 시작한 글에서 先秦시대에는 중국이 이적에게 점령된 일이 없
었으나 秦이 천하를 통일하고서부터 사태가 달라졌다고 하였다.

삼대를 이상사회로 보고 진한 제국의 출현 이후를 타락한 사회라고 보
는 것은 유가의 일반적 견해이지만, 梨洲는 그 구분의 기준을 봉건제도의
폐지에 따른 이적의 침략과 이로 말미암은 중국의 황폐화에 두고 있다. 진
이후 이적으로 말미암아 중국이 할거당한 기간과 완전히 점령된 기간을
일일이 계산하고, 그러한 피침의 해독을 봉건제 폐지의 탓으로 돌리면서
동시에 봉건제의 기반을 병농일치제 사회에서 구하고 있다. 다시 말해,

> 대개 봉건의 시대에는 兵과 農이 분리되지 아니하여, 군주가 民을 子弟와
> 같이 보며 민은 군을 부모와 같이 보아, 일이 없으면 농사짓고 일이 있으면
> 전쟁을 한다. 力役이라고 하는 징발은 토목사업에 부리는 것이 아니라 바로

---

44) 黃의 日本乞師 문제는 불명확한 점이 많다. 당시의 군사기밀에 관한 문제인 까
닭에 밝히기 어려운 점이 적지 않으나 충분한 개연성이 있다. 이에 관해서는 小
野和子, 위의 글, pp.102~103, 註43)을 참조하라.

45) 小野和子, 위의 글, pp.61~63. 《유서》의 현존 다섯 편은 〈文質〉, 〈封建〉, 〈衛
所〉, 〈史〉, 〈朋黨〉으로 구성되어 있는데, 이 가운데 붕당편을 제외하고는 모두 이민
족 방어와 이에 관련된 民族史觀을 다룬 것으로서 이들은 내용상 상호 밀접한 관련
이 있다(小野和子, 〈《留書》의 思想〉, p.504).

46) 駱兆平標点, 《黃梨洲先生留書》(《文獻》 84-4), 〈封建〉. 이하 《留書》라 함.

공격과 수비를 담당하게 하는 것이다. …… 병과 민이 둘이 된 것은 漢代서부터 시작된 것이다. 때문에 봉건을 폐지한 것은 병과 민이 나누어지지 않을 수 없으며, 병민이 나누어지면 민이 養兵을 책임지지 않을 수 없고, 민이 양병을 책임지면 천하가 곤궁하지 않을 수 없는 것이다.[47]

라고 하여, 병농일치제를 기반으로 한 봉건제가 진한 이후 해체되면서부터 백성이 양병이란 무거운 짐을 지게 됨으로써 천하가 병들게 되었다고 말한다. 무거운 짐이란 賦稅를 일컫는 것이다. 그는 같은 논조로 "오늘날 천하가 크기 때문에 胡虜가 한번 변경을 침범하면 徵發이 끝이 없고 賦斂이 한도가 없게 되어" 결국 나라가 망한다는 것이다.[48] 말하자면 봉건제의 폐지는 나라를 지킬 백성을 곤궁하게 하는 것이기 때문에 곧 망국을 의미한다는 논리다. 명의 衛所制度는 당대 병농일치의 府兵制를 모방하였기 때문에 그런 대로 좋은 계책이라 할 수 있으나, 중기 이후 위소제가 무너져 모병제로 변하면서 큰 폐단을 불러왔다는 것이다. 이리하여 "兵이 農에서 분리되어 천하의 대세는 困拙하게 되었으며, 이리하여 또 軍과 兵이 나누어졌으니 농부는 하나인데 병사는 둘이 되니 이른바 나라는 그 나라가 아니게 되었다"[49]는 것이다. 그는 병농일치제가 가장 완벽하게 실현되는 匈奴의 경우를 예로 들어 "흉노의 인구는 漢의 一縣에 불과하지만, 흉노의 백성은 모두 병사이다. 흉노의 인구를 한과 비교하면 백분의 일도 안되지만, 흉노의 병을 한과 비교하면 서로 비슷하다"고 한 賈誼의 말을 인용하면서,

한이 (몽고와 같은 수의) 一大縣의 병을 동원하려 하면 이는 천하의 군대를 동원하는 것과 같고, (몽고와 같은 수의) 일대현의 병사를 기르려면 천하의 賦稅를 거둬들이는 것과 같으니, 대세가 그러한 것이다. 역사적으로 夷狄이 중국을 점령하는 과정을 보면 그들은 평소에 침투해 들어와서 괴롭히다가 점차로 사단을 만들어 피폐하게 한다. 이렇게 수십 년 동안 맞서는 사이에 중

---

47)《留書》,〈封建〉.
48) 위와 같음.
49)《留書》,〈衛所〉.

국은 가난해지지 않을 수 없게 된다. 그 틈을 타서 한번 싸우게 되면 천하의 군현은 마치 바람에 쓰러지듯 항복하고 만다.[50]

라고 하였다. 국민개병제의 몽고와는 달리 중국은 兵民이 불일치해서 몽고 정도의 군대를 양성하려 해도 막대한 부세를 국민들로부터 거둬들이지 않으면 안 되는데, 이러한 모순은 결국 군현제를 근간으로 하는 중앙집권체제 때문이며 이 동일조직의 군현제는 어느 한 군현이 外夷의 침략을 한번 받아 무너지면 전체가 한번에 무너지게 된다는 것이다. 그러나 몽고와 같이 완전한 병농일치까지는 아니다 하더라도 지방분권적 봉건제가 실시되면 적어도 지방단위의 방위능력을 갖게 됨으로써 "一國이 족히 일국을 스스로 지킬 수 있음은 분명하다"[51]는 것이다.

어쨌든 명은 이와 같이 위소제가 무너져 만주족의 침입과 농민반란이 일어나고, 이에 따라 군대모집과 징세가 불가피하니 백성들의 생활이 더욱 어려워졌다는 것이다. 이에 대하여 그는,

本朝(明)는 燕에 도읍한 지 이백 구 년, 천하의 재부를 가까이는 淮甸에서부터 멀리는 吳楚에 이르기까지 모두 모아 京師로 보내니 東南의 민력은 십분 困하게 되었다.[52]

고 하였다. 북경천도와 함께 군량을 북방으로 이송하게 됨으로써 곡창지인 동남지방이 크게 피폐해졌다는 것이다. 이 모두 봉건제를 폐지하고 군현제를 실시한 것에서 비롯한 것이라고 한다. 이와 같이 중앙집권적 군현제는 결국 중국을 이적의 침략으로부터 보호할 수 없기 때문에 봉건제가 필요하다는 결론을 다음과 같이 내리고 있다.

일찍이 열 나라로 하여금 棋置케 하였던들 한 나라가 쇠하면 한 나라가 부강하고 瑕한 자 있으면 또 堅한 자 있어 虜가 능히 그 법으로서 그것을 취할

---

50) 《留書》,〈封建〉.
51) 위와 같음.
52) 《留書》,〈衛所〉.

수 있어도 그 법으로서 반드시 이것을 취하지 못했을 것이니 어찌 한번 싸워
천하의 뜻을 얻음이 이처럼 쉬웠겠는가? …… 그러니 봉건을 폐한 해가 이같
이 되었거늘 어떤 이는 오히려 제후의 강성함이 천자로 하여금 한갓 공명만
세우게 했다고 한다. 불행히 천하를 제후에 잃는다고 해도 이는 여전히 중국
인이 중국을 다스리는 것이니 어찌 금수를 몰아 食人하게 하고 夷狄에 침복
당하는 지경에 이르겠는가?[53]

라고 하여 바둑판처럼 봉건제후국으로 늘어놓는다면 개중에는 약자가 있
으면 강자도 있어 이적의 침입이 있어도 천하가 일시에 망하지 않는다고
하였다. 만약 제후국 사이에 약육강식의 동족상잔 현상이 일시적으로 일
어나더라도 이는 이적에게 망하는 것이 아니기 때문에 천하가 망하는 것
은 아니라는 것이다. 이때 천하는 고염무가 말하는 '天下'를 보전한다거
나[54] 황종희의 '史'를 지켜야 한다는 한문화 그 자체를 의미하는 것[55]이기
때문에 동족 사이의 정권교체는 크게 문제될 것이 없다. 그 대신 이민족의
지배는 "금수를 몰아 식인하게 한다" 할 정도로 엄청난 사건이 아닐 수 없
다. 그는 중국과 이적의 차이는 요순으로부터 전해오는 三綱五常이라는
중국의 도를 갖느냐 아니냐에 있다면서,

> 중국과 이적은 내외의 구별이 있다. 중국(의 道)로서 중국을 다스리고, 이
> 적(의 道)로서 이적을 다스리는 것은, 마치 사람은 짐승과 섞어놓을 수 없고
> 짐승은 사람과 섞어놓을 수 없는 것과 같다. 때문에 중국인 도적이 중국을 다
> 스리더라도 오히려 중국 사람임을 잃지 않는 것이다.[56]

라고 하여, 중국과 이적은 예절과 풍속 등이 서로 다르기 때문에 결코 섞

---

53) 《留書》, 〈封建〉.
54) 顧는 "有亡國 有亡天下. 亡國與亡天下 奚辨? 曰易姓改號 謂之亡國, 仁義充塞而
至于率獸食人 人將相食 謂之亡天下"(《日知錄》卷 13, 〈正始〉)라 하여 國은 협의
의 국가, 天下는 문명세계인 中華를 의미하고 있다.
55) 黃은 "國可滅 史不可滅"이라는 말을 가끔 사용하여 天下와 史를 동일개념으로 사용
하여 협의의 민족국가와 분리하고 있다.[〈戶部貴州淸吏司主事兼經筵日講官次公董
公墓地銘〉(《南雷文約》卷 1) ; 〈旌表節考馮母鄭太夫人墓誌銘〉(《南雷文案》卷 3)]
56) 《留書》, 〈史〉.

여서 살 수 없지만, 동족이 반란에 성공하여 정권이 교체되더라도 이는 대
단한 문제가 아니라는 점을 되풀이하고 있다. 이적이 중국에 섞여 살 수
없을 만큼 그 문화가 뒤지지만 그렇다고 이적에게 그들의 도가 없다는 것
은 아니다. 그는 인류의 역사는 春秋公羊家의 文質三統說에 따라 진보한
다고 하면서 "중국의 사람들이 文을 좋아하고 質과 忠을 싫어하는데, 저
要荒의 사람들이라고 어찌 그렇지 않겠는가?"라고 하여 서로 다른 언어·
풍속·예절을 가진 민족이라 하더라도 각기 그들 독자의 역사와 聖人을 가
지고 진보한다고 보고 있다. 이처럼 梨洲에 따르면 이민족의 경우도 자기
네 도를 가지고 독자적 역사를 만들어가지만 중국의 그것과는 이질적인
것이기 때문에 양자의 공존관계는 결코 이뤄질 수 없다. 역사가의 가장 중
요한 임무는 바로 이와 같은 華와 夷의 구분을 밝혀 이를 역사서술의 書法
에 보여 亂臣賊子가 천하에 뜻을 두지 못하게 해야 한다는 것이다.[57]

이상 《유서》의 봉건론을 통해 살펴본 것처럼 이주의 문명관 내지 역사
의식에는, 한편으로는 이적의 독자적 역사를 인정하면서도, 다른 한편으로
는 중국은 세계의 중심이요 중국 문화는 세계의 으뜸이라는 자존의식이
바탕하고 있었다. 따라서 거기에는 종족주의를 넘어선 문명주의라고 하는
독특한 민족의식이 자리하고 있다.[58]

5. 《明夷待訪錄》의 분권론

1) 방진론

《대방록》의 집필은 康熙 원년(1662), 梨洲가 동지들과 더불어 四明山寨
를 중심으로 계속해 온 항청운동도 서서히 사라져가고, 魯國監國도 金門
島에서 종언을 고함으로써 淸朝의 중국지배가 거의 확실시되던 무렵의 일
이었다. 따라서 明朝 회복의 희망을 갖고 항청운동에 종사하던 시기에 집
필한 《유서》의 내용과는 일정한 차이가 예상된다. 이제 이주의 경세사상

57) 위와 같음.
58) 小野和子, 〈《留書》の思想〉(《明末淸初期の硏究》, 京都, 1989), p.522.

의 핵심적 부분이 되는 봉건론 내지 분권론에 관한 논의를, 10년 간격을
두고 씌어진 두 저술을 염두에 두면서 방진론의 내용과 그 특징을 일별해
보고자 한다.

《유서》의 〈封建〉은 《대방록》에 와서는 그 편명을 〈方鎭〉으로 바꾸어
놓으면서 그 서두에 "이제 봉건의 문제는 멀어지고 말았다. 때에 따르고
대세에 따르려면 방진을 회복해야 할 것이다"[59] 하고 있다. 앞장에서 살펴
보았듯이 《유서》의 봉건론은 강한 민족의식을 바탕으로 전개되고 있었으
나, 만주족의 통치가 기정사실로 굳어진 지금에 와서는 상당한 변화가 따
르게 되었으며, 이에 따라 그의 정치개혁론에도 일정한 수정이 불가피 하
였다. 그는 봉건과 군현제의 폐단과 방진제의 현실적 타당성에 대하여,

> 唐이 망한 까닭은 方鎭이 약했기 때문이지 방진이 강했기 때문이 아니다.
> 그런 까닭에 봉건의 폐는 강자가 약자를 병탄하여 천하의 政敎가 베풀어지지
> 않는 데 있고, 군현의 폐단은 변경이 침해를 당하여 그 고난이 그칠 때가 없
> 는 데 있다 이 兩者의 弊를 제거하여 서로 並行하여 장점을 살리려면 변경지
> 대의 방진이 아닐까?[60]

라고 하면서 방진의 장점을 열거하고 있다. 이러한 방진론은 당나라가 중
기 이후로 쇠약해졌어도 쉽게 망하지 않은 것은 제후의 세력이 강성하여
이를 받쳐주었기 때문이라는 것이다. 봉건과 군현의 폐단이 피차에 있다
고 한 점에서도 이주와 정림은 마찬가지이나, 다만 이주는 봉건론이나 방
진론이 모두 이민족으로부터 중국을 방어한다는 입장에서 시작하여 중앙
에 대한 지방의 정치, 군사, 경제적 독립성을 강조하고 있는데 특징이 있
다. 이에 비하면 정림은 후자, 다시 말해 전국의 군현에 지방분권화 정책
을 실시하여 중앙집권체제를 修正해야 한다는 데 더 강조점을 두고 있다.
지방이 충실하면 邊備도 저절로 이에 따라온다는 주장으로 상호 강조점에
차이가 있다.

---

59) 《明夷待訪錄》, 〈方鎭〉.
60) 위와 같음.

이주는 주요한 변방지대로서 遼東·冀州·宣府·大同·楡林·寧夏·甘肅·固原·延綏 등을 들어 여기에 방진을 설치하고, 밖으로 雲南과 貴州도 이 예에 따라 부근의 州縣을 나누어 소속시키도록 주장하고 있다. 그리고 이들 방진에서의 지방자치적 개혁에 대하여,

> 그 錢糧과 兵馬는 안으로 자립하고 밖으로 환란을 막을 수 있도록 하며, 田賦와 商稅는 자체적으로 거두어 戰守의 필요에 충당케 한다. 모든 政敎의 시행은 중앙의 제재를 받지 않고, 소속관원 역시 그 스스로 임용하되 나중에 보고토록 한다. 천자에게는 매년 一貢하고 3년 一朝하며, 그(藩王)가 죽을 때까지 兵과 民이 화목하고 변방이 평온하면 세습을 허락한다.[61]

라고 하여 요동 등 12개 변방과 운남·귀주 지방에만 방진제를 실시하여 군사·재정·임용 등 모든 것을 중앙의 간섭 없이 그들 自治에 맡기자는 것이다. 이러한 방진제는 지방자치적 봉건제를 전국적으로 실시하자는《유서》의 봉건론에 비하면 분명히 뚜렷한 후퇴다. 그러나 그는 이러한 국한된 형태에서나마 방진제도의 지방분권의 장점을 다섯 가지로 나누어 들고 있어《유서》의 봉건론의 골격을 그대로 유지하고 있다는 것을 알 수 있다.

그 첫째는 변방에는 비록 유능한 자가 있어도 중앙의 견제를 받아서 능력을 발휘할 수 없지만, 만약 자치와 세습을 허용하여 책임 있는 행정을 하게 되면 저절로 그들의 사려는 깊고, 戰守는 든든하여 각기 子孫永續之計를 세우게 될 것이라는 점. 둘째, 전에는 국가에 전쟁이 일어나면 천하의 물자를 다 동원해도 어려웠지만 이제는 한 지방의 물자로서 그 지방의 필요에 당할 수 있다는 점. 셋째, 전에는 邊兵이 부족하여 客兵을 동원하는 일이 지극히 어려웠으나 이제는 한 지방의 병으로 그 지방의 필요에 당할 수 있다는 점. 넷째, 전에는 군대의 지휘와 군비의 조달은 중앙의 지시에 따라 각 지방에서 일괄적으로 부담하는 무리가 있었으나 이제는 담당 지역에서 자발적으로 하기 때문에 그 지방의 부담이 커도 다른 지방에까지 영향을 주지 않는다는 점. 다섯째, 방진의 세력이 강하면 중앙에서 함

---

61) 위와 같음.

부로 넘보지 않아 지방이 충실하게 된다는 점 등을 들고 있다.[62]

이와 같이 이주의 방진론에서 들고 있는 다섯 가지 이점이란 결국 변경에 지방자치제를 실시하여 중국을 외국으로부터 효과적으로 방어할 수 있게 하자는 개혁론을 의미하는 것이다. 따라서 방진론이나 봉건론이 기본적으로 중국을 외국으로부터 보호한다는 데 목적이 있는 것은 마찬가지이며, 다만 전국적 지방자치를 변방에 국한시켜 이루려 한 것이 봉건제에서 방진제로의 전환이라 할 수 있다.

2) 분권론

《유서》와 비교해 보면 《대방록》에서는 군주전제체제에 대한 비판으로 일관하고 있을 뿐, 민족의식에 대한 어떠한 언급도 찾아 볼 수 없다. 봉건론의 연장이라 할 방진론에서도, 지방자치적 분권에 관한 이점을 자세하게 언급하고 있으면서도 민족의식과 이를 근거로 한 문명주의에 관한 주장은 전혀 찾아볼 수 없다. 거기에는 抗淸的 분위기를 자아내는 과격한 논설 대신에 명 태조의 군주절대체제에 대한 날카로운 비판과 함께 복고적 개혁논리를 펴나가고 있을 뿐이다.

《대방록》에서는 분권론을 군주절대제에 대한 근원적 부정을 전제로 하여 전개하고 있다.[63] 군주절대제의 이념적 근거가 되는 程朱學的 君臣觀, 다시 말해 부자와 군신을 동일시하는 군신관에 대하여 그는 "아들은 아버지의 몸을 나누어서 된 몸"이므로 子는 父의 分身이며,[64] "官은 몸을 나누어서 된 君",[65] 다시 말해 小君主로서 양자가 전혀 별개임을 밝히고 있다. 이른바 君臣之分은 종속적 명분관계가 아니라 횡적 師友관계요 職分관계라는 것이다.[66] 군주는 절대적이 아니며, 승상과는 一位의 차이만을 가진 존재임에도 "명태조가 승상제를 없애면서 명대의 정치가 크게 잘못

---

62) 위와 같음.
63) 졸고, 〈《明夷待訪錄》에 보이는 職分論〉(《東洋史學硏究》 10, 1976), pp.21~28.
64) 《明夷待訪錄》, 〈原臣〉.
65) 《明夷待訪錄》, 〈治喪〉.
66) 《明夷待訪錄》, 〈原臣〉, 〈奄宦〉.

되었다"고 하였다.[67] 이와 같이 三代時期의 군신의 직분은 상하 종속관계
가 아닌 횡적 사우관계임을 근원적으로 밝히면서 군주전제권은 지양해야
한다고 주장한다. 예컨대, 방진이 아닌 內地 郡縣의 인사임용에서도 중앙
의 임명에만 의존할 것이 아니라 薦擧制·任子制·辟召制 등 자치제적 요
소를 크게 살리는 방향으로 개혁해야 한다는 것이다.[68] 토지제에 관한 주
장에서도 후세 천하의 모든 토지도 개인이 구매한 民土라 하여 王土思想
을 부정하였으며,[69] 봉건제와 함께 井田制를 회복해야 한다는 주장도 반
복하고 있다.[70]

그의 이러한 지방자치적 주장에는 어디까지나 民이 주인이요 君은 客이
라고 하는 절동항청기(浙東抗淸期)의 지방자치적 경험에서 얻은 君臣觀이
바탕하고 있었다. 중앙과 지방의 정치를 君이 아닌 사대부가 주도해야 한
다는 견해를 학교제도의 개혁과 관련하여 다음과 같이 말한다.

> 大學의 祭酒에는 당대의 大儒를 추대하여 그 대우를 재상과 같이 하며 혹
> 퇴임한 재상으로서 그 직을 맡도록 한다. 매월 초하루에 천자가 대학에 나갈
> 때 宰相 六卿 諫議가 모두 수행한다. 祭主는 南面으로 講學할 때 천자는 제자
> 열에 앉고, 정치에 잘못이 있으면 제주는 직언을 거리낌없이 한다.[71]

이처럼 그는 황제를 비롯한 대신들을 참여시킴으로서 대학을 제주가 주
재하는 의정기구로 삼을 것을 구상하고 있다. 이는 전통적 經筵制度를 옛
庠序(학교)제의 정신에 따라 확대·개혁하려 한 것이라고 볼 수 있다. 이러
한 의정적 기능을 지방학교에도 마찬가지로 적용하려 하고 있으니,

---

67) 《待訪錄》,〈置相〉. 顧亭林도 君主의 職位에 대하여 "坐而論道 爲之王公. 王亦爲
六職之一也. 未有無事而爲人君者 故曰天子一位"라 말하고 있다.
68) 《明夷待訪錄》,〈取士〉下. 그는 君爲主의 정치에 반대하면서 동시에 〈胥吏〉에
서 "今天下無封建之國 有封建之吏"라 하여 지방행정에서 官의 권한을 침해하는
吏의 존재에 대해서도 비판하고 있다. 顧亭林도 〈封建論〉에서 "今天下官無封建
而吏有封建"이라 하여 같은 생각을 하고 있다.
69) 《破邪論》,〈賦稅〉.
70) 《明夷待訪錄》,〈田制〉.
71) 《明夷待訪錄》,〈學校〉.

> 郡縣의 學官은 임명하지 않고, 군현의 公議로서 모신다. …… 군현은 초하
> 루 보름에 一邑의 搢紳 士子를 모아 학관이 강학하면 군현관은 제자 열에서
> 北面 再拜하고 스승과 제자는 질의 응답한다. 업무가 바쁘다는 핑계로 출석
> 하지 않는 자는 벌준다. 군현관의 政事에 잘못이 있을 때 작으면 꾸짖고 크면
> 북을 쳐서 대중 앞에서 성토한다.[72]

라고 하여 군현의 학관은 지방관을 지도하고 심지어 감독까지 책임지게
하는데, 그의 임용은 중앙에서 임명하는 것이 아니라 지방의 공의로 선발
한다는 것이다. 이러한 주장은 명말 이래 사대부가 중심이 되어 여론을 조
성하고 이것이 지방 공의가 되어 지방 행정에 반영되던 明末 이래 사대부
사회의 분위기[73]를 반영한 것이다. 더욱 구체적으로는 淸兵의 침략 아래
그와 그의 동지들이 무정부상태에서 四明山寨를 중심으로 일종의 봉건적
지방정권을 형성하였던 경험을 토대로 한 것이었다.

앞서 본 것처럼 《대방록》, 〈방진편〉에서 봉건제도에 관한 문제는 먼 옛
날의 일이 되어버렸다고 하고, 대신 방진제도의 현실적 필요성을 역설하
였다. 그러면서도 그 밖의 다른 여러 장에서는 봉건제에 대한 미련을 떨쳐
버리지 못하고 있다. 예컨대,

> 옛 聖王이 사람을 측은히 사랑하여 경영하던 정신이 완전히 없어져 버렸
> 다. 진실로 심사 원람하여 일일이 通變하여 井田 封建 學校 卒乘의 옛 제도를
> 회복하지 못하고 비록 소소한 것들을 개혁한다 하더라도 민생의 괴로움은 결
> 국 끊일 날이 없을 것이다.[74]

라고 하여 봉건, 정전 등 삼대의 제도를 복구할 것을 주장하고 있다. 이러
한 주장은 얼핏 〈방진편〉의 내용과 모순되는 것처럼 보인다. 그러나 사
실은 그렇지 않다. 앞에서 서술하였듯이 淸初의 遺老들은 한결같이 명대

---

72) 위와 같음.
73) 明末 江南의 地方行政에 사대부에 의한 地方公議가 상당한 영향을 미치고 있
　　었다.[夫馬進, 〈明末反地方官士變〉(《東方學報》 52, 京都, 1980) 참조]
74) 《明夷待訪錄》, 〈原法〉.

의 모든 제도가 군주의 私心에서 제정되었다고 인식한다. 이주도 周代 봉건제도와 唐代 방진제도가 없어지게 된 원인에 대하여 "秦이 봉건을 군현으로 바꾼 것은 군현이 자신에게 私利가 되기 때문이요, 漢이 庶孽을 봉건한 것은 그것이 자기에게 울타리가 되기 때문이요, 宋이 방진의 兵을 해체한 것은 방진이 자기에게 불리하기 때문이었다"[75]고 하여 진·한 이후 군주의 사심을 비판하고 있다. 이러한 군주의 사심에서 나온 군주전제제도는 발본색원해야 한다는 것이 그의 이상이었다.

6. 맺음말

《유서》의 봉건론은 전 중국을 봉건화하여 지역을 충실하게 함으로써 夷狄의 침입을 효과적으로 방어한다는 것이다. 전국을 지방자치적으로 개혁한다는 주장은 顧亭林의 봉건론과 비슷하지만, 이주의 경우는 철두철미 이적의 침략으로부터 중국을 지킨다는 데 목적을 두고 있다는 점에서 뚜렷한 차이를 보이고 있다. 다섯 편으로 구성된 《유서》의 내용 대부분이 봉건론과 마찬가지로 이적의 방어를 위한 대책, 중화와 이적이 섞여서 살 수 없는 이유, 春秋筆法으로 대의명분을 밝히는 것이 역사가의 책임이라는 주장 등으로서 투철한 그의 민족의식을 드러내고 있다. 이러한 강렬한 민족의식은 《유서》의 집필시기와 관계가 있다. 그가 1645년 5월, 南京福王政權이 무너진 뒤, 향리 浙東地域의 친척 동지들과 함께 반청투쟁을 하다가 1653년(순치 10) 滿淸軍의 지명수배를 받고 숨어 지내던 시기에 이루어진 것이다.

《유서》에 보이는 이주의 민족사상이 반드시 그렇게 융통성 없는 것은 아니다. 그는 중국역사의 진보와 문화의 우수성을 긍지로 여기면서도, 한편으로는 외국의 경우도 역사는 진보하며 그 나름의 문화를 독자적으로 향유한다는 사실을 인정한다. 다만 다른 문화를 가진 민족이기 때문에 각

---

75) 위와 같음.

각 독자적 국가를 이루어 나가야 하며, 중국과 이민족이 결코 섞여서 살 수 없다는 논리이다. 이러한 진보적 관점은 중국중심의 동아시아 국제질 서가 명대, 특히 그 후기에 이르러 크게 변화하고 있었던 추세를 대변하는 것으로 볼 수 있다. 명대 봉건과 조공을 분리하여 보는 현상은 중국이 이 미 세계의 주인이 될 수 없다는 국제적 현실을 나타낸 것으로 이주가 외국 의 독자성을 인정한 것은 바로 그러한 현실을 반영한 것이다.

《유서》의 봉건론은 《대방록》에 와서 뚜렷이 후퇴하고 있다. 〈방진〉편 에서 "이제는 봉건이 먼 옛날의 일이 되었다"고 한 말이 이를 단적으로 표 현해 주고 있다. 《대방록》이 씌어진 것은 《유서》보다 10년 뒤인 1662년 (강희 원년), 張煌言 鄭成功에 의한 南京의 役도 실패하고, 通海案 역시 실 패한 직후, 절동지역의 항청투쟁의 상징이었던 魯王監國도 金門島에서 최 후를 맞는 그 무렵의 일이었다. 이제는 청조의 중국지배가 확실시됨으로 써 復明의 희망이 사라진 것이다. 봉건론이 방진론으로 변화한 것은 이같 은 전후 정세의 변화에 따른 것이다. 과격한 반청적 민족감정은 명대 전제 군주권에 대한 비판과 개혁의 논리 이면으로 후퇴하였다.

《대방록》의 정치개혁논의 기본시각은 분권론에 있다 해도 과언이 아니 다. 명 왕조의 멸망을 경험한 황종희는 그 멸망의 원인을 군주전제체제에 있다고 보아 이의 분권화를 통하여 선정을 이룰 수 있다고 보았다. 명대의 제왕분봉책은 중기 이후로는 宗藩문제를 불러일으켜 왕조로서나 지방재 정으로나 커다란 병폐가 되어 일반에 도외시되었다. 제왕분봉책은 군주권 강화를 위한 장치로서 분권논리와 반대편에 선다.

《대방록》의 분권론은 두 가지 방향에서 이뤄지고 있다. 첫째는 변경에 방진을 설치하여 지방자치를 통하여 이민족의 중국침입을 효과적으로 방 어하자는 것이며, 또한 내지에서도 지방 공의의 중시와 임용에 薦擧制·辟 召制 등을 통한 자치제를 할 것을 강조하고 있다. 둘째는 군주권의 절대화 는 천하를 私物視하는 그릇된 군신관에서 나온 것으로 이는 마땅히 군신 의 직분을 밝혀 중앙집권적 군주전제체제를 피할 것을 주장한 것이다.

(《明淸史硏究》6, 1997)

부록:
신발견 黃宗羲 저작 2종과 그 민족사상 문제

1. 종래 黃宗羲의 민족사상 시비

　명·청 교체기의 격변하는 시대를 산 梨洲 黃宗羲(1610~1695)는 학자요 사상가로서 뿐 아니라, 명의 멸망 뒤 반청 저항운동에 참가하였던 실전석 지성인으로도 유명하다. 그는 아버지와 스승이 모두 명말의 국가적 환란으로 희생되었던 분위기에서 자라났다. 아버지 黃尊素는 天啓朝에 閹黨 魏忠賢의 음모로 "東林六君子"의 한 사람으로 희생되었으며, 스승 劉宗周(1578~1645)는 杭州의 南明政權이 무너졌다는 소식을 듣고 절망한 나머지 자진하였다. 그가 崇禎 初에 閹黨에 복수하기 위하여 향리에서 상경하여 부친의 원수에게 철퇴를 던진 용기는, 뒷날 그의 반청 무력항쟁과 함께 '기백 있는' 선비로 알려지게 하였다. 남명정권이 청의 압력을 견디기 어렵게 되자, 그는 同志와 함께 원군을 청하러 일본에까지 가서 외교활동을 벌였다는 설도 있다.

　몇 개의 남명정권이 전후로 무너지고 청조의 중국지배가 확실해지자, 遺民들도 항청운동을 더는 할 수 없었다. 이후 康熙帝는 博學鴻儒科를 설치하여 황종희를 招致하려 하였으나 따르지 않았으며, 明史 편찬에 참여해 달라는 요청에도 그는 不事二君의 태도를 굽히지 않았다.

　이처럼 황종희는 명말·청초의 이른바 '天崩地陷'의 시대에 파란만장한 생애를 살면서도 후진교육과 학문연구에 몰두하면서 많은 저술을 남겼다.
그 가운데서도 《明夷待訪錄》은 특히 그의 정치사상을 가장 잘 반영한 것
으로 유명하다. 《명이대방록》은 그와 함께 明의 3遺老로 일컬어지는 顧炎
武(1613~1682)의 《日知錄》과 王夫之(1619~1692)의 《黃書》, 그리고 史論
인 王의 《讀通鑑論》, 《宋論》, 지리 경세론인 顧의 《天下君國利病書》와 함
께 당시의 經世思想을 담은 대표적 저술로서, 거기에는 그들의 사상적 공
통성이 담겨 있다. 그들은 모두 東林의 후신인 復社의 同人이었으며, 명의
멸망 이후에는 反淸復明운동에 참가하였고, 청조 치하에서는 不事二君하
였다는 점에서 볼 수 있듯이 그들은 틀림없이 민족의식이 강했을 것이다.
그러나 그들의 저서가 대부분 청조의 중국 통치가 확립된 이후에 이루어
졌기 때문에 그 반청적 민족사상을 그대로 드러내기가 어려웠다. 宋·明의
정치제도가 전제적이었으며, 군주권이 전대보다 절대화한 것을 날카롭게
비판하면서도, 막상 만주족의 중국통치가 부당하다는 표현을 노골화할 수
는 없었다. 그러나 왕부지의 경우는 다르다. 청조의 중국지배가 확실해지
자, 무기를 버리고 산중에 숨어살며 저술로 여생을 보낸 그는 華夷의 辨別
에 다른 두 사람보다 더욱 적극적이었다는 것은 잘 알려진 일이다.

그러나 세 사람 가운데 황종희에 대해서만은 청조에 타협적이었다는 비
판이 일찍부터 있어왔다.[1] 그 이유로 첫째 《명이대방록》의 정치비판이 역
대의 전제군주권에 대한 것이며, 더구나 그 비판의 초점을 명대의 여러 제
도에 두었으므로 反淸復明을 의도한 것이 아니며, 둘째로는 《明史》를 편
찬할 때, 그 자신은 따르지 않았지만 아들 百家와 수제자 萬斯同에게 대신
그 일을 하게 하였다는 것이다. 황종희 비판은 청말 혁명파의 학자 章炳麟
(1868~1936)이 철저하였다. 그는 3遺老 가운데서 황의 민족의식이 가장
불철저했으며 《명이대방록》은 만주국 황제에게 아첨하기 위하여 쓴 것이
라고까지 비난하였다.[2] 사실 《명이대방록》은 명 태조의 군주전제권력의
강화와 그 이념적 뒷받침이 되는 程朱學에 대한 비판으로 일관하고 있으

1) 高柄翊, 〈黃宗羲의 新時代待望論〉(《東洋史學研究》 4, 1970), p.20.
2) 章炳麟, 〈說林〉(《太炎文錄》).

며, 그러한 전제적 여러 제도를 개혁하여 새로운 정치를 할 것을 기대하고 있을 뿐, 청조지배의 부당성이나 화이문제에 대한 논급은 전혀 없다.

《명이대방록》을 비롯한 그의 모든 다른 저술에서도 반청적 기미가 거의 보이지 않는 것은, 초기의 그의 반청 무장활동과는 너무나도 대조적이어서, 무언가 석연치 않은 느낌을 떨쳐버릴 수 없다. 더구나 그를 浙東史學의 비조라고 부르는 마당에, 그의 역사의식이 이렇다 할 민족주의적 색채를 보여주고 있지 않기 때문에 혹시 어디선가 햇빛을 보지 못한 手稿라도 나와 그러한 궁금증을 풀어주지나 않을까 하는 기대감을 갖게도 하였다. 과연 오래 묻혀 있던 수고 《留書》와 그 밖의 몇몇 未刊稿가 햇빛을 보게 되어 그 문제에 대한 일정한 해답을 주게 된 것은 무척 다행한 일이 아닐 수 없다.

황종희 관계 자료를 새로이 발견한 것은 결코 우연한 일이 아니다. 중국의 개방화 추세에 힘입은 국제학술토론회의의 개최, 全集의 발간 등 전에 없는 활발한 연구분위기가 조성된 결과이다. 1984년 11월 黃의 출생지에 가까운 寧波에서 "黃宗羲와 浙東學派討論會"가 열렸으며, 2년 뒤 "國際黃宗羲學術討論會"가 같은 장소에서 열렸는데, 그 결과들을 묶어서 吳光 主編, 《黃宗羲論 — 國際黃宗羲學術討論會論文集》(浙江古籍出版社, 1987)이 발간되었다. 또 하나 황종희 연구에서 주목할 일은 《黃宗羲全集》 全 12冊(浙江古籍出版社)의 간행이 시작되어 이미 몇 책이 나왔으며, 가까운 장래에 그 완간이 기대되는 등 이 분야 연구에 상당한 성과를 올리고 있다는 사실이다.[3]

---

3) 佐野公治, 〈黃宗羲研究の現況〉(《中國 — 社會と文化》 3, 東京, 1988) 참조.

2.《留書》의 발견과 그 민족사상[4]

1)《留書》의 발견경위

《유서》는 〈文質〉, 〈封建〉, 〈衛所〉, 〈史〉, 〈朋黨〉의 다섯 편, 全文 5,000 여 자로 이루어진 짧은 저술로서《명이대방록》이 上梓되기 꼭 10년 전에 씌어졌다. 다시 말하면《유서》는 황종희가 44세 되던 해인 癸巳(1653년)에 집필하였는데, 順治 10년 당시는 그가 항청무장 활동을 하면서 의지하던 망명정권인 魯王監國마저 무너진 상태였다. 干支만 쓰고 題辭에 44세의 젊은 나이임에도 '梨洲老人'이라고 서명하고 있는 데서 그 절망적 분위기가 느껴진다. 다음 절에서 보겠지만《유서》의 내용도 지금까지 그의 어느 저술에서도 볼 수 없었던 華夷문제에 관한 강렬한 표현으로 이루어져 있다. 이제《유서》가 어떠한 경위를 거쳐 햇빛을 보게 되었는지를 잠시 살펴보기로 하자.

이 책의 존재가 처음으로 알려진 것은 謝國楨이《黃梨洲學譜》에서, 寧波의 藏書家 馮貞群의 〈伏跗室書目〉 子部《명이대방록》의 끝 부분에 그 것이 著錄되어 있다고 소개하면서부터이다. 그에 따르면 그 書目에 馮은 著者 黃의 題記를 다음과 같이 인용하고 있다. 다시 말해 "癸巳의 秋, 책 1권을 지어 이를 筐 中에 남겼다. 그 뒤 10년 동안《명이대방록》을 지어 그 우수한 것은 대부분 여기에 采入하고 그 나머지는 버렸다. 甬上의 萬公擇이 아직 취할 것이 있다고 하여 다시 이를《명이대방록》의 뒤에 붙인다. 이것은 내가 남긴 것이 아니라 곧 公擇이 남긴 바이다"고 하고 있는 것으로 보아 황이 처음부터 유서를 쓴 것은 아니고, 원고 1책을 써두었다가 10년 뒤 대방록을 쓸 때 이들을 채록하고 나머지 일부는 버렸던 것인데, 그의 제자 萬斯選(公擇)이 鈔本으로 남겨《유서》가 되었다는 것이다. 그러나 그 내용은 공개되지 않았다.

그런데 최근《黃宗義全集》의 편찬을 담당한 吳光이 황종희의 미간행 유

---

4) 본 章 〈《留書》의 발견 경위와 《留書》의 사상〉에 대해서는 小野和子, 〈留書의 思想〉(《明末淸初期의 硏究》, 京都, 1988)에서 상론하고 있으므로 이를 따름.

고를 모으던 중, 중국과학원 도서관 善本室에서 《유서》의 일부 초본을 발견하였다. 그것은 《南雷文鈔》의 일부였으나, 다섯 편 전부가 아니고 〈文質〉과 〈封建〉 두 편만 남아 있으며, 그것도 〈封建〉은 일부가 결손된 채였다. 吳光의 해설에 따르면 이것은 황종희와 밀접한 관계에 있는 鄭氏二老閣의 것으로 《명이대방록》도 여기서 初刻된 것이다.

全祖望은 〈二老閣藏書記〉에서 그의 친구 鄭性이 조부 鄭溱과 스승 梨洲, 二老를 추모하기 위하여 집을 지어 장서한 것이라 하고 있다. 그 아버지 鄭梁은 일찍이 黃의 영향 아래 조직된 講經會의 회원으로서 그를 존경한 나머지 그의 모든 저작을 見黃稿라 하고 書齋를 見黃堂이라 하였을 정도였다 한다. 二老閣도 그의 명에 따라 아들 性이 세운 것이며, 乾隆年間에는 여기서 《명이대방록》이 상재되기도 하였다.

《유서》의 完帙을 발견한 것은 그 뒤의 일이다. 駱兆平이 天一閣에서 《伏跗室贈書目錄補遺》를 작성하기 위하여 近人 馮貞群이 기증한 책을 정리하던 중에 나온 것이다. 駱에 따르면 《명이대방록》과 《思舊錄》은 합쳐진 하나의 抄本으로서, 그 두 책은 원래 二老閣의 刻本이었으나 《유서》는 未刻이라 하고 있다. 《유서》의 注記에는 "先生의 〈留書〉 八篇, 그 〈田賦〉, 〈制科〉, 〈將〉의 3편은 《명이대방록》에 보인다"고 하여 《유서》의 원본이 원래는 8편이었으나 현재의 5편 이외의 3편은 대방록에 採入하였다니 앞서 본 謝國楨이 소개한 馮貞群의 지적과 같다. 어쨌든 그 5편 全文은 駱의 해설과 함께 《文獻》(1985. 4)에 실렸는데, 그 초본이 行書와 草書로 되어 있기 때문에 읽기 어려워, 洪波는 《文獻》(1986. 4), 〈黃宗羲留書點校補遺勘誤〉에서 그 誤讀을 바로잡고 있다.[5]

1990년 또 하나의 완질 초본이 나왔다. 그것은 山西省文物局所藏의 傅增湘 舊藏의 《留書》로서 日本 京都大學人文科學硏究所 小野和子 교수가 중국의 현지에서 발견한 것이다. 正楷書의 이 抄本도 약간의 탈오가 있었으나, 小野는 全集本 및 天一閣本과 비교하면서 바로잡아[6] 이제는 《유

---

5) 駱兆平標點, 〈黃梨洲先生留書—天一閣藏鄭性父子訂校本〉(《文獻》1984. 4)과 洪波, 〈黃宗羲 《留書》點校補遺勘誤〉(《文獻》 1986. 4)는 小野和子 敎授로부터 그때 그때 送付해 받았다. 지면을 빌어 감사를 표한다.

서》의 내용을 거의 완벽하게 복원하였으니 다행한 일이 아닐 수 없다.

2) 《留書》의 민족사상

원래 8편의 원고 가운데 5편이 그대로 남아 《유서》가 된 경위를 살펴보았는데, 그 5편이 《명이대방록》에 採入되지 못한 까닭은 단순히 덜 '우수한 것'이었기 때문이 아니라, 양자의 내용에 차이가 있기 때문이었을 것임에 틀림없다.

이제 차례로 그 내용을 개관하고 그 성격 차이가 무엇이었는지를 살펴볼 차례다.

우선 〈文質〉篇은 春秋公羊家의 文質三統說로서 夏는 忠을 숭상하고, 殷은 質을 숭상하고, 周는 文을 숭상하여 이들이 순환한다는 公羊家의 역사관인데, 三統이 순환한다지만 忠에서 質, 質에서 文으로 나아간다는 점에서는 진보사관이기도 하다.

그런데 황종희는 이 공양가의 진보사관에는 조건부 동의만을 하고 있으니, 다시 말해 인간사는 자연에 맡기면 오히려 열악하게 될 뿐이라 하여 성인의 救世的 내지 창조적 역할을 전제로 동의하고 있다. 또한 문명의 진보는 중국인에만 한하지 않고 夷狄에게도 마찬가지라는 것이니, 왜냐하면 非中國에도 聖人이 출현할 수 있기 때문이다. 이적도 문명사회에 들어갈 수 있다(夷狄進而至于爵)는 사고는 公羊家에 일찍부터 있었던 것으로 황종희도 기본적으로 이 입장에 서면서 다만 성인의 역할을 전제한 데 그 주장의 특색이 있다 하겠다.

다음 〈封建〉篇은 중국의 전통적 정치체제인 봉건과 군현의 장단점을 따져보는 방법으로 중국사의 흐름을 관찰한 글이다. 그는 중국사에서 夷狄만큼 중국을 어지럽게 한 것은 없다고 하면서, 三代와 秦漢 이후가 다른 차이는 바로 그 때문이라는 것이다. 송대 朱熹와 陳亮이 〈義利王覇之論爭〉으로 열띤 논쟁을 벌였던 漢·唐의 타락의 원인을 黃은[7] 夷狄관계에서

---

6) 小野和子, 〈傳增湘舊藏《黃梨洲先生留書》について〉[《淸朝治下の民族問題と國際關係》(平成 2年度科學硏究費補助金 總合硏究(A) 硏究成果報告書) 所收].

찾고 있다.

그는 중국과 이적의 관계를 역사적으로 고찰하면서 이적의 침입이 秦·漢 이후에 심했으며, 특히 五胡의 침입으로부터 남북조시대까지의 역사와 唐末·五代에서 元代까지의 역사는 이적의 침입으로 천하가 크게 혼란했다고 지적하고, 그 가장 큰 원인을 봉건제의 폐지에 돌리고 있다.

봉건제를 실시하면 병농일치가 이루어지고 군신관계는 부자관계와 같아 상하가 합심하여 外夷의 침입을 막을 뿐 아니라, 각 나라는 스스로의 힘으로 독립을 지킬 수 있어서 나라가 망하더라도 몇몇 제후국만 망하였으나, 봉건이 폐지된 뒤에는 상황이 일변하게 되었다는 것이다. 다시 말해 이적이 변경을 침입하면, 군량을 공급하기 위하여 징발과 징세가 마구잡이로 이루어져, 천하의 民力이 황폐하여 그 힘을 감당하지 못하므로, 천하는 송두리째 망하게 된다는 것이다. 따라서 봉건을 되살려 권력을 분산하면 이적은 중국 전부를 간단히 멸망시킬 수 없으며, 비록 一國이 함락되더라도 전체가 망하지는 않는다는 것이다.

다음 〈衛所〉篇에서는 봉건론에서 주장한 병농일치제에 대한 논의를 좀 더 구체적으로 전개하고 있다. 명의 위소제는 병농일치제에 기반한 당의 府兵制를 따른 것이었으나, 그것이 明 중기 이후 차차 무너져가는 과정에서 만주족이 침입하고 농민반란이 일어나게 되었다는 것이다. 그 결과 병사를 모집하고 軍餉이 강제되어, 이로 말미암아 人民은 이중·삼중의 부담으로 피폐하였으며, 그 위에 군량 운반의 부담이 겹쳐 그 폐해가 극심하였으므로, 이러한 폐단을 구하는 길은 봉건의 부활 외에 다른 방법이 없다는 것이다. 이러한 봉건주장은 외침에 대한 漢族의 방어라는 입장에서 중앙에 대한 지방의 정치적, 군사적 또는 경제적 독립성을 강조한 것이다. 따라서 지방분권의 결과 황제권력의 공동화를 가져올 수 있다는 우려에 대해서도, 중앙권력의 지방착취에 따른 지방의 피폐가 불러올 이민족 지배의 고통에 비할 바 아니란 점을 분명히 하고 있다.

그러나 《유서》의 봉건주장이 《명이대방록》에서는 어느 정도 후퇴하고

---

7) 졸고, 〈《明夷待訪錄》에 보이는 職分論〉(《東洋史學硏究》 10, 1976), pp.6~7.

있으니 "지금 봉건이라는 제도는 먼 옛날의 것이 되고 말았다"(方鎭篇) 하여 변경의 방진에 봉건에 가까운 제도를 이을 것을 말하고 있다. 顧炎武가 "봉건의 뜻을 군현에 붙일 것"[8]을 주장한 것과 함께 그러한 봉건론은 당시 明 遺臣 사이에 공통된 사상경향으로서 거기에는 이적의 방어라는 강렬한 민족의식이 바탕하고 있었다.[9]

이상의 〈文質〉, 〈封建〉, 〈衛所〉篇은 모두 그의 華夷觀 내지 민족사상에 관한 것인데, 제 4의 〈朋黨〉 편은 명말의 黨社문제에 관한 것이다. 이는 그가 東林은 붕당이 아닌데 소인들이 작당하여 동림당으로 몰아붙여 그렇게 된 것이라면서, 歐陽修가 〈붕당론〉에서 "小人들은 朋이 없으며, 오직 君子들에게만 있다"라고 한 말은 그릇된 견해라고 비판하고 있다. 다른 것과는 성질을 달리하고 있는 이 편은 제도나 개혁에 관계된 것이 아니기 때문에 《명이대방록》에도 편입되지 않았던 것 같다.

마지막 〈史〉편은 正史를 편찬할 때 중화와 이적의 관계를 어떻게 취급할 것인지에 대한 논의이다. 역사는 文明中華의 관점에서 써야 하며, 역사가의 주요 임무는 華夷의 辨別에 힘쓰는 데 있다는 것이다. 그가 漢族인 宋의 역사를 중심으로 療·金·元을 四夷列傳에 두어야 할 것이라고 한 점에서 보더라도, 종래의 왕조중심의 사관과는 달리, 민족사관을 가지고 중국사의 편찬을 구상하고 있었음이 틀림없다.[10] 역사를 펴내면서 이적으로 하여금 천하에 뜻을 얻게 한다면 차라리 역사가 없는 것만 못하다고 극언하고 있다.

그의 화이사상은 문명의 중국과 미개의 이적은 결코 상용할 수 없다는 문화주의에 바탕하고 있다. "중국으로써 중국을 다스리고 이적으로써 이적을 다스리는 것은 마치 사람은 짐승과 섞어놓을 수 없고, 짐승은 사람과 섞어놓을 수 없는 것과 같다. 때문에 중국의 도적이 중국을 다스리더라도

---

8) 顧炎武, 《享林文集》, 〈郡縣論〉 1.

9) 閔斗基, 〈淸代封建論의 近代的 변모〉, 《中國近代史硏究 — 紳士層의 思想과 行動》(一潮閣, 1973), p.237 ; 小野和子, 〈留書の思想〉, pp.531~532.

10) 그가 썼다고 하는 《明史案》 224卷이 오늘날까지 남아 있었더라면 《明史》와는 書法이 많이 달랐을 것은 의심할 여지가 없다.

오히려 중국의 사람임을 잃지 않은 것이다"라 한 말에서도, 농민반란으로 왕조를 무너뜨리는 것은 긍정하면서도 이민족이 중국을 정복하는 것은 용인할 수 없다는 화이사상이 잘 드러나 있다. 이러한 주장에는 중국이 세계의 중심이요 중국의 문화는 중국인만이 보존해야 한다는 책임과 긍지를 강조하고 있다. 이러한 점에서는 王船山의 배타적 종족주의 관점과도 유사하다 할[11] 만큼 강렬한 민족의식을 읽을 수 있다.

위에서 다룬 것처럼 《유서》의 사상은 중화 중심의 민족적 색채가 강렬하게 바탕하고 있다는 사실을 알 수 있다.

3. 〈與徐乾學書〉의 발견과 시비 재론

《유서》의 발견으로 감춰져 있던 황종희의 민족사상이 다른 遺老에 비해 결코 손색이 없을 정도라는 사실이 밝혀졌다. 그러나 이와는 반대로 그의 만년에는 민족의식이 굴절되었다는 사실을 알려주는 새로운 자료를 역시 吳光이 발견하였다. 상해도서관 귀중본실에서 황종희의 《南雷雜著》眞迹을 발견하였는데, 이 안에 아직도 세상에 소개되지 않은, 제목도 없는 서신 초고 한 통이 나온 것이다. 黃이 누구에게 보낸 글인지 밝혀지지 않았으나, 발견자 吳光은 그것이 康熙 25년(1686) 大學士 徐乾學에게 보낸 것이라고 고증하였는데, 그 뒤 그는 다시 北京中國科學院圖書館에서 소장하고 있던 《南雷文鈔》 가운데 〈與徐乾學書〉라는 제목의 서신 초본을 발견하고 그의 첫 고증이 정확하였음을 확인하고 있다.[12] 어쨌든 처음 발견된 황종희의 《남뢰잡저》眞迹에는 徐乾學에게 보낸다는 제목이 빠져 있었다. 그 이유에 대하여 吳光은 "원고 중에 지나친 칭찬의 말이 諂媚에 가까웠으므로 저자 본인은 이를 《南雷文定》이나 《南雷文約》에 넣기를 꺼려했을

---

11) 小野和子, 앞의 글, p.534.

12) 吳光, 〈黃宗羲反淸思想的轉化 — '與徐乾學書'的考證與說明〉[《南雷雜著眞蹟(附釋文)》](臺灣學生書局, 1990) 附錄 2], 補記.

것이고 後人도 이 원고가 있는지 몰랐거나, 아니면 알았더라도 이를 숨기기 위하여 간행하기 꺼렸기 때문일 것"이라 추측하고 있다.[13]

말하자면 황종희가 만년에 그 변절한 모습을 보이지 않으려 했기 때문이라는 것이다.

이 미간행된 殘稿 〈與徐乾學書〉에서는 黃이, 청조에 벼슬한 漢族出身 大學士 徐에게 청조에 타협적인 언설을 늘어놓고 있다. 예컨대 康熙帝를 '聖主'라 부르는가 하면 "皇上의 仁風이 篤烈하여 현재의 兵災를 구하고 미래의 苦集을 제거하였다"고 칭찬하고 있으며, 또한 徐와 같은 인재를 閣臣으로 중용한 일을 두고 "고금의 儒者로서 이 같은 대우의 융숭함이 일찍이 없었으니 500년 만에 이제야 보게 되었구려"라고 하는 등 諂辭에 가까운 말을 아끼지 않고 있다. 뿐만 아니라 餘姚의 童生이었던 '小孫 黃蜀'이 考試에 응하게 되었던 모양으로 이 일을 徐에게 부탁하는 내용도 들어 있다. 강희제에 대한 이러한 찬사와 청조에 대한 타협적 언사는, 일찍이 《유서》에서 명을 本朝, 청을 僞朝라 하고 청조의 황제를 '虜酋'라고 하였던 反淸的 태도와는 판연히 다른 것이다.

황종희가 그 만년에 청조에 협조적 태도를 취하였다는 또 하나의 증거로서 같은 명의 遺老 呂留良(1629~1683)과의 不和說이 거론된다. 황은 여유량과 일찍부터 친분이 두터운 사이였으나 날이 갈수록 두 사람 관계가 멀어졌다는 것이다. 그 까닭은 전자는 차차 청조에 타협적 태도로 바뀌어 간 데 반해, 후자는 시종 反淸的 태도로 일관하였기 때문이라는 것이다.[14] 사실 여유량은, 청조에서 博學鴻儒科를 설치하여 그를 불렀으나 이를 거부하였으며 강희 19년에는 隱逸로 천거하였으나 승려가 됨으로써 역시 이를 받아들이지 않았다. 정통 朱子學者로 자부한 그는 陸王學을 배척하고

---

13) 위의 글(이 글은 원래 臺灣 《文星》 1987년 4月號에 실린 것을 轉載한 것이다), p.301.

14) 佐野公治에 따르면 1986년 11월에 寧波에서 열린 〈國際黃宗羲學術討論會〉에서 方祖猷, 〈黃宗羲史蹟探徵〉와 費思堂, 〈淸初遺民的抉擇 ― 黃宗羲與呂留良〉 등의 논문이 발표되었고, 兩者의 불화설을 민족감정의 시각에서 보는 것이 정설화되었다고 소개하고 있다.

철저한 화이사상에 입각하여 반청적 입장을 끝까지 고수한 점에서는 王夫
之와 비슷하다. 그들은 주자학에 연원하는 지리적 내지 종족적 華夷之分
을 강조하여 排滿 민족주의에 철저하였다. 특히 攘夷가 春秋의 제1義임을
주장한 呂는 反淸逆謀로 체포된 曾靜의 민족의식과 직접적 師承關係에 있
었다. 華夷의 分과 君臣의 分이 서로 어긋날 경우에는 후자를 희생해도 무
방하다고 주장한 曾의 대의명분론도 呂의 攘夷 주장을 이어받은 데 불과
한 것이다.[15] 여유량의 이와 같은 철저한 민족주의와 이에 따른 반청적 태
도로 말미암아 갈수록 反淸思想이 약해진 황종희와는 불화관계에 놓이기
쉬웠으며, 이러한 관계는 그들의 제자들에게까지 相容되지 못할 정도로
영향을 주었다는 것이다.

어쨌든 황종희의 화이관, 다시 말해 민족사상이 그의 후반생에서 갈수
록 흐려졌다는 것은 크게 의심할 여지가 없다. 우선 그러한 변화과정은 그
가 44세(1653)에 쓴 《유서》와 그 10년 뒤인 54세(1663)에 쓴 《명이대방
록》, 그리고 23년 뒤인 77세(1686)에 쓴 《與徐乾學書》에 보이는 청조에 대
한 의식 내지는 태도의 변화와 일치한다 하겠다. 앞서 서술하였듯이 《유
서》는 그가 魯王政權을 중심으로 한 반청 무장활동을 포기한 직후 민족감
정이 격앙된 시기에 쓴 것이며, 《與徐乾學書》는 강희 25年 청조 전성기를
맞이하여 漢族政權의 출현에 대한 기대도 완전히 사라진 상태에서 쓴 것
이다. 그때는 《명이대방록》에서 기대한 新時代를 꿈꾸기에는 너무 늦은
인생의 황혼기였다. 그는 그 5년 뒤인 82세(강희 30년, 1691)에 쓴 《破邪
論》의 서문에서 "내 일찍이 대방록을 지어 三代의 정치를 부흥할 수 있다
고 생각하였는데 顧寧人이 보고 迂遠하다 하지 않았었다. 이제 헤어보니
30여 년이 흘렀으니 秦曉山이 말한 十二運이 사람을 속인 것이 아닌가!"
하고 있다. 파사론의 내용도 9개항 가운데 上帝·魂魄·地獄·分野 등이 黃
泉에 관한 것으로 그것은 인간의 운명과 행복에 관계가 있는 것이니 그가
만년이 될수록 道家의 초자연적 경향을 띠게 되었음을 알 수가 있다.[16] 이

---

15) 閔斗基, 〈淸朝의 皇帝統治와 思想統制의 實際 ― 曾靜의 逆謀事件과 《大義覺迷
錄》을 중심으로〉(《中國近代史研究》), pp.47~49.

처럼 그의 만년에는 《유서》를 쓸 때의 패기와 생생한 민족의식은 많이 퇴색되었음이 틀림없다.[17]

그러나 죽을 때 망국의 죄인임을 잊지 않고 빨리 썩어 한줌 흙으로 돌아가야 한다는 뜻으로 棺을 사용하지 않은 일이라든지, 文革 중에 파괴된 墓室에는 "한 권의 책, 한 자루의 붓, 벼루 하나"가 남아 있었던 점[18] 등으로 미루어보면 그는 끝까지 학자로서의 자세를 잃지 않았던 것 같다. 비록 그의 만년에 《與徐乾學書》에 보인 '詔辭'라든지 주자학적 화이관으로 일관한 여유량과의 불화설이 있지만 그를 변절자라고 보기는 어렵다.

그가 《유서》의 봉건편에서 "중국은 중국인이 다스리고 夷狄은 夷狄이 다스릴 것"을 주장한 것은 한편으로는 중국은 세계의 중심이요, 중국문화는 중국인이 보존해야 한다는 책임과 긍지를 강조하면서도 다른 한편으로는 이적은 이적이 다스려야 한다는 이민족의 존재를 인정하는 것이다. 말하자면 自民族의 독립을 주장하면서 동시에 다른 민족의 자주도 인정하는 독특한 화이관,[19] 상대적 민족사상을 지녔던 데 주목할 필요가 있다.

그는 "나라는 멸망하더라고 역사는 멸망하지 않는다"고 하여 國과 史의 차원을 달리하고 있는 것은,[20] 顧炎武와 亡國과 亡天下를 구별하여 망국은 있어도 망천하는 있어서는 안 된다는 顧炎武와 동일한 역사의식, 문화주의에 입각하고 있는 것이다. 그가 일찍이 《유서》에서 보인 華夷之分의 강조라던가 또한 그 뒤 《명이대방록》에서 보인 전제군주제에 대한 혹독한 비판도 기본적으로 문화적 중화주의에 뿌리를 내리고 있었다. 뿐만 아니

---

16) 高柄翊, 앞의 글, pp.26~28. 高教授는 여기에 간단한 《破邪論》序 全文을 번역하고 原文도 괄호 속에 摘記하고 있는데 "秦曉山十二運之言 無乃欺人"이 빠져 있다. 이는 史料로 인용한 辟鳳昌 編,《梨洲先生遺著彙刊》本 原文에 빠져 있었기 때문이다.

17) 《與徐乾學書》이외에도 그의 晩年의 작품으로 보이는 《餘姚縣重修儒學記》,《周節婦傳》,《傳是樓藏書記》 등에 康熙帝를 聖天子로 표현하는 등 청조에 유화적 태도를 보이고 있다. 이에 대해서는 杜維運,《淸代史學與史家》(北京·1988) 참조.

18) 佐野公治,〈黃宗羲硏究の現況〉(《中國—社會と文化》 3, 東京, 1988), p.242.

19) 小野和子,〈留書の思想〉, p.535.

20) 졸고,〈《明夷待訪錄》에 보이는 職分論—宋代 이래 位·分觀의 변천상에서 본〉(《東洋史學硏究》 10), p.28.

라 양명학자로서 그가 程朱學의 명분주의를 小儒의 견해라고 망설임 없이 비판하고 있는 점을 보더라도, 그는 배타적 종족주의에 치우친 王夫之나 呂留良과 같은 이의 대의명분론과는 처음부터 입장을 달리하였다.[21]

　老境에 접어들수록 그가 중화의 예교와 문화에 관심을 쏟았던 것은 사실이지만, 이를 사상적 전향이라고 보기는 어렵다. 그가 몽고치하에서 유교전파에 힘쓴 許衡과 趙復의 공을 칭찬하고 "흥망의 기준이 바로 예교의 隆替에 있다"[22]고 한 예교적 중화주의에는 별다른 변화가 있지 않았을 것이다. "나라는 망해도 역사는 망하지 않는다"는 말은 예교적 중화의 역사는 결코 망할 수 없다는 중국 문화에 대한 믿음의 표현으로서, 이 점에서는 황종희도 생애의 전·후기를 통하여 일관성을 잃지 않았던 것 같다.

(《東洋史學硏究》39, 1992)

---

21) 위의 글, pp.2~11.

22) 黃嗣艾,《南雷學案》卷 1(南京, 1936)에 "蒙古據有中國 評趙之功 高於弓矢萬倍 自許趙出 蒙古亦中國矣…… 然則與亡之樞機 允在禮敎之隆替"라고 하고 있는 것과는 달리, 일찍이《留書》의 〈史〉篇에서는 許衡과 吳澄을 몽고의 풍속을 고치지도 못하면서 그 왕조에 나아갔다고 비난하고 있다. 許 등에 대한 이러한 상이한 평가도 그의 이민족에 대한 비판의 시각이 전후로 상당히 완화되어 간 것과 궤를 같이하는 것이라고 하겠다.

제 3 부
근세의 사상과 종교

제 1 장
陽明學의 성립과 전개

1. 머리말

朱子學이 宋代의 학술사상을 대표한다면 明代의 사상은 陽明學이 대표한나. 王陽明(名 : 守仁, 1472~1529)이 明 중기에 나와 性理學的 사상 풍토 아래에서 心卽理說을 표방하고, 이를 시작으로 知行合一說, 致良知說을 계속 제기하여 주자학에 대립되는 방대한 사상체계를 이룩한 것은 明代 학술사상계의 일대 변혁이었다.

알려지다시피 洪武帝는 명 왕조를 세우자마자, 元代 이래 군주전제지배체제를 합리화하는 수단으로 사용하였던 주자학을 體制敎學으로 받아들여 전국적으로 郡縣學을 세우고《性理大全》를 편찬하는 등 永樂朝의 국가적 편찬사업을 통하여 전국의 士子들을 충실한 臣民이 되도록 이끌었다. 그 뒤 官·學의 유착상태는 일반화해 갔다. 이러한 주자학 일색의 학술사상계에 양명학이 풍미할 수 있었던 것은 그를 위한 여러 가지 여건이 조성되지 않고는 불가능한 일이었다.

이 글은 양명학의 성립배경과 그 내용 및 특징, 그리고 전개과정을 개략적으로 살펴보려 한다. 그러나 양명학의 전개과정은 다양하기 때문에 이를 포괄적으로 다루기는 어렵다. 그래서 그 가운데서도 특색 있는 한 類派를 선택하여 토론할 수밖에 없다. 黃宗羲는《明儒學案·泰州學案序》에서,

> 陽明先生의 學이 泰州와 龍溪를 통하여 천하에 유행하게 되었으며, 또한
> 泰州와 龍溪로 말미암아 점차 그 傳을 잃게 되었다. 泰州와 龍溪는 때로는
> 그 師說에 만족하지 않고 불교의 비밀을 열어 선생에게 돌리니 대개 陽明을
> 뛰어넘어 禪이 되었다. 그러나 龍溪의 뒤는, 역량이 龍溪보다 뛰어난 자가
> 없었고, 또한 江右를 얻어 바른 길로 들어섰기 때문에 十分 결렬되기에 이르
> 지 않았다. 泰州의 뒤는 그 사람들이 능히 赤手로 龍蛇를 잡으려 덤볐으니
> 顔山農, 何心隱 일파에 이르러서는 다시는 名教側에서 능히 제재할 수 없게
> 되었다.

고 하여 양명학의 한 물줄기가 泰州와 龍溪로 흐르고, 泰州에서 다시
顔山農, 何心隱으로 이어지면서 名教的 궤도에서 벗어났다고 비판하고
있다.

이러한 비판에도 불구하고 양명학은 泰州, 龍溪와 같은 기백 있는 제자
들이 천하를 풍미하였으며, 이러한 와중에서 학문의 分派작용도 일어나
게 되었다. 비교적 온건한 노선을 취하면서 名教的 입장에 동조하는 右派
와, 명교에 비판적 입장을 취하면서 극단론으로 흐르는 左派가 그것으로,
泰州派가 陽明學 左派를 대표함[1]은 위에서 지적한 바와 같다.

다만 이 글에서는 황종희의 〈泰州學案序〉의 예에 따라 서술의 대상을
何心隱까지로 한정하고, 일반적으로 心隱과 함께 다루는 泰州派의 극단론
자 李卓吾는 일단 제외하기로 한다.

---

1) 陽明學 左派라는 말을 처음 쓴 것은 嵇文甫의 《左派王學》에서부터이다. 그러나
   그 뒤 중국학계에서는 泰州派를 王學左派로 보지 않으려는 시각이 지배적이다.
   예컨대 候外廬는 '진보적인' 泰州學을 '보수반동적인' 陽明學에서 분리시켜야 한
   다는 이유에서, 王學左派라 하면 泰州派도 역시 陽明學의 일파로 인정한다는 것
   이니 이는 부당하다 주장했다.(《中國思想通史》 四卷 下(北京, 1960), p.971) 이는
   지나친 편견이므로 陽明學이 주자학보다 진보적이며 '王學左派'는 역시 진보적이
   라는 순리적 논지로 수정해야 할 것이다.(荒木見悟, 《陽明學の展開と佛教》, 東京,
   1984 참조)

2. 양명학의 성립

1) 明代 心學의 대두

(1) 주자학과 명대 전기의 사상계

王陽明은 宋代 陸象山의 문집을 펴낼 때, 그 서문에서 "성인의 學은 心이다"라 하여 象山의 心學을 높이 받들었다.

심학은 理學의 대칭으로 주자학에 대한 象山의 학문을 일컫는 것이다. 그 양자의 원래의 차이는, 《中庸》에서 성인이 되려면 德性을 존중하고 학문에 의존한다(尊德性而道問學)는 말의 해석상의 차이에서 비롯되었다. 이 해석에서 朱子는 학문에 의존하는 일이 우선한다고 주장하였음에 반하여, 象山은 "아직 德性을 알지 못하는데 어찌 학문에 따를 수 있겠는가?"[2]라고 반박하였다.

주자학이 理學이 되는 까닭은 性卽理說에 있다. 다시 말해 인간의 도덕적 본성이 하늘의 理法이리고 하는 사고를 기반으로, 인간이 성인이 되기 위해서는 四書五經을 공부하여 천하사물의 理法을 밝히는 일이 무엇보다도 중요하다는 것이다. 여기에 대하여 象山이 제창하고 陽明이 이어받은 心卽理說 또한 理學이 아니라고 할 수는 없다. 心卽理의 理는 바로 心 그 자체로 인간의 心 밖에 따로 理가 존재하는 것이 아니기 때문에 心을 기르면 그것으로 족하지 굳이 학문을 갈고 닦을 필요가 없다는 것이다. 이것이 心學을 理學과 구별하는 까닭이다.[3]

象山의 심학이 주자의 理學에 우위를 뺏긴 뒤, 주자학은 원대에 官學의 지위를 누렸으며, 明 太祖가 지배체제를 완성하자 주자학은 체제이념으로서 확고한 기반을 굳혔다. 太祖가 선포한 六諭는 주자학의 교육지침을 그대로 따른 것이며, 帝의 좌우에서 정치에 참여한 劉基·宋濂·方孝儒 등은 모두 주자학 신봉자로서 누구라도 宋儒를 비방하면 내용의 타당성 여부를 떠나 단지 聖學을 모독하였다는 이유만으로도 용서하지 않았다. 이리하여

---

2) 陸象山,《象山全集》卷 34.
3) 山下龍二,《陽明學硏究 ― 成立編》(東京, 1971), p.124.

明初부터 君臣의 義가 절대화되고 《孟子》의 易姓革命說이 부정되어 사회
의 변화에 대해 '理'의 이름 아래 수구적인 전통이 강조되었으며,[4] 八股文
을 제정하여 과거를 통한 사상의 통제를 꾀하는가 하면, 《永樂大全》·《性
理大典》 등 주자학의 부흥을 위한 국가적 사업을 일으켰다.

이같이 주자학이 명대에 와서 국가의 지도이념으로 확립되어 군주권과
밀착되면서부터 그 사상 내용은 점차 형식적 허구성만 남게 되었다. 오직
주자학을 따라 실천하는 일을 강조할.뿐이어서, 명 중기의 주자학자 薛瑄
(1389~1464)이 "주자 이래로 이(儒) 道가 크게 밝았으니 번거롭게 著作하
지 말고 곧장 모름지기 실천할 따름인저!"[5]라 한 말은 당시 학계의 상황을
잘 대변해 주는 것이었다. 이 말은 이미 뼈대만 남은 성리학의 침체성을
지적하고 새로운 명대 心學의 발흥을 예고하는 것이었다 할 것이다.

양명에 한발 앞서 심학을 제창한 이로 陳獻章(號 : 白沙, 1428~1500)이
있다. 陳의 스승 吳與弼은 薛瑄과 마찬가지로 주자학자로서 제자들에게
되도록 경서를 많이 읽고 도덕적 실천을 하도록 가르쳤으나, 陳獻章은 끝
내 자신의 心이 理와 하나됨을 얻지 못해 결국 그 문하를 떠나고 말았다.
그는 독서를 떠나 정좌에 힘쓴 결과 "곳에 따라 天理를 체득한다(隨處體
認天理)"[6]는 새로운 심학의 경지를 열게 되었다.

이리하여 黃宗羲가 《明儒學案》에서 "명대의 心學은 白沙에서 시작하여
陽明에 이르러 대성하였다"[7]라 말한 것처럼 白沙와 陽明이 전후하여 명대
심학을 일으켰다.

(2) 양명의 格物致知에 대한 새 해석

양명도 처음부터 가정적으로나 사회적으로 철저한 주자학적 분위기에
서 주자학의 요체인 格物致知說을 체득해 보려고 필사적으로 노력하였다.

---

4) 졸고, 〈陽明學에서의 '分'의 문제 ─ 社會思想的性格〉(《東洋史學硏究》 6, 1973),
  pp.79~81.
5) 《明史》, 列傳 170 ; 〈儒林〉 1, 薛瑄.
6) 陳獻章, 《白沙子全集》 卷 2, 〈與湛民澤第十一書〉.
7) 黃宗羲, 《明儒學案》 卷 10, 〈姚江學案序〉.

그는 일찍이 주자학자 오여필의 제자 婁諒을 찾아 宋儒의 格物說을 배울
때 "성인의 경지는 배워서 도달할 수 있다"는 말에 감복하고, 이를 실천하
기 위하여 이른바 一草一木의 理를 깊이 연구한다는 자세로 뜰 앞의 대나
무를 대상으로 格物하는 공부에 들어갔으나 7일 만에 병을 얻고 말았다.[8]
성인이 되어보려 한 그의 노력이 꺾인 뒤, 그는 鄕試에 합격하였으며, 弘
治 12年(1499)에는 28세로 進士가 되었다. 그 뒤 그는 옛 詩文에 심취하였
으며, 또 몇 년 뒤에는 道人術에 빠지는 등 여러 방면에 걸친 사상적 편력
을 통해 才士로서의 면모를 드러냈다. 正德 元年(1506)에는 환관 劉瑾의
무도한 정치에 대한 조정신하들의 반대운동에 참가하여 투옥되었다가, 곧
이어 貴州省 龍場의 驛丞으로 유배당하였다. 용장은 猺族이 사는 미개한
산지로 양명도 그들과 함께 야만적 생활을 하지 않을 수 없었다. 양명은
만약 성인이 이런 상황에 처하였더라면 어떻게 대처했을 것인지를 골똘히
생각하면서 石室 하나를 지어 그 안에서 성인이 되는 공부에 들어갔다. 밤
낮을 가리지 않고 정좌하여 명상하던 어느 날 밤, 그는 홀연히 "성인의 道
가 나의 性에 自足하니 따로 사물에서 理를 구하는 것은 잘못이다"[9]라고
깨우쳐 마침내 주자의 格物說과 결별하게 되었다. 이것이 이른바 '龍場의
悟'로서, 이러한 그의 心卽理 입장은 주자학의 性卽理說에서 출발하여 여
러 사상을 두루 거치고 각고의 노력을 기울인 결과 얻어진 것이었다.

양명의 心卽理說은《大學》의 格物致知에 대한 주자와의 해석상의 차이
에서부터 출발한 것이므로 우선 그 내용을 잠시 살펴보아야 할 것이다. 주
자는 格物의 格을 至, 物을 사물이라 하여 格物致知를 사물에 至하여 知를
이루는 것이라고 해석하였다. 따라서 그는 "모든 천하의 사물에 나아가 그
理法을 깊이 연구하면 一朝에 豁然히 관통하게 된다"[10]고 말하였다. 이에
반해 양명은 格을 正, 物은 사물이 아니라 조금이라도 뜻이 있는 心中의

---

8) 王陽明,《傳習錄》(山本正一 譯註, 東京, 1966) 下, 118(《傳習錄》의 숫자 표시는
   山本正一 譯註의 목차에 따름);《年譜》一, 孝宗 弘治 二年 已酉條.

9)《年譜》二, 武宗 正德二年 戊辰條. 이 밖에 陽明의 생애에 관한 기록은 黃綰의〈陽
   明先生行狀〉및《明史》卷 195, 本傳《明儒學案》卷 10,〈姚江學案〉참조.

10)《大學章句》傳 5章에 대한 朱子의 補傳;《近思錄》3, 致知類 9.

物이라 보아 격물을 心의 不正을 바로 하는 것이라고 생각했다. 그리고 致知의 知는 良知이며 致는 완성이니, 말하자면 사람이 타고난 知, 다시 말해 良知를 실현하는 것이라 주장했다.[11] 그는,

> 내가 말하는 致知格物은 내 마음의 良知를 事事物物에 致하는 것이다. 내 마음의 良知는 天理이다. 내 마음의 良知의 天理를 事事物物에 致하면 事事物物이 모두 그 理를 얻게 된다. 내 마음의 良知를 致하는 것이 致知이며 事事物物 모두 그 理를 얻는 것이 格物이다. 결국 나의 입장은 心과 理를 합쳐 하나로 하는 것에 불과하다.[12]

라고 했다. 결국 致知란 지식을 얻는 것이 아니라 인간이 천부적으로 타고난 知, 孟子가 말한 良知·良能, 다시 말해 배우지 않고 생각하지 않아도 알 수 있는 인간본연의 知를 실현한다는 것이니, 양명의 이 격물치지에 대한 새로운 해석이야말로 心卽理를 사고의 바탕으로 하여 가능했던 것이며 이 점이 바로 격물치지에 대한 주자의 해석과의 차이점이다.

이와 같이 격물의 물이 객관적으로 존재하는 사물이라고 보아 이를 마음으로 깨친다는 주자학을 客觀的唯心論이라 하는 데 반하여, 物이 心의 物이라는 陸王學을 主觀的唯心論이라 부른다.[13] 그런데 같은 心卽理說을 주장하였다고 象山과 陽明의 心卽理의 내용이 반드시 일치하지는 않는다. 상산은 인간이 이 세상에 태어나기 이전에도 天理는 존재하였고 그것이 인간에 내재화하였기 때문에 心과 理는 합일하는 것이라고 생각했음에 반하여 양명은 거꾸로 인간의 心이 理를 낳았다고 생각하였다.[14] 상산은 博學이 먼저 있고 나서 力行이 뒤에 따라온다고 생각, 많이 배워 따를 理를 알고 난 다음에 실천한다는, 이른바 그의 '知先行後'說은 朱子의 생각과 같은 것이었지만, 양명은 知行合一說을 주장하였다.[15] 다시 말해 知는 行을

---

11) 王陽明,《陽明全書》卷 26, 續編 1, 大學問.
12)《傳習錄》中, 答羅整庵小宰書.
13) 島田虔次,《中國における近代思惟の挫折》(東京, 1970), pp.5~10.
14) 山下龍二,《陽明學の研究》成立篇(東京, 1971), pp.134~136.
15) 위의 책, pp.137~142.

통하여 성립한다는 것인데, 이를테면 孝라고 하는 덕목은 그 행위의 형식을 배워서 아는 것이 아니라, 어버이를 공경하는 자연적 마음에서 우러나온다는 것이다. 따라서 孝心과 孝行은 하나이다. 行을 떠난 知, 知를 떠난 行은 양명의 知行合一說과는 다른 것이다.

2) 양명학의 인간관

(1) 聖人觀

陽明學은 心이 인간의 주체요, 인간이 사회나 우주의 주인이라는 철두철미한 주관적 입장을 강조한다. 양명은 인간관을, 자주 인용되는 精金의 비유에서 다음과 같이 설명하고 있다.

> 聖人이 성인 되는 까닭은 그 마음이 어느 정도로 天理에 純하고 人欲의 雜됨이 없는가에 달려 있는 것이니, 마치 순금이 순금 되는 까닭이 백퍼센트의 순도를 지녀야지 동이나 鉛이 섞여서는 안 되는 것과 같은 것이다. 그런데 성인의 才力에는 역시 크고 작음이 있는데 그것은 마치 금에 중량이 있는 것과 같다. 이를테면 堯·舜은 萬鎰, 文王·孔子는 九千鎰, 伯夷·伊尹은 4·5千鎰로서 각각 才力이 다르지만 천리에 純하는 점은 한가지여서 모두 성인이 된다.[16]

이렇듯 인간평가의 기준을 才力의 유무에 두지 않고 그 본질에 둔다. 양명의 인간관은 본질적으로 평등하다고 말하면서도 정제된 황금의 무게로 비유할 때 堯·舜·孔子가 九千鎰, 伊尹이 4·5千鎰이면 일반인도 수백 아니면 수십 鎰은 될 것이니 현실적으로 鎰, 다시 말해 무게의 차이가 없는 것이 아니다. 그래서 그는 성인의 分과 賢人의 分, 다시 말하면 良知와 良能은 聖과 賢이 같으나 단지 그것을 이루느냐 아니면 이루지 못하느냐에 그 구분점이 있다고 주장하였다.[17] 그는 聖·賢·衆人의 차이에 대하여,

> 率性之謂道는 聖人分上의 일에 속하고, 修道之謂敎는 賢人分上의 일에 속

---

16) 《傳習錄》 上, 99.
17) 《傳習錄》 下, 113.

한다. 衆人도 역시 率性이지만 率性은 비교적 聖人分上에 많고, 성인도 修道
지만 賢人分上에 많다.[18]

고 하여 聖人과 衆人의 分이 있기는 하나, 그 구분은 단층적 절대적인 것
이 아니라 비교적 상대적인 것으로 규정짓고 있다.

　이처럼 양명은 인간들이 도덕적·본질적으로 평등하다고 보기 때문에
현실적으로 나타나는 인간의 聖·愚나 上下尊卑의 차별은 별개의 문제로
치부한다. 제자 錢德洪이 《孟子》의 巧力聖智說에 관해 물었을 때, 양명은
"인간은 각기 특징이 있는데 이는 선천적인 '才力의 分限'이 다르기 때문
이므로 이를 따로 문제삼을 것은 없다"고 말하였다.[19] 양명학에서 인간의
良知·良能은 金의 순도와 마찬가지로 본래 동질적이기 때문에 才力의 고
하와는 관계없이 평등하다. "거리에 가득 찬 사람들은 모두 성인이다(滿街
都是聖人)"[20]라는 그의 유명한 말은 그의 인간관의 또 다른 표현에 지나지
않는다.

(2) 四民平等觀

　陽明의 주자에 대한 비판은 格物에 대한 해석의 차이에서 시작하여, 만
년에는 주자의 《大學章句》를 물리치고 《禮記》에 있는 그대로의 《大學》,
이른바 《古本大學》을 취하는 방향으로 나아갔다. 그는 따로 〈大學問〉을
지어 여기에서 大學 3綱領 가운데 하나인 '親民'을 주자학에서처럼 '新民',
다시 말해 "백성을 새롭게 한다"라고 읽지 않고 "백성을 親하게 한다"라고
읽었다. 그는 親民이어야만 "敎와 養의 두 가지 뜻을 겸할 수 있으며, 新民
이라 했을 경우에는 (敎의) 한쪽에만 치우치게 된다"고 비판하였다. 말하
자면 주자의 입장은 높은 곳에서 民을 지도 교화한다는 것으로서, 이는 원
래 사대부관료의 서민을 상대로 하는 주자학의 治者的 입장을 강하게 반
영하는 것이었다. 그러나 양명학은 이와는 대조적이다. 양명 자신이 사대

---

18) 《傳習錄》 下, 30.
19) 《傳習錄》 下, 86.
20) 《傳習錄》 下, 113.

부관료라는 점에서는 주자와 다를 바 없지만, 그는 주자와 달리 서민을 도
덕실천의 대상으로서가 아니라 그 주체로 삼아, 어디까지나 그들에게 도
덕실천에 대한 책임을 지우려 하였다.[21]

양명의 親民說은 그의 四民平等觀의 기초 위에서 성립된다. 그는 인간
의 타고난 재능에서 결과한 上下의 分이나 士와 農·工·商의 分을 서로 모
순되지 않는 기능적 분업적 차이에 불과한 것으로 인식하여 四民平等主義
를 주장하였다. 그는 처음에 士였던 方麟이 뒤에 상업으로, 다시 농업으로
전업했던 사실을 다음과 같이 평하였다.

> 옛날에는 四民이 業을 달리하더라도 道는 같이하였다. 그 마음을 다하는
> 것은 한가지이다. 治는 닦고, 農은 기르는 데(養) 이바지하고, 工은 器를 利하
> 고, 商은 貨를 通한다. 각기 그 자질의 가까운 바, 힘이 미치는 바에 따라 그것
> 을 業으로 하여 그 마음을 다하려고 하니 그의 돌아갈 바가 生人의 도에 유익
> 한 데 있기는 모두 같다. …… 때문에 四民은 業을 달리하나 道를 같이한다.[22]

이처럼 異業同道의 四民平等을 주장하고 있다. 四民의 구분은 '자질'과
'능력'에 따라 정해지지만, 그 '分'은 生人을 위하여 각각 분업으로 일체적
大同을 이룬다는 점에서는 같기 때문에, 그것은 상하계층이 아니라 기능
적 차이에 불과하다는 것이다. 道가 같으니 學도 四民의 공유일 수밖에 없
다. 종래 科擧의 學과 밀착된 주자학을 士의 전유물로 치부해온 유교를 양
명은 四民에게 공개하여 四民同道·四民共學에 따른 大同社會의 건설, 다
시 말해 "心體의 同然함을 회복하여 一體의 仁을 이루어야 한다"는 大同
的 이상사회의 건설이 양명의 궁극적 소망이었다.[23]

그러나 그의 소망에도 불구하고 막상 그 大同社會를 건설하기 위한 방
법으로는, 인간 각자가 "崇卑를 輕重으로, 勞逸을 美惡으로 생각하지 말고,
번거롭고 보잘 것 없는 일자리도 고되거나 천하다고 생각하지 말아야 된

---

21) 鄭寅普, 〈陽明學演論〉(《薝園國學散藁》, 1955 所收), pp.154~156 ; 島田虔次, 《朱
  子學と陽明學》, pp.103~134 ; 溝口雄三, 《儒學史》(東京, 1980), p.322.
22) 《陽明全書》 卷 25, 節庵方公墓表.
23) 《傳習錄》 中, 〈答顧東橋答書〉 또는 《答人論學書》 中 〈拔本塞源論〉.

다"는 개인의 도덕적 자각에 호소할 수 있을 뿐이었다.[24] 즉, 良知라는 점
에서 모든 인간은 평등하다는 그의 聖人觀을 사회적 인간관계에도 그대로
적용하여 도덕적인 점에서 四民은 평등하다는 사민평등론을 제기하였다.

이러한 양명의 사민평등관은 주자학에서 사대부관료를 실천주체로 삼
아 民을 위에서부터 덕화시킨다는 방식과, 그 실천을 위한 독서나 窮理 등
도학군자적인 방법론과는 차이가 있었다. 이 차이를 좀더 명확히 이해하
기 위해서는 주자학의 定分論에 대한 양명의 비판을 살펴볼 필요가 있다.

3) 陽明學 성립의 사회적 배경

(1) 주자학의 '定分論' 비판

주자의 經世論은 理氣論의 철학적 사유 구조를 토대로 전개되었다. 그
의 이기론에서 理는 천지만물의 각각에 性(同一性)을 부여하는 원리로, 氣
는 거기에 形(差別相)을 부여하는 원리로 본다. 사물에는 理와 氣라는 두
원리가 함께 내재함으로 본질적으로는 동일성이 존재하면서도 동시에 각
각에는 차별상이 나타난다는 것이다. 그러나 그는 理氣二元論에 만족하지
않고 氣에 대하여 理를 근원적 절대적 위치로 끌어올리기 위해 太極을 설
정, 一元的 二元論을 세웠다. 濂溪의 太極圖說을 발전시킨 주자학의 太極
은 "一事一物의 極이며 천지만물의 理를 총괄하는" 理의 극대화된 원리로
理와 氣를 초월하는 절대적 권위를 갖게 된 것이다.[25]

주자는 明道·橫渠 계통의 학설을 종합하였지만, 직접적으로는 伊川의
영향을 받아 理氣論(宇宙論)을 완성하였다. 주자도 이에 대응하여 人性論
을 전개한 것에 불과하다. 理는 인간에게 본연의 性(善)으로, 氣는 기질의
性(惡)으로 설명할 수 있다.[26] 성인은 그 본연의 性이 회복된 상태이며, 범
인은 기질의 性에 숨겨진 상태로 보기 때문에 인간세계는 결국 기질의 性
의 淸濁의 정도에 따라 위로는 성인에서 아래로는 범인에 이르기까지 종

---

24) 위와 같음.
25) 졸고, 앞의 글(《東洋史學硏究》6, 1973), p.74.
26) 守本順一郞, 《東洋政治思想史硏究》(東京, 1967), pp.125~128.

적 상하관계를 이루게 되었다는 것이다. 여기에 주자학의 인간을 포함한 우주적 자연질서가 階梯的으로 구축되었다.[27]

程朱學의 理氣論은 양명학에서는 관심 밖의 것이었다. 양명학에서는 理를 心으로 환원시킴으로써 언제나 心(良知)이 관심사일 뿐 理氣는 달리 문제될 것이 없었다. 心이 곧 理이기 때문에(心卽理) 理를 말할 때 氣는 일방적으로 거부되며, 氣가 문제될 때에는 氣의 條理를 理로 보아 넘긴다.[28] 따라서 그에게 分(차별)은 氣의 작용이 아니라 재능의 결과가 되어 '分'을 원칙적으로 부정하려 했다는 점에서 주자와는 대립적이다.

그러나 程朱學에서는 氣의 작용에 따른 차별상이 인간사회에서는 상하, 빈부, 귀천이라는 불평등으로 나타나게 되는데 이것을 理의 당연한 결과로 인식, 긍정적으로 받아들인다. 때문에 分(신분)에 따른 계층적 조직사회가 기대된다.

이처럼 주자의 사회적인 分, 다시 말해 신분은 道理性을 그 본질로 하고 있기 때문에 절대적인 위력을 가져 강제성을 띠게 된다. 아래의 사료[29]는 주자의 봉건적 신분관을 전형적으로 보여준다.

> 刑이 가벼우면 가벼울수록 민중의 풍속을 순하게 하기는커녕 오히려 헝클어지게 하여 作亂할 마음을 조장시키는 결과를 자주 낳는다. …… 근년 이래 때로는 처가 남편을 죽이고, 때로는 族子가 族父를 죽이며, 때로는 地客이 地主를 죽이는데도 담당관은 형을 논하되 流宥의 법을 쫓아 살인자를 사형에 처하지 않고, 傷人者를 처벌하지 않는다. …… 獄訟이 있으면 반드시 먼저 그 尊卑·上下·長幼·親疎의 公을 논한 다음에 그 내용의 옳고 그름을 들어야 한다. 만일 아랫사람이 윗사람을 범하고 비천한 자가 존귀한 자를 凌罵하였다면 비록 옳았더라도 도와주지 말아야 한다.

주자의 "천하의 일에 理 없는 것이 없다. …… 君臣된 자는 군신의 理가

---

27) 위의 책, pp.100~103.
28) 陽明學에서 理氣는 분리될 수 없는 일체이기 때문에 理의 입장에서는 전체가 理이며 氣의 편에서는 '一氣의 유통'이 된다. 양명학을 氣學으로 보는 이유가 바로 이것이다.[山下龍二,《陽明學の硏究》成立篇(東京, 1971), pp.3, 93~95, 367~371]
29)《朱子大全》卷 14, 戊申延和奏箚.

있고 父子된 자는 부자의 理가 있고…… 군신의 큰 것에서부터 사물의 작은 일에 이르기까지 그 所以然과 그 당연한 바가 있다"[30]는 사고에서 생각하면, 현상적으로 존재하는 모든 인간관계는 理(道理)에 따라 보장해야 하며, 만일 理에 어긋날 때에는 가차없이 형벌을 내려야 한다는 법가적 주장이 나오게 되는 것이다. 이처럼 주자학의 理(定理)는 상하의 인간관계에서는 '定分'이라고 하는 윤리적 권위를 갖고 항상 윗사람의 편에서 아랫사람에게 도리를 강요하며, 반대로 만일 아랫사람이 理를 내세우면 도리어 패륜으로 몰리게 될 뿐이다.[31]

이처럼 주자와 양명의 '分'이론은 전자의 理氣論과 후자의 才能論의 차이에서부터 각각 다르게 전개되었다. 전자에게 원리적으로 긍정된 '分'은 사회적으로는 계급성을 띤 신분으로 나타나게 되어 그에 따른 階梯的 一體社會說이 제기되었으나, 후자는 인간의 천부적인 재능에 따른 '分'을 인정하면서도 四民平等論을 내세워 주자학적 定分論을 타파하려 하였다. 여기에서 우리는 양명의 '分'이론이 주자학적 定分論을 극복하려 했던 새로운 의지를 엿볼 수 있다.[32]

양명의 주자학에 대한 수정 내지 비판 과정은 곧 양명학의 성립과정을 의미한다고 말할 수 있다. 이러한 관점에서 白沙에서 시작되어 양명에 이르러 완성된 명대의 심학이 성립되는 사회적 배경을 간과할 수 없다.

(2) 明代 心學 성립의 사회적 배경

명대 초기부터 실시한 里甲制는 일원적 전제지배체제를 강화하기 위하여 조직된 농촌조직으로서, 里甲戶의 民은 천편일률적으로 君·官의 지배 아래 놓이게 되었다. 그러나 明 중기 이후로 이갑제가 해체되면서 향촌에는 향신지주와 훈척 등 세습적 특권지주가 나타나는가 하면, 상공업의 발전으로 부도 축적되었다. 이에 따라 이들 지주층이 영세 농민을 佃戶나 奴

---

30) 《朱子大全》 卷 14, 甲寅行宮便殿奏箚.
31) 戴震, 《孟子字義疏澄》, 理五理十.
32) 졸고, 앞의 글(《東洋史學硏究》 6, 1973), p.79.

僕, 아니면 傭工으로 지배하는 등 계층 분화가 심화됨으로써 사회적 모순이 나타나기 시작하였다.[33]

양명이 활동하던 正德 연간에는 이갑제를 실시하면서 빈부의 격차를 바로잡기 위하여 十段法이라는 戶等制를 들여오는 등 사회모순을 해결하기 위한 여러 가지 방책을 찾았으나, 里甲制的 질서가 해체되는 것을 근본적으로 막을 수는 없었다. 양명 자신도 이러한 현실에 대처하기 위한 방편으로 鄕約과 保甲法을 주장하여 향촌질서를 재편하려 하였다.[34] 이처럼 급속한 사회적 변화가 일어나고 있던 상황에서 주자학적 定理論으로는 여러 가지 변화에 능동적으로 대처하기 어려웠다. 明代에 이르러 단순화되고 뼈대만 남은 理는, 특히 명대 중기 이후의 사회변화에 대응할 능력을 잃었으므로, 새로운 원리 내지 이론의 창출을 위한 기대감이 커져갔다. 이러한 기대에 따라 나타난 것이 명대의 심학이며, 양명의 心卽理에 따른 良知說이다. 양지설은 定理論에 비해 훨씬 순발력이 있었던 까닭에 사회변화에 대처할 능력을 가지고 있었다.[35] 말하자면, 명의 창업군주들은 체제의 유지에 편리한 주자학을 일방적으로 강요하였지만, 점차로 그 원칙만 남은 理의 지루함과 형식화한 義의 경직성이 유동하는 중기 사회의 인심에는 적응하지 못하였다. 그래서 이러한 필요에 따라 심학이 새로이 대두되었고, 그 결과로 陽明의 良知說이 나오게 된다.[36]

그렇다고 양명의 양지설이 전통적 질서기반을 부정했던 것은 아니다. 이를테면 양명이 주자의 新民說의 잘못을 지적하고, 스스로 親民說을 주장한 것도 향촌의 질서를 民의 편에서 재편하려던 시도로 볼 수 있다.[37] 지주와 전호의 관계도 송·원대의 '主僕의 分'에서 '長幼의 分'으로 바뀔 만큼

---

33) 吳金成, 《중국근세사회경제사연구 ― 明代 紳士層의 形成과 社會經濟的 役割》 (一潮閣, 1986), pp.88~107 ; 溝口雄三, 앞의 책, pp.324~326.

34) 《陽明全書》 卷 16, 十家牌法告論各府父老子弟·案行各分巡道督編十家牌 및 年譜 一, 47歲條 ; 徐復觀, 〈政治家としての王陽明〉(《陽明學の世界》, 東京, 1986 所收), pp.227~229 참조.

35) 溝口雄三, 《中國前近代思想の屈折と展開》(東京, 1980), pp.63~66.

36) 졸고, 앞의 글(《東洋史學硏究》 6, 1973), pp.81~82.

37) 溝口雄三, 《儒學史》, pp.322~324.

명·청대에 전호의 신분은 뚜렷이 올라가고 있었다.[38] 주자학이 君과 官에
관한 언급이 잦은 데 반하여 양명학은 孝悌에 관한 언급이 잦은 것도, 향
촌질서가 이전까지의 主僕의 상하 존비 관계에서 長幼의 횡적 관계로 이
행되어 갔던 현실사회의 반영이라고 보아야 할 것이다. 여기서도 사회의
발전에 대응하는 양명학의 진보적 성격을 살필 수가 있는 것이다.

4) 만물일체사상과 三敎觀

양명의 良知說과 그것을 기초로 한 사민평등관도 중국의 전통적 정치
사상의 특질 가운데 하나인 大同思想과 관계가 깊다.《大學問》에서 "천하
보기를 자기 집과 같이 하고, 세상 보기를 한 사람처럼 한다"(其視天下猶
一家, 中國猶一人焉)는 말도《禮記·禮運編》의 '天下爲公'이라는 大同思想
에서 나온 것이다. 이《禮記》의 대동사상은 양명학에 와서는 만물일체사
상으로 발전하였다. 양명은 유명한〈拔本塞源論〉에서 이렇게 강조하고
있다.

> (聖人은)…… 이 때문에 그 天地萬物一體의 仁을 이루어 천하를 가르쳐 이
> 들로 하여금 모두 그 私를 이기고 그 蔽를 떨쳐버리어 그 心體의 동일함으로
> 돌아오도록 한 것이다. …… 그리하여 천하의 인민은 가족처럼 親하여 재질이
> 낮은 이는 農·工·商賈의 分을 지켜 각기 그 業에 힘써 相生 相養할 것이며,
> 높은 것을 바라고 분수의 바깥을 내다보는 일이 없도록 하고…… 천지만물의
> 仁을 이루면 정신과 志氣가 관통하여 人·己의 구분과 物·我의 간격이 없어져
> 마치 몸이 눈은 보고 귀는 들으며, 손은 잡고 발은 다니어 신체를 움직임과
> 같다. …… 가장 중요한 것은 오직 心體의 동일함으로 복귀하는 데 있는 것이
> 니 지식과 기능은 문제삼을 것이 아니다.

이 말은 三代 이후 천여 년 동안 明君의 政敎와 賢哲의 학설이 끊임없이
나왔으나, 인간은 모두 이기·사욕의 습성에 젖어 이러한 폐단을 없애기는
커녕 오히려 조장할 뿐이었으니, 그 병의 근원을 발본색원하지 않고서는

---

38) 仁井田陞,《中國の法と社會と歷史》(東京, 1968), pp.45~49 ; 細野浩二,〈明末淸初
　　江南における地主奴僕關係〉(《東洋學報》50-3, 東京, 1967), p.62.

三代의 大同社會를 실현할 수가 없다는 것이며, 발본색원하는 방법은 만물일체의 仁을 회복하는 데 있다는 것이다. 양명이 강조한 이 만물일체의 사상은 중국 고대의 大同思想이 宋儒의 만물일체사상을 거쳐 발전한 것이다. 그것은 程明道의 만물일체사상과 張橫渠의 民胞與物의 수평주의적 경향을 띤 것으로서, 伊川·朱子 계통의 계제적 大同社會說과는 다르다.[39]

어쨌든 明道·橫渠 계통의 수평주의적 만물일체사상을 양명학은 心卽理, 知行合一 그리고 致良知說과 밀접한 관계를 맺으면서 이어졌다. 특히 그것은 양명이 학문의 완숙기를 맞아 제창한 치양지설의 기초가 되었다. 良知는 인간의 본래적인 心情으로서, 하늘에서 부여한 덕성이 아니라 人心의 원천에서 용솟음쳐 나오는 것이기 때문에 인간의 作意나 사유분별을 깨뜨리는 성질을 지닌다. 양명은,

> 사람은 천지의 마음, 천지만물은 원래 나와 일체이다. 生民의 곤란과 고통은 내 몸의 아픔이 아닌 것이 있는가? 내 몸의 아픔을 알지 못하는 자는 시비를 분별하는 마음이 없다 할 것이다. 시비를 분별하는 마음은 생각지 않아도 알고 배우지 않아도 할 수 있는 것, 다시 말해 良知이다. 良知는 聖과 愚, 古와 今을 불문하고 동일한 것이다.[40]

라고 말한다. 다시 말해 만물일체의 仁은 良知에 불과한 것이요, 통일의 원리요, 自他와 古今과 聖愚의 구별을 허물어 버릴 용솟음치는 心 본연의 성질이라는 것이다. 양명학에서는 이 良知를 이루는 것(致良知), 만물일체의 仁을 이루는 것이 중요하다. 이룬다는 것은 실현한다는 뜻이다. 그것은 '存天理去人欲'이라는 자기억제적인 방법이 아니라 일상생활에서 자기의 양지에 따라 해나가는 것이다. 구체적인 일에 부딪혀서 거기에 대응할 행동양식을 경전에서 구하거나, 정좌하여 명상할 것이 아니라 자신의 양지를 믿고 이를 발휘하는 것이다. 그러는 가운데 단련이 되는 것이니 이것이 事上練磨論이다.[41] 致良知는 만물일체의 仁을 실현하는 것이다. 양명은,

---

39) 島田虔次, 〈中國近世の主觀唯心論について — 萬物一體の仁の思想〉(《東方學報》 28, 京都, 1958), pp.15~17과 《朱子學と陽明學》, pp.67~70.

40) 《傳習錄》 中, 答聶父蔚書.

　　이제 진실로 호걸동지의 士를 얻어 서로 돕고 보충하여 함께 良知의 學을
천하에 밝혀 천하 사람으로 하여금 모두 良知를 이루게 하여 서로 相安·相
養하며, 自私·自利의 폐를 버리고 시기 질투하는 습성을 일소하여 마침내 大
同을 이루게 되면 나의 狂病과 喪心이 홀연히 완치될 것이니 어찌 기쁘지 않
을까?[42]

라고 말하고 있다. 즉, 모든 사람이 양지를 발휘하여 만물일체의 仁을 이
루면 곧 大同社會가 된다는 것이다. 천하의 상하 귀천이 각기 사리를 좇아
대립 갈등하는 습성을 버리고 대동사회를 이루도록 계도해 나갈 인물로
뜻을 같이 하는 호걸지사를 기대할 뿐이라는 것이다. 그는 빈부일체·귀천
일체·王民일체의 대동사회를 강조하면서 자신이 명문출신임에도 불구하
고, 난폭한 민중이 있음은 그 본성이 나빠서가 아니라 官人士大夫의 무도
한 정치와 교육의 부재에 그 책임이 있다고 하였다.[43] 주자학이 士庶의 分
을 강조하는 태도와는 달리 양명은 四民의 평등을 강조하면서도 현실적으
로 존재하는 귀천 앞에서는 단지 '知足安分', '同心一德'이란 도덕적 자각에
호소할 수밖에 없었다. 사람은 각기 才力의 分限에 따라 나타난 현재의 지
위에 만족해야 한다는 양명의 가르침은 결국 주자학과 마찬가지로 도덕적
당위론으로 흐를 수밖에 없었다. 그러나 大同의 이상사회를 갈구하는 양
명의 '狂病'과 '喪心'은 시간이 갈수록 더욱 깊어갔다.[44]

　　'狂'은 이상주의적 정열을 뜻한다. 양명의 狂意識은 일종의 종교적 정열
로서 그와 뜻을 같이 할 호걸지사를 모아 天下大同을 이루려는 것이었다.
그것은 다른 말로 표현하면 주관적 원리적으로 인간의 차등을 부정하려는
의욕과 현실적 객관적으로 존재하는 사회적 불평등과의 사이에서 일어나
는 갈등의식의 표현이라 할 것이다.[45]

41) 吉田松平, 〈王陽明 — 下〉(《陽明學の世界》, 東京, 1986), p.58 ; 졸고, 〈天泉證道
　　紀와 東林學派〉(《東國史學》 8, 1965), pp.64~65.
42) 《傳習錄》 中, 答聶文蔚書.
43) 《陽明全書》 卷 17, 南贛鄕約.
44) 《傳習錄》 下, 112.
45) 졸고, 앞의 글(《東洋史學硏究》 6, 1973), p.73.

양명이 즐겨 쓰는 '狂'의 경전상의 의미는 성현이 되기 위하여 좌우를 돌아보지 않고 미친 듯이 매진한다는 뜻이다. 그런데 양명학에서는 良知를 가진 사람은 모두 성현이 될 수 있으나, 문제는 그 양지를 실현하느냐 못하느냐에 달려 있다. 모든 사람이 양지를 실현하여 성인이 되도록 해야 하는 사대부의 책임의식이 양명으로 하여금 狂病을 앓게 하였다. 양지는 마음의 양지이며, 심학은 성인의 학이다. 심학에서는 經典觀도 聖人觀과 마찬가지로 거기에 절대적인 권위를 부여하지 않는다. 象山도 일찍이 "六經은 내 마음의 脚註"[46]라 하였다. 양명도 역시 "六經은 다른 것이 아니다. 내 마음의 常道이다. 때문에 六經은 우리 마음의 재산목록"[47]이라고 말했다. 성인의 도가 六經 가운데 담겨 있는 것이 아니라 인간의 심중에 있는 까닭에 경서는 더는 신성불가침의 聖傳이 될 수 없다는 것이다.[48] 經과 史의 관계도 마찬가지이다. 사실의 기록이라는 측면에서는 '사'라 하고, 도덕의 기록이라는 측면에서는 '경'이라 하여 경·사가 둘이 아니라 하나라고 말한다.[49]

이처럼 성인관·경전관은 양명학에 이르러 전통적인 관점과는 크게 다르게 나타났다. 인간의 마음을 지상의 가치로 인식함으로써 성인과 경전의 가치가 상대적으로 가치를 잃게 되었으며, 이러한 관점에서 보면 불교와 도교에 대한 전통적인 평가도 달라지게 마련이다. 양명은,

> 二氏의 用은 우리 모두의 用이다. …… 성인은 天地民物과 동체로서 儒·佛·老壯은 모두 우리의 用이기 때문에 이를 大道라고 한다. 二氏는 그 몸을 自私하므로 이를 小道라 한다.[50]

라 말했다. 유교와 불교·노장의 道가 다르지 않고 다만 유교는 大公을 추구하기 때문에 大道, 佛·老는 私에서 출발하기 때문에 小道라는 차이가 있

---

46) 《象山全集》 卷 34, 〈語錄〉.
47) 《陽明全書》 卷 7, 稽山書院尊經閣記.
48) 菰口治, 〈王陽明と經學〉(《陽明學の世界》, 東京, 1986), pp.182~192 참조.
49) 《傳習錄》 上, 徐愛問答.
50) 《年譜》 3, 嘉靖 2年 癸未條.

을 뿐이라는 것이다. 이러한 양명의 三敎一致의 견해는 모든 대립을 넘어
서는 良知說의 당연한 귀결이라 하겠다. 이러한 관점에서는 物理를 사물
에서 구하는 주자학이나, 일상적 인륜과 사물을 떠나 공허에 빠진 佛·老는
모두 정도라 할 수가 없는 것이다.[51]

이처럼 良知라 하는 초월적 원리에 따라 양명학은 전통적인 성인관·경
전관의 불가침적인 장벽을 허물고 정통과 이단의 가치기준을 어지럽혔다.
여기에 반유교적 요소가 잉태되고 있었다.

3. 양명학의 전개

1) 四句敎와 양명학의 左·右分派

왕양명이 致良知라는 독자적 사상체계를 주장하고 講學을 통하여 이를
전파하는 일에 심혈을 기울인 결과, 그것을 깊이 있게 널리 토론하는 과정
에서 제자들 사이에서 학설의 分派작용이 일기 시작하였다. 문제의 발단
은 四句敎[52]에 있었다. 사구교란 다음과 같다.

> 善도 없고 惡도 없는 것은 마음의 본체요(無善無惡心之體).
> 善도 있고 惡이 있는 것은 의욕의 움직임이요(有善有惡意之動).
> 善을 알고 惡을 아는 것은 良知요(知善知惡是良知).
> 善을 하고 惡을 버리는 것은 格物이다(爲善去惡是格物).

이 敎言을 둘러싸고 錢緖山(德洪, 1496～1574)과 王龍溪(畿, 1498～
1583)이 끝없는 논쟁을 벌였다. 먼저 龍溪가,

> 이것은 최선의 敎法이 아니다. 만약 마음의 본체가 착하지도 악하지도 않

---

51) 《陽明全書》 卷 7, 象山文集序.
52) 四句敎에 관한 기록은 《傳習錄》 下, 115 ; 《年譜》 三, 嘉靖 6년 丁亥條 ; 《王龍
溪先生全集》 卷 1, 天泉證道紀. 이에 관해서는 졸고, 앞의 글(《東國史學》 8,
1965) 참조.

은 것이라면, 의욕도 역시 착하지도 악하지도 않은 의욕이 되어야 하고, 知도 역시 착하지도 악하지도 않은 知가 되어야 하며, 사물도 역시 선하지도 악하지도 않은 사물이 되어야 할 것이다. 만약 의욕에 선악이 있다면 필경 마음의 본체에도 선악이 있어야 할 것이다.

라고 말하여, 四句敎는 선생의 正法이 아니라 權法에 불과한 것이라고 주장하였다. 그러나 緖山은,

> 마음의 본체는 天命의 性으로 원래 착하지도 악하지도 않은 것이다. 그러나 인간에게는 후천적인 마음(習心)이 있어 생각이 일어날 때 선악도 따라서 나타나게 되는 것이니 格物·致知·誠意·正心·修身 등은 바로 性의 본체를 회복하는 공부이다.

라고 말하여, 마음의 본체는 선하지도 악하지도 않지만 후천적으로 오염된 마음은 공부로 떨쳐버려야 한다는 이 四句敎法이 선생의 正論이라 주장하였다.

緖山과 龍溪는 모두 浙江 사람으로 함께 벼슬살이를 하였고, 뒤에 양명의 제자가 되어 때로는 양명의 문도를 나누어 가르치기도 하였다. 그들은 선생이 죽은 뒤에도 30년 남짓을 더 살며 四句敎의 해석을 비롯, 선생의 학문을 나름대로 펼쳐나갔다. 緖山은 학문하는 방법을 언제나 양명의 《大學問》의 정신에서 구하고자 하여, 良知는 공부를 필요로 하는 것이 아니고, 知의 照覺하는 意念에서야 비로소 일할 것이 있게 되는데, 그 의념은 "허하게 일어나는 것이 아니라 사물에 접촉할 때 감응하는 것이므로 힘쓸 곳은 사물에 감응하여 일어나는 의념에 있는 것이지, 知 그 자체에 있는 것이 아니다"[53]고 주장하였다. 龍溪는 이와 반대로,

> 선천적인 마음의 본체에는 의욕이 일어나도 스스로 착하지 않음이 없어 世情의 탐욕이 용납되지 않을 것이니 자연히 쉬워서 힘들 것이 없다. 그러나 후천적으로 의욕이 움직이는 곳에 뿌리를 내리면 아무리 노력하여도 세정의 탐

---

53) 《明儒學案》卷 11, 員外錢緖山先生德洪會語.

욕이 섞여 있어 致知工夫가 갈수록 번잡해진다.[54]

고 주장, 선천적인 마음의 본체를 깨치는 일이 중요하지, 후천적인 의념은 문제삼을 것이 아니라고 말하고 있다.

이처럼 緖山은 공부의 중요성을 강조하고 있음에 반하여, 龍溪는 본체의 중요성을 역설하고 있다. 전자를 四有說이라 하고 후자를 四無說이라고도 하는데, 이는 마치 朱子와 象山의 차이점이 《中庸》의 尊德性과 道問學에 있었던 사실과 비슷하다. 주자는 학문에 의지하여 아래서부터 닦아 올라가는 방법을 택하였고, 상산은 덕성을 존중하면 학문은 따라오는 것이라 하여 위에서부터 내려가는 방법을 택하여 서로 대립하였다. 그러나 주자학도 시간이 흐르면서 지루함과 허식을 일삼는 아류의 폐단이 생겼고, 상산의 뒤에도 楊慈湖와 같은 극단론자가 나왔다.[55] 이러한 내력을 두루 살핀 양명은 四有說과 四無說이 극단으로 흐를 것을 염려하여 두 사람에게 四有說과 四無說 어느 한쪽만 고집하지 말고 서로 절충 보완하도록 당부하였다.

이렇게 볼 때 양명학은 그 자체에 모순을 내포하고 있었는데, 그것이 四無說과 四有說로 드러난 것임을 알 수 있다. 四有說은 양명학의 명교적 측면을 강조하고 있기 때문에 이를 우파라 하고, 四無說은 反名敎的 요소를 말하였기 때문에 좌파라 부른다. 따라서 양명학이 주자학에 반대하여 성립된 것이라 한다면 그 특징은 역시 좌파가 발전적으로 이어받았다고 말해도 좋을 것이다.[56] 四句敎에 한하여 보더라도 龍溪는 그것이 비록 스승의 주장일지라도 무조건 따르지는 않았으며, 양명이 죽은 뒤에도 언제나 자신의 四無說이 최선의 것이라고 주장하였다.

龍溪의 四無說은 양명학 좌파를 여는 계기가 되었을 뿐 아니라, 그 뒤 泰州派에도 크게 영향을 끼쳤던 까닭에 우파로부터 많은 비판을 받았다. 특히 東林學者들의 비판을 소개하면서 黃宗義는,

---

54)《明儒學案》卷 12, 郞中王龍溪先生畿, 語錄.

55) 石田和夫, 〈陸象山とその後繼〉(《陽明學の世界》, 東京, 1986), pp.9~26.

56) 山下龍二, 《陽明學の硏究》展開編(東京, 1971), pp.7~9.

당시에 양명을 시비하는 자, 이것으로 표적을 삼았다. 어찌 이것이 양명과
는 전혀 무관함을 알지 못하는가? 아! 天泉證道로 말미암아 龍溪가 양명에 끼
친 누는 정말로 크구나.[57]

라고 개탄, 四無說이 양명과는 전혀 무관하다며 명교적 입장에서 그를 보
호하려 하고 있다. 이와 같이《天泉證道紀》가 양명의 진의를 왜곡하여 기
술한 龍溪의 잘못 때문이라는 지적은 양명학 우파 내지는 朱王折衷學派
측의 공통된 논거였다.[58] 그러나 다음 장에서 논할 龍溪의 現成良知論을
보면 그러한 주장은 李卓吾와 같은 양명학 좌파의 극단론자로부터 陽明을
명교주의자로 보호하려는 강변이었음을 알게 될 것이다.

2) 王龍溪의 現成良知說

龍溪는 陽明의 출생지와 가까운 浙江 山陰 출신으로 약 2년 동안 관리
생활을 했던 것 외에는 致良知說을 열정적으로 신봉하여 그 보급에 일생
을 바친 양명의 수제자 가운데 한 사람이다. 그는 양명이 그렇게도 바라던
狂氣 있는 청년으로 입문한[59] 뒤, 선생의 學을 보급하는 데 그치지 않고 스
스로 개발한 분야도 적지 않다. 四無說에서 보이는 그 명석한 두뇌는 양명
의 良知說을 더욱 발전시켜 現成良知라는 새로운 차원의 이론을 제기하였
다. 그는 "착하지도 않고 악하지도 않은 마음의 본체를 良知라 한다",[60]
"良知야말로 性體自然의 覺이다. 어찌하여 여기에 우선하는 것이 있겠는
가?"[61]라고 하여 양지는 우주의 근원일 뿐 아니라, 그 성질은 "일체 말래야
말 수 없는 生機[62]로서 動的이다. 그러한 본원적 동적 성격의 양지는 늘

57)《明儒學案》卷 58, 東林學案 1, 端文顧涇陽先生憲成條.
58)《明儒學案》卷 35,〈泰州學案〉4, 明經方本菴先生學漸條에도 비슷한 내용이 보
   인다.(졸고,〈天泉證道紀와 東林學派〉, p.66 참조)
59) 山下龍二,《陽明學の硏究》(展開編)(東京, 1971), pp.28~29.
60)《王龍溪先生全集》卷 7, 南遊會紀. 致良知說의 전개를 폭넓게 다룬 연구서로는
   麥仲貴,《王門諸子致良知學之發展》(香港, 1973) 참조.
61)《王龍溪先生全集》卷 6, 致知議辯.
62)《王龍溪先生全集》卷 4, 留都會紀.

理를 창조하며 이의 절대화·고정화를 용인하지 않는다.[63]

양명학에서는 理氣문제가 별로 중요하지 않다. 양명은 "理는 氣의 條理요, 氣는 理의 運用이다"[64]고 말했을 뿐이지만, 龍溪는 "천지의 사이는 一氣뿐…… 그 氣의 靈을 良知라 한다",[65] "良知는 천지의 靈氣",[66] "良知의 유행은 곧 이른바 氣"[67]라는 등 양명에게서는 드물게 보이는 氣에 관한 표현이 그에게서는 잦아지고 있다. 그 까닭은 양지의 동적 성격이 氣의 철학과 더욱 깊은 관계를 갖고 전개되어 갔기 때문이다. "性은 마음의 생리에서 性善의 단서가 나타날 때 비로소 보인다. 측은한 마음, 부끄러운 마음은 氣다. 기가 없으면 性이라 이름할 수 없다"고 말하고, 孟子가 말한 性도 결코 氣質을 떠날 수 있는 것이 아니라고 하여, 주자학에서 악으로 보던 기질(감정·욕망)을 긍정하고 있다.[68]

이처럼 생기에 차고 周流하는 良知는 '定理'에 대해서는 일단 완강한 거부를 일으킬 것이 분명하다. 定理는 어제와 오늘이라는 시간에 구애되지 않는다. 그러나 양지는 항상 '현재'가 기준이 되어 생기발랄하게 움직이는 성질이 있다.

그런데 문제는 이 '현재의 良知'를 어떻게 이루느냐에 있다. 龍溪는 '현재의 양지'는 현재 그대로 완전한 것이기 때문에 따로 어떠한 공부를 기다리지 않고 그 기능을 충분히 발휘해야 한다는 것이다. 이것이 그의 '現成良知論'이다. 龍溪의 現成良知論에 대하여 동문의 羅念菴은 양지를 말하기는 쉽지만, 그 기능을 발휘하기 위해서는 반드시 일정한 공부가 있어야 한다고 정면으로 반론을 제기하였다.[69] 이에 대하여 龍溪는,

　　　이른바 良知는 堯·舜과 다를 것이 없지만, 만약 스스로 이를 믿지 못하면

---

63) 柴田篤, 〈良知現成の思想〉(《陽明學の世界》, 東京, 1986), p.291.
64) 《傳習錄》 中, 答陸原靜書.
65) 《王龍溪先生全集》 卷 8, 易與天地準一章大旨.
66) 《王龍溪先生全集》 卷 13, 太平杜氏重修家譜序.
67) 《王龍溪先生全集》 卷 15, 易測授張叔學.
68) 山下龍二, 《陽明學の研究》 展開編(東京, 1971), p.118.
69) 《羅念庵文錄》 卷 2, 寄謝高泉.

그것은 스스로를 비방하는 것(誣)이다. 진실로 致知의 功을 쓰지 않으면 때때로 이 마음을 保任하며, 때때로 잡념을 없앨 수 없다 하여 헛되이 現成이 虛見임을 알아 欲根에 부화할 것이다. 그러면서도 堯·舜과 같지 않음이 없다 말한다면 이는 스스로를 속이는 것[70]

이라며 반박, 完全具足한 '現成良知'를 확신하고 이를 그대로 실현하는 일이 중요한 것이지, 念菴처럼 공부를 통하여 良知가 완전해진다는, 말하자면 현성양지에 도달하는 수단이 공부라는 견해는 잘못된 것이라 말한다.

물론 龍溪도 공부(漸修)를 인정하지 않았던 것은 아니지만, 그것은 四句敎言에 대한 해석에서 본 것처럼 어디까지나 방편에 지나지 않는다고 생각하였다. 四無說이나 現成良知說 외에 龍溪의 三敎合一에 관한 설명 또한 깊이가 있다. 삼교합일의 요소는 원래 良知說이 내포하고 있었다. 다시말해 양지는 모든 대립을 뛰어넘는 성질을 띠고 있기 때문에 儒·佛·道 삼교의 상호 대립을 뛰어넘을 잠재력을 갖고 있었다. 龍溪는 불·도에 대해,

二氏의 學은 우리 儒와 다르다. 그러나 우리 儒와 함께 이어져 없어지지 않는 까닭은 거기에도 道가 있음이니, 모두 心을 가졌기 때문이다.[71]

라고 말하여 삼교 모두 심학의 요소라는 공통성이 있다고 강조한다. 그러나 성인의 學은 體와 用을 같이 지니고 있지만 二氏는 그렇지 못하다는 것이다. 체는 心의 체, 다시 말해 良知요, 용은 經世致用으로 결국 佛·老는 非世間法이라는 뜻이다.[72] 그는 또,

우리 儒에서 말하는 양지는 불교에서 말하는 覺, 老子에서 말하는 玄으로서 각각 뜻에 중점 두는 바는 있으나 작용이 다르다. 대개 우리 儒는 經世를 주로 하지만 二氏는 出世를 주로 한다.[73]

---

70) 《王龍溪先生全集》 卷 2, 松原晤語.
71) 《王龍溪先生全集》 卷 7, 南遊會紀.
72) 위와 같음.
73) 《王龍溪先生全集》 卷 10, 與李中溪.

며, 양명학이 經世를 주도하는 유학의 입장에 서고 있다고 말한다. 그러면
서도 良知만은 儒의 전유물이 아니고 儒를 유답게 하고 佛을 불답게 하며,
道를 도답게 하는 것이라 하여 그 초월성을 강조하고 있다. 바꾸어 말하면
現成良知 그 자체는 儒도 道도 佛도 아니다. 어떤 주의·주장이나 입장에
서기 이전의 근원적 주체이다. 그의 이러한 良知에 대한 믿음은 "선생의
양지의 學이야말로 3교의 핵심"[74]이라 했던 사실에서도 단적으로 보이고
있다.

　이러한 논리를 확대하면 그것은 3교에만 한하지 않고 유가로부터 이단
으로 배척받았던 諸家의 학설에도 마찬가지로 적용된다. 龍溪의 良知에
대한 확신은 이단에 대한 이 같은 포용적인 태도와 함께 성인이나 六經에
대해서도 역시 포용적 태도를 취하게 하였다.

　　　道는 人心에 있다. 六經은 우리 마음의 註脚이어서 진시황의 焚書를 겪고
　　　서도 우리 마음의 온전한 經은 결코 없어지지 않았다.[75]

라는 그의 말은, 양명이 "經에서 心으로의 전환"을 외친 《尊經閣記》의 표
현보다 훨씬 강하고 구체적이다. 이처럼 龍溪의 이단에 대한 포용적 태도
때문에 顧炎武는 "龍溪의 학문이 한 번 전하여 何心隱이 되고, 두 번 전하
여 李卓吾가 되었다"[76]고 하여 何心隱, 李卓吾와 같은 名敎 비판의 거두들
의 학문을 龍溪의 학문과 직접 연결시키고 있다.

　그러나 양명학 좌파의 창시자 龍溪는 사회문제에 대해서는 대단히 소극
적이었다. 이를테면 동지와 함께 정한 규약에 "官司의 득실, 타인에 대한
시비는 일체 입에 올리지 않는다. 어긴 자는 벌한다"[77]고 하여 학자는 외부
와는 담을 쌓고 오로지 학문에만 전념할 것을 당부한 것이라든지, "士가
商賈와 다른 것은 그 義를 숭상하고 利를 멀리하는 데 있다"[78] 하여 이윤

---

74)《王龍溪先生全集》卷 1, 復陽堂會語.
75)《王龍溪先生全集》卷 1, 撫州擬峴台會語.
76) 顧炎武,《日知錄》卷 18.
77)《王龍溪先生全書》卷 5, 嚴約說.
78)《王龍溪先生全書》卷 5, 申約後語.

의 추구와 생산노동에 대해서는 士人의 그것과 구분하는 등 사회문제에
대해서는 매우 소극적 태도를 보였다.

3) 王心齊의 淮南格物說

王心齊(艮, 1483~1540) 역시 양명의 제자로서 王龍溪와 더불어 양명 좌
파의 쌍벽을 이루는 인물이다. 心齊는 龍溪와는 달리 그 학풍이 매우 분방
하고 사회문제에 대해서도 매우 적극적이었다. 許敬庵은 그들의 학문상의
특색을

> 淮南은 亢하여 높고 山陰은 圓하여 통한다. 그러나 亢과 圓은 각각 그 유폐
> 가 있으니 顔(山農)·梁(汝元)의 무리는 亢에 근거하여 방자함이 흘렀다.[79]

고 평하였다. 亢高·圓通은 《周易》의 용어이다. '圓'은 現成良知가 갖는 성
질, 다시 말해 어떠한 인위나 제약을 거부하는 성질, 어떤 典要나 격식을
무시하고는 성립하지 않으면서도 또한 典要 格式에 순응하려는 것도 아닌
圓融을 뜻하는 것이다. 그리고 '亢'은 亢龍에서 유래한 말로서 그 뜻은 역
사와 운명에 반발하여 진퇴 흥망의 절도를 무시하고 자기중심적 충동에
몸을 맡긴 자의 정신구조를 상징한다.[80]

心齊는 揚州府 安豊場人으로서 그 출신부터 특이하다. 場은 鹽場을 일
컫는 것인데, 心齊는 원래 鹽丁의 아들이었다. 양명학은 이 염정 출신의
心齊를 시조로 하는 泰州派의 출현으로 말미암아 명 중기 이후부터 성행
한 書院講學의 조류를 타고 서민층까지 확대되어 일세를 풍미하게 되었는
데, 이는 명대 사상사에서도 주목할 일이 아닐 수 없다.

鹽場에 종사하던 心齊는 25세가 되어서야 비로소 聖學에 뜻을 두게 되었
으며, 그 학문이 주로 四書에 한정되었던 것도 가정환경 탓이었다. 이처럼
그는 만학인 데다가 龍溪와는 달리 독서의 폭이 넓지 못했지만,[81] 그 학문은

---

79) 許孚遠, 《敬和堂集》 卷 5, 答周海門司封諦解.
80) 荒木見悟, 《明代思想研究》(東京, 1972), pp.100~108.
81) 山下龍二, 《陽明學の研究》(展開編)(東京, 1971), pp.12~13.

사회성이 강하고 실천적이라는 특성을 지니고 있다. 먼저 그 학문의 특색을
살펴보기 위해《大學》의 格物說에 대한 그의 독특한 견해를 살펴보자.

> 格은 格式의 格이며, 身으로부터 家·國·天下가 모두 物이다. 物은 모두 本
> 과 末이 있는 것이니 身은 本이요, 家·國·天下는 末이다. 末의 부정은 그 本의
> 부정 때문이니 末을 바로 하려 한다면 本을 바로 해야 할 것이므로 本은 곧
> 末의 式이다. 그러므로 格物이라 한다.[82]

黃宗義는 이 心齋의 格物說을 淮南格物說이라 부르고[83] 있는데, 이는
분명히 양명의 格物解와도 다르다.《大學》의 "修身·齊家·治國·平天下"의
身·家·國·天下 가운데서 身이 本이요, 家·國·天下는 末이라 하여 本인 身
을 중시하는 견해는 확실히 특이하다. 다시 그는,

> 身을 편안하게 함은 천하의 大本을 세우는 것이다. 明德을 밝히고 民을 親
> 함에서 몸이 편안하지 못하면 本이 서지 아니할 것이니, 그래서는 地를 주재
> 하고 조화를 알선치 못할 것이다. …… 몸이 곧 天下·國·家의 本임을 알면 천
> 지 만물로서 내 몸에 의지할 것이며 내 몸을 천지 만물에 의지하지 않을 것.[84]

이라고 하여, 몸은 天下·國家·家만이 아니라 천지만물의 근본으로서 천지
만물에 대한 책임을 지는 까닭에 몸을 다스려 편안하게 하는 것이 무엇보
다도 중요하다고 말한다. 이같이 그는 천하 만물의 주체인 몸을 중시하기
때문에 明哲保身論을 비롯하여 愛身, 敬身, 尊身 등 身에 관한 표현을 여
러 각도에서 하고 있다.

그의 논설은 치밀성은 상대적으로 덜하지만 간결하고 실천성이 강하
다. 〈大丈夫論〉에서 한,

> 대장부는 남에게 차마 하지 못하는 마음을 가져서 천지만물로 하여금 자기
> 에 의존하게 한다. 때문에 나아가면 반드시 帝王의 師가 되고, 野에 있을 때는

---

82)《王心齋全集》卷 3.
83)《明儒學案》卷 32, 處士王心齋先生艮條.
84)《王心齋全集》卷 3.

천하만세의 師가 된다. 나아가서 帝王의 師가 되지 못하면 그 本을 잃는 것이
요, 野에 있으면서 천하만세의 師가 되지 못하면 그 末을 놓치는 것[85]

이라는 그의 주장은 송대 范仲淹 이래 강조되어 온 사대부의식의 흐름을
이어받은 것이며, 만일 대장부가 나아가 帝王의 스승이 되지 못하거나 물
러가 천하 사람들의 스승이 되지 못한다면 이는 妾婦의 道로 전락할 뿐이
라는 과격한 주장은 명말 청초의 大儒 黃宗羲의 정치사상에도 다시 이어
졌다.[86] 《대학》의 "수신제가치국평천하"사상을 기본으로 이를 자기의 소
임으로 강조하고 있는 것은 분명히 송대 이래 사대부학의 하나의 특징이
지만,[87] 그 해석에서 자기 몸을 가정·국가·천하의 근본이라 하여 본말관계
로 인식한 회남격물론은 뛰어나다 하지 않을 수 없다. 泰州派에 비판적 입
장이었던 劉宗周와 그 제자 황종희가 회남격물설을 格物解의 으뜸으로 치
고 있는[88] 까닭도 그것이 기초가 되어 송대 이래 사대부학의 최고봉을 쌓
아 올렸기 때문이다. 원래 사대부가 천하 국가를 다스린다는 치자의식에
는, 한편으로는 군주의 분신으로서 충성을 다한다는 면과, 동시에 또 다른
한편으로는 사대부만이 천명의 소재를 알아 천자까지도 계도할 책임이 있
다는 모순된 두 측면이 있다. 여기 후자에서부터 素王의식이 나타날 수 있
으므로 심제의 帝王師論도 그 의식의 극단적 발전의 결과임을 알 수 있다.
心齊의 이러한 높아진 사대부의식에 대하여, 명말의 학자 管志道(1536~
1608)는 "師道로서 臣道를 가리워 천하인으로 하여금 군주를 깔보는 마음
을 열어놓게 하는 것"[89]이라 하여 군주를 정점으로 하는 전통적 통치질서
를 파괴할 위험이 있다고 날카롭게 비난하고 있다. 어쨌든 심제의 학문은
용계의 비사회적 소극성과는 대조적이다. 예컨대 같은 양명학자 周海門
(1547~1629)은 각자 자기의 처지와 지위에 따라 그 분수를 지켜야 한다는

---

85) 《王心齊全集》 卷 2.
86) 黃宗羲, 《明夷待訪錄》, 〈原臣〉.
87) 島田虔次, 《朱子學と陽明學》, pp.26~27.
88) 《明儒學案》 卷 32, 處士王心齊先生艮條.
89) 管志道, 《師門求正牘》 卷 中, 32丁.

이른바 素位安分說을 주장하였음에[90] 반해, 심제가 "사람의 天分이 동일한 것은 아니지만, 학문에서는 天分을 반드시 논할 것은 아니다"[91]고 말한 것이라든지, 또는 "일반 백성은 天分에 따르지만 大人은 그 命을 개조한다"[92]고 한 大人造命說은 帝王의 스승론과 함께 그의 士의식의 독특한 표현이라고 말할 수 있다.

이 같은 心齊의 대장부론·대인론은 어디까지나 良知學을 바탕으로 한 것이다. 그는 "道는 하나일 뿐이다. 中이요 양지요, 性이요 一이다. 이 이치를 알면 現現成成하며 自自在在하게 된다"[93] 하여 양지가 現成自在하다고 말하면서 동시에 "성인의 道는 百姓日用과 다르지 않다. 무릇 다르다면 이를 이단이라 한다"[94]고 말하여 양지의 學은 성인의 학이요, 이는 곧 百姓日用의 학에 불과한 것이라 하였다.

양지설을 聖學과 동일시하면서 그 권위를 왕권에 등치시키는 등 쉬우면서도 명쾌한 그의 논설은 온건한 동문 학자들로부터는 聖을 모독한다는 비난을 불러일으키기도 하였다. 이러한 비난에 대하여 그의 제자 耿天台 (1524~1596)는,

선생의 德이 지극함에도 세상 사람들은 한두 末流의 狂誕함을 보고 선생의 學을 비난하고 있으니, 이는 목이 아프다고 음식을 폐하려는 것과 같다. 선생의 學은 民生日用의 음식과 같은 것이니 가히 폐할 수 있겠는가?[95]

라고 하여, 泰州學派를 연 심제의 학문은 일상적 실천성이 높았다고 주장하고 있다. 이러한 사실에서도 알 수 있듯이, 鹽丁 출신이었던 그의 학문은 명대 후기 사회에 성장한 서민적 기풍을 반영하고 있다. 그래서 심제의 문하에서는 서민출신 학자들도 배출되고 있다. 樵夫 朱恕, 陶匠 韓樂吾, 田

90) 荒木見悟, 《明代思想硏究》, pp.243~250.
91) 《王心齊全集》 卷 2.
92) 위와 같음.
93) 《王心齊全集》 卷 3.
94) 《王心齊全集》 卷 2.
95) 《重鐫心齊先生傳集》, 疏傳合編, 別傳類編 下, 特傳類(未見, 재인용).

夫 夏叟 등이 바로 그들인데, 士流, 搢紳과 어울려 堯·舜·孔·孟의 學을 강
론하였다는 사실은 양명학, 특히 태주학의 분위기를 짐작하게 한다.[96] 朱恕
는 草偓場으로 일하러 갈 때마다 심제의 강당 뒷전에서 청강하였고, 陶匠
韓貞은 道를 창도하여 俗을 교화함을 임무로 삼아 工賈나 傭隷를 가리지
않고 계도하니 그 수가 천 명을 헤아릴 정도였다 한다. 그들은 가을 수확
을 마치고 농한기가 되면, 제자들과 함께 자리를 깔고 앉아 며칠씩이나 강
론하고 흥이 식으면 배를 대어 서로 노래하며 다른 마을로 가서 강론하였
다 하니,[97] 鹽丁 출신의 심제를 시조로 한 泰州派의 출현으로 양명학은 서
민층에까지 확대되어 일세를 풍미할 수 있었다.

심제는 용계와 함께 양명학 좌파를 열어 二王으로 알려져 있으면서도
그들의 학문적 특징은 이른바 亢高와 圓通으로 표현되듯이 서로 달랐다.
특히 심제는 행동성이 강한 학자로서 凡에서 聖으로의 전기를 찾으려는
狂者的 구세정신으로 가득차 있었다. 그는 일찍이 양명과 상면할 때 "천하
사를 종횡으로 논하던" 그런 정열로 용계와는 달리 명대 사상사에서도 특
필되는 태주학파를 이룰 수 있었다. 태주파 가운데서도 顔山農·何心隱 일
파는 黃宗羲의 표현처럼 "맨손으로 龍蛇를 잡으려 덤벼드는 인물"로서 양
명학의 명교적 성격에서 한층 더 벗어나게 된다.

4) 何心隱의 反名敎的 사상
(1) 山農·心隱의 욕망긍정사상

何心隱(1517~1579)의 본명은 梁汝元인데 吉州 永豊의 명문 출신으로서
일찍이 鄕試에 합격하였으나, 인근의 顔山農에 사사하여 心齊의 학문을
듣고 擧業을 포기, 강학활동에 전념하였다. 처음에는 향읍의 鄕族을 대상
으로 강학하다가 향리를 떠나야만 하는 사건이 일어났다. 嘉靖 38년 稅糧
문제가 일어났을 때, 皇木銀兩을 착복하였다는 죄명으로 투옥되었기 때문
이다.[98] 출옥 뒤, 각지를 전전하며 강학하던 중 북경에서 耿天台의 소개로,

96)《明儒學案》卷 32, 泰州學案一, 處士王東崖先生, 附傳.
97) 耿定向,《耿天台先生文集》卷 14,《王心齊先生》傳, 樵朱陶韓二子附.

뒤에 首相이 되어 자신의 목숨을 앗아간 國子監司業 張居正을 만난 것은 기연이라 말하지 않을 수 없다. 何心隱은 당시 장거정의 인상에 대하여 "張公의 官이 수상에 올라 반드시 강학을 탄압할 것이며, 반드시 나를 죽일 것이다"[99]라고 말하였는데, 그 말이 적중하였다는 이야기는 널리 알려진 대로이다. 어쨌든 그 두 사람의 만남은 당시에 성행하던 강학의 기수라 할 하심은과 느슨한 사회 분위기를 군주전제적 차원에서 바로잡으려는 측의 대결을 상징적으로 그린 것이다. 심은은 당시 북경에서 復孔堂을 열어 동지들과 함께 강학하고, 谷門會館을 열어 사방의 인사를 모으니 方技雜流도 여기에 같이 어울렸다 할 정도로 인기를 모았다.[100]

당시 권신 嚴嵩에 대한 시중의 평판이 몹시 나빴는데, 心隱은 그를 실각시키기 위한 密計에 가담하였다가 그 보복을 피하여 何心隱이라 이름을 바꾸고 남쪽으로 도피하였다.[101] 마침 강학 동료 程學博이 知府가 되자 함께 重慶으로 들어가 白蓮敎 탄압에 일익을 담당하였으며,[102] 黃安에 求人會館을 열어 강학하자 천여 명이 모일 정도로 성황이었다고 한다.[103] 萬曆 4년, 孝感에서 강학하다 체포되어 처형되기까지 그의 생애는 강학으로 시종하였다 해도 과언이 아니다. 양명학 좌파의 강학 내용은 자연히 반권력적 반체제적 성향이 강하였으며,[104] 이러한 강학 풍토에 대하여 점차 그 비판의 강도를 높이고 있던 위정자 측의 비난과 탄압도 자연히 그에게 집중되었다. 王世貞은 강학을 다음과 같이 비판했다.

嘉靖·隆慶 사이에 강학자가 국내에 성행하였다. 그 폐단을 보면 강학을 빌려 豪俠의 도구로 삼고, 豪俠을 빌려 貪橫의 私로 한다. 그 術은 본래 사람을

98) 容肇祖, 《明代思想史》(開明書店, 1941), p.218. 何心隱의 생애에 관해서는 森紀子, 〈何心隱論 ― 名敎逸脫の構圖〉(《史林》 60-5, 1977) 참조.
99) 《何心隱集》 卷 4, 上祈門姚大尹書.
100) 鄒元標, 〈梁夫山〉傳(《何心隱集》 附錄) ; 黃宗羲, 《名儒學案》, 泰州學案序, 梁汝元條 ; 容肇祖, 《明代思想史》, p.219.
101) 위와 같음.
102) 위와 같음.
103) 위와 같음.
104) 森紀子, 〈何心隱論 ― 名敎逸脫の構圖〉, p.29.

동원할 수가 없으므로 건달패거리가 서로 모여 우익이 되어 떼지어 사람들로 하여금 黃巾五斗의 근심을 갖게 한다.[105]

이는 실은 顔山農과 何心隱을 두고 한 말이었다. 書院강학에 대한 탄압은 萬曆 3년 首輔 張居正의 상소로 시작되었으며, 이때 심은에 대한 체포령도 함께 내려졌다.[106] 5년에는 심제의 제자 羅近溪가 官에서 쫓겨나고, 그 제자 楊復所도 탄핵받았으며, 그 뒤 7년에는 祈門에서 체포된 심은이 '명교의 죄인'으로 몰려 杖刑으로 죽었다.[107]

심은의 스승인 顔山農의 학문에 대하여, 黃宗羲는 "성품에 따라 행동할 뿐 先儒의 견문, 도리, 격식은 오히려 道에 장애가 된다"고 하여 극단적 現成良知의 주장이 이미 유교의 규범에서 많이 벗어나고 있다고 지적한다.[108]

王世貞도 "사람의 財色에 대한 탐욕은 모두 性에서 나온다. 그 한 때의 所爲는 天機가 발동하는 것이므로 이는 결코 막을 수 없는 것이다"고 한 顔山農의 말을 인용하면서, 태주학이 변하여 山農에 이르자 더는 구제할 수 없게 되었다고 개탄하고 있다.[109] 이 같은 산농의 욕망긍정적 사고는 宋學의 天理人欲說에 비하면 분명히 반명교적이다. 그러나 泰州派의 학자들은 宋儒의 天理·人慾說에 문제가 있다고 인식하고 있었다. 예컨대 "마음을 기르는 것(養心)이 욕심을 적게 하는 것(寡欲)만 같지 못하다"라는 맹자의 말은 어디까지나 욕심을 줄이라는 뜻이지 욕망의 존재 그 자체를 부정한 것은 아니다. 그런데도 周濂溪는 과욕을 無欲으로까지 지나치게 해석한 것이라 하여 하심은은,

　　살려 하고 義로우려 함도 欲이다. 生을 버리고 義를 취함은 欲을 줄이는 것이다. 줄이고 또 줄여서 無에 이르게 되면 心이 존재하겠는가?[110]

105) 《弇州史料後集》 卷 35, 嘉隆江湖大俠.
106) 張居正, 《張太岳先生文集》 卷 39, 請申舊章飭學政以振興人才疏.
107) 《明史》 卷 224, 〈楊時喬〉傳 ; 《明史》 卷 283, 〈王畿〉傳.
108) 《明儒學案》 卷 32, 泰州學案序 顔鈞條.
109) 《弇州史料後集》 卷 35, 嘉隆江湖大俠.
110) 《何心隱集》 卷 2, 辯無欲.

라고 말하여 周의 無慾說을 정면으로 부정하였다. 山農과 心隱의 욕망긍정적 사고는 양명의 心卽理說에 이미 그 싹이 보이고 있었는데, 泰州와 龍溪에 와서도 그 궤도를 크게 벗어나지 않았다. 그러나 名敎 측에서 그들의 주장이 구제 불능의 상태에까지 이르게 되었다고 생각한 것은 산농과 심은부터이며, 그 평가의 기준은 바로 이 욕망긍정의 논리에 있었다.[111]

2) 心隱의 家·會·朋友論

嘉靖 이래 뚜렷한 상품경제의 발달은 직업에 따른 사회계층의 구조에도 변화를 불러왔으며, 이러한 변화는 何心隱이 四民의 순서를 인식하는 데도 예민하게 반영되었다. 그는 "商賈는 農·工보다도 크고, 士는 商賈보다도 크며, 聖賢은 士보다 크다"[112]고 말하여 사·농·공·상이라는 전통적인 四民의 순서를 무시하고 聖賢·士·商賈·農·工의 새로운 구도를 설정했다.

이는 당시의 신흥세력이었던 商賈의 정치 사회적 신분이 농·공보다 상향이동을 이루었던 사회현상을 솔직히 표현한 것에 불과한 것이라고는 하지만, 관념상 고정화된 四民 구도가 유독 심은에게 인식의 변화를 주었다는 사실은 계층의 상향이동이 가능하다는 사회변화에 대한 그의 믿음을 보여주는 예라 할 수 있다. 다시 말해 사·상·농·공이 각기 그들의 현재 신분에서 아래 신분으로 내려가려 하지는 않겠지만 농·공에서 商賈로, 商賈에서 士로, 그리고 士에서 聖賢으로 오르려고 하는 욕망은 인지상정이라는 것이다.

> 人情은 내다보는 안목이 짧아서 그렇지, 안목을 가졌으면서도 오르지 못하는 자는 없는 것이다. 農·工은 뛰어서 商賈가 되고, 商賈는 뛰어서 士가 된다. 사람은 여기를 뛰어서 저것이 된다.[113]

는 그의 말은 분명히 주자의 定分說에 대한 도전이다. 뿐만 아니라 그는

---

111) 森紀子, 〈何心隱論 ― 名敎逸脫の構圖〉, pp.39~41.
112) 《何心隱集》 卷 3, 答作主.
113) 위와 같음.

陽明의 계층관에도 상당한 수정을 가하고 있다. 우선 陽明의 〈拔本塞源論〉의 한 부분을 다시 보자.

> (三代에는) 학교에서 德을 이루기에만 힘을 써 재능의 차이에 따라…… 그 能한 바를 학교에서 더욱 연마한 뒤 그 德을 보아 한번 임용하면 평생토록 그 職을 바꾸지 않았다. …… 그리하여 천하의 인민은 가족처럼 親하여 재질이 낮은 자는 農·工·商賈의 分을 지켜 각기 그 業에 힘써 相生相養할 뿐 높은 것을 바라고 분수의 바깥을 내다보는 일이 없으며…….

이러한 양명의 질서유지적 사회계층관보다 사·농·공·상 신분의 상향이동은 인정의 자연스런 욕구로 결코 막을 수 없는 것이라는 心隱의 주장이 훨씬 더 설득력이 있다. 이러한 논리는 좌파적 現成良知學者가 명말 상품경제의 발전과 그에 따른 신분이동으로 비롯되는 하극상의 시대상을 그대로 느끼고 표현한 것이다.[114]

何心隱은 心齊와 달리 가산 수만 금을 헤아리는 富家였고, 일족이 수천이나 되는[115] 지방 名族 출신으로서, 그 자신 族議를 주도하여 聚和堂을 세우고 일족을 모아 교육하기도 하였다. 뿐만 아니라 賦役을 비롯, 관혼상제와 患寡孤獨에 대한 구휼에 이르기까지 모든 가문의 일을 총람하여 가문의 우애를 서로 돈독하게 하고 예교와 신의의 풍속이 일어나 몇 년 만에 三代의 殷盛함을 이룰 정도로 성과를 올렸다 한다.[116] 이러한 心隱의 聚和堂 교육과 族政은 《大學》의 '齊家'의 실험이라는 점에서 흥미롭다. 그는,

> 姚江이 처음으로 良知의 旨를 발견하여 눈은 뜨였지만 아직 身을 드러내지 못했다. 泰州가 本을 세운다는 旨를 주창하여 身을 높일 것을 알았으나 아직 家를 드러내지 못했다. 이에 벗을 모아 써 孔氏의 家를 이룰 것을 바랐다.[117]

고 말하고 있다. 다시 말해 그가 말하는 家는 단순한 가정을 뜻하는 것이

114) 森紀子, 앞의 글, pp.41~43.
115)《耿天台先生文集》卷 16,〈里中三異傳〉.
116) 梁夫山傳,《明儒學案》卷 32,〈泰州學案序〉; 森紀子, 앞의 글, p.52.
117)《耿天台先生文集》卷 16,〈里中三異傳〉.

아니라 유가의 가문을 의미했다. 心齊의 淮南格物說에서는 身이 家·國·天下의 근본인 까닭에 保身, 安身으로 天下·國·家가 태평하게 된다고 주장하였는데, 심은은 그 연장으로서 家를 더 중요시했다. 그는 心·意·知는 身에서의 身이며, 身은 家에서의 身, 家는 國에서의 身, 國은 天下에서의 身이라는 것이다. 이를 역으로 하면 천하는 國의 家이며, 國은 家의 家, 家는 身의 家, 身은 心·意·知의 家가 된다.[118]

이처럼 心·意·知와 天下·國을 身과 家의 두 개념으로 흡수한 것은 심제가 제기한 身과 그 확대로서의 家를 일원적으로 파악했기 때문이다. 그러면서도 심은은 심제와는 결론을 달리하였다. 다시 말해 身은 '伸'으로서, 반드시 배워서 법으로 할 것(矩)은 몸(身)이 상하·전후·좌우로 뻗어나가는 것(伸)을 의미한다는 것이다. 마찬가지로 家는 가(嘉 : 加)와 같은 뜻을 가지므로 반드시 배워서 법으로 삼아야 할 것은, 家는 상하·전후·좌우로 더하여 가는 것(加)이라는 사실이다. 그리하여 결국 身과 家를 끊임없이 뻗고 더하여 무한히 확대하면 결국 天下·國의 身·家에 이르게 된다.[119] 이를 가능하게 하는 매개체에 대하여 그는,

> 무릇 會는 家에서 형상을 취하여 그 몸을 간직한다. 그리하여 서로 더불어서 會를 主하는 자는 身에서 형상을 취하여 그 家를 드러내는 것이다. …… 곧 會는 天下·國의 신의, (天下·國의) 家의 그 身, 그 家를 드러내고 간직할 수 있는 것이다.[120]

라고 하여 '會'의 개념을 도입, 그 도움으로 비로소 身·家에서 天下·國으로의 확대가 가능하다고 주장하였다.

心隱은 《原講原學》에서,

> 貌가 있는 이상 반드시 事가 있고 學이 있다. 學이란 貌를 근거(原)로 하는 것이다. …… 言이 있는 이상 반드시 事가 있고 講이 있다. 講은 言을 근거로

---

118) 《何心隱集》 卷 2, 矩
119) 위와 같음.
120) 《何心隱集》 卷 2, 〈語會〉.

하는 것이다.[121]

라고 말하고 있다. 이때의 事는 관념으로서의 사물이 아니라 구체적으로
외재하는 사물을 말하는 것으로서, 학문은 이를 근거로 성립하기 때문에
그 학문은 결코 공리 공담이 될 수 없다. 따라서 그가 주장하는 原學原講
은 "천하에 心外의 事, 心外의 理가 없다"고 주장한 양명의 심즉리 입장과
대립하고 있다. 어쨌든 事가 있어야 學이 있다는 입장에서 생각하면 이념
이란 반드시 현실의 인간사회에서 실현되어야 할 것으로, 그와 같은 인식
에 이른 자만이 主會者로서 현실의 천하 국가를 자신의 身·家와 일치시켜
나가는 노력을 주체적 능동적으로 수행할 수 있는 것이다.

家의 형상으로서의 會는 그 구성원이 이미 가족은 아니다. 심제에게 부
자·형제·부부관계는 천하 국가의 통치 차원과는 무관한 것이며, 따라서
비혈연관계인 군신·붕우관계가 중요시되지 않을 수 없다. 그는 五倫 가운
데서도 붕우관계를 가장 중시하여,

> "천지의 交를 泰라 한다" 交는 友에서 다하며, 友는 秉에서 다하며, 道로서
> 學함은 友의 交에서 다한다. 昆弟가 交 아님이 없지만 交하여 親하며…… 부
> 부, 부자, 군신도 交가 아님이 없지만 혹 交하여 짝하고, 혹 交하여 친하며, 혹
> 交하여 능멸되고 원조한다.[122]

라고 말하고 있다. 그는 交에서도 交友가 가장 순수한 사회적 관계인 바
五倫 가운데도 붕우관계가 가장 중요하다고 생각하고 있는 것이다. 李卓
吾는 何心隱의 학문과 생애에 대해 "인륜에 다섯이 있으나 公은 그 넷을
버리고 몸을 師友, 賢聖 사이에 두었다"[123]라고 하였다. 이는 그가 사회적
문제에 얼마나 관심을 가졌던지를 단적으로 보여준다. 바로 이 점이 심은
이 名敎의 죄인으로 생명까지 잃었던 중요한 원인의 하나임을 탁오 자신
은 잘 알고 있었다. 그러면서도 그 자신도 결국 그 뒤를 따랐으니, 이는 그

---

121) 《何心隱集》 卷 1, 〈原學原講〉.
122) 《何心隱集》 卷 3, 〈論友〉.
123) 李贄, 《焚書》 卷 3, 〈何心隱論〉.

시대 知性이 택할 수밖에 없는 길이었을지도 모른다.

3. 맺음말

왕양명은 일찍이 주자학의 格物致知說을 체득하기 위하여 각고의 노력을 기울였으나, 결국 실패하고 하늘의 理法(天理)이 유교경전이나 사물에 존재하는 것이 아니라 "마음이 곧 理이다. 마음 밖의 事나 마음 밖의 理는 없다"는 결론에 도달하였다.

明初 이래 性卽理說이 풍미하던 주자학적 세계에서 陽明이 心卽理라는 학설을 근거로 반기를 들고, 그러한 학설이 천하를 풍미할 수 있었던 데는 그만한 역사적 사회적 조건이 성숙되어 있었기 때문이다. 다시 말해 주자학적인 방법으로는 명 중기의 유동적인 사회현실에 대처하기 어려웠던 까닭이다. 明初의 里甲制가 중기 이후 상품경제의 발전으로 점차 해체되면서 사회적 변동을 불러 일으켰던 것이다. 그 결과 관권과 결탁한 향신지주나 훈척 등 특권계급을 낳는가 하면, 신흥 상공업으로 부를 축적하는 등 심한 빈부의 격차에 따른 사회모순이 드러나게 되었다.

이처럼 유동하는 사회변화에 대하여, 방대한 경전과 文物典章을 연구하고 主敬靜坐로 외재하는 사물의 理法을 연구한다는 주자학적 방법은 대응 능력을 잃어갈 수밖에 없었다. 이러한 상황에서 陣白沙·王陽明이 心卽理學을 제기하였다. 특히 양명학의 良知는 주자학의 定理에 비하면 순발력이 뛰어나 당시 사회의 변화에 적응, 인기를 끌 수 있었다.

이처럼 양명의 心卽理說 내지 良知說은 명대 사회의 역사적 산물인 것으로서 송대 陸象山의 心卽理說과는 그 발생 배경부터가 다르다. 특히 양명학 좌파의 現成良知說은 양명의 만물일체사상과 결합하면서 명대 심학의 특징을 발전시키는 데 이바지하였다.

양명의 격물치지에 대한 새로운 해석을 근거로 심즉리를 비롯, 지행합일, 致良知說이 나왔으며, 이러한 해석 방법은 그 이후 양명학의 전개과정에서 사유의 기본이 된다. 泰州派를 연 王心齊의 이른바 회남격물설은 수신·제가·치국·평천하에서 수신의 身을 本으로 하고 家·國·天下를 末로 삼아 本을 바로잡아야(格) 末을 바로잡을 수 있다고 주장한다. 천하의 근본인 身을 높게는 회남격물설에서는 대장부(또는 대인)는 천하의 주체로써 관직으로 나아가서는 제왕의 스승이 되고 물러나서는 천하만민의 스승이 되어야 한다는 강렬한 사대부의식을 볼 수가 있다.

이러한 몸을 근본으로 삼고 존중하는 心齊의 대장부론은, 何心隱에 와서는 身과 家를 일원적으로 파악하여 이 身·家가 상하 좌우 전후로 확대되어 천하와 국가를 이루게 된다는 생각으로 발전한다. 그래서 그는 身·家와 天下·國家를 매개로 하는 會라는 새로운 개념을 세웠다. 家의 구성원은 가족이지만 會의 구성원은 비혈연적 관계였던 까닭에 心隱은 五倫 가운데도 횡적인 붕우관계를 중시하였다. 李卓吾가 "인륜에 다섯이 있는데 공은 그 넷을 버리고 오직 몸을 師友와 賢聖 사이에 두었다"고 말한 까닭이 바로 여기에 있었다.

명대 후기 사회적 변화는 여러 가지로 心隱의 사상에 투영되었다. 심은은 당시 사회에 현실적으로 존재하던 하극상의 낭위성을 인식하였다. 원래 주자학적 定理論(定分論)은 사회적 신분질서를 고정화하려는 논리였으며, 양명학에서는 원리적으로는 '分'의 타파와 그에 따른 四民平等論을 전개하면서도 현실적으로는 才質에 따른 사회적 계층질서를 부정하지 않았다. 그러나 心隱에 이르러 계층 사이의 신분이동은 인정의 자연스런 욕구로 받아들여지면서 이를 정당화하게 되었다.

인간 욕망에 대한 긍정은 양명학 좌파 사상의 특징 가운데 하나다. 주자학에서는 인간의 본성을 天理로 보기 때문에 天理를 善, 人欲을 惡으로 구분하였음에 반하여, 양명학 좌파를 여는 하나의 계기가 되었던 龍溪의 四無說은 心(良知)의 본체를 無善無惡으로 보았다. 그러나 龍溪는 인간의 욕망에 대한 구체적 언급은 하지 않은 채 '生'이니 '生生', '生機'니 '活潑潑地'니 하여 인간의 자연적 측면을 강조하고 있다. 이러한 형이하학적 자연의 성질은 鹽丁 출신이었던 心齊의 '백성의 日用'과 다른 것이 아니다. 이들의 학문을 종합적으로 이어받은 泰州派의 顏山農은 "사람이 財色을 좋아함은 모두 性에서 나온다" 하여 인간의 욕망을 적극적으로 긍정하고 나섰으며,

이것은 何心隱의 宋儒의 無欲說 비판을 거쳐 李卓吾의 童心說을 낳았다. "옷을 입고 밥을 먹는 것은 人倫物理이다"[124]라는 卓吾의 유명한 말도 거기에 그 연원이 있다. 물론 그 궁극적 연원은 양명의 良知說이다. 양명도 주자와 마찬가지로 '存天理去人欲'을 주장하였지만, 이미 四句教에서 보았던 것처럼 그가 명교적 입장에 서면서도 心(良知)의 본체를 無善無惡으로 보는 龍溪의 주장을 부정하지 않았던 점을 떠올릴 필요가 있다.

黃宗義는 이른바 명교의 죄인으로서 명교 측으로부터 처벌받은 何心隱·李卓吾, 두 사람 중 후자를 제외하고 전자까지만 《泰州學案》에 수록하면서 "心隱의 學은 영향이 땅에 떨어지지 않았다"고 말하였다. 이것은 心隱의 學이 淮南格物의 이론을 발전적으로 이어받았음을 인정했기 때문이다.

그러나 李卓吾에 대해서는, 동심설을 바탕으로 한 三敎一致說, 반유교적 역사비평 등 이 계통의 사상을 더욱 극단적으로 전개시켜 이단으로 떨어졌다고 규정, 그를 아예 '明儒'의 대열에서 제외시키고 말았다.

黃宗義는 泰州派에 대해 불만을 가지고 있으면서도 그 장점은 과감히 수용하였다. 예컨대 《明夷待訪錄》의 서두에서,

> 인류의 역사가 시작될 때에는 인간은 각기 私와 利를 추구하여, 천하에 公利가 있어도 이를 일으킬 줄 모르고 公害가 있어도 이를 없애지 않았다.[125]

라고 말하여 인간의 욕망을 적극적으로 긍정하고 있다. 욕망은 인지상정이지만 정치적 사회적 지도자인 사대부만은 관료가 된 뒤에는 帝王의 師友가 되어 公人으로서 자기 희생적 봉사를 아끼지 말아야 한다는 것이다. 이처럼 《명이대방록》의 정치세계는 사대부 천하였으며[126] 이는 淮南格物說을 비롯하여, 강렬한 사대부의식의 직접적 수용이라 할 수 있다.

(《講座中國史》 IV, 서울大東洋史學研究室 編, 지식산업사, 1989)

---

124) 《何心隱集》 卷 1, 答鄧石陽 ; 溝口雄三, 《儒學史》, pp.114~115 참조.

125) 《明夷待訪錄》, 〈原君〉.

126) 졸고, 〈明夷待訪錄에 보이는 職分論 ─ 宋代 이래 位分觀의 變遷上에서 본〉(《東洋史學研究》 10, 1976) 참조.

제 2 장
陽明學의 無善無惡說과 명말의 頓·漸논의

1. 머리말

중국 불교사에서 唐代가 황금시대였음에 비해 宋·明代에는 점차 쇠미해진다는 것이 일반적 견해이다. 宋代에 이르러 사대부계층의 대두로 말미암아 程朱學이 발달하기 시작함으로써 불교가 상대적으로 위축된 것은 사실이다.

그러나 宋代의 유학은 불교의 영향을 강하게 받으면서 성립, 전개되었기 때문에 불교의 가치는 상당부분 宋學에 살아남았다. 특히 陸象山이 주창한 心學(心卽理)은 그러한 경향이 더욱 뚜렷하였는데, 체제이념이었던 性理學의 그늘에서 위축되다가 명 중기 이후부터 陽明學이 이를 이어받아 천하를 풍미하게 되었다. '心卽理'가 불교적 명제라는 사실은 두말할 필요도 없다. 말하자면 陸王學은 불교적 요소를 다분히 내포하고 있었기 때문에 성리학자들은 陽明學을 內儒外佛이라 비난하였으며, 사실상 그 禪的요소를 여러 가지 점에서 지적할 수도 있었다. 無善無惡說이나 頓悟·漸修說이 그 대표적 예에 속한다고 할 것이다.

이 글에서는 陽明의 四句教法 가운데 첫 귀절인 無善無惡說과 그것에 대한 제자들의 서로 다른 해석, 그리고 그 해석과 관련된 頓悟·漸修 논쟁이 일어나면서 陽明學의 左·右분파가 생기게 되는 과정을 살펴보려 한다.

그리고 無善無惡說과 頓·漸 논쟁은 明末의 학술 사상계에서 어떠한 양상으로 전개되었는가 하는 문제의 시각에서 東林學派와 당시의 대표적 禪師들의 그에 대한 관심을 살펴보려 한다. 동림파는 新朱子學을 표방한 점에서 뚜렷한 사상적 영역을 갖고 있었으며, 禪師들 역시 마찬가지이다. 그들이 양명학의 無善無惡說과 그 左·右派의 頓·漸 논의에 대하여 어떠한 입장을 취하고 있었는가 하는 문제를 추적하는 일은 明末 사상계의 분위기와 그 실상을 이해하는 데 도움이 될 것이다. 특히 頓悟本體說과 漸修工夫說이 원래 불교 용어이기 때문에 명말 불교계의 그것에 대한 견해를 알아보는 일은 당시 불교계의 사상적 경향과 그 성격을 이해하는 데도 유익하리라 생각한다.

2. 양명학의 四句敎와 左·右分派

1) 四句敎法의 頓·漸 절충론

"心은 곧 理이다"(心卽理)라는 사실을 깨닫기까지 陽明의 학문적 편력은 길었다. 가정적으로나 사회적으로 철저한 주자학적 분위기 속에서 자랐던 까닭에 그는 그 학문의 요체인 格物致知說을 체득해 보려 필사적인 노력을 기울였다. 뜰 앞에 있는 대나무를 대상으로 그 理를 格物하는 공부에 7주야를 전념하였으나, 결국 뜻을 이루지 못한 채 병을 얻고 말았다.[1]

그 뒤 그는 鄕試에 합격하고 다시 進士가 되었으나, 학문적 호기심은 갈수록 왕성하여 어떤 때에는 詩文에 심취하는가 하면, 때로는 道人術에 빠지는 등 다양한 편력이 계속되었다. 正德 元年(1506), 그는 환관 劉瑾의 亂政에 대한 관료들의 반대운동에 가담하였다가 貴州省 龍場의 驛丞으로 유배당하여 지방 토인들과 함께 야만적 생활을 하기에 이르렀다. 이때 양명은 만약 성인이 이런 처지를 당하였더라면 어떻게 처신하였을까를 생각하면서 성인이 될 공부를 시작하였다. 밤낮을 가리지 않고 정좌하여 명상하

---

1) 《傳習錄》 下, 118(숫자 표시는 山本正一, 《傳習錄》 譯註本에 따름).

던 어느 날 밤 홀연히 "聖人의 道가 悟性에 自足하니 따로 사물에서 理를
구함은 잘못이다"[2]라고 크게 깨달아 마침내 朱子의 格物說과 결별하였다.
이를 '龍場의 悟'라 한다. 실로 오랜 학문적 편력과 각고의 노력으로 얻어
진 결실인 동시에 陽明學의 성립을 알리는 신호였다.

心學에서는 '心外無物'을 강조하여 '心' 밖에서 진리를 구는 것은 이단이
라고까지 극언한다. 양명의 '龍場의 悟'도 '心'을 깨달은 것이지 '物'을 깨달
은 것은 아니다. 이 경우 〈大學〉의 格物의 '物'은 곧 '心'에 불과한 것으로
서 주자학적 格物解와는 근본적으로 다른 것이다.[3] 이 같은 논리에서 출발
한 양명학은 가르치는 방법 또한 心法을 따르지 않을 수 없다.

양명의 四句教法은[4] 다음과 같다.

> 善도 없고 惡도 없는 것은 마음의 본체요(無善無惡心之體), 善이 있고 惡이
> 있는 것은 意의 動이요(有善有惡意之動), 善을 알고 惡을 아는 것 이것이 良
> 知요(知善知惡是良知), 善을 하고 惡을 버리는 것 이것이 格物이다(爲善去惡
> 是格物).

특히 그 첫 구절, 다시 말해 무선무악이 心의 體라는 명제는 바로 무선
무악설로써 명말 학술 사상계의 一大公案으로 커다란 파문을 불러일으켰
거니와, 양명의 생존 당시에 이미 그 제자들에 의해 학설상의 쟁점이 되었
다는 점은 유의할 필요가 있다.[5] 논쟁의 주역은 양명의 수제자인 王畿와
錢德洪으로서 그들은 평소에도 四句教에 대한 의견일치를 보지 못하다가,
그 스승이 죽기 일년 전 이 문제로 토론을 벌이게 되었다.

錢德洪은 호를 緒山이라 하고, 王畿는 龍溪라 하였는데, 둘 다 浙江 사
람으로 錢은 餘姚, 王은 山陰 사람이었다. 둘은 벼슬도 함께 하였고, 뒤에

---

2) 《陽明全書》, 〈年譜〉 3, 武宗 正德 2年 戊辰條 ; 黃綰, 《陽明先生行狀》 ; 《明史》 卷
 195, 本傳 ; 《明儒學案》 卷 10, 〈姚江學案〉.
3) 졸고, 〈陽明學의 성립과 발전〉(《講座中國史》 Ⅳ, 〈帝國秩序의 完成〉), pp.53~57.
4) 《傳習錄》 下, 115 ; 《陽明全書》, 〈年譜〉 3, 嘉靖 6년 丁亥條 ; 《王龍溪先生全集》 卷
 1, 〈天泉證道紀〉(이하 〈天泉證道紀〉라 함).
5) 졸고, 〈天泉證道紀와 東林學派〉(《東國史學》 8) 참조.

모두 양명의 제자가 되어 양명학의 전파에도 공헌하였으나, 학문 방법에
는 차이가 있었다. 바로 四句敎에 대한 논쟁에서 견해의 차이를 읽을 수
있다.

緖山은,

> 心의 本體는 天命의 性이어서 원래 착하지도 않고 악하지도 않다. 그러나
> 단지 인간에게는 쬡心이 있어서 意念이 일어날 때 善과 惡이 따라서 생기게
> 되므로 格物·致知·誠意·正心·修身은 그 性體를 회복하는 공부이다. 본래 善
> 과 惡이 없더라도 공부 역시 가벼이 할 것이 아니다.[6]

라고 생각, 心體는 無善無惡한 것이지만 意念이 일어날 때에는 善惡이 생
기므로 이를 제거하는 공부가 필요하여, 때문에 양명선생이 사구교법을
세우게 된 것이라고 주장하였다. 이에 대하여 용계는 아래와 같이 반론을
제기한다.

> 그것은 절대적 敎法은 아니다. 心體가 無善無惡이라면 意 또한 無善無惡의
> 意가 아닐 수 없고, 知도 無善無惡의 知가 아닐 수 없으며, 物도 無善無惡의
> 物이 되는 것이니 만약 意에 善과 惡이 있다면 필경 心體에도 善과 惡이 없을
> 수 없는 것이다.[7]

心의 本體가 無善無惡한 것인 이상 意·知·物도 역시 無善無惡일 수밖에
없다는 것이다. 따라서 선생의 사구교법은 절대적인 것이 아니라 어디까
지나 편법에 불과하다는 것이다.

양명의 사구교에 대한 두 사람의 이 같은 견해 차이로 그들은 결국 스승
의 고견을 직접 듣기로 하고 天泉橋에 자리를 마련하였다. 양명은,

> 자네들의 견해는 서로 돕고 보탬이 되어야 할 것이니 어느 한편에 치우치
> 면 안 된다. 내가 사람을 접하면서 원래 이 두 가지 방법을 썼다. 利根人은 바

---

6) 《天泉證道紀》 참조.
7) 위와 같음.

로 本源으로 좇아 깨달으니 人心의 本體가 본래 明瑩 無滯한 것이며, 본래 未
發之中이기 때문에 利根人은 本體가 공부임을 깨닫기만 하면 남과 나, 안과
밖이 일제히 투명이 된다. 그 다음은 習心이 없을 수 없어 本體가 가리우기
쉬우므로 가르침도 또한 착실히 爲善去惡하는 意念에 둔다. 그러한 공부가
이루어진 뒤에야 남은 찌꺼기조차 없어져 本體도 역시 밝게 된다. 汝中의 견
해는 내가 利根人을 접하는 방법이고, 德洪의 견해는 그 다음 사람을 접하는
방법이니 두 사람이 서로 장점을 취하고 단점을 버리면 上·中·下根人이 다
같이 入道할 수 있을 것이다. 만약 서로 한쪽만 고집한다면 당장 사람을 잃게
되고 道體에 미진함이 있을 것이다.[8]

라고 하여, 서산의 '사유설'과 용계의 '사무설'이 갖는 서로 다른 논리[9]를
모두 인정하면서 그 절충을 시도하고 있다.

頓悟·漸修說이 원래 불교의 수양법이라는 것은 알려진 사실이다, 그 경
전상의 근거는 《楞嚴經》 卷 10에 "理는 頓悟, 事는 漸修"라 한 데 있으며,
唐代의 화엄학자 圭峯宗密이 《圓覺經》을 주역할 때, 이를 인용한 이후부
터 敎界에 문제가 된 것이었다. 宗密의 돈점론은 心의 本體에의 직접적 參
入을 주로 하고, 여기에 개별적 수행을 쌓아가는 방법, 다시 말하면 돈오
로 한꺼번에 문제가 해결되는 것이 아니고, 지속적으로 몸에 젖어 있는 번
뇌의 찌꺼기를 털어내기 위해 점차 수련을 쌓아가야 한다는 것이다.[10] 그
런데 원래 돈오의 본령은 禪이고, 漸修工夫는 敎的 수행방법이므로 圭峯
의 돈점론은 禪敎一致論의 단초를 열었다고 말할 수 있다. 그 뒤 延壽와
子璿도 宗密의 철학을 수용, 禪佛敎의 유행에 따른 頓悟萬能主義에 대해
점수공부를 제창하여 그 유행에 제동을 걸고자 하였다. 그러나 唐末은 물
론 宋代에 들어서도 禪風이 성행하는 상황에서 돈오주의는 여전히 인기가
있었으며, 점수공부는 교계 일각에서 주목을 받는 데 그칠 뿐, 전반적 관
심을 끌지는 못하였다.[11]

---

8) 위와 같음.
9) 《王龍溪先生全集》에서는 양자의 주장을 '四無說'과 '四有說'이라 말하고 있으며,
   그 이후의 학자들도 이를 답습하고 있다.
10) 荒木見悟, 《佛敎と儒敎》(京都, 1972), pp.109~128.

그런데 南宋代 理學의 발달로 주자와 육상산이 나와 각각 성즉리와 심즉리설을 제기, 서로 대립하면서 서로의 학문방법도 차이를 나타내게 되었다. 다시 말해 그들은 《中庸》에 나오는 尊德性과 道問學에 대한 비중을 각기 달리하였다.[12] 주자는 格物致知에 대한 해석에서 理가 事事物物에 존재하기 때문에 그 이치를 알기(致知) 위해서는 博學審問해야 한다는 道問學의 입장이었음에 반해, 상산은 理가 一草一木에 내재하는 것이 아니라 心 그 자체이기 때문에 德性(心)을 함양하면 곧 致知할 수 있다는 尊德性의 입장을 강조하였다. 주자의 입장은 格物하는 공부를 계속하다 보면 하루아침에 割然히 관통하는 悟의 경지를 얻게 된다는 아래에서부터의 방법임에 반해, 상산은 心이 곧 理이기 때문에 이를 깨닫기만 하면(致知) 학문도 거기에 따르게 된다는 위에서부터의 방법이다.[13] 이를 불교의 돈·점론에 대입하면 상산은 돈오, 주자는 점수를 강조했다는 사실을 알 수 있을 뿐 아니라, '道問學'과 '尊德性'에 관한 그들의 설명이 다분히 불교적 색채를 띠고 있다는 점 또한 쉽게 이해할 수 있다. 불교의 돈·점 논의는 그것이 成佛하는 방법으로 중요했던 것과 마찬가지로, 宋代의 사대부학에서는 성인이 되기 위하여 주자의 工夫論的 방법을 따를 것인지, 아니면 상산의 本體論的 방법을 따를 것인지가 중요한 문제였다.

양명은 어디까지나 名敎的 입장에서 성인이 되기 위한 노력의 결과로 '龍場의 悟'를 얻었던 것이니 이는 분명히 상산의 본체론을 이어받은 것이며, 사구교의 무선설 또한 돈오설에 연결되는 것이다. 이같이 그는 기본적으로 용계의 四無說에 서면서도 그것이 낳을 사회적 폐단을 염려한 나머지 四有說의 필요성을 다음과 같이 강조한다. 다시 말해,

이 두 가지 교법은 원래 철저한 工夫이지만 利根人을 만나기 어렵다. 本體와 工夫를 한꺼번에 깨닫는 것은 顏子나 명도도 당하기 어려운 것이니 어찌 쉽게 (그런 사람을) 구할 수 있겠는가. 인간에게는 習心이 있으니 남을 가르

---

11) 荒木見悟, 《佛敎と陽明學》(東京, 1979), 13章 〈頓悟漸修の實踐論〉.
12) 《象山全集》 卷 34.
13) 島田虔次, 《中國近世の主觀唯心論について》(《東方學報》 28冊, 京都), p.22.

칠 때 良知上에서 실제로 爲善去惡하는 공부를 하지 않으면 허망한 本體에
걸려서 모든 일이 착실하지 못하여 하나의 虛寂을 기르게 될 뿐이니 그 病痛
이 적지 않을 것이다.[14]

고 하여 圭峯 宗密의 禪敎一致論的 절충법을 주장하였다. 그러나 문제는
그렇게 간단한 것이 아니었다. 양명이 죽은 뒤에도 심각한 논란이 계속되
었으니, 그것은 양명학의 명교적 성격문제와 관계가 있기 때문이었다.

2) 四無·四有說의 대립과 左·右分派

陽明의 頓·漸論의 절충 또는 조화 시도에도 불구하고 錢緖山과 王龍溪
의 서로 다른 주장은 계속 이어져 陽明學 左·右派의 분기점을 이루게 된
다.[15] 다시 그들의 주장을 살펴보자. 緖山은 언제나 敎人의 방법을 양명의
'大學問'의 정신에서 구하려 하여,

> 과거 선생께서 立敎하실 때 誠意를 人學의 요지로 삼고, 致知 格物을 誠
> 意의 工夫로 삼으셨기 때문에 제자들이 이에 따라 입문하여 用功할 곳을 얻
> 었다.[16]

고 하여, 양명의 제자는 누구나 良知를 믿지만 良知를 이루기 위해서는(致
良知) 意를 誠하게 해야 하고, 意를 誠하게 하기 위해서는 致知 格物의 工
夫가 필요하다고 주장하였다. 용계는 이와는 반대로,

> 선천적인 心體, 그 자체는 意의 動하는 바가 없어 善치 않음이 없으며, 世
> 情嗜欲의 間雜함이 있어 致知工夫가 갈수록 번잡해진다.[17]

---

14) 《天泉證道紀》참조.
15) 물론 天泉證道가 陽明學의 左·右分派를 형성시킨 결정적 계기라고는 말할 수
    없다. 그러나 이것이 明末 사상계에 一大公案이 되었다는 사실을 감안하더라도
    左·右分派를 이루게 된 중요한 계기가 되었음은 사실이다.
16) 《明儒學案》卷 12, 員外錢緖山先生德洪,〈會語〉.
17) 《明儒學案》卷 12, 郎中王龍溪先生畿,〈語錄〉;《王龍溪先生全集》卷 1, 三山麗
    澤錄.

라고 하여, 心體가 無善無惡이며 良知가 본래 투명한 것이므로 애써 格物의 功을 구할 것이 아니라 이미 도달한 경계, 다시 말해 本體만 바로 깨달으면 된다고 주장하며 工夫論을 배격하였다. 그러나 그가 緒山의 四有說을 완전히 무시한 것은 아니다. 어느 때는 "智는 頓悟요, 行은 漸修다"[18]고 말하여, 《楞嚴經》의 "理는 頓悟, 事는 漸修"라는, 事와 行을 점진적으로 개선하는, 경험적 방법을 무시하지는 않았다. 그는 양명의 돈·점 절충적 교법을 충분히 이해하고 있기는 하였다. 그러면서도 그는 언제나 四無說이 최선의 교법임을 믿어 의심치 않았다. 그는 悟의 法을 다음과 같이 설명하였다. 그는,

> 君子의 學은 悟를 얻음에서 귀한 것이니 悟門이 열리지 않으면 學을 徵할 수 없다. 入悟에는 세 가지 방법이 있으니 언어를 좇아 들어가는 것, 정좌로 좇아 들어가는 것, 人情과 事變을 좇아 들어가는 것이 있다. 말에서 얻는 것을 解悟라 하니 解發印正하여 言詮을 떠날 수 없으므로 문 밖의 보물에 비할 수 있을 것이니 家珍이 아니다. 정좌에서 얻는 것을 證悟라 하니 收攝保聚하여 境에 기다림이 있어야 하므로 비유하건대, 濁根이 아직 남아있기 때문에 풍파를 만나면 혼탁하기 쉽다. 연습을 통하여 얻는 것은 徹悟라 하니 닦고 단련하여 좌우로 근원을 만나므로 비유컨대, 湛體가 冷然하고 본래 晶瑩하니 흔들면 흔들수록 더욱 凝寂하여 가히 澄도 淆도 없는 것이다.[19]

라고 하여 人情 事變을 따라 깨치는, 이른바 徹悟를 으뜸으로 꼽는다. 徹悟는 말하자면 경험적 방법에 따른 깨달음으로서, 이는 陽明學的 良知의 動的 성격을 잘 대변하는 것이다. 그러나 용계의 바로 이러한 悟의 강조는 자칫 성인이나 경전까지도 부정하게 되는 반명교적 경향으로 흐르게 될 위험성을 내포하고 있었다. 그는,

> 道는 人心에 있다. 六經은 우리 마음의 註脚이어서 秦始皇의 焚書를 겪고서도 우리 마음의 온전한 經은 없어지지 않았다.[20]

---

18) 《王龍溪先生全集》 卷 12, 答程方峯.
19) 《王龍溪先生全集》 卷 17, 悟說.

고 하여, 상산 이래의 心學에서 儒教經典을 마음의 설명서로 보는 전통을 이어받고 있다. 양명학의 양지설은 宋代 이래의 심즉리설의 계통에서는 학문적 체계를 가장 잘 갖추었을 뿐 아니라, 心의 특성도 잘 발휘하고 있다. 특히 左派를 연 용계와 심제[21]의 경우가 더욱 그러하다. 용계는 "無善無惡한 心의 本體를 良知"[22]라 하고 "良知야말로 性體自然의 覺"[23]이라 하여 良知를 우주의 근원일 뿐 아니라, 그 성질은 "일체 말래야 말 수 없는 生機"[24]로서 순간 순간에 理를 창조하는 순발력을 지닌 것으로 보았다. 그러한 良知는 언제나 현재성을 지니고 있기 때문에 용계는 이를 現成良知라 부르는데, 現成良知는 현재 그대로 완전하기 때문에 따로 공부를 할 필요 없이 그 기능을 충분히 발휘할 수 있다는 것이다.

이러한 용계의 四無說과 現成良知說은 서로 표리관계를 이루는 것으로서 性理學的 시각에서 보면 이단적이라는 비판을 면하기 어렵다. 사실 그가 강조하는 現成良知의 모든 대립을 뛰어넘는 초월적 성격은 儒·佛·道 3教의 대립적 장벽도 초월한 잠재력을 갖고 있다.

그는 불교와 도교에 대하여,

二氏의 學은 우리의 儒와 다르다. 그러나 우리 儒와 함께 전승되어 없어지지 아니한 까닭은 거기에도 道가 있음이니, 모두 心을 가졌기 때문.[25]

이라고 하여 三教가 모두 心學的 공통성을 지니고 있다고 주장했다. 그러나 유학은 體와 用을 겸비하고 있음에 반하여 二氏의 學이 體만 갖추고 用을 갖추지 못하고 있다고 그 차이를 지적한다. 다시 말해 그는,

우리 儒에서 말하는 良知는 불교에서 말하는 覺, 老子에서 말하는 玄으로

---

20) 《王龍溪先生全集》 卷 1, 撫州擬峴台會語.
21) 稽文甫, 〈左派王學〉(《稽文甫文集》 上, 河南, 1985).
22) 《王龍溪先生全集》 卷 7, 南游會紀.
23) 《王龍溪先生全集》 卷 6, 致知議辨.
24) 《王龍溪先生全集》 卷 4, 留都會紀.
25) 《王龍溪先生全集》 卷 7, 南游會紀.

각각 뜻에 중점을 두는 바는 있으나 작용이 다르다. 대개 우리 儒는 經世를
주로 하지만 二氏는 出世를 주로 한다.[26]

고 하여, 佛·老가 非世間法임에 반하여 儒는 世間法이라는 名敎的 전통 논
리를 따르고 있다. 그러면서도 良知만은 儒의 전유물이 아니고 儒를 儒답
게 하고 佛을 佛답게 하며, 道를 道답게 하는 초월적이며 절대적 根源體임
을 강조하고 있다. 이러한 그의 良知에 대한 확신은 "선생의 良知의 學이
야말로 三敎의 핵심"[27]이라고 추앙될 정도였다. 사실 용계의 삼교관은 양
명의 그것을 이어받은 것에 불과하다. 일찍이 양명도,

> 二氏의 用은 우리 모두의 用이다. …… 성인은 천지만물과 同體로서 儒·佛·
> 老·莊도 모두 우리의 用이기 때문에 이를 大道라 하며, 二氏는 그 몸을 自私
> 하므로 이를 小道라 한다.[28]

고 말하였다. 다시 말해 儒와 佛·老는 用의 質은 마찬가지지만 量의 大小
에 차이가 있을 뿐이라는 것이다. 양명은 자신의 무선무악설에 대해서도
불교의 그것과 구별하여 다음과 같이 설명한다. 즉,

> 佛氏의 無善無惡이란 일체 管涉하지 않는 것이어서 가히 천하를 다스릴 수
> 없고, 성인의 無善無惡은 단지 作好함도 없으며 氣에 움직이지도 않는다. 그
> 러나 왕도를 받들어 그 지극함이 있게 되면 문득 스스로 天理에 따르고 문득
> 裁成과 轉相함이 있게 된다.[29]

고 하여, 佛家의 無善無惡은 經世的 用의 성격이 약한 데 비해 儒家의 그
것은 자연 그대로이면서도 질서 裁制의 道에 합치한다는 것이다. 이러한
주장은 일반적으로 儒家의 상투적 주장이라고 말할 수도 있으나 양명의
양지설과 이를 신봉하여 現成良知論으로 발전시킨 용계의 경우에서는 아

---

26) 《王龍溪先生全集》 卷 10, 與李中溪.
27) 《王龍溪先生全集》 卷 1, 復陽堂會語.
28) 《陽明全書》, 〈年譜〉 3, 嘉靖 2년 癸未條.
29) 《傳習錄》 上, 101.

무리 名教的 입장을 강조한다 하여도 위험을 내포하고 있는 것이었다.

그들의 名教的 입장은 어디까지나 佛·老를 포용하는 三教合一的 경향을 뚜렷이 보이고 있었기 때문이다. 유교경전을 心의 脚註라 하면 佛·老의 경전도 마찬가지 마음의 해설서가 되는 것이며, 良知를 갖춘 모든 사람이 성인일진대 孔子·釋·老가 모두 성인이 아닐 수 없는 것이다. 그들의 聖人觀·經典觀이 이같이 名教的 안목에서부터 현저히 변질되었는데 그럼에도 전통적 名教의 입장을 고집할 수 있겠는가? 陽明의 無善無惡說은 龍溪에 와서 四無說로 발전하였으며, 四無說과 함께 그의 現成良知說은 이제 三教의 성인과 경전 사이를 더 자유롭게 출입할 수 있게 하였다. 三教 사이에 있는 대립적인 벽을 뛰어넘을 수 있는 원동력은 良知의 순발력 있는 動的 성격, 말래야 말 수 없는 生機, 三教를 출입하고 초월하며 또한 포섭하는 心의 生機, 그것이었다. 그리고 그 良知를 이루고 전파하는 교법은 無善無惡, 頓悟·漸修라는 心學的 수양법이었으니 그들이 아무리 스스로의 名教的 입장을 강조하였다 하더라도, 이른바 二氏를 이단이라고 규정하는 다른 名教者들의 공격을 피할 수는 없었다. 더구나 明末 心學末流의 폐단이 학술 사상계에 "심각한 오염을 끼치고 있는" 상황에서는 그러한 논란이 더 커질 수밖에 없었다.

3. 명말 학술계의 頓·漸論議

1) 동림학파의 漸修工夫論

15~16세기 중국은 정치, 경제, 사상적 변화가 뚜렷하여 대외적으로는 土木堡事變 이래 북방이 불안하였고, 대내적으로는 어리고 무능한 군주가 나와 정치가 어지러웠다. 皇室貴戚의 莊田이 확대되고 관료지주의 수탈이 거듭되는 한편, 상품 화폐경제가 발달하면서 稅·役의 銀納化 경향이 촉진되어 계층의 분화 또한 가속화되었다. 이러한 변화는 곧 里甲制의 해체과정으로서, 이에 따라 유민이 발생하고 농민반란이 빈발하는 등 여러 모순은 明末에 이르러서도 계속 심화되었다. 정치적으로는 正德朝의 정치적

공백기를 거치면서 嘉靖 초기부터 문호가 점차 열리기 시작하여 萬曆 이후는 東林党議, 환관의 발호로 정치가 크게 문란하였으며, 군사적으로도 南倭 北虜의 위협으로 정치적 불안이 더욱 깊어졌다.[30]

이 같은 정치, 사회, 경제적 변화는 학술 사상계에도 큰 영향을 끼쳤다. 宋代에 성립된 性理學과 상산의 心學이 대립하는 과정에서, 주자학이 군주전제지배체제를 이론적으로 뒷받침하여 官學의 지위를 차지함으로써 心學이 상대적으로 위축되었다. 특히 明의 창업군주들은 體制敎學인 성리학을 일방적으로 강요하였다. 그러나 明 중기 이후에 사회경제적 변화로 道學的 理, 官學的 理는 대응력을 잃었으며, 이에 따라 단순화한 理의 지루함과 뼈대만 남은 義의 경직성은 변혁기의 人心에 적응하지 못하였다. 그 결과 새로운 원리, 새로운 사상의 출현에 대한 기대가 무르익었으며, 그러한 기대에 부응하여 양명의 심학, 양지설이 나왔다.[31]

그러나 양명학도 左·右派로 분화된 이후 左派의 反名敎的 흐름으로 體制敎學측의 심각한 우려와 비판을 불러왔다. 東林學派 지도자의 한 사람인 高攀龍은 당시 학술계를 평하기를,

> 지금 그 폐단을 보니 처음에는 心을 밝힌다면서 聞見을 일소하고, 끝내는 心에 맡겨 학문을 없애니 이에 詩·文·禮·樂이 가볍게 되어 士가 實悟를 중히 여기지 않고, 처음에는 空念으로 善惡을 일소하고, 끝내는 空에 맡겨 行을 폐지하니 이에 名節 忠義가 가볍게 되어 士가 實修를 중히 여기지 않는다.[32]

고 하여 양명학 말류가 任心 任空하여 학문을 등한시하고, 禮敎的 행실을 돌보지 않는다고 탄식하고 있다. 東林派는 萬曆연간에 정치적으로는 張居正의 전권정치와 황실 및 勳貴 환관 등의 무도한 정치세력에 항거하면서, 다른 한편으로는 양명학 말류의 반예교적 학행에 대해 비판의 소리를 높였다. 그들은 사회 경제적으로는 중소지주층에 속하여 당시 정부와 대지

---

30) 吳金成, 〈明末 清初의 社會變化〉(《講座中國史》 Ⅳ 所收), pp.92~102.
31) 졸고, 〈陽明學의 成立과 發展〉(《講座中國史》 Ⅳ 所收), pp.60~64.
32) 《高子遺書》 卷 9上, 崇文會語序.

주들의 중앙집권적 정책수행과 그들의 수탈로 말미암아 위기의식이 고조
되고 있던 상황이었다.[33] 이러한 여러 악조건에 처한 신진관료 출신인 그
들은 東林(江蘇省 常州府 無錫縣)에 書院을 세우고 이곳을 중심으로 정치
비판과 학술계의 名敎的 整風運動을 전개하였다. 그들은 당시 상황을 '天
崩地陷'이라 표현하면서[34] 잘못된 정치와 학술을 바로잡아야 할 사대부로
서의 책임을 통감하였다. 동림서원의 창시자 顧憲成은 인근의 학자들을
모아 무선무악설을 비판하였다. 그는,

> 무릇 四無之說은 本體를 말함인데 陽明이 이를 上根人을 가르치기 위한 敎
> 法이라 하지만 識者는 그 毒에 감열될 것이며, 四有之說은 工夫를 주로 함이
> 니 陽明이 곧 이를 中·下根人을 위한 敎法이라고 말하지만 昧者는 드디어 外
> 道에 빠질 것이다.[35]

라고 하여 무선무악설에 근거한 四無說과 四有說 모두를 비판하였다. 顧
憲成을 중심으로 하는 동림학에서의 무선무악에 대한 비판은 하나의 커다
란 과제였다. 그들은 아직 동림서원이 세워지기 전에 양명학 세통의 三敎
合一論者 管東溟을 초청하여 무선무악설에 대한 토론회를 거행한 바 있으
며,[36] 서원 건설 뒤에는 서원의 院規에 그 토론 내용을 올려놓고 그 辨駁을
과제의 하나로 삼았다.[37] 어쨌든 그들은 무선무악설과 여기에 기초를 둔
四無·四有說 모두를 비판하면서도 그 실질적인 공격의 화살은 前者에 두
고 있었다.

다시 말해 그들은,

---

33) 졸고, 〈明代東林派의 硏究〉(《歷史學報》 29, 1965), pp.123~133 ; 〈明末 淸初의
   東林 復社運動〉(《明末 淸初社會의 照明》, 한울, 1990), pp.51~56.
34) 《明儒學案》 卷 60, 〈東林學案〉 3. 主事顧涇凡先生允成 ; 顧憲成, 《涇皐藏稿》 卷
   22, 先弟李時述.
35) 《高子遺書》 卷 11, 顧涇陽先生行狀.
36) 졸고, 〈明代 東林派의 硏究〉(《歷史學報》 29, 1965), p.127 ; Heinrich Busch,
   "The Tung-Lin Academy and It's political and philosophical Significance,"
   Monument a Serica, vol. XIV(1949~1955), p.35.
37) 《東林書院志》 卷 2, 院規 〈四要〉.

　　하나의 虛寂을 제기해 놓고 다시 그 허적을 양산할까 두려워 거듭 경계하
　고 부탁하며 그(陽明)가 이것(四無說)은 衆人을 위한 설법이지 吾輩를 위한
　설법이 아니라 말하더라도 누가 이를 수긍하겠는가. 무슨 까닭이냐? 위를 좋
　아하고 아래를 싫어하며, 쉬운 것을 즐기고 어려운 것을 피하는 것, 대저 人情
　은 그러한 것이거늘 좋아할 것을 던져놓고 다시 싫어할 것을 강요하며 즐길
　것을 던져놓고 다시 어려운 것을 하라 하면 반드시 하지 않을 것이다. 때문에
　오직 위(本體) 一語를 잡고서 아래(工夫) 一語를 소홀히 하지 않으려 해도 할
　수 없게 되는 것이다.[38]

라고 하여, 무선무악설이 불교의 虛寂思想에 근거하고 있다고 말하며, 四
句敎法이 총명한 上根人과 우매한 中·下根人을 구분하여 적절히 가르칠
수 있다는 양명의 논리에 문제가 있다고 지적한다. 말하자면 아무리 우매
한 자라도 本體論과 修養論이라는 두 가지 방법을 제시하였을 경우, 스스
로 中·下根人으로 자처하여 어려운 방법을 택할 리가 없다는 것이다. 사실
良知說의 주관주의적인 성격은 많은 문제를 가지고 있다. 모든 사람은 良
知·良能을 타고났기 때문에 "길거리에 가득한 사람은 모두 성인"[39]이라는
양명의 주장은 용계와 같은 좌파 사상가, 특히 何心隱·李卓吾와 같은 극단
론자에 이르러서는 이른바 책을 덮어 공부를 게을리 하고 狂을 칭송하며
마음 내키는 대로 행한다는 비판이 따르게 되었다. 수도에 首善書院을 세
워 東林書院과 상호동지적 관계를 유지했던 憑從吾도,

　　일체를 無心之說에 돌려 心體가 본래 空이라 하고, 無利無義 無善無惡한
　것이 그 本體라 하여 굳이 利心에 따르지 말고 義心에 따르지도 말며, 또 義
　心에 따르지 말지도 말라고 한다. 惡한 짓을 할 생각을 말고 善을 행할 생각
　도 말며 또 善을 행할 생각을 말지도 말아서 모두 無心에 돌려야 本體에 합한
　다 하니, 이렇게 되면 비록 고명한 자라 하더라도 그 잘못을 알지 못하게 될
　것이다. …… 오늘날 (無心) 운운하는 자는 小人이요, 부끄러움을 모르는 자들
　이다.[40]

---

38) 《高子遺書》 卷 11, 顧涇陽先生行狀.
39) 《傳習錄》 上, 99.
40) 《明儒學案》 卷 41, 恭定憑少虛先生從吾.

라고 하여 양명학 좌파를 소인배라고 몰아 붙이고 있다. 사실 양명 좌파를
극단적으로 발전시킨 李卓吾는 反名敎的 言說을 일삼아 체제 측으로부터
는 배척받는 인물이었다. 그는 名敎 측의 모든 이론 근거가 되는 '公' 대신
'私'를 강조하여 "私가 없으면 心이 없다"[41]고까지 극언, 전통적 윤리도덕
에 도전하였기 때문에 惑世誣民한다는 지탄을 받았다. 東林學派 지도자
가운데 한 사람인 史孟麟은 李卓吾의 當下觀에 대해,

  李卓吾가 日門에서 心學을 강론할 때 오로지 當下自然으로서 후학을 가르
  치면서 개개인이 모두 現現成成한 성인이라 하였다. (그가) 忠義孝節한 사람
  이 있다는 말을 들으면, 오히려 말하기를 모두 만들어져 나왔을 뿐 本體는 원
  래 忠義孝節이 없는 것이라 하니 학생이 그 편리함을 즐겨 좇기를 광인같이
  하였다.[42]

고 비난하고 있다. 當下는 '바로 지금'이다. 인간이 태어날 때 이미 良知를
갖추었으므로 '현재 그대로 성인'이니 충신열사가 따로 없다는 논리를 東
林學者들은 받아들일 수 없었다. 顧憲成은 〈當下繹〉을 지술하여,

  當下가 옳지만 이는 默識하는 要法이다. 그러나 그 當下가 어떠한지를 어
  찌 알 수 있겠는가. 朱子가 말하기를 提醒處가 곧 天理이니 따로 天理가 없다
  하였으니 이것이 곧 진실한 當下다.[43]

고 주장, 끌어서 깨우치는 그것이 참다운 當下라는 朱子의 말을 인용하여
工夫, 다시 말해 漸修論을 택하면서 本體論을 배격하였다. 이런 점에서 東
林學은 四無說과 四有說 가운데 四有說에 가깝다. 사실 東林學의 연원을
따지면 陽明學 右派 계통과 관계가 있다.[44] 그러나 그들은 名敎에 위배되

---

41) 《藏書》 卷 24, 德業儒臣後論.
42) 《明儒學案》 卷 60, 太常史玉池先生孟麟, 〈史玉池論學〉.
43) 《高子遺書》 卷 2, 剳記.
44) 東林書院의 창시자 顧憲成 형제가 薛方山에게 배우고, 方山은 陽明의 제자 歐陽
  德에게서 배웠다 하여 黃宗羲는 "東林學을 顧가 이(方山)에서 導源하였으니 어찌
  가히 (陽明學的 요소가) 없겠는가?"(《明儒學案》 卷 25, 薛應旂)라 말하고 있다.

는 문제, 예컨대 無善無惡說과 같은 本體論은 불교적인 것으로서 주자학
과 정면으로 배치되기 때문에 이를 용인하지 않았다. 顧憲成은,

> 심지어는 性이 無善無惡이라 하고, 三敎無異라 하고, 朱子와 楊·墨이 대등
> 하다 말하니, 이는 학술로 천하를 죽이는 것이다.[45]

라고 개탄하며 무선무악설과 더불어 삼교일치설도 날카롭게 비판하고 있
다. 三敎一致說 역시 양명에서 발원하여 左派 계통의 특징적 사상이 된
것으로서 유교의 입장에서 불교와 老莊을 받아들여 일체화시키려 한 것
이었다.

　양명학의 佛·老에 대한 포섭적 태도나 三敎合一의 사상은 明末의 사상
계에 커다란 영향을 끼치고 있었기 때문에 동림으로서는 이를 용인할 수
없었다. 하지만 동림은 당시 학술 사상계의 커다란 흐름이었던 양명학적
풍조를 근원적으로 부정할 수는 없었다. 사실상 그들 자신도 양명학의 그
늘에서 생장하였던 까닭에 양명학에 대한 비판도 左派의 이단적 극단론의
폐단을 막는다는 선에서 그칠 수밖에 없는 한계를 지니고 있었다. 工夫·本
體論에 대한 東林의 입장도 결국 그런 것이었다. 岡田武彦은,

> 그(陽明學) 末流는 本體를 宗으로 하여 工夫를 경시하고, 頓悟를 중시하여
> 修證을 멸시하며, 다시 禪과 일체가 되었던 까닭에 東林은 그 폐단을 감안, 工
> 夫를 宗으로 하여 工夫卽本體(修卽悟)가 되었다.[46]

고 지적한다. 이러한 지적도 결국 양명학 좌파의 극단론을 반대한 것이지
돈오 점수라는 불교적 수양방법 그 자체를 부정한 것은 아니었다. 역시 양
명학 우파에 속하면서 명말 청초의 經世論을 연 황종희의 四無說의 책임
은 전적으로 용계에게 있으며, 양명과는 아무 관련이 없다는 변명도[47] 실

---

45)《涇皐藏稿》卷 2, 與李見羅先生.
46)〈東林學の情神〉(《東方學》6, 東京, 1970), p.89.
47)《明儒學案》卷 58, 端文顧涇陽先生憲成條. 여기에 대해서는 졸고,〈天泉證道紀
　와 東林學派〉, pp.65~66를 참조.

은 동림의 經世的 입장을 이어받은 데서 비롯한 것이라 하겠다.

2) 불교계의 頓·漸 논의

名教的 입장에서 볼 때 明末의 학술사상계는 매우 혼란스럽고, 사회는 매우 불안정하였다. 특히 東林派 인사들의 정치투쟁과 학술활동이 활발하였던 萬曆 시기는 더욱 그러하였는데, 이 때 사상적으로 동림파와는 대립적 위치에 있던 일단의 禪僧들의 활동 및 그들 사상의 사회적 성격은 당시 사상계의 다양성을 더욱 돋보이게 한다. 紫柏達觀(1543~1603), 雲棲袾宏(1535~1615), 憨山德清(1546~1623)을 일반적으로 萬曆三高僧이라 부르는데 그들 모두는 민생을 안정시키기 위해 사회 깊숙이 파고들어 사상적 혼란과 사회적 부정을 바로잡는 일에 힘썼다는 공통적 특징이 있다.[48] 그들은 때로는 정치문제에 관여하여 화를 입는가 하면, 지방관들과 교유하여 佛事를 일으키고 빈민을 구제하는 일에 앞장서기도 했다. 특히 達觀과 德清 2人의 행적과 사상은 유사성이 많을 뿐 아니라, 친분도 유난히 두터웠다. 그들은 縉紳 士子들과도 어울리면서[49] 유교와 불교를 상호 대립관계가 아닌 보완관계로 설명하곤 하였다. 達觀은,

> 世間法의 변태가 이루어질 때 出世間法으로 구하지 않으면 그 변태는 언제까지라도 고쳐지지 않으며, 出世間法의 변태가 이루어질 때 世間法으로 구하지 않으면 그 변태도 언제까지나 고쳐지지 않는다. …… 유교도이든 불교도이든 이러한 깊은 우려를 품은 자 적다. 때문에 서로 그 폐해를 없애려 하지 않고 비방한다면 폐해는 점점 커질 것이다.[50]

라고 하였다. 변태백출하는 사회 상황에 처하여 자기 입장만 고집, 상대방을 비난만 한다면 사회를 바로잡는 일에 아무 도움도 되지 않는다는 것이다. 그가 東林黨爭에 휘말린 사건이나,[51] 德清이 皇室의 세력다툼에 연관되

---

48) 荒木見悟, 《佛敎と陽明學》(東京, 1979), pp.98~100.
49) 郭朋, 《明淸佛敎》(福建, 1982), pp.176~226.
50) 《紫栢老人集》 卷 12, 與李君實.

어 피해를 본 일도,[52] 世間과 出世間의 일을 별개로 보지 않는 사회에 대한
적극적 태도에서 비롯된 것이었다. 德淸도 유교 측이 出世間法인 불교가
인륜에서 벗어난다고 비난하는 것은 잘못이라고 지적하면서,

> 人道를 버리고는 德法을 배울 수 없다. …… 이는 佛法이 人道로 기초를 삼았
> 기 때문이다. …… 人道라는 것은 곧 君臣·夫子·夫婦간의 民生의 日常이다.[53]

라고 하여 世間法과 出世間法이 결코 다른 것이 아니라는 점을 누누이 강
조하곤 하였다. 다시 德淸의 聖人觀을 보자. 그는,

> 佛이란 사방의 성인을 가리키는 것이 아니라 곧 우리네 自性의 眞을 이름
> 이다. 堯·舜·禹·湯은 天民의 선각자이지만 天民은 기다려서 능히 깨닫고, 성
> 인은 나면서 먼저 깨닫는다. 이 깨달음이 어찌 불성의 깨달음이 아니겠는가!
> …… 이 性을 능히 깨달으면 누구나 堯·舜이 될 수 있으며, 누구나 부처가 될
> 수 있다는 사실도 분명하다.[54]

고 하여 堯·舜과 부처는 둘이 아니며, 깨달으면 부처도 될 수 있고 堯·舜도
될 수 있다고 주장하였다. 누구나 깨달을 수 있으나, 단지 나면서 바로 깨
닫는 성인과 기다려서 깨닫는 天民의 차이가 있을 뿐이라는 것이다. 말하
자면 성인이 됨을 頓悟에 따르는가, 아니면 漸修에 따르는가의 차이가 여
기에서 대두된다 하겠다. 禪師로서 그는 禪宗에서의 悟의 문제에 대하여,

> 불교의 宗旨는 단지 一心으로써 宗을 삼는다. 이 心을 따져보면 본래 원만
> 하고 광명광대하며 티끌하나 없는 淸淨無物이다. 이 가운데는 본래 迷·悟·生·
> 死가 없고, 聖凡이 없으며 生佛이 同體로서 둘이 아니요, 구별도 없다. 이것이
> 바로 달마가 서쪽에서 와서 여기 본래의 진심이 있다고 直指하여 禪宗이 된
> 것이다. …… 만약 이 心을 頓悟한다면 생사는 영원히 끝나게 된다. 우리가 頓

---

51) 沈德符, 《萬曆野獲編》 卷 27, 紫柏禍本.
52) 沈德符, 《萬曆野獲編》 卷 27, 憨山之言讖.
53) 《憨山大師全集》 卷 30上, 〈觀老莊影饗論〉
54) 《憨山大師全集》 卷 1, 法語 〈示容玉居士〉.

悟에 있는 상태를 곧 如如佛이라 하니 여기에는 修證階差가 속하지 않으며 三乘漸次가 속하지 않는다. 이것이 선종의 向上一路임을 알 수 있는 것이다.[55]

라고 하여 본래 無物의 心을 頓悟하면 바로 成佛하여 생사를 뛰어넘을 수 있으므로 이러한 경지에는 수행하는 단계를 거치는 복잡한 수속이 필요하지 않다고 주장한다. 원래 禪은 不立文字이며 明心見性하여 立地成佛하는 것이 그 궁극적인 목표다. 德淸이 황실의 분쟁에 희생되어 귀양살이하는 어려운 상황에서 남방의 曹溪祖庭을 중흥하고 本來無物의 禪佛敎를 祖述한 것은 禪師로서의 커다란 공적이다. 이러한 그의 실천적 禪修行은 그에게는 일관된 삶 그 자체였으며, 禪佛敎의 向上一路이며 최고의 가치였음이 추호의 의심 없이 받아들여졌다.[56] 그런데 德淸의 그러한 실천적 수행과정을 어떻게 평가할 것인가 하는 문제가 있다. 그것이 그가 頓悟 成佛한 상태에서의 행위였던가, 아니면 역경 속의 수행과정을 거치면서 향상일로로 成佛하여 간 것이었던가? 그는 頓悟 成佛만을 역설하는 것이 아니라 漸修의 현실적 중요성을 이렇게 설명한다. 즉,

> 이른바 頓悟 漸修는 곧 먼저 悟가 관철되었더라도 다만 習氣가 아직 頓淨될 수 없으므로 일체의 경계상에 나아가 悟한 바의 理로써 관조하는 힘을 일으켜 歷境 驗心하여 一分의 경계를 融得하고, 一分의 法身을 證得하며, 一分의 망상을 없애고, 一分의 本智를 드러내야 한다. 이것 또한 모두 면밀한 공부에 있는 것이다.[57]

라고 하여 頓悟法이 禪家의 최상의 방법이지만, 한번 깨치더라도 習氣가 한번에 없어지지 않기 때문에 그 깨친 힘을 바탕으로 점진적 수행을 계속해야 한다는 것이다. 그러므로 공부를 통한 점진적 수행법은 차선책으로서 현실적 필요성이 있다는 것이다. 이처럼 德淸이 돈오한 다음 점수를 주장한 것은 宗密의 학풍을 따른 것이다.[58] 明末의 文人 袁中郎도 "저 本來無

55) 《憨山大師全集》 卷 5, 法語 〈答德王問〉.
56) 《憨山大師全集》 卷 39, 〈自敍年譜〉上.
57) 《憨山大師全集》 卷 1, 法語 〈答鄭崑巖中丞〉.

物과 時時拂拭으로 頓·漸의 우열을 가리는 것은 下劣한 범부의 견해에 지나지 않는다"[59]고, 明末 돈·점 논자들이 어느 한편에서 自說을 고집하는 편견을 비판한 것도 당시 정황의 일단을 알려주는 사례이다. 袁中郞이 말한 本來無物의 頓悟主義와 時時拂拭의 漸修主義는 唐代 禪宗의 5祖 弘忍으로부터 6祖 慧能으로 傳燈되는 과정에 얽힌 中國禪宗史에서 획기적 사건으로 전해 내려온다. 이는 《六祖壇經》의 편자가 北宗禪 계통인 神秀의 '時時拂拭'에 대하여 南宗禪 계통인 慧能의 '本來無物'을 지나치게 높임으로써 北宗에 대한 南宗의 일방적 승리로 끝났다. 이후 南宗의 頓悟主義를 南頓, 북종의 漸修主義를 北漸이라고도 불렀다.

그런데 돈오 점수론의 극단적 발전은 佛性을 체현하려는 禪의 원래 목적에 위배되는 일이었기 때문에 圭峰宗密과 그 후학들은 절충·조화를 시도하였다. 특히 慧能 이후 南宗의 頓悟主義가 크게 유행하면서 그 폐단도 없지 않았던 까닭에 圭峯을 비롯한 불교학자들은 돈점일치론을 지양하고 禪·敎의 절충을 시도하였다.

어쨌든 불교의 頓·漸 논의는 宋學의 방법론에도 영향을 끼쳤음이 분명하다. 朱子가 '道問學'을 강조한 것은 漸修工夫에 가깝고, 象山이 '尊德性'을 강조한 것은 本體頓悟說에 가깝다. 宋代는 性理學의 성행으로 心學的本體論이 약했으나 明代 중기 이후 陽明學의 대두로 상황은 달라졌다. 더우기 王龍溪의 四無說은 體制敎學 측의 지지를 받는 四有說보다 더 특색이 있고 참신한 것이어서 陽明學 左派의 유행과 더불어 인기를 얻게 되었다. 그러나 四無說, 다시 말해 頓悟主義의 유행은 역시 明末의 학술 사상계에 폐단을 낳았으며, 특히 萬曆연간에 이르러서는 신주자학을 표방한 東林學派로부터 맹렬한 비판을 받게 되었다.

돈오주의에 대한 비판적 발언은 儒佛 융화의 경향에 있던 불교계 내부에서도 일어났다. 양명의 무선무악설과, 특히 그 좌파의 四無說에 꽤 비판

---

58) 荒木見悟, 〈憨山德淸の生涯とその思想〉(《陽明の展開と佛教》, 東京, 1984),
    pp.156~159.
59) 《袁中郞集》, 答陶石簣.

적이었던 袾宏[60]은 "一念으로 自理를 頓悟하더라도 無始 이래의 習氣는 갑
자기 제거할 수 없으므로 現業流識의 拂拭에 힘써야 한다"는 潙山靈祐의
말을 인용하여 "今日 조금 悟한 바가 있으면 곧 一生參學의 목적이 달성된
다고 하다니, 무슨 일인가?"[61]라 반문하며 돈오주의를 비판하고 있다. 達觀
은 禪이 아무리 不立文字라 하더라도 禪과 文字의 관계는 물과 파장의 불
가분의 관계라고 역설하였다.

> 오늘날 천하의 佛을 배우는 자, 반드시 文字를 버리고 如來地에 一超直入
> 하려 하니 그 뜻은 높다. …… 문자는 佛語요, 觀照는 佛心이니 佛語를 따라
> 佛心에 이른다. …… 語言 文字는 봄의 꽃과 같은데도 혹자는 꽃을 버리고 봄
> 을 보려 하니 어리석은 자가 아니면 狂者이다.[62]

이렇게 당시 불교계의 敎學경시 풍조를 개탄하고 있는데, 그러한 풍조
는 사실 양명학 말류의 그것까지도 포함하고 있는 것이다. "道는 頓悟할
수 있으나 情은 점차적으로 없앨 수밖에 없다"[63]며 그가 漸修說을 강조한
것도 문자를 가지고 敎學하는 것을 숭시하는 것과 궤를 같이한다. 德淸도
禪과 敎에 대한 문제를 자신의 경험에 비추어 다음과 같이 말한다.

> 참선하는 사람은 대개 맹목적 수행으로 敎乘을 배척하여 愚迷에 빠져 偏執
> 을 고수한다. …… 아아! 西域 性相의 執을 馬鳴이 깨뜨렸고, 이곳 敎·禪의 偏
> 執도 圭山이 《禪源詮》을 지어 合一하였으며…… 그러나 후세의 학자들이 잘
> 못 이해하였으니 어찌 大事를 제대로 구명할 수 있겠는가. 내가…… 《楞伽》
> 에 대하여 《筆記》를 지었으며 《楞嚴》에 대하여 《懸鏡》을 지었으니 이는 敎
> 乘에 따라서 一路向上하는 것이다. 요즘의…… 참선하는 사람은…… 여러 祖
> 師의 기연을 따라 향상하는데, 기연은 어찌 문자가 아닌가? 나는 이르노니 망
> 상을 고수하여 我慢을 키우면서 이를 참선이라 하니 또한 몸소 經論을 지켜
> 般若의 正因種子로 삼는 것만 같지 못하다.[64]

---

60) 荒木見悟, 《佛教と陽明學》, pp.122~126.
61) 《竹窓隨筆》, 初筆 悟後.
62) 《紫栢老人集》 卷 1, 法語.
63) 《紫栢老人集》 卷 2, 法語.

德淸의 주장에 따르면 參禪을 頓悟에만 의지하면 오히려 망상을 부르고 자만심을 기르며 결국 愚迷에 빠져 偏執에서 벗어나지 못한다는 것이다. 이러한 폐단을 바로 잡기 위하여 宗密이 나와 頓·漸 相補說을 제창하였는데, 마찬가지로 자신도 〈楞伽筆記〉와 《楞嚴懸鏡》을 지었다는 것이다. 《楞嚴經》은 明代에 유행했던 경전으로서 불교계는 물론 학계 전반에 걸쳐 널리 읽혔으며, 그 결과 明代 사상계의 혼일적 합일적 경향에 큰 영향을 끼쳤다.[65] 德淸을 비롯한 당시 禪師들의 三敎合一的 사상이나 禪敎一致, 頓漸一致觀이라는 불교계의 혼융적 사상경향도 그들의 《楞嚴經》연구와 무관하지 않다.[66] 明末의 4대 고승 가운데 가장 늦게 입적하였던 智旭도,

> 神秀의 偈는 漸修에 언급하고 있으나 전혀 위험이 없다. 이에 대하여 慧能의 偈는 매우 원만하지만 조금의 잘못만 있어도 天壤之差가 생긴다. 잘하면 바로 깨달을 수 있지만 잘못하면 영구히 成佛할 수 없다.[67]

라고 하여 돈오주의를 경계하고 있다. 양명학, 특히 그 좌파사상의 극단론이 유행함에 따라 책을 읽지 않고 공리공담을 일삼는 경향이 있었다. 이같이 明末의 학술사상계가 '황폐화하는' 시점에 불교계와 학술계 일각에서 이에 대한 반성과 비판의 소리가 일어났다. 智旭이 神秀의 漸修說에 주의를 기울인 것도 바로 그 때문이다.

4. 맺음말

陽明學의 四句敎法에 대한 해석상의 문제를 둘러싸고 錢緖山과 王龍溪는 각각 四有說과 四無說로 대립하여 論爭을 벌였으나 그 해결점은 찾지

---

64) 《憨山大師全集》 卷 10, 〈起信論直解序〉.
65) 荒木見悟, 〈明代における楞嚴經の流行〉(《陽明學の展開と佛敎》, 東京, 1984) ; 釋聖嚴, 《明末中國佛敎之硏究》(臺灣, 1988), pp.431~476.
66) 荒木見悟, 〈憨山德淸の生涯とその思想〉(《陽明學の展開と佛敎》, 東京, 1984).
67) 《宗論》 卷 4-1.

못하였다. 결국 陽明이 禪家의 頓悟 漸修說로 중재하여 양측이 어느 한 쪽에 기울지 말고 절충 조화함으로써 거기서 파생될 폐단을 막을 수 있다고 답한 것은 멀리 唐代 圭峯宗密의 頓漸一致說과 비슷한 면이 있다.

그러나 용계는 四句教의 首句에서 무선무악을 心의 本體로 규정한 이상, 本體를 돈오하는 것이 최선의 방법임을 확신하여 조금도 양보하려 하지 않았다. 용계는 泰州派를 연 王心齊와 함께 양명학 좌파의 鼻祖로, 스승인 양명의 치양지설을 전도하는 데 일생을 바쳤다. 그는 본체돈오를 철저히 강조함으로써 양명학이 본래 지니고 있는 반명교적 요소를 발전시켰으며, 이 때문에 明末의 학술 사상계로부터 "책을 덮어 공부를 게을리 하고", "狂을 칭송하며 마음 내키는 대로 행한다"는 비난을 받기도 하였다. 그러나 양명학 좌파가 良知說의 反名教的 성격을 강조하였다는 점에서 名教 측으로부터 비난을 받았다 할지라도 바로 그 점이 양명학의 특징을 아낌없이 발휘한 것이라는 점에서는 평가받아 마땅하다. 그의 四無說과 그에 기초한 돈오주의는 그 뒤 긍정적 평가를 받았든 부정적 평가를 받았든, 明末 사상계의 一大 公案으로서 중요성을 지닌다는 점에서는 이의가 있을 수 없다. 萬曆연간에 신주자학을 표방하고 나선 東林學派와 당시 불교계를 대표하는 禪師들의 사상적 입장은 서로 달랐지만, 양측 모두 왕조의 말기적 모순이 여러 측면에서 드러나는 상황에서 淑世的 자세에서는 서로 같은 입장을 취하였다. 돈오·점수설에 대한 견해에서도 당시 학술 사상계의 폐풍을 바로 잡자는 의도를 가지고, 양측 모두 절충적인 주장을 펴고 있었다는 사실은 매우 흥미롭다.

동림학파에서는 萬曆 이후의 정치적 혼란과 학술계의 폐단을 바로잡으려는 노력을 같이 하였다. 특히 "學術의 不正이 殺人을 한다"고 개탄했던 그들은 그 중요한 원인이 용계의 四無說에 있다고 생각하고 이를 동림서원의 원규에 올려 그 비판에 목소리를 높였다. 頓悟·漸修, 本體·工夫論에서도 그들은 주자학적 名教主義를 분명히 하고 象山의 尊德性보다 朱子의 道問學에 힘을 기울여 漸修工夫論을 강조하였다. 돈오·점수설은 원래 唐代 禪宗의 수양법으로 중시되던 것이었으나, 宋代 사대부학에 영향을 끼쳐 尊德性, 道問學의 서로 다른 주장이 나오게 되었는데, 주자학이 성행할 때에는 道問學의 工夫論이 우세하였으나, 明代에는 陽明學의 출현으로 말미암아 사태가 바뀌어 德性尊重의 本體論이 유행하자 名敎的 입장의 동림학은 심각한 위기의식을 느껴 그 비판에 앞장섰다.

동림과는 사상적 입장을 달리했던 명말 선불교의 돈·점설에 대한 견해도 당시 사상계에 양명학 좌파적 돈오주의가 불러올 폐단을 고려, 그 위험성을 경계하는 선에서 漸修工夫의 중요성을 주장하였다. 이런 면에서 그들의 주장은 동림학의 주장과 상통하는 바가 있다. 그러나 동림은 工夫卽本體, 다시 말하면 공부라고 하는 점진적 수행을 통하여 본체를 깨우칠 것을 주장했음에 반하여 禪家의 견해는 이와 다소 차이가 있다. 中國禪宗史上 六祖 慧能의 南宗禪이 北宗禪에 비하여 우위를 점한 이래, 때로는 禪敎一致의 절충적 방식을 찾으려고도 하였으나, 어디까지나 돈오가 최상법임을 인정하는 전제 아래 차선책으로서 점수의 필요성이 강조되어 왔다. 그들 선사들은 하늘이 무너지고 땅이 꺼진다고도 표현하던 명말의 격동기를 맞아 필요하면 정계의 인사나 학자들과 학문적 교류를 활발히 하는가 하면, 사회구빈활동에도 참여하는 등 시대의 지성인으로서 실천적 삶을 살았다. 현실을 외면하지 않는 이러한 실천적 자세가 바로 돈점일치론의 주장을 낳은 것이었다.

(《伽山李智冠스님華甲紀念論叢韓國佛敎文化思想史》, 1992)

제 3 장
陽明學과 明末의 佛敎
- 三敎合一說을 중심으로 -

1. 머리말

명말 학술사상계의 일각에서는 儒·佛·道의 三敎合一論이 성행하였으며, 이러한 경향은 문학, 예술 방면에도 영향을 주어 하나의 시대적 특징을 이루었다.

이러한 삼교합일설과 그로부터 나온 三敎混融적 경향은 老莊과 불교를 철저히 배척한 성리학적 시각으로부터는 이단시될 수밖에 없었다. 신주자학을 표방하고 나온 동림학파의 어느 인사가 "하늘이 무너지고 땅이 꺼지는"(天崩地陷)[1] 시대라고 표현할 정도로 위기의식을 느끼게 된 것도 당시 학술 사상계의 그러한 풍토와 무관하지 않다.

> 淸代의 학자 陸世儀가 隆慶萬曆의 시대에는 천하에 講學하지 않는 날이 없고, 강학하지 않는 사람이 없어, 三敎合一說을 떠들기를 거리낌없이 하였으니, 學派의 혼란함이 이보다 더할 수 없었다.[2]

고 한 말이 이를 잘 대변해주고 있다.

---

1) 黃宗羲,《明夷侍訪錄》卷 60,〈東林學案〉3, 主事顧涇凡先生允成.
2)《陸桴亭遺集》卷 1,〈高顧兩公語錄大旨〉.

사실 명 제국의 정치 이념은 性理學的 名分主義에 있었다. 태조 洪武帝
의 교육칙어인 六諭가 이를 단적으로 표현하고 있거니와, 이는 명 일대를
통하여 변함없는 준칙이었다. 그리고 양명학이 출현하기 이전까지 학술사
상계도 성리학이 주조를 이루어 조정의 명분주의 정치노선과 표리관계를
이루고 있었으며, 심지어 주자학에 반기를 들고 '心卽理'를 강조한 양명도
역시 명교적 입장을 분명히 한 점에서는 程朱와 마찬가지였다.

그렇다면 명말기의 삼교합일론은 어디서 일어났으며, 삼교의 혼융적 경
향은 어떠한 배경 아래에서 일어나게 되었는가? 지금까지의 연구에 따르
면 삼교합일론자의 대부분은 양명학자, 그 가운데서도 泰州學派 계통이
며,[3] 만력시대의 대표적 禪僧들도 역시 삼교일치설을 주장했다고 밝히고
있다.[4] 그러면서도 그 삼교론이 명말의 일반적 학술문화계에 절대적 영향
을 미치고 있었던 양명학의 중심사상이 되는 心卽理說이나 致良知說과 어
떠한 관계에 있었는가 하는 문제에는 별로 주의를 기울이지 않고 있는 실
정이다.

필자는 이러한 점에 주목하고 양명의 치양지설이 그 내용과 성격에서
어떻게 삼교합일설에 연결될 수 있으며, 동시에 그 좌파적 전개 과정을 통
하여 양명학 내부의 名敎的 입장과 反名敎的 입장의 차이점을 검토해 보
려 한다. 그리고 당시 불교계의 삼교일치론과 양명학의 관계는 어떠하였
으며, 또한 그들 양자의 교섭을 통하여 명말 사상계의 일반적 경향을 아울
러 살펴보려고 한다.

필자는 이전 글 〈陽明學의 無善無惡說과 明末의 頓·漸 論議〉[5]에서 양
명학의 불교적 요소와 명말 불교계의 사상사적 위치 등을 살펴본 바 있는
데, 이 글은 그 속편이라 할 것으로서, 여기에서는 삼교합일론을 통하여
양명학과 명말 불교의 관계와 그것을 통해 명말 학술 사상계의 일단을 살
펴보려는 것이다.

---

3) 酒井忠夫, 《中國善書の硏究》(東京, 1959) 3장 참조.

4) 郭朋, 《明淸佛敎》(福建人民出版社, 1981) 상편, 3절 참조.

5) 《伽山李智冠스님回甲紀念論叢韓國佛敎文化思想史》(1992) 所收.

2. 양명학의 名敎的 三敎合一論

1) 명말의 三敎觀

王陽明(1472~1529)은 명대 전기의 사상계를 지배한 程朱學에 반기를 들고 '心卽理'설을 제창하였다. 양명이 이 '심즉리'설을 제창하게 된 계기는 이른바 '龍場의 頓悟'였다. 환관 劉瑾에 반대하다가 貴州 龍場의 유배생활을 하던 중, "聖人의 道는 나의 本性에 자족하다. 이전에 理를 사물에서 구한 것은 잘못이었다"[6]는 것을 크게 깨달아,《大學》의 格物致知說을 주자학적 방법이 아닌 심학적으로 해석하게 되었다.

이렇게 양명이 주자학과 결렬한 것은 결국 주자학적 天理의 세계가 양명 자신이 살고 있던 명대 후기의 시대와 합치되지 않는다고 인식했기 때문이다. 어쨌든 그가 이 용장의 돈오에 도달하기까지는, 때로는 불교와 도교적 수행에 뜻을 두는 등 학문적 편력이 길었다.[7] 그 뒤 그는 錢德洪과 王畿 두 제자를 대상으로 설교한 이른바 天泉證道에서도 마음의 본체는 無善無惡한 것이며, 인간이 성현이 되기 위해서는 頓悟와 漸修의 두 가지 수행방법에 따라야 한다는 것을 강조하였다. 이 무선무악설은 이후 학술사상계에 커다란 논란을 불러일으키게 되었고,[8] 이 같은 양명학의 여러 개념들은 다분히 불교적인 것이라는 사실은 지나칠 수 없다.

또한 "온 거리의 사람들은 모두 성인이다"[9]고 한 양명의 성인관은 불가의 佛性論에 가까우며, 그의 경전관도 "六經은 다른 것이 아니라, 내·마음의 常道이다. 때문에 육경은 내 마음의 재산목록이다"[10] 하여 불립문자를 강조한 禪家와 그 견해를 같이하고 있다.[11]

---

6) 《陽明全書》,〈年譜〉3, 武宗 正德 2년 戊辰條.
7) 黃宗羲,《明夷待訪錄》卷 10, 姚江學案序.
8) 졸고,〈陽明學의 無善無惡說과 明末의 頓·漸論議〉참조.
9) 《傳習錄》下, 113.
10) 《陽明全書》卷 7,〈稽山書院尊經閣記〉.
11) '良知'와 '佛性'은 마찬가지로 至高無上의 권위를 강조하려는 心學으로서, 明中期이후로 주자학적 天理의 規範으로부터 해방하려는 역사적 기능에서 동일하다는 주장은

이와 같이 양명의 心學은 불교와 유사한 면을 수없이 볼 수 있는데도 불구하고, 유·불의 사이에 뚜렷한 차이가 엄연히 존재하고 있는 문장에 대하여 양명은,

> 우리 儒의 良心은 사물을 떠나지 않고, 단지 그 天則 自然에 따르니 이것이 곧 공부이다. 釋氏는 오히려 사물과 절연하려 하여 마음을 幻相으로 간주하여 점차 虛寂하여, 세간과는 조금의 교섭도 없으니 천하를 다스릴 수 없다.[12]

고 하여 佛·老를 出世間法으로, 儒를 世間法으로 보고 있다. 말하자면 治國 平天下를 중시하는 유학은 경세의 실학이며 인간의 고난을 해탈하려는 불교나 무위자연을 강조하는 노장은 비세간법으로서 서로 엄연히 다르다는 것이다. 그는 전통 유가의 性善說에 맞서 無善無惡說을 제창하는 대담성을 보이면서 같은 무선무악설이라도 유교와 불교의 뜻이 다르다는 것이니,

> 불씨의 무선무악은 일체 간섭하지 않는 것이어서, 가히 천하를 다스릴 수 없다. 그러나 성인의 무선무악은 단지 작호함도 없고 작악함도 없으며, 氣에 움직이지도 않지만 王道를 받들어 그 지극함이 있게 되면, 스스로 天理에 따르고 문득 裁成과 輔相이 있게 된다.[13]

고 하여 불교의 무선무악은 비경세적인 것인데 반해, 유가의 그것은 있는 그대로이면서도 질서와 裁制의 道에 합치되는 경세적 성격을 지닌 것이라 한다. 유교와 노·불을 경세적인 것과 비경세적인 것으로 구분하는 것은 물론 새로운 방법이 아니다. 그러나 양명이 경세학으로서 자기의 사상체계를 확립하면서, 불교철학의 주요 개념들을 빌려와서 양자의 관계가 주자학에 비하여 더욱 깊어졌다. 양명학의 중심사상이 되는 致良知說을 통하여 그러한 사정을 알 수 있다.

내가 말하는 致知格物은 내 마음의 良知를 사사물물에 이루는(致) 것이다.
내 마음의 양지는 천리이다. 내 마음의 양지를 이루는 것이 치양지이며, 사사
물물 모두 그 理를 얻는 것이 격물이다. 결국 나의 입장은 心과 理를 합쳐 하
나로 하는 것에 불과하다.[14]

이 치양지설에서 양지가 주자학의 천리와 동일한 것이라고 강조하고 있
지만, 우리는 양자 사이에 뚜렷한 차이가 있다는 것을 부정할 수 없다. 다
시 말해 양지의 세계는 四民平等 萬物一體가 이상시되지만 주자학의 천리
는 上·下, 尊·卑의 階梯的 서열질서를 정당화하고 있다. 양명학적 양지의
평등성 내지 일체성은 주자학적 천리가 합리화하는 불평등을 깨뜨릴 위험
성을 내포하고 있다. 양지가 현상적으로 존재하는 상하, 존비의 불평등을
원리적으로 평등하게 할 수 있는 초월적인 성질을 갖고 있기 때문에 그 자
체, 모든 차별을 본질적 평등으로 수용할 수 있는 탄력성을 지니고 있다.[15]
이러한 양지의 초월성은 불교와 도교에 대해서도 관용적이었으니 양명은,

二氏의 用은 우리 모두의 용이다. …… 성인은 천지만물과 한몸으로 유·불·
노장도 모두 우리의 용이기 때문에 이를 大道라고 부르며, 이씨는 그 몸을 自
私하므로 이를 小道라고 한다.[16]

고 하였다. 이는 주자학적 천리의 異敎에 대한 배타성과는 대조적이다. 名
敎的 正統觀에서 보면 불교와 도교는 결코 도의 차원에 설 수 없는 이단으
로 배척되었던 것인데, 良知의 세계에서는 동일한 도로 간주한다. 그에게
는 "무릇 禪의 학과 성인의 학은 모두 그 心을 다하기를 구할 뿐이니, 역시
털끝만큼의 차이가 있을 뿐이다"[17] 다만 大道와 小道의 차이가 있을 뿐이
다. 經世學인 양지는 大公을 추구하기 때문에 그 도가 크며, 출세간 사상

14) 《傳習錄》 中, 〈答羅整庵少宰書〉.
15) 졸고, 〈陽明思想에서의 '分'의 문제 — 社會思想으로서의 성격〉(《東洋史學研究》
   6, 1973), pp.81~82. 최근의 연구로는 余英時 著, 鄭仁在 譯, 《中國近世 宗敎倫理와
   商人精神》(대한교과서주식회사, 1993) 하편 2장 〈親四民論〉 참조.
16) 《陽明全書》 卷 7, 〈重修山陰縣學記〉.
17) 《陽明全書》 卷 6, 〈重修山陰縣學記〉.

인 불교와 노장은 개인의 死生 禍福을 문제삼기 때문에 작은 도에 불과하다는 것이다. 이같이 양자는 크고 작은 양적 차이가 있을 뿐 질적으로는 별다른 차이가 없다는 논리였는데, 정덕 10년에 올린 〈諫迎佛疏〉에서는 그 이유를 다음과 같이 말하고 있다.

　　무릇 佛이란 夷狄의 성인이며, 성인은 중국의 불입니다. 저 이적에서는 불씨의 교로써 대중을 이끌 수 있지만, 우리 중국에서는 마땅히 성인의 도로써 參贊하고 化育해야 하는 것으로, 이는 마치 육지에서는 마차를 이용하고 바다에서는 배를 이용하는 것과 같습니다. …… 폐하께서 만약 불씨의 도는 비록 천하를 다스릴 수는 없을지라도 일신의 생사를 해탈할 수는 있을 것이요, 비록 敎化 育成은 못하더라도 때때로 대중의 어리석음을 계도할 수 있으리라고 하시겠습니다만, 이러한 말씀은 역시 우리 성인의 餘分을 얻는 데 지나지 않습니다. …… 폐하께서 과연 護佛하는 마음으로 성인을 좋아하고 釋迦로부터 구하려는 정성으로 堯舜의 도에서 구하신다면, 수만 리 먼 길을 갈 필요 없이 서방의 극락이 바로 눈앞에 있을 것입니다.[18]

　양명의 이 〈간영불소〉는 韓諭의 〈斥佛疏〉와는 매우 다르다. 여기서는 석가를 外夷의 성인으로 인정하고, 이것이 중국에 와서는 요·순에 미치지 못한다고 하니, 이를 뒤집어 말하면 요·순도 인도에 가면 석가에 미치지 못한다는 말이 된다.[19] 이런 의미에서 儒는 大道, 불은 小道가 된다. 이러한 논리는 그의 精金 比喩, 다시 말해 성인과 현인의 차이는 金의 진가가 그 純度에 달려 있는 것과 같으며, 그 순도가 떨어진다고 하여 그것이 결코 금이 아닐 수 없다는 설명과 마찬가지이다.[20] 어쨌든 우리는 유교의 良知는 大道이며, 불교의 覺, 노자의 玄은 小道라는 설명에 주목할 필요가 있

---

18) 《陽明全書》卷 9.
19) 불교가 印度 즉, 夷狄의 종교이기 때문에 마땅히 배척해야 한다는 주장은 일찍이 도교와 불교 사이의 논쟁에서 비롯하여 이후 이른바 夷夏論으로서 삼교의 교섭과 정에서 전개되었다. 韓愈와 陽明의 이 두 가지 疏도 기본적으로는 유교의 입장에서 전통적 이하론을 전개하고 있다는 점에서는 마찬가지라 하겠다.[久保田量遠, 《中國儒道佛三教史論》(東京, 1931) 10장, 〈夷夏論〉 참조]
20) 《傳習錄》上, 99.

으니 소도도 도이기 때문이다. 바로 이 점이 양명학의 삼교교섭의 열쇠가
된다.

양명의 삼교합일사상이 바로 그의 치양지설에서 시작하여 좌파사상가
들이 발전적으로 펼쳐나갔으며, 또한 양명적 영향 아래에 있었던 명말의
禪僧들에게도 그러한 경향은 뚜렷하였다. 그러나 삼교의 절충·조화적 경
향은 사실은 명대에 와서 비롯된 것이 아니라, 그 연원이 훨씬 거슬러올라
간다. 원래 서로 다른 사상체계를 지닌 유·불·도교가 갈등관계에 있었던
것은 당연한 일이었으나, 오랜 기간을 거치며 서로 절충·조화적 경향도 나
타나게 되었다. 특히 宋·元 시대로 내려오면서 그 융합적 경향은 하나의
사상적 특징이 되었으며, 명대 양명학에 와서는 더욱 보편적인 사상이 되
었다.

2) 조정의 三敎政策과 명교적 三敎觀

(1) 태조의 삼교관과 민간의 삼교혼융 경향

유·불·도의 삼교합일설은 그 연원이 오래며, 명대에 한하여 말하더라도
양명학에서 비롯된 것이 아니라 실은 태조 洪武帝의 삼교관에서 비롯한다
는 사실에 유의할 필요가 있다. 태조는 성리학을 제국의 체제이념으로 채
택하였으면서도, 한편으로는 불교와 노장을 배척하지 않았다. 우선 그의
三敎에 대한 견해를 들어보자.

　　무릇 삼교의 설은 실은 漢에서부터 宋을 거쳐 오늘에 이르기까지 모두들
　칭송해 왔다. 儒는 仲尼로써 하고, 佛은 釋迦를 받들었으며, 도는 노담을 宗으
　로 하였다. …… 이 삼교에서 중니의 도는 요순을 비조로 하고 三王을 섬기며
　(詩)를 정리하고 典을 지어 만세가 영원히 힘입게 되었으며, 그 불과 선의 幽
　靈은 왕조의 기강을 암암리에 도와 세상에 영원한 보탬이 있어 언제나 아름
　다웠다. 일찍이 듣건대 천하에 두 가지 道가 없고, 성인은 두 마음이 없다 하
　였다. 삼교가 성립이, 모양새는 다르다 하더라도 그 원리는 하나다. 이 세상의
　백성에게는 이. 삼교 가운데 어느 한 가지도 없을 수 없다.[21]

---

21)《太祖御制文集》,〈三敎論〉.

그런데 이 삼교합일의 주장은 어디까지나 유교를 중심으로 하고 불교와
도교는 이를 돕는 挾侍적인 존재에 지나지 않는다고 하면서도, 동시에 없
어서는 안 되는 중요성도 지적하고 있다.[22] 이러한 삼교합일론의 주창자인
태조는 불교와 도교에서도 인재를 등용하여 通儒僧으로 삼았다. 통유승은
문자 그대로 유에 능통한 승려라는 의미로 당시에 삼교를 함께 공부한 승
려가 상당수 있었던 듯 하다.[23]

태조는 元末의 동란 중에 어린 나이로 皇覺寺에서 승려생활을 할 때부
터 불교와 인연을 맺었으며, 이러한 인연은 그 뒤 開國文臣 宋濂 같은 이
들의 삼교설의 영향과 함께, 그가 삼교합일적 견해를 갖게 되는 데 영향을
미쳤을 것이다.[24]

태조가 정권을 잡자, 여러 가지 佛事를 일으켜 元·明 교체 뒤의 혼란한
정황에서 민심의 안정을 꾀하였으나, 다른 한편으로는 원 왕조가 우대하
였던 불교와 도교에 대한 통제도 아울러 실시하였다. 불·도, 2교의 통제기
구를 설치하여 度牒를 급여하고, 僧俗의 교제를 금지하며, 세속과의 경제
적 관계는 砧基道人을 두어 이를 관장하게 하였다. 그리고 종래 사원의
禪·講·律은 禪·講·教로·고치고, 教僧을 일반의 요구에 따라 세속의 불사
를 담당케 하였다. 그러나 이러한 조치는 사원이 산중 은둔적 경향에서
벗어나 世間과 접촉의 폭을 넓히는 계기를 마련해 주었다.[25]

어쨌든 태조의 불교통제정책은 이후 꾸준히 지켜져 사원을 새로 짓지
못하게 하고 도첩의 발급을 제한하고, 도첩이 없는 승려를 엄히 단속하였
다. 그러나 이와 더불어 시행한 불교우대책도 명 일대를 통하여 어느 정도
이루어졌다.[26] 특히 靖難의 役을 겪은 成祖는 친히 불경을 쓰거나, 道藏을
펴내는 등 불교와 도교에 관심을 나타냈으며, 正統연간에도 《正統道藏》을

---

22) 陳高華, 〈朱元璋的佛教政策〉(《明史硏究》1, 黃山書社, 1991) ; 酒井忠夫, 앞의 책,
    pp.226~233 ; 間野潛龍, 《明代文化史硏究》, pp.411~416.
23) 酒井忠夫, 위의 책, p.228.
24) 荒木見悟, 〈思想家としての宋濂〉(《明代思想硏究》, 東京, 1972), pp.7~10.
25) 間野潛龍, 《明代文化史硏究》, 3章 〈明代の佛教と明朝〉, pp.243~275와 5章 〈儒
    佛道三敎の交涉〉, pp.414~416.
26) 위의 책, pp.414~416.

펴냈을 뿐만 아니라, 京師에는 승려와 도사가 거리를 활보하는 일이 예사였다고 한다.

다음 憲宗도 釋·道 二敎를 믿었다 하며, 武宗과 世宗은 특히 도교를 열렬히 믿었다. 세종은 불교는 박대하면서도 齋醮를 믿어 道師와 眞人을 가까이 할 뿐 아니라, 심지어는 內閣輔臣의 임면도 靑詞 撰寫의 능력여부에 따라 결정했으므로 '靑詞宰相'이라는 별명까지 얻었다는 이야기는 유명하다.[27]

한편 민간에서는 태조 이래의 삼교 보호정책에 고무되고, 또한 송대 이래 삼교혼융적 사조에 따라 삼교 신앙이 일반화되어 갔다.[28] 천하의 佛寺와 道觀에는 석가·공자·노자의 三聖圖·三敎圖·三敎象을 모시고, 三敎堂이라고 이름한 廟堂을 설치하는 일이 유행하였다. 송대의 삼교합일론 가운데 도교의 두 계통, 다시 말해 張紫陽 등의 金丹道와 남송초에 일어난 全眞敎 등은 원대를 거쳐 명대에 이르러서는 서로 결합하면서 삼교합일의 경향이 조장되었다.[29] 이와 같이 태조 홍무제의 삼교보호정책은 명대 중후기에 이르기까지 유교를 중심으로 하되 황실의 취향에 따라 도교와 불교 가운데 어느 한쪽에 치우치기도 하였는데, 이는 민간의 삼교 신앙을 조장하면서 서로 표리관계를 이루게 되었다.

그러나 학술사상계는 이와는 달랐다. 성리학은 어디까지나 官學으로서 존중되었으며 佛·老는 異端으로 배척되었다. 명조의 전기에는 왕조의 기강을 바로잡고 향촌사회의 질서를 확립하는 일이 급선무였으므로, 학문적 관심도 주자학적 명분주의에 두었다. 그들 성리학자들에게는 주자가 그러했듯이 불·노는 이단으로 비판의 대상이었으며, 황실의 불·노에 대한 관용적 태도와는 그 입장이 달랐다. 황실은 私家로서 불·노를 통하여 生死禍福을 구한 것이지, 그렇다고 성리학을 체제이념으로서 받아들이기를 거

27) 趙翼, 《二十二史箚記》, 〈成化嘉靖中方技授官之濫〉.
28) Liu Ts un-yan, Judith Berling, "The three teaching in the Mongol-Yuanperiod," Hok-lam Chan and Wm. Theodore de Bary(ed.), *Yuan Thought, Chinese Thought and Religion Under the Mongols* (Columbia Universitypress, 1982), pp.479~512.
29) 酒井忠夫, 앞의 책, pp.289~290.

부한 것은 물론 아니다. 이는 士人의 私家가 불·노를 믿지 않은 것은 아닌
것과 마찬가지라 하겠다.

어쨌든 사대부사회의 성리학적 풍토는 명대 중기 이후, 서서히 바뀌기
시작하였다. 이는 사회변화와 맞물린다. 15세기 중엽 이후 생산력이 늘어
나고 상품작물의 재배와 가내수공업이 이루어져 細戶層이 눈에 띄게 성장
하였다. 이에 따라 그들과 지주 및 고리대 자본의 긴장상태도 더욱 증폭되
었다. 그러한 긴장상태는 농민반란으로 폭발하였으며, 이러한 새로운 사회
변화에 대한 주자학적 天理의 대응은 무기력할 수밖에 없었으니, 이리하
여 새로운 사상적 대응이 필요했다.[30] 양명학의 心卽理說이 이러한 사회적
요청에 따라 나왔으며, 그 심즉리설은 태조 이래의 삼교정책과 민간의 삼
교 신앙을 수용하는 양지설을 이루게 하였다.

(2) 명말의 名敎的 三敎合一說

양명학의 삼교합일설의 사상적 토양이 되는 致良知說이 나오는 과정에
서, 결코 놓칠 수 없는 것이 앞에서 설명한 조정의 삼교보호정책과 민간의
삼교신앙이 사회의 삼교혼융적 풍조를 이루고 있었다는 점이다. 당시의
학자들은 자기의 학문적 소신을 세우기 전에 불교와 노장을 두루 접하는
경향이 있었으며,[31] 이 점에서는 양명도 결코 예외는 아니었다.

어쨌든 명말의 양명학자들은 그때까지의 사정을 단순 미화하여 삼교합
일의 공을 태조에게 돌리는 경향이 있었다. 양명학 좌파에 속하는 泰州派
의 羅近溪는,

> 三敎聖人의 道가 지리함이 이미 오래 되었는지라 하늘이 다행이 高皇帝를
> 낳아 이 관문을 뚫어서 그 합일의 단서를 열었으니 장래 반드시 하나의 至人
> 을 낳아 크게 하나로 합병하려 하심이었다.[32]

---

30) 양명과 거의 동시대를 산 陳獻章(1428~1500), 湛若水(1466~1560) 등이 程朱를
비판하고 心學을 주장한 것도 결코 우연이 아니다.
31) 양명 이전에 삼교절충의 입장을 취한 학자로 祝允明(1461~1527)을 들 수 있으
나 그는 유학자라기보다는 掌故學, 歷史學에 밝은 인물이었다. 祝에 관해서는 間
野潛龍,《明代文化史硏究》, pp.433~435을 참조하라.

고 하여, 삼교가 오랜 동안 별개로 지리하게 전개되어 왔으나, 태조가 그
합일의 단서를 열었다고 찬양하는 한편 뒤이어 대학자가 나타나 완성하였
다고 적고 있다. 지인이란 양명을 가리킨 것이 분명하다. 어쨌든 양명 이
후 양명학이 널리 퍼지고 삼교의 절충 조화론을 여러 학자들이 다양하게
펼쳐나갔다. 그 가운데서도 가장 종합적이고도 체계적인 삼교론을 세운
管東明(1536~1608)이 유명하다.

　관동명의 이름은 志道, 호는 東溟이다. 역시 태주파의 耿定向의 제자로
서 삼교설에 관한 수많은 저술을 남겼는데, 그도 당시의 삼교론자들이 대
체로 그러했듯이 태조의 삼교론을 표방하여 자기의 이론을 전개했다. 그
는 "釋迦는 聖의 聖者요, 노담은 聖의 知者요, 공자는 聖의 仁者요, 우리
고황제는 聖의 時者이니 고황이 그 집대성이다"[33]고 하여 역시 태조를 삼
교의 집성자로 찬미하면서,

　　聖祖께서 삼교를 통일하여 禮部에 돌렸으니 어찌 儒가 入禪한다고 염려했
　으랴!《御製心經》序에서 色과 空의 뜻을 가장 잘 자세히 설명하여 "이를 잘
　쓰면 천하를 다스릴 수 있다" 하셨으니 어찌 禪을 悖儒라고 나무라셨겠는가?
　그것을 천하에 반포함에 이르러 반드시 오경사서 및 정주의 訓註로써 하심에
　주장하는 뜻을 따라 함께 떠내려가서는 안 된다.[34]

고 하였다. 태조가 삼교합일을 주장하되 성리학적 명분주의에 입각하였음
을 강조하고, 태조의 삼교론에 입각하여 반명교적 삼교론 내지는 학술사
상계의 풍토를 바꾸어야 한다는 것이다. 이 경우 삼교합일론이라 하여 명
교론에 위배되는 것이 아니다. 오히려 삼교합일의 올바른 이해야말로 유
교의 명분주의에 합치한다는 것이다. 어쨌든 그의 스승 경정향도 태주파
에 속하면서 우파적 성향이 강하였으며, 동명도 역시 삼교합일을 주장하
면서도 양명학 좌파의 無善無惡說을 비판하면서 東林學派 인사들과 보조

32) 管志道,〈續原教論〉所載 ; 酒井,《中國善書の研究》(東京, 1959), p.245에서 재인용.
33) 管志道,《理要醑諮錄》卷下,〈倣孟子文句二條表憲章〉; 荒木見悟,《明末宗教思想
　　研究》, p.164에서 재인용.
34) 管志道,《惕若齊集》卷 2,〈續答先生教箚中意〉; 酒井, 앞의 책, p.237에서 재인용.

를 같이하였다.[35] 계속해서 그의 명교적 삼교설을 들어보자.

　　戊子에 이르러 이전의 문제를 조금 깨달아 생각이 비로소 하나로 돌아갔
다. 곧 삼교의 성인이 여러 변화를 일으키지만 中庸 두 글자를 벗어날 수 없
으니, 中庸之道는 聖을 좇는 것뿐이다. 성은 기특한 것이 아니라 단지 日用事
物 사이에 있을 뿐이다. …… 문득 如來法身이니 굳이 參禪과 問道가 무슨 소
용이랴! 나는 在世와 出世가 두 가지가 아님을 안다. …… 그러나 근세의 선을
공부하는 자, 오히려 이 큰 뜻을 보고도 광기를 부려 평범하지 않게 괴상한
짓을 저지른다.[36]

　노·불의 도는 역시 유교의 중용지도를 벗어나 존재할 수 없다는 것이며,
儒敎歸一의 삼교가 아닌 한 평상을 벗어난 행동를 하게 될 것이라는 것이
다. 그는 李卓吾의 반명교적 언동을 호되게 비판하면서,[37] 다른 한편으로는
다음 장에서 살펴볼 萬曆시대에 삼교합일론에 열중하던 선승들에 대해서
도 覇禪이라고 하여 양명학 좌파와 함께 비판하였다.[38] 이러한 그의 우파
적 사상 경향에서 우리는 신주자학의 기치를 든 東林學者들과 오히려 그
사상적으로 교섭하게 된 사정을 이해할 수 있게 된다.
　태주학파 가운데 명교적 입장에서 삼교의 兼修를 주장한 사람이 여럿
있으나, 여기서 일일이 열거할 수는 없다. 다만 양명학과는 크게 관계가
없으면서도 그 심학적 영향 아래 學業을 포기하고 삼교합일의 독자적 이
론을 세워 이른바 三敎先生, 또는 三敎敎主라 불리는 林兆恩(1517～159
8)[39]의 경우도 매우 흥미를 끈다.
　그는 삼교합일설의 뜻을,

---

35) 荒木見悟, 〈管東溟 ― 明末における一儒佛調和論者の思惟構造〉(《明代思想硏
　　究》)와 《明末宗敎思想硏究 ― 管東溟の生涯とその思想》 四, 〈東溟と顧憲成〉 부분
　　참조. 특히 후자는 管에 관한 專著이다.
36) 管志道《惕若齋集》 卷 2, 〈答耿克念書〉; 酒井, 앞의 책, p.236에서 재인용.
37) 荒木, 《明代思想硏究》, pp.237～249.
38) 荒木, 《明末宗敎思想史硏究》, pp.237～249 .
39) 林의 생존 당시에는 三敎先生이라 하고, 그 뒤에는 三一敎主라 고쳐 불렀다 한다.
　　鄭志明, 《明代三一敎主硏究》(臺北, 1988), p.9. 이 연구는 林에 관한 專著이다.

무릇 敎는 분명히 셋이다. 만약 공자·노자·석가의 교가 셋이 되는 까닭을 알지 못하면 그 도가 온전히 하나됨을 인식할 수 없다. 만약 공자·노자·석가의 도가 하나되는 까닭을 알지 못하면 그 셋을 통합한 큰 가르침을 이룰 수 없다. 이미 그 하나임을 인식하고 다시 그 셋을 통합하면 분명히 셋이 아니요, 또한 온전히 하나도 아니니, 크기도 하고 지극하기도 하다. 이것이 유·불·도가 같은 것이며, 공자·노자·석가가 훌륭한 까닭이다.[40]

라고 하여 가르침은 셋이고, 도는 하나이기 때문에 그 도가 각기 다른 도를 관철하며, 또한 각기 다른 교를 통하여 도가 하나가 되도록 해야 한다는 것이다. 이것이 그의 삼교관이다. 이와 같이 三敎 道一을 주장하면서도 다른 한편으로는 유의 도와 불·노의 도에 대한 비중을 달리하여,

내가 말하는 삼교합일의 큰 취지는 대개 도교와 불교 계통을 합하여 三綱으로써 바로잡아 그 常道를 밝혀 하나로 하고자 하며, 불교와·도교를 합하여 四民으로써 바로잡아 그 常業을 정하여 하나로 하고자 한다. 이렇게 하면 천하 사람들이 異道가 있을 수 없고, 異民이 있을 수 없다.[41]

고 하여 이른바 三敎歸儒說을 주장하고 있다. 三綱은 常道, 四民 다시 말해 士·農·工·商은 常業이니, 이는 곧 유교를 가리키는 것으로 결국 불교와 도교는 유교의 보충적 기능밖에 하지 못한다는 것이다. 이같이 유교 중심적 삼교의 합일을 강조하고 있다는 점에서는 기본적으로 태조나 동명의 그것과 다를 바 없다. 다만 兆恩은 삼교교주라 불릴 정도로 필생의 정열을 삼교일치설의 전파에 쏟고 있어,[42] 명말 학술사상계 일반의 어떤 특징을 여기서 읽을 수 있다.

---

40) 《林子全集》1冊,〈合一大旨〉.
41) 《林子全集》1冊,《續稿》卷 4,〈道業正一篇〉.
42) 林에 관한 專著로는 鄭志明의 연구서와 함께 Judith A. Berling, *The Syncretic Religion of Lin Chao-en* (Columbia Universitypress, 1982) 등이 있다.

3. 泰州派의 反名教的 三教合一論

1) 二王의 三教合一論

陽明의 양지설이 내포한 삼교일치적 단서를 발전시킨 이는 양명의 두 제자, 王龍溪와 王心齊였다. 그들은 양지설의 전파에 일생을 바쳤을 뿐 아니라, 그들 스스로 주자학과 양명학의 갈림목이 되는 《대학》의 致知格物 說에 대해 독자적 해석과 주장을 함으로써 삼교일치설에서도 스승보다 신축성 있는 설명을 하고 있다.

먼저 용계의 삼교설을 이해하기 위해서는 現成良知說을 살펴볼 필요가 있다. 그는 "선생께서 良知 두 자를 제창한 것은 바로 현재를 가리켜서 한 말이다. 현재 양지는 성인과 같지 않음이 없다"[43]고 하여, 양지는 현재성을 띠고 있기 때문에 그런 점에서 성인이나 범인이나 마찬가지라고 하였다. 이러한 그의 현재양지 내지 현성양지설에 대해 羅洪先이나 錢德洪 같은 同學들이 수없이 반론했지만, 그는 현성양지의 완전성을 조금도 의심하지 않았다.[44] 그는 현성양지의 완전성에 대하여,

> 양지가 사람에서 본래 조금의 결함도 없다. 비록 혼폐함이 대단하더라도 一念을 스스로 돌이킬 수 없다면 곧 本心을 얻게 된다. 비유컨대 日月의 밝음이 자칫 雲霧에 가리면 이를 어둠이라 하지만, 운무가 걷히기만 하면 밝음이 곧 드러나니 원래 결함이 있었던 것이 아니다. 이것은 본래 사람이 현재 그대로 具足하여 따로 공부가 필요 없는 것이다.[45]

고 하였다. 양지는 일월이 밝은 것과 마찬가지로 원래 완전무결하여 어떠한 공부도 필요 없이 그대로 기능을 발휘할 수 있다는 것이다.

그래서 양지를 '性體 自然의 覺'[46]이라고도 하며, 그 성질은 "일체 말래

---

43) 《龍溪全集》 卷 4, 〈與獅泉劉子問答〉.
44) 柴田篤, 〈良知現成の思想 ― 王龍溪を中心にして〉(岡田武彦 編, 《陽明學の世界》, 東京, 1986), pp.289~297.
45) 《龍溪全書》 卷 6, 〈致知議辯〉.

야 말 수 없는 생기"[47]로서 순발력도 지니는 것으로 보아, 삼교의 벽도 넘어설 수 있다는 것이다. 그는 "선생의 양지의 학이야말로 삼교의 핵심"[48]이라고 하여 그 초월성을 강조하면서, 유교와 불·노의 관계에 대하여 "우리 儒에서 말하는 양지는 불교의 覺, 노자의 玄으로서 각각 뜻에 중점을 두는 바가 있어서 작용하는 바도 다르다. 대개 우리 儒는 경세를 주로 하지만 二氏는 출세를 주로 한다"[49]고 하여, 유가는 世間法으로서 경세를 주로 하는데 반해 불·노는 非世間法이라는 전통적 명교의 논리를 따르지만 결코 이단은 아니라는 것을 강조하고 있다. 이단이 아닌 이유를 "이들의 학은 우리 儒와 다르다. 그러나 우리 儒와 함께 전승되어 없어지지 않은 까닭은 거기에도 도가 있기 때문이니, 모두 마음(心)을 가졌기 때문이다"[50]라고 하여 유·불·도가 心學으로서 공통성을 지니기 때문에 나름대로 도가 있지만 세간법이냐 출세간법이냐의 차이로 대도와 소도로 구분된다는 양명의 논법을 따르고 있다. 그는,

> 삼교설은 있어 온 지 오래다. 老氏가 虛를 말하지만 성인의 학에서도 역시 도를 말하고, 불씨가 寂을 말하지만 성인의 학에서도 역시 적을 말하니 어떻게 변별할 것인가? 세상의 유자들은 그 本類를 따지지 못하고 이씨를 이단이라 하니 역시 통론이 아니다. 良知는 性의 靈이며 천지만물로서 삼교를 범위로 하는 中樞이니…… 노·불을 배우는 자, 능히 復性을 종으로 하여 헛된 망상에 젖어들지 않으면 道와 釋의 儒라 할 것이요, 우리 儒된 자가 지혜를 사사로이 써서 두루 宗旨를 밝히지 못한다면 이는 유의 이단일 뿐이다. 털끝만한 차이에서 그 기틀이 매우 적으니, 우리 유학이 이를 밝혀 證得해야 그 眞髓를 얻게 된다.[51]

라고 하여, 불교와 도교가 결코 이단이 아니며 삼교는 서로 보충 관계에

---

46) 위와 같음.
47) 《龍溪全書》 卷 4 〈留都會記〉.
48) 위와 같음.
49) 《龍溪全書》 卷 10, 〈與李中溪〉.
50) 《龍溪全書》 卷 7, 〈南遊會記〉.
51) 《龍溪全書》 卷 17, 〈三敎堂記〉.

있음을 역설하고 있다. 물론 그들은 대등한 관계는 아니고 유가 宗임을 전
제로 한 것인데, 그 까닭은 경세를 위한 양지의 학을 가졌기 때문이며, 그
양지의 학은 대인의 학으로서 "性이 서로 평등하고 높고 낮음이 없어서 서
로 속이지 않고 서로 무시하지 않으며, 같지도 않고 다르지도 않으며, 凡
도 없고 聖도 없으며, 삼교가 나누어짐이 없고, 三界가 서로 벗어나지도
않으니 아득히 無爲의 化"[52]라고 표현하고 있듯이 양지, 다시 말해 현성 양
지는 모든 대립을 넘어서며, 유·불·도의 대립적 장벽을 허물어 버리는 힘
을 가지고 있다. 그것은 유의 전유물이 아니라, 삼교에 고루 출입하면서
유를 유답게 하고, 불을 불답게 하고, 도를 도답게 하는 보편적이면서도
절대적인 근원체임을 강조하고 있다.

용계가 양지설을 학술 사상적으로 심화시켰다면, 심제는 실천적으로 발
전시켰다. 심제는 태주지방 鹽丁의 아들로 태어나 어렵게 생활했기 때문
에 독서의 폭이 넓지는 못하였으나, 양지설을 열심히 따르면서 독자적 격
물설을 주창하였다. 이른바 淮南格物說이 그것이다.

> 格은 格式의 격이며, 身으로부터 가·국·천하가 모두 물이다. 物은 모두 本
> 과 末이 있는 것이니, 신은 본이요, 가·국·천하는 말이다. 말이 올바르지 못한
> 것은 본이 올바르지 못한 때문이니, 말을 바로 하려 한다면 본을 바로 해야
> 할 것이니, 본은 곧 말의 식이다. 때문에 격물이라고 한다.[53]

이렇게 몸을 근본으로 보고 이를 바로 하는 것을 격물이라고 한 설명은
분명히 특이한 것이다. 이 격물론에서는 '身'을 중시할 수밖에 없다. 그리
하여 明哲保身, 安身 등 몸을 강조하였으며,[54] 이 몸을 주체로 하는 대장부
의 실천적 책무를 다음과 같이 통감하고 있다. 즉,

> 大丈夫는…… 나아가면 帝王의 師가 되고, 野에 있으면 천하만세의 師가

---

52) 《龍溪全書》 卷 4, 〈楚侗耿子問〉.
53) 《王心齊全集》 卷 3, 〈語錄〉. 心齊의 이 格物解를 黃宗羲는 淮南格物이라고 불렀
　　다. 《明儒學案》 卷 32, 〈處士王心齊先生艮〉.
54) 《王心齊全集》 卷 3, 〈語錄〉.

되어야 한다. 나아가서 제왕의 師가 되지 못하면 그 本을 잃는 것이요, 野에 있으면서 천하만세의 師가 되지 못하면 그 末을 놓치는 것이다.[55]

고 한 데서 송대 이래 면면히 이어져 온 강렬한 사대부의식을 읽을 수 있다. 한낱 염정 출신으로서 擧業도 돌보지 않고, 양지설의 전파에 필생의 정열을 쏟아 태주학파를 이루었다. 窯業에 종사하는 韓貞, 胥使 李珠, 상인 林訥, 농부 夏廷美, 기름장사 陳眞晟, 戍卒 周惠, 망건장사 朱蘊奇 등이 거기에 포함되었던 것[56]도 결코 우연이 아니다.

제왕의 스승이 되고, 천하만세의 스승이기를 자처한 심제는 "사람의 天分이 같은 것은 아니지만, 학문에서는 반드시 천분을 논할 필요가 없다"[57]거나 "일반 백성은 천분에 따르지만 大人은 그 命을 개조한다"[58]고 했다. 이러한 그의 大人造命說은 주자학적 天理觀이나, 명분론적 기존 질서의 틀을 깨는 진취적인 기상을 담고 있다.

이처럼 그가 지키고 일으키려 한 道, 그것은 물론 良知이다. "道는 하나일 뿐이다. 中이요, 良知요, 性이요, 一이다. 이 이치를 알면 現現成成하며, 自自在在하게 된다"[59]고 하여 양지의 현재성을 강조한 점에서는 용계의 설과 다를 바가 없다. 현재는 미래나 과거도 아니며, 멀지도 높지도 않다고 보기 때문에, 그는 "성인의 道는 백성들의 일상적인 쓰임에 지나지 않는다. 무릇 다르다면 이를 이단이라 한다"[60]고 하여 불교와 도교를 말하고 있지는 않으나, 유교라도 백성들의 쓰임에 어긋나면 이단이 된다는 것이다. 백성의 일상적인 것이 곧 성인의 도라는 주장은 그 후학 李卓吾의 "옷 입고 밥 먹는 것이 人倫 物理이니, 옷 입고 밥 먹는 것을 떠나서는 인륜 물리는 존재하지 않는다"[61]는 주장과 완전히 일치한다. 이러한 일용성 내지 현

---

55) 《王心齊全集》 卷 2, 〈語錄〉.
56) 李二曲, 《觀感錄》.
57) 《王心齊全集》 卷 2, 〈語錄〉.
58) 위와 같음.
59) 《王心齊全集》 卷 3, 〈語錄〉.
60) 《王心齊全集》 卷 2, 〈語錄〉.
61) 《焚書》 卷 1, 〈答鄧石陽〉.

재성이 바로 양지의 본성으로, 인간은 성인이나 현인이나 또는 愚衆이나를 가릴 것 없이 온전히 갖추고 태어난다는 것이다. 탁오는 다시 "천하에한 사람도 生知 아닌 사람이 없다. …… 生知者는 곧 佛이다. 천하에 어찌한 사람밖에 佛이 있을 수 있으며, 佛밖에 사람이 없을 수 있겠는가?"[62]라고 하였다. 이는《논어》에서 生而知之라는 말을 성인에만 국한시킨 것과는 달리, 천하의 모든 성인은 곧 佛이며 또한 成佛할 수 있다는 논리로, 바로 "거리의 뭇 사람들은 모두 성인이다"[63]라고 한 양명의 양지적 인간관을충실히 이어받아 발전시킨 것이다.

이처럼 心齊는 불교나 도교를 직접 다루지는 않았으나, 그의 양지설은일상적 실천적 성격을 지니고 있어서 그것이 삼교일치설로 나아가는 통로를 이미 마련하고 있었다. 이러한 사상 경향이 하심은에게로 이어지고 있었음에 주목할 필요가 있다. 耿天台는 양지설의 태주학파적 흐름에 대하여,

> 姚江이 처음으로 양지의 뜻을 발명하여 눈이 뜨이게 되었으나 아직 身을드러내지 못하였다. 泰州가 本을 세운다는 뜻을 연구하여 身을 높일 것을 알았으나 아직 家를 드러내지 못하였다. 이에 벗들을 모아서 孔氏의 家를 이루기를 바랐다.[64]

고 하였다. 양명의 양지학이 심제에 이르러 수신·제가·치국·평천하 가운데 身을 근본으로 한 사대부의식으로 발전하였고, 다시 심은에 이르러 '공씨의 家', '天下一家' 등 家를 중시하는, 말하자면 양지학이 大丈夫 개인보다는 사대부 집단 내지는 사대부사회로의 확대·발전을 가져오게 되었다는 것이다.[65] 사실 그는 師友關係를 중시하고 그들과 함께 講學하는 일을매우 중하게 여겼기 때문에 이탁오는 그를 "인륜에 다섯 가지가 있는데공은 그 넷을 버리고 오직 師友와 聖賢 사이에 몸을 두었다"[66]고 평하였

62)《焚書》卷 1,〈答周西巖〉.
63)《傳習錄》下, 113.
64)《耿天臺先生文集》卷 16,〈里中三異傳〉.
65) 森紀子, 앞의 글.
66)《焚書》卷 3,〈何心隱論〉.

다. 심은의 이러한 遊俠的 성향은 위로는 스승 顔鈞에게로 연결되며, 아래
로는 이탁오에 영향을 주어, 태주파 가운데 특히 반명분론적 계파를 이루
게 되었다.

반명분론의 연원을 따지면 송대 陸象山에게로 거슬러 올라가며,[67] 이것
이 양명을 거쳐 그 좌파에 이르면 다시 극단화하게 된다. 황종희는 태주학
파에 대하여,

> 양명선생의 학이 태주와 용계를 통하여 천하에 유행하게 되었으며, 태주와
> 용계는 때때로 그 師說에 만족하지 않고 불교의 비밀을 열어 선생에게 돌리
> 니 대개 양명을 뛰어넘어 禪이 되었다. …… 태주의 뒤에는 그 사람들이 능히
> 맨손으로 용과 뱀을 잡으려 덤볐으니 안산농 하심은 일파에 이르러서는 다시
> 는 명교 측에서 제재할 수 없게 되었다.[68]

고 하여, 용계와 태주의 반명교적 사상을 禪佛敎와 밀접한 관계에 두면서
도 특히 태주 이후의 顔·何와 같은 극단론자들에 와서는 더욱 외길로 치
닫게 되었다고 비판하고 있다. 그런데 안산농이나 하심은보다 한층 더 명
교성을 벗어난 이탁오는 태주학 안에서 아예 제외하고 있는데, 이는 탁오
를 '明儒'로 생각할 수 없다는 이유 때문이었다. 사실 학문의 계통상으로
태주파에 속하면서도 명교적 입장을 고수하는 관동명도 태주파의 일부 반
명교적 노선에 대하여,

> 양지의 맥이 王汝止에 일전하여 昌하고 顔鈞에 재전하여 肆하고 梁汝元에
> 삼전하여 蕩하고, 오래되어서는 誕하고, 흘하고, 禪窟을 빌려 써 간교함을 간
> 직하니 文成이 이에 쇠미하게 되었다.[69]

고 하여, 양명의 양지학이 태주의 심제에서 산농 심은으로 전해오면서 점

---

67) 졸고, 〈《明夷待訪錄》에 보이는 職分論 — 宋代 이래 位分觀의 변천상에서 본〉
   (《東洋史學研究》 10, 1976), pp.12~16.
68) 《明儒學案》 卷 32, 〈泰州學案序〉.
69) 《師門求正牘》 卷上, 三十三丁 ; 荒木見悟, 《明代思想研究》, p.116에서 재인용.

차로 과격해지다가 결국에는 미치고, 또한 선에 떨어지게 되었다고 비난하고 있다. 이와 같이 자신이 태주파 계열에 속하면서도 이른바 유교의 叛徒 李卓吾를 호되게 비판하고, 동시에 젊었을 때 가까운 사이로 역시 삼교합일을 주장한 선승 紫栢達觀까지 논란을 일으켜 공격한 것은 갈수록 사상계의 반명교적 풍조가 만연해가고 있었던 상황에서 자신은 우파적 입장에서 이를 바로잡으려 한 때문이었다.[70]

2) 李卓吾의 三敎同道論

李卓吾(1527~1602)는 知府官을 마지막으로, 강학과 저술에 전념하였으나, 그는 기이한 행동과 주장으로 명교 측으로부터 끊임없이 공격을 받아오다가, 萬曆 30년 禮科給事中 張問達의 탄핵을 받아 옥에 갇혀 옥중에서 자살하였다. 그의 탄핵은 주로 명교를 부정하고 佛寺를 출입하며, 三敎兼修의 입장을 취하고 남녀의 同席 講學을 하는 등 사회기강을 문란케 한다는 것이었다. 사실 그는 예교적 질서를 무시하고 유교의 권위를 군이 존중하려 하지 않았으며, 삼교합일에 대한 견해를 거리낌없이 펼쳤다.

그는 太祖御製文 가운데서 불교관계의 論·勅·序·讚과 成祖의 같은 종류의 글 몇 편과 일반의 삼교관계 논설도 함께 묶어 《三敎品》이라 하고 이 서문에서,

> 삼교의 성인은 하늘을 이고 땅 위에 섰으니, 異와 同에 있지 않은 것은 분명하다. 때문에 "천하에는 두 道가 없고, 聖賢은 두마음이 없다" 하셨다. 우리 高皇帝가 천하를 통일하여 큰 집을 지을 때 공자를 공경하고 석가불을 공경함이 마치 한 사람 대하듯 하셨다. 때문에 그 御製文集에서 삼교의 성인을 논하면서 자주 이 두 마디로 단정하여 그 다르지 않음을 보이신 것이다. 무릇 이미 道라고 하고 心이라 한 바에야 어찌 다름이 있겠는가? 그러니 비록 愚夫나 심지어 곤충과 초목에 이르기까지 이 道, 이 마음을 벗어날 수가 없는 것이거늘 하물며 삼교의 성인에서랴! 대개 둘(二)로 나누려 해도 되지 않고,

---

70) 荒木見悟,〈管東溟 ― 明末における ― 調和論者の思惟構造〉(《明代思想研究》), pp.164~169.

둘(兩)로 취급하려 해도 할 수 없는 것이다.[71]

라고 하였다. 태조의 천하에 두 마음이 없고 성현은 두 마음이 없다고 한 三敎同道論에 찬사를 보내면서, 나아가 삼교 성인은 말할 것도 없고, 어리석은 자나 심지어는 동·식물에 이르기까지 이 도와 심의 범위를 벗어나지 않는다고 하여 자신의 삼교관 내지 만물일체관을 보여주고 있다.

탁오의 삼교관은 그의 道學 心學을 기초로 하여 성립하는 것으로, 그 핵심은 독특한 그 童心說에 있다.

> 童心이란 眞心이다. …… 동심이란 假가 없는 순진한 것(絶假純眞)으로 最初 一念의 心이다. 만약 동심을 잃게 되면 眞人임을 잃는 것이다. …… 동자란 사람의 처음이요, 동심이란 마음의 처음이니 마음의 처음을 어찌 잃겠는가?[72]

라고 한 데서 동심은 진심, 동자는 진인이라는 논법으로 동심설을 통하여 인간의 진실을 추구하고 있다. 이러한 논리에 따르면, 동심은 성현이나 愚衆의 구별 없이 生來的이니, 공자·노자·석가도 다를 바 없다. 그는 다시 "학자는 당연히 人倫物理上에서 眞空을 알아야 한다"고 하여 진공이 어디까지나 현실적 인간생활 가운데 있는 것인데, 만일 그렇지 못하면 문득 지리함에 빠지고 만다는 것이다.[73] 양지나 동심은 簡易 直截한 것이며, 지리한 것을 피한다. 삼교는 원래 眞道學으로서 서로 다르지 않기 때문에 반드시 합일될 것으로서 그 단서는 태조가 열고, 그 개화는 동심(양지)설을 제창한 양명학에 이르러 비로소 가능하게 되었다는 것이다. 다시 그의 삼교설을 들어보자.

> 무릇 聖學이란 모두 자기 생사의 根因을 궁구하고 自家 性命의 행방을 探討하기 위한 것이다. …… 오직 三敎의 大聖人만이 아는 까닭에 평생의 힘을 쏟아 이를 밝혀 마음을 정하여 착수한 뒤에, 작용은 각기 달랐지만 그 다른

---

71)《李卓吾遺書》,〈三敎品〉.
72)《焚書》卷 3,〈童心說〉.
73)《焚書》卷 1,〈答鄧石陽〉.

것은 단지 면모뿐이다. 이미 세 사람이니 어찌 다르지 않겠는가? 억지로 三聖의 면모를 같게 하려 하면서부터 성인의 지혜를 뒤로 하게 되었으니 어찌 삼성인의 일에 대해서랴! …… 어찌 삼성인의 동일한 까닭을 탐구하지 않을 수 있겠는가? …… 부부도 천지도 이미 그 원을 같이 했으니 삼교의 성인이 각기 다르다 한다면 되겠는가? 그러니 삼교의 성인이 같지 않다고 하는 것은 잘못이다. 地一聲은 도가가 가르치고 학문하는 話頭이며, 未生以前은 석가가 가르치고 학문하는 화두이며, 未發之中은 우리 유학이 가르치고 학문하는 화두이니 같은가? 다른가? 오직 진실하게 자기 性命을 위하는 자만이 묵묵히 스스로 알 것이다.[74]

삼교의 면모는 서로 다르지만 그 도의 본질은 다를 것이 없다는 것이다. 학문의 목적이 생사의 원인과 性命의 행방을 탐구하는 데 있으므로 삼교 성인의 필생의 노력으로 그 원리를 알았으나, 각기 가르치고 학문하는 방법과 작용하는 바가 서로 다를 수밖에 없다.

그러나 그들은 결코 서로 모순되거나 저촉되지 않기 때문에 삼교는 동시에 존중받아야 한다고 하였다. 그러면서도 그는 어디까지나 유교를 불교·도교와는 구별하여 '吾儒學'이라 부르고, 그 작용하는 바가 다르다고 하면서도[75] 양명이나 용계처럼 굳이 양자를 大道와 小道로 나누려고는 하지 않았다.

羅近溪의 제자이면서 탁오와도 학문적 관계를 깊이 하였던 焦竑도 "釋氏의 여러 경전은 곧 孔孟의 義疏"[76]라 하여 유·불이 서로 보조 관계에 있다고 주장하였다.[77] 그는,

---

74) 《讀焚書》卷 1, 〈答馬歷山書〉.

75) 三教同道를 주장하면서도 유교의 작용은 필경 經世에 있다는 인식에서 三教歸儒說을 쓰고 있다.(《續焚書》卷 2) 이러한 경세적 입장은 禪僧이나 道士라는 특수한 신분을 갖지 않는 한 모두 마찬가지였다. 그리고 酒井忠夫는 李卓吾 등 태주파의 인사들이 삼교설을 주장하면서 반드시 태조의 삼교론을 표방하고 있는데, 이는 자기 방어적 입장 때문이라고 하고 있으나(酒井, 앞의 책, pp.234~248) 이는 피상적 관찰에 불과하다. 명말의 학술사상계는 삼교융합적 경향이 짙었으며, 또한 당시 士紳들의 정치적, 사상적 자기 주장으로 태조를 표방하는 것이 관행처럼 되어 있었다.

76) 《澹園集》卷 12, 〈答耿師〉.

77) Leon Hurvitz, "Chu-hung's One Mind ofpure Land and Chan Budism," Wm.

道는 하나다. 達者는 契合하고 衆人은 宗으로 삼으니 중국에 있는 자는 공맹과 노장이요, 그 서방에서 온 자는 석씨이다. …… 어리석은 자는 그 迹을 보고 道를 보지 못하여 왕왕 이를 나누어 따로 지키고 있다.[78]

고 하였다. 불교가 비록 서방에서 왔다 하더라도 그 도는 유교나 도교와 마찬가지이기 때문에 만일 서방에서 온 道를 배척한다면 이는 어리석은 짓이라는 것이다. 도가 출현한 지역의 동서가 다르더라도 도 그 자체는 같다는 주장은 양명의 《諫迎佛疏》에 보이는데, 佛이 道이기는 하되 서방에서 왔기 때문에 작은 도라는 주장에는 역시 동조하지 않았다.[79]

어쨌든 탁오나 그의 同學 焦竑이 인식한 도는 인간생활에 부자연한 것은 거짓이라고 하여 용납하지 않았다. 대신 자연적이고 순수한 것만이 진실한 도로서 이는 삼교성인에 공통적이며, 求道者가 마땅히 걸어야 할 길이었다. 그래서 탁오는 "염불할 때는 단지 염불을 하라. 자모를 만나고 싶으면 단지 慈母를 만나라. 감출 필요가 없고 性을 거스를 필요도 없고, 마음을 어둡게 할 필요가 없고, 뜻을 억누를 필요도 없다. 直心 그대로 움직이는 것이 곧 眞佛이다"[80] 하고 또 "天堂에 불이 있으면 천당에 가고, 지옥에 불이 있으면 지옥으로 가라"[81]고도 하여 억지가 없는 있는 그대로가 부처이며, 부처를 구하기 위해서는 지옥이라도 가야 한다고 하였다. 만년에 그는 머리를 깎고 절에 들어가 불경을 읽기도 하였으나, 그의 출가 동기는 어디까지나 세속적 구속으로부터의 도피이며, 이는 곧 진불, 다시 말해 도를 구하기 위한 행위에 불과한 것이었다. 그가 사대부사회에서 저속한 것으로 금기하는 雜記나 《西廂記》, 《水湖志》 같은 서민 문학작품을 '古今의 至文'이라거나 '천지의 지문'이라 칭찬한 것도 그들 작품이 眞情, 다시 말

Theodore de Bary(ed.), *Self and Society in Ming Thought* (Columbiapress, 1982).

78) 《澹園集》 卷 17, 〈贈吳禮部書〉.

79) 焦는 불교가 수반하는 서방(인도)의 습속은 중국에서 시행할 수 없지만 道의 측면은 유교에서 잃어버린 부분을 그것으로부터 발명할 수 있는 것으로 보았다. [李悼然, 〈焦竑之三敎觀〉(《明史散論》, 臺北, 1987), pp.137~138]

80) 《焚書》 卷 2, 〈爲黃安二上人〉.

81) 《焚書》 卷 2.

해 同心의 발로라고 보았기 때문이다.[82] 이같이 그가 서민 문학을 '至文'이라 칭찬하고, 도를 구하기 위하여 불가와 도가를 드나드는 행위는 명교 측으로부터 결코 용서받을 수 없는 것이었다.

4. 명말 불교계의 三敎同源論

1) 憨山德淸의 三敎同源論

명말에는 불교가 매우 성행하였던 모양으로 만력연간의 진사 謝肇制는 당시에 불교가 어느 정도 유행하였는지를 다음과 같이 말하고 있다.

> 오늘의 釋敎는 거의 천하에 전파되어 佛寺는 학교보다 성하고, 呪唄는 絃歌보다 소란하다. 위로는 王公貴人에서부터 아래로는 부인 여자에 이르기까지, 매양 談禪 禮佛하여 즐거워하지 않는 이 없다.[83]

그러한 만력시대의 불교를 대표하는 雲棲袾宏(1535~1615), 紫栢眞可(1543~1603), 그리고 憨山德淸(1546~1623)을 萬曆三高僧이라 하며, 여기에 명말·청초를 산 藕益知旭(1599~1655)을 합하여 명대 불교의 4大高僧이라고도 한다.[84] 그만큼 고승이 명말에 집중되어 있는 것은 당시의 불교가 그만큼 번성하였다는 증거라 하겠다.[85]

이와 같이 명말에 이르러 명대를 대표하는 고승이 많이 나오게 된 것은 正德 嘉靖 이후 양명학을 위주로 한 유교의 心學化와 관련하여 불교내부

---

82) 島田虔次, 《中國近世における近代思惟의の挫折》(東京, 1970), p.193.

83) 《五雜俎》.

84) 沈德符, 《萬曆野獲編》 卷 7, 〈釋道〉 禪林諸名宿 ; 郭朋, 《明淸佛敎》 2章 3節 明代佛敎四大家.

85) 명대 후기에 불교가 양명학적 영향 아래 번성하면서 儒佛交涉이 활발하였다, 이러한 명대 후기의 활발한 유불교섭은 宋代 이래 삼교교섭의 경향을 이어받은 것이었으나, 명 중기 이후 사회경제 및 기타 여러 변화와 함께 심학이 발흥하게 되었으며, 이에 禪僧과 사대부의 교섭이 한층 더 활발해졌다.(葛兆光, 앞의 책, 1장 〈禪宗的興起及其與中國士大夫的交往〉, 특히 5절 〈禪悅之風再盛〉 참조)

의 儒·佛·道 삼교혼융의 경향이 이 무렵부터 이론적 기반을 구축하게 된
때문일 것이다. 그리고 禪敎一致 내지 삼교합일적 사상경향이 그들 승려
에게 특징적으로 보이는 까닭도 그 하나의 증거라 하겠다.[86] 만력 삼대승
가운데서도 감산덕청은 삼교합일설에 관심을 많이 기울였을 뿐만 아니라
이론의 체계성을 띠고 있어, 그를 통하여 당시 불교계의 삼교합일설의 일
반적 경향을 살필 수 있을 것이다.[87]

德淸은 어려서부터 擧子業에 뜻을 두었으나, 19세에 출가하였기 때문에
유교적 교양을 갖춘 佛子였다. 이 점은 주굉이나 진가의 경우도 마찬가지
여서[88] 그들의 禪風이나 불교 이론, 그 밖의 여러 활동에서도 공통성을 지
니고 있다. 불교만이 아니라 유교와 도교에도 두루 능통할 수 있었던 것도
그 때문이었다. 덕청은 삼교문제에 대하여,

> 배움에는 三要가 있으니 이른바 《춘추》를 읽지 못하면 涉世할 수 없고,
> 老·莊에 정통하지 못하면 忘世할 수 없으며, 參禪하지 않으면 出世할 수 없
> 다. 이 세 가지는 경세와 출세의 학을 갖추었기 때문에 하나가 없으면 편벽
> 하고, 둘이 없으면 협애하며, 셋 모두 없으면 사람이라 하더라도 허수아비일
> 뿐이다. …… (세 가지를) 한 번 얻게 되어 천하의 이치에 따라 섭세하면……
> 무엇을 하더라도 자득함이 있게 되는 것이다. 때문에 천지는 나와 함께 나고,
> 만물은 나와 더불어 하나가 된다.(天地與我幷生 萬物與我爲一體)[89]

---

86) 荒木見悟는 管東溟의 말을 인용하여 "儒와 禪이 서로 밀고 의지하며", "士風이
크게 변하게 된 것"을 만력연간으로 보고 있다.(《明代思想硏究》, p.180 참조)
87) 德淸에 대한 專論으로는 荒木見吾, 〈憨山德淸の生涯とその思想〉(《陽明學の展開
と佛敎》, 東京, 1984) ; 王煜, 〈釋德淸(憨山老人)融攝儒道兩家思想理論佛性〉(《明
淸思想家論集》, 臺北, 1981) ; Pei-yi Wu, "The Spiritual Autobiography of
De-ching," in Wm. Theodere de Bary(ed.), The Conference on Seventeenth-
century China, The Unfolding of Neo-Confucianism(New York & London :
Columbia Universitypress, 1975) ; Hsu Sung-Peng, "A Buddhist Leader in
Ming China," The Life and Thought of han-shan Te-ching(Leiden : E.J.Brill,
1979) 참조.
88) "덕청은 그의 선배 禪僧 雪浪의 敎法에 대해서도 "禮法을 本業으로 하여 文義
를 통하고 忠孝의 大節을 알기 위해서는 모름지기 먼저 儒人과 사귀게 하였다"
고 하고 있다.[《夢遺全集 》卷 10, 〈雪浪法師恩公中興法道傳〉, 註 84)]
89) 《憨山大師夢遊全集》(이하 《夢遊全集》이라 함) 卷 39 《續藏經》, 〈說 ·學要〉.

고 하여 《춘추》와 노·장, 그리고 선을 배움의 세 가지 요체라 하였다. 그
는 《춘추》를 유교의 으뜸으로 꼽는 까닭에 대해서는 "공자가 인간들이 虎
狼禽獸의 행실을 하지 못하게 하기 위하여…… 《춘추》를 지어 治亂의 迹
을 밝히고 인심을 바로잡고 상하를 정하여 군신부자의 分을 세우며 人倫
의 節을 정하였으니, 그 법이 엄하고 그 교가 절실하며 인정에 친근하여
행하기도 쉬웠다"[90]라고 한 것처럼, 《춘추》가 특히 대의 명분적 예교질서
를 확립하는 데 다른 경전보다 우선한다고 설명하고 있다.
　다음으로 그는 老莊을 忘世의 길잡이로서 존중한 이유를

　　　(유학자들이) 先王의 迹을 따라 공명을 세우고자 하여 아집을 가지고 탐욕
　　하고 누를 끼치게 되며, 인의로써 도적의 구실을 삼게 되며, 攻鬪의 화를 여는
　　자도 있게 되니, 때문에 老氏가 이를 민망히 여겨 "이는 성인을 높이고 智를
　　중시한 과실이다"하고 또 "만일 聖을 끊고 智를 버리면 民의 이익이 백 배나
　　될 것이요, 도량형을 폐지하면 민이 싸우지 않을 것이다 하니…… 그 가르침
　　이 욕심을 떠나 淸淨하라고 한 것이다"[91]

라고 하여, 유교가 지나치게 명분에 얽매여 끼칠 수 있는 폐단에 대한 대
증요법으로 노장의 청정 요법을 내세우고 있다.
　마지막으로 출세간법인 불교에 대하여 그는 만물일체의 大同을 이루는
데는 유교나 노장과도 마찬가지라는 점을 강조하고 있다. 특히 유교 측에
서 인도를 알지 못한다는 비난에 대하여, 불교의 오계는 유교의 仁·義·禮·
知·信의 五常과 다르지 않으나, 다만 그 표현의 차이에 불과하다면서[92] 불
법과 인륜의 관계에 대해서,

　　　이렇게 볼 때 人道를 떠나서 불법을 세울 수 없다. …… 이는 불법이 인도
　　로서 기초를 삼는 것이다. …… 인도라는 것은 곧 군신·부자·부부간의 民生日
　　常이다.[93]

---

90) 《夢遊全集》 卷 45, 〈觀老莊影響論〉 論敎乘.
91) 《夢遊全集》 卷 45.
92) 《夢遊全集》 卷 5, 〈法語〉 示袞大塗.

라고 하고, 불교의 盡性工夫가 바로 인도를 실현하는 데 그 목적이 있다는 것을 강조하고 있다. 다시 말해,

> 이 性을 다하여 事君하면 眞忠이 되고, 이로써 事親하면 眞孝가 되며, 이로써 交友하면 眞信이 되고, 이로써 부부가 되면 眞和가 되며, 이를 천지국가에 베풀면 모든 일사 일법이 불후의 공업이 될 것이다.[94]

라고 하여 儒彿一致를 강조하고 있다. 그가 황실 내부의 불화로 화가 미쳐 승려의 몸으로 充軍되는 어려운 경우를 당하였을 때, 眞可가 자신을 구하기 위해 백방으로 노력하는 것을 보고 그가 "君父의 命과 臣子의 事는 다른 것이 아니다"고 하면서 만류한 일도[95] 유교적 윤리의 실천으로 보아야 할 것이다. 군대에 가기 전 그가 五臺山에서 無遮法會를 열었을 때 神宗皇帝의 後嗣를 기원해 달라는 慈聖太后의 부탁을 받자 "涉文의 모든 佛事는 나라를 위한 祝壽로서 은밀히 皇道를 도와야 한다. 이번 皇事를 위한 기도는 곧 나라의 근본을 위한 것이니 이보다 더 큰 일이 있을 수 없다"[96]고 한 말도 세간과 출세간의 일이 결코 둘이 될 수 없다는 그의 일관된 신념의 소산이었다.

덕청의 유불합일사상을 보여주는 좋은 자료로 그가 만년에 지은 〈大學綱目決疑〉[97]를 들 수 있는데, 이는 《大學》을 불교, 특히 선의 방법에 따라서 해석한 것이다. 즉 《대학》의 "大學之道 在明明德 在親民 在止於至善"을 해석하면서 "대학의 목적이 자기 본래의 심성을 反求하여 깨닫는 데 있다"고 하고, 그 방법은 3단계에 걸쳐서 이루어진다고 한다. 첫째는 자기의 心體를 깨닫는 데 있으므로 "明德을 밝히는 데 있다"고 하고, 둘째 "천하의 사람으로 하여금 깨닫게 하여 나와 함께 되면 남도 나도 없이 모두 태평을 누리게 되므로 親民에 있다"고 하고, 셋째 "자기를 위하고 남을 위하

---

93) 《夢遊全集》 卷 45, 〈觀老莊影響論〉 論行本.
94) 《夢遊全集》 卷 39, 〈說, 自性說〉.
95) 《夢遊全集》 卷 54, 〈年譜實錄〉 下.
96) 《夢遊全集》 卷 53, 〈年譜實錄〉 上.
97) 《夢遊全集》 卷 44.

는 데 중도에 그쳐서는 안 되며 모두가 노력하여 철저하게 되면 그치게 되므로 至善에 그치는 데 있다"고 하여 儒를 완전히 禪의 悟法으로 풀이하고 있다.

이러한 덕청의 유불일치설은 양명학의 심즉리설에 따른 무선무악설에 대해서도 다음과 같은 견해를 보였다.

> 至善이란 바로 百姓이 본래 無善無惡의 眞體를 깨달아 밝아진 것이니……모름지기 선악 모두 잊고, 남과 나의 迹이 없으며, 依倚함도 없고 明昧함도 없으며, 거래도 없고 不動不搖하여 무선이라 할 수 있어야 지선이 된다.[98]

명말의 사상계에서 양명학, 특히 그 좌파의 무선무악설이 명교 측으로부터 비판의 표적이 되었는데, 덕청은 양명과 같이 심체는 무선무악이며, 이는 역시 지선이라는 논법을 따르고 있다. 이 밖에도 그는 《장자》, 〈襄王〉篇에 보이는 "道의 眞으로서 몸을 다스리고, 그 나머지(緒余)로서 나라를 위하고, 그 찌꺼기로써 천하를 다스린다"는 말을 자주 인용하면서 몸이 모든 것에 우선한다고 보아, 명말의 혼탁한 사회, 부패한 관료정치에 자신이 한 발을 딛고 있으면서도, 자기 일신은 결코 오염될 수 없다는 점을 강조하고 있다.[99] 따라서 수신이 가장 중요한 심상의 공부임을 다음과 같이 강조하고 있다.

> 身이 天下·國·家의 근본이 된다. 經文의 총 결론이 修身에 있으니, 수신이야말로 요긴한 일이다. …… 克己復禮爲仁은 진정으로 수신하는 모습이며……日克己復禮歸仁은 바로 진정한 치국 평천하의 實事이다.[100]

신은 本이요, 가·국·천하는 그 末이라는 것이다. 이러한 견해는 몸이 천하만물의 주인이기 때문에 '明哲保身'해야 한다는 태주파의 개창자 왕심제

---

 98)《夢遊全集》卷 32,〈題跋·刻百法論〉, 八識規距, 跋.
 99)《夢遊全集》卷 19,〈註道德經序〉; 荒木見吾,〈憨山德淸の生涯とその思想〉(《陽明學の展開と佛教》, 東京, 1984), pp.154~155.
100)《夢遊全集》卷 45,〈說·自性說〉.

의 주장에 다가가고 있는 것이다.[101]

다시 덕청의 三敎同源說을 들어보자.

　　어떤 사람이 묻기를 "삼교의 성인이 사람됨을 가르치는데 모두 먼저 我執
을 깨라고 하니 이는 無我의 體가 같기 때문이다. 그런데 어찌서 그들의 用이
經世·忘世·出世로 각기 다른가?" 답하기를 체와 용은 같으나 다만 얕고 깊음,
크고 작은 차이가 있을 뿐이다. 만약 공자가 我를 세운다면 이는 一己의 私이
니 어찌 경세할 수 있으며, 佛·老가 絶世한다고 하면 또한 어찌 利生할 수 있
겠는가? 이는 무아로 말미암아 무아를 볼 수 있으나 그 실은 하나임을 알아
야 한다. 애석한 것은 후세의 학자가 각기 가르침에 묶어 儒를 배우는 자는
구차하고, 노자를 배우는 자는 狂的이며, 불교를 배우는 자는 좁다고 하니 이
들 학자의 폐단은 아집의 해 때문이다. 힘써 아집을 깨뜨리고 울타리를 없애
면 일가가 될 것이다.[102]

이처럼, 유·불·노가 각기 장단점을 가지고 있으면서도 자기만 완벽하다
는 아집 때문에 삼교 일가가 되지 못한다고 하였다. 그러면서도 그는 삼교
를 반드시 동일선 상에서 평가하려는 것이 아니다. 어디까시나 다른 두 교
에 비하여 불교의 우위를 분명히 하고 있다. 다시 말해,

　　만약 平等法界로서 보면 三聖이 본래 一體일 뿐만 아니라 一人 一物이라도
비로자나 海印三昧威神의 현현한 바가 아님이 없다. …… (그러나) 불교가 최
상의 一乘이니…… 공자는 인간세상의 성인이기 때문에 하늘을 받들어 사람
을 다스리고, 노자는 하늘나라의 성인이기 때문에 청정무욕하여 인간을 떠나
하늘에 들어가며, 불교는 聖凡을 겸비하였기 때문에 능히 성인도 되고 범인
도 되며, 하늘에서 하늘이 되고 인간계에서는 인간이 되며, 類를 달리하고 形
을 달리 하면서 가는 곳마다 동화되지 않음이 없다.[103]

라고 하여 삼교는 본래 一理요, 삼성은 본래 한몸이지만 굳이 구별하면 공

101) 《明儒學案》 卷 32, 〈處士王心齊先生艮〉 ; 졸고, 〈陽明學의 成立과 展開〉(《講座
　　中國史 ― 帝國 秩序의 完成》 Ⅳ, 지식산업사, 1989), pp.75～76.
102) 《夢遊全集》 卷 45, 〈道德經解發題〉, 發明體用.
103) 《夢遊全集》 卷 45, 〈管老莊影響論〉, 論敎乘.

자는 인승, 노자는 천승, 석가는 인승과 천승을 뛰어넘는 최상승이라 규정하고 있다. 나아가 그는,

> 또한 佛이란 서방의 성인을 가리킨 것이 아니라 우리들 自性의 眞을 이른다. 堯·舜·禹·湯은 天民의 선각자이니 천민은 기다려서 능히 깨달으나 성인은 나면서 먼저 깨닫는다. 이 깨달음이 어찌 불성의 깨달음이 아니겠는가?[104]

라고 하여, 韓愈 이래 석가는 서방의 聖이요 요·순은 중국의 聖人이라는 유가의 전통관념을 비판하면서, 석가와 요·순은 모두 동서를 넘나드는 성인이라고 한다. 그러면서도 역시 "공자의 교화는 중국에 그쳤으나 불교의 교화는 삼천 세계에 미친다"[105]고 하여 불교를 유교의 우위에 두는 일을 잊지 않고 있다. 이러한 불교위주의 三敎 原流說은 진가나 주굉 등 선승들의 공통적 주장임은 물론이다.[106] 특히 株宏은 당시에 유행하던《功過格》을 산정·증보하여《自知錄》을 편찬하여, 이것이 袁了凡의《공과격》과 함께 善書로서 세상에 유행하여 이름을 얻었다.[107] 이들이 승속을 달리하였기 때문에 같은 삼교합일의 입장에 서지만, 원의《공과격》이 도가적 입장에 서는데 반해서《자지록》은 역시 불교적 색채가 강하였음은 물론이다.

2) 명말 三大僧과 三敎交涉

德淸이 승려라는 특수한 신분이면서도 세상일에 매우 적극적이었던 것은 그가 산 시대가 너무나도 많은 변화의 소용돌이에 휘말려 있었던 상황과도 무관하지 않을 것이다. 萬曆 三大禪僧 가운데서도 紫栢達觀과는 菩薩道의 실천을 목표로 한 사회활동에서 서로 친근한 협조관계를 유지하면서 적극적인 삶을 살았다.[108] 그는 많은 불사를 일으키고, 저술활동을 하

---

104)《夢遊全集》卷 2,〈法語〉, 示容玉居士.
105) 註 92) 참조.
106) 酒井은 주굉, 진가, 덕청의 불교사상은 상호 공통성을 갖고 있다고 하면서 '三敎源流'라는 용어를 덕청이 처음 사용하여 유행하게 되었다고 한다.(《中國善書の硏究》, 3장 11절〈佛敎と三敎思想〉참조)
107) 위의 책.

면서도 京師에 드나들면서 권문세가와 사귀고, 심지어 황실의 慈聖太后의
보살핌을 받다가 화를 당하기도 하였다. 다시 말해 만력 23년 神宗이 총
애하는 鄭貴妃 소생의 황태자 책립 문제와 관련하여 신종과 모후인 자성
태후와의 사이에 오해가 생겨 평소 태후의 후원을 받아오던 덕청이 죄를
받게 된 것이었다.[109] 이리하여 남방의 雷州로 充軍되었을 때 "승려로서
군대에 가는 일은 고금에 흔치 않은 일로서 명에 이르러서는 오직 나 한
사람뿐이다"[110]고 독백하고 있다. 그러나 지방의 대소 관원의 도움으로 복
역은 형식에 그칠 뿐, 그 동안 六祖의 開山道場인 曹溪寺를 수복하였으며,
또한《楞伽筆記》4卷도 집필하였다.[111]

덕청이 귀양갈 때, 달관이 여러 방면으로 석방을 위해 노력하였으나 결
국 실패하였다. 그들은 20세 전후로 출가하여 만력 20년 북경 부근 上方
山에서 교분한 뒤에 의기가 투합하여 우의를 돈독히 하였다. 달관은 만력
제의 탐욕으로 鑛監 稅使의 禍가 전국에 만연하자 "감산이 돌아오지 않
으니 나의 출세의 한 짐이요, 광세가 그치지 않으니 나의 救世의 한 짐이
요, 傳燈이 계속되지 않으니 나의 慧命의 한 짐이다"[112]리고 하여 덕청의
무고한 유배와 鑛稅에 따른 민생의 도탄, 후계자 육성의 부진함을 한탄하
였다. 이를 통해 그의 정치적 사회적 관심이 얼마나 깊었던지를 짐작할
수 있다. 그도 결국 妖書사건이라는 東林黨禍의 회오리에 휘말려 옥사하
자, 덕청이 그 塔銘을 쓴 외에도 陸符가 그 傳을 썼으며, 董其昌과 錢謙益
이 贊頌을 짓는 등 그 교제 범위가 사대부사회에서 매우 넓었다는 것을
알 수 있다.[113]

108) 沈德符,《萬曆野獲編》卷 27,〈釋道〉, 禪林諸名宿條에 달관과 주굉을 비교하여 전
　　자를 적극적 禪風, 후자를 온건한 禪風으로 묘사하고 있다. 또한 달관과 덕청은 동
　　일한 선풍으로 분류되는데 荒木은 이를 社會禪으로 규정하면서 萬曆朝의 일부 名
　　敎 측 인사로부터 覇禪으로 공격받았던 사실을 밝히고 있다.(荒木見悟,〈憨山德淸
　　の生涯とその思想〉, pp.153~154)
109)《夢遊全集》卷 54,〈年譜實錄〉下.
110)《夢遊全集》卷 47,〈夢遊詩集自序〉.
111)《夢遊全集》卷 50·51,〈曹溪中興錄〉上·下.
112)《續藏經》(紫栢尊者全集),〈紫栢尊者別集附錄〉陸符〈紫栢尊者傳〉.

이와 같이 덕청과 달관은 모두 일대 명승으로 세상일에도 적극적으로 관심을 보였으며, 결국 만력조의 정치파고에 휘말려 모진 시련을 겪어야만 했다. 이러한 역경은 같은 시대를 산 양명학 좌파의 何心隱이나 李卓吾도 겪지 않으면 안 되었다는 점에서 결코 우연이 아니다. 《萬曆野獲編》의 저자 沈德符는, 덕청이 詔獄에 있을 때 죄수들을 상대로 교화에 열중하였으며, 출옥할 때 감옥이 좋은 道場이었다고 회상하면서 출옥을 서운해 하였다는 말이 빈말이 아니었을 것이라 하였다.[114] 그는 또한 "감산이 越中에서 돌아와 명성이 더욱 높았다. 다시 吳越지방에서 포교할 때에는 준수한 청소년들이 밥상을 들고 변기 씻기를 영광으로 여겼으며, 대갓집 처녀들이 香을 시주하며 한마디라도 얻어들으려 하였다"[115] 한다.

덕청뿐 아니라 다른 선승들도 당시의 縉紳 士子와 교유가 대단했던 모양으로 주굉의 경우, "大司馬 宋公應昌, 太宰 陸公光祖, 宮諭 張公元汴 등 쟁쟁한 진신선생들이 차례로 찾아오고 도를 묻는 이가 백여 명이나 되었다"[116] 하며, 또는 천하의 名公·巨卿·長者·信者 백 명, 천 명이 마음을 기울여 스승으로 삼을 정도였다 한다.[117]

주굉과는 어느 정도 禪風을 달리하는 달관이나 덕청의 경우도 마찬가지였다. 그의 탑명에 "太宰 光祖陸公, 司成 夢禎馮公, 廷尉 同亨曾公, 冏卿 汝稷瞿公 등과 상의하였으며, 각각 흔연히 도와주었다"[118]고 하며, 특히 그의 이름이 동남지방에 떨쳐 진신사자들이 모여들었다 한다. 덕청의 교류범위 또한 皇室과 官家만이 아니라 管志道·周汝登·陶望齡·王時傀·鄒南皐·羅近溪 등의 양명학자와 張位·樊玉衡·岳元聲·高攀龍·錢謙益 등 당시의 사상계와 문단의 일선에서 활약한 인사들에 이르기까지 상당수에 이른다.[119] 이처럼 이들 만력 선승들의 세간에서의 활동이나 사인 관료들과의 교류는

---

113) 沈德符, 《萬曆野獲編》 卷 27, 〈釋道〉 紫栢禍本.
114) 沈德符, 《萬曆野獲編》 卷 27, 〈釋道〉 憨山之譴.
115) 沈德符, 《萬曆野獲編》 卷 27, 〈釋道〉 禪林諸名宿.
116) 《雲栖法匯·手著》 德清, 〈古抗雲栖蓮池大師塔銘〉.
117) 《雲栖法匯·手著》 廣潤, 〈雲栖大師行略〉.
118) 《紫栢尊者全集》, 《續藏經》 德清, 〈憨山之譴〉.
119) 荒木見吾, 〈憨山德清の生涯とその思想〉, p.163 ; 王煜, 앞의 글, p.208.

매우 활발하다.[120] 그들은 이러한 상호교류를 다음과 같은 말로 합리화하고 있다.

세상의 신사들이 향상에 뜻을 두어 불교를 배우려는 자, 왕왕 深思高擧하여 멀리 世故를 버리고 枯本頭陀를 본받아 妙行으로 삼으려 한다. 그러나 佛이 그들을 焦芽 敗種이라 하여 涉俗 利生할 줄 모른다고 나무라는 것을 알지 못하니 이는 바로 先儒가 盧無 盧寂이라고 지적한 것이며, 우리 불교에서도 일찍부터 용납하지 않은 것이다. 불교에서 중하게 여기는 것은 自利 利他에 있으니 곧 보살이라 하는 것이다. 보살은 세간을 버리고서는 수행할 것이 없고, 중생을 떠나서는 끊을 번뇌가 없다.[121]

불교의 요체는 고답적이고 사변적인 것이 아니라 평범한 세간적 진리에 있으며, 바로 이것이 보살도이기 때문에 세간과 출세간의 교섭은 당연하다는 것이다. 보살행이란 세간과 중생을 위한 수행이므로 실천 실행을 떠나 존재할 수 없음에도 불교에서는 空을 강조한다. 그는 實과 空의 관계를 다음과 같이 말했다.

이른바 空이란 것은 絶無의 空이 아니다. …… 불교에서 말하는 空은 世人이 집착을 實有라고 여기는 잘못을 타파하기 위함이니 絶無가 아니라 斷滅을 일컫는 것이다.[122]

불교의 '一切皆空'이 세상 인심의 허망한 집착을 비운다는 뜻에 지나지 않으므로, 이는 一切實有를 다른 차원에서 해석한 것이다. 그들 선승의 구빈활동이나 광세문제 등의 정치 사회에 대한 적극적 관심도 보살행이며 실천적 수행이라고 생각한 그들은 이 때문에 여러 차례 곤경에 처하기도 하였다.

덕청은 妄執과 妄念을 끊고 부처의 경지로 들어가기 위하여 수신(禪修

---

120) 葛兆光, 앞의 책, pp.64~68.
121)《夢遊全集》卷 5,〈法語〉, 示袁大塗.
122)《夢遊全集》卷 12,〈法語〉, 示周子寅二.

行)의 필요성을 강조하고 능엄경을 중시하였다.[123] 《능엄경》의 眞忘相卽觀
은 眞을 투시하여 忘을 볼 수 있으며, 망의 깊이를 알아야 진의 높이를 가
늠할 수 있다는 논리다. 여기서는 在天理 去人慾, 爲善去惡의 주자학적 논
법보다는 양명학의 무선무악설이 설득력을 갖게 되며, 바로 여기에 양명
학과 능엄경의 두 세계가 서로 통하는 길이 열리고 있다.[124] 어쨌든 그들
선승들은 인정이나 사심은 끊어야 할 것으로, 심지어 모자의 은정까지도
꿈속의 일이라 하여 출세간주의의 입장에 서고 있다. 그러나 그들은 이를
세간을 위한 보살행에 다름 아닌 것으로 인식하였다.

5. 맺음말

양명은 致良知說에서 인간은 태어나면서부터 양지가 있기 때문에 본질
적으로 평등하다고 하였다. 양지 앞에서는 성인이나 범인의 차이도, 尊·卑
의 구분도 있을 수 없으며, 經典도 그 주석에 불과하다는 것이다. 습기로
부터 양지(양심)를 지키는 것이 致良知이다. 이 양명의 치양지설의 중요한
특징은 만물일체관에 있으며, 따라서 내·외, 상·하, 피·아의 차별과 대립
적 측면보다는 그 본질적 평등을 중시하였다. 이렇듯 양지적 평등을 중시
한 것은 불교의 불성론에 가까우며, 치양지설도 龍場의 頓悟로 하여 얻게
되었으니 양명학과 불교는 가까운 거리에 있었다.

양명은 불교에서 용어와 그 주요 개념을 빌려왔으면서도 불교를 小道라
하여, 大道인 유교와 차별하였다. 그는 불교를 소도라고 부르는 이유로서
그것이 출세간법이라는 것과 〈諫迎佛疏〉에서 주장한 것처럼 서방 인도의
종교이기 때문이라는 것이다. 이는 한유의 척불소에서 불교를 이단으로
배척한 것과는 달리, 대소의 차별은 짓되, 같은 도로서 인정하고 있는 점
에 주목할 만하다. 말하자면 유와 불이 교섭할 수 있는 단서가 여기서 마

---

123) 荒木見吾, 〈憨山德淸の生涯とその思想〉, pp.159~163 .
124) 荒木見吾, 《佛敎と陽明學》(東京, 1979), pp.155~158.

련된다.

양명학은 그 제자들이 좌·우파로 나뉘어 펴나갔는데, 삼교설도 마찬가지였다. 우파적 삼교설의 전개는 管東溟의 경우를 들 수 있다. 管은 공자·석가·노자를 모두 성자로 보고, 유·불·도의 삼교합일을 강조하고 있다. 삼교가 서로 보충적 관계에 있다고 설명하며, 예컨대 유자가 入禪을 통한 수행의 가능성을 주장하면서도 양명학 좌파의 무선무악설은 철저히 배격하고 있는 점이 그의 삼교설의 특색이다. 그는 좌파의 무선무악설과 이탁오와 같은 반명교론자를 날카롭게 비판하면서 신주자학파의 기치를 내건 동림학자들과는 오히려 그 명교적 입장을 같이하였다.

또한 관동명과 함께 명대 삼교합일론을 대표하는 학자로 林逃恩을 들수 있다. 임은 教는 유·불·도의 셋이지만 그 道는 하나라는 이른바 三敎道一의 주장에 필생의 정력을 쏟았던 까닭에 삼교교주 또는 삼교선생으로 알려졌다. 그는 양명학의 영향을 받아 삼교도일설을 이루고 주장하였지만 뚜렷이 양명학의 계보에는 속하지 않았다. 어쨌든 명대를 대표하는 관동명과 임조은 두 사람의 삼교합일본의 득색은 三敎歸儒說을 기초로 하였으며, 철두철미한 명교적 입장에 서고 있다는 점이다. 양명학 좌파의 삼교합일설은 二王, 즉 王龍溪와 王心齊에서부터 논해야 한다. 그들은 양지의 현재성 내지 초월성을 특히 강조하여 유·불·도의 상호출입 상호보완이라는 삼교합일 삼교일치설에 활력을 불어넣었다.

용계는 "선생의 양지의 학이야말로 삼교의 핵심"이라 하는가 하면 《三敎堂記》를 지어 "양지는 性의 靈이며 천지만물을 삼교의 범위로 하는 중추"라 하여, 양지는 모든 대립을 넘어서는 또는 대립하는 장벽을 허물어버리는 생동적 힘을 지닌 삼교의 핵심이요 중추라고 하였다. 그러한 現在良知는 유교의 전유물이 아니라, 불교와 도교에 공통하는 절대적 근원체라는 것이다.

태주학파를 연 왕심제 역시 양지의 현재성·실천성을 중시하여 백성일용이 바로 성인의 道이며, 만약 여기에 어긋나면 이단일 뿐이라고 강조하였다. 이 태주학파의 한 계통에서 양명학의 반명교적 성격을 힘써 연구하였다. 반명교적 學行 때문에 체제 측의 미움을 사 결국 죽음에까지 이른

하심은과 이탁오는 모두 심제의 영향을 받았다. 심은은 몸(身)이 家·國·天下의 근본이라는 태주의 淮南格物說을 이어받아, 가를 천하의 근본이라고 보아 사대부집단 내지 사대부 사회, 나아가 천하 일가의 실현에 학문의 목적을 두었다. 탁오는 "백성일용이 성인의 도"라는 태주의 입장에 서서 "옷 입고 밥 먹는 것이 인륜 물리"이기 때문에 聖賢이나 愚衆이 따로 있을 수 없다고 했다. 그리하여 탁오는 "천하에 사람 밖의 佛이 없고, 佛 밖의 삶이 없다"고 하였다.

특히 탁오는 佛寺에 출입하며, 당시 명교 측의 지탄의 대상이었던 무선무악설을 중심으로 한 반명교적 언설과 삼교겸수의 입장을 뚜렷이 하였으며, "천하에는 두 도가 없고, 성인에는 두 마음이 없다"는 태조의 삼교론에 찬사를 보내면서 童心說에 입각한 삼교론을 펴나갔다. 그에 따르면 동심은 진심, 童者는 眞人이며, 삼교는 眞道學으로서 원래 서로 다른 것이 아니기 때문에 반드시 합일될 것임을 확신하면서, 스스로 '眞佛'을 추구하는 구도에 열중하여 명교 측의 지탄도 신경 쓰지 않았다. 그의 同學 焦竑도 역시 삼교도일을 주장하면서 불교가 서방에서 왔기 때문에 소도이며, 중국의 유교가 대도라는 양명의 주장을 일축하였다. 이와 같이 그들의 삼교 동도론은 양명의 그것보다 더욱 앞선 것이 사실이지만, 그러나 그들에게도 태조의 삼교대책이나 양명의 삼교설, 또는 불·노가 비경세학이라는 관점을 벗어나지 못하는 한계가 있었다.

양명학이 명 중기 이후의 사회변화에 적응하기 위하여 불교의 여러 개념들을 차용하여 독자적 사상 학문체계를 세웠으나, 명말의 불교계는 반대로 양명학적 영향 아래 삼교일치설을 세웠다. 주굉·진가·덕청은 이른바 만력 삼대고승으로서 그들이 한번에 나오게 된 것은, 正德·嘉靖 이래 양명학을 주로 하여 유교의 心學化현상과 함께 불교계 내부에서도 유교·불교·도교의 삼교혼융적 경향이 깊어져 갔던 사상적 배경과 관련하여 이해할 수 있다. 그들은 모두 유가적 교양을 기초로 불교관이 만들어졌기 때문에 그들의 불교 이론에는 삼교합일설이 하나의 특징을 이루고 있었다.

덕청은 유교의 《춘추》와 老莊 그리고 불교의 禪을 학문의 삼대 요체라고 규정하고, 유가가 지나치게 명분에 얽매이기 때문에 노장의 清淨教法

과 불교의 盡性工夫가 필요하다고 하였다. 그는 특히 유교 측에서 불교가 人道를 알지 못한다는 비난에 대하여, 불교의 五戒를 유교의 五常과 같이 놓으면서, 佛法은 민생일상의 인도로서 기초를 삼는다는 점을 누누이 강조하였다. 그는 승려의 몸으로, 스스로 臣子임을 인정하면서 神宗의 후사를 얻기 위해 기도해 달라는 태후의 부탁에 "沙門의 일체 佛事는 나라를 위한 祝禱로서 은밀히 皇道를 도와야 한다"는 말로 답하고 있다. 이 역시 출세간과 세간은 결코 둘이 아니라 하나라는 확신 때문이었다. 그는 "보살은 세간을 버리고는 수행할 것이 없고, 중생을 떠나서는 끊을 번뇌가 없다"고 하면서 보살의 도가 自利·利他에 있다고 보았다. 삼교합일·만물일체를 실현하는 주체는 어디까지나 身으로서 身이 천하·국·가의 근본인 까닭에 修身이 요긴한 마음공부라는 덕청의 주장은 분명히 왕심제의 영향이었던 것 같다. 수신으로 아집을 없애면 儒의 經世나 佛·老의 絶世가 그 작용은 다르지만 민생에 도움이 되기는 마찬가지라는 것이다. 그러면서도 그는 어디까지나 불교를 다른 두 교보다 우위에 두는 일을 잊지 않고 있으니, 다시 말해 三聖은 본래 하나지만, 나누어 보면 공자는 人乘, 노지는 天乘, 석가는 人乘과 天乘을 넘어서는 最上乘이라 하고 있다. 말하자면 불교 중심의 삼교원류설이 유가 측에서 주장한 삼교귀유설과 대조적 입장에 서고 있는 것은 당연한 일이라고 할 수 있다.

명말의 학술사상계 일각에서는 삼교합일론과 함께 유·불의 인적 교류도 활발하였다. 덕청과 달관은 만력조의 정치 사회적 어려운 여건 속에서 이를 보고만 있지 않고 적극적 관심을 보이다가 모진 시련을 겪어야 했지만, 이러한 사회적 관심 때문에 名公·巨卿 및 縉紳 士子들과 활발하게 교류하였다. 명말 善書가 유행할 때 袁了凡이 도가적 입장에서 《功過格》을 쓰자, 선승 주굉은 불교적 입장에서 〈자지록〉으로 사회적 관심을 표명하였다. 명말의 삼교교섭은, 송대 이래 성리학의 불·노에 대한 경색된 관계에서부터 양명학의 만물일체관 내지 삼교 융합적 분위기로 말미암아 한결 활발했으며, 그것은 멀리는 태조의 예교 중심적 삼교대책의 영향을 받은 것이었다.

(《東洋史學硏究》 44. 1993)

제 4 장
東林派의 운동과 사상
- 동림파의 지도자 高攀龍을 중심으로 -

1. 머리말

東林派가 정치단체를 의미하느냐 아니면 학자그룹을 의미하느냐의 문
제는, 그것이 어느 면에서 더 중요한 역할을 하였느냐 하는 견해에서 각도
를 달리할 수 있을 것이나, 어느 한 면만 인정하고, 다른 면을 부정하는 것
은 편견이라 하지 않을 수 없다. 東林書院을 중심한 학자들이 학문을 공동
으로 토론하고 연구하여 새로운 방향의 학문적 이론을 세웠다는 점에서
보면 동림학파라 할 수 있을 것이며, 동림과 직접 간접으로 관련이 있는
자들이 서로 정치노선을 같이하여 그 반대파와 대립하고 있다는 점에서
보면 그것은 분명히 하나의 정치단체라 할 수 있다. 전자의 경우는 동림서
원의 강학에서 중심적 역할을 한 無錫의 동림과 그 인근출신 학자들의 모
임을 말하는 것이니 좁은 의미에서의 동림이라 할 수 있고, 후자의 경우는
지역과 학설을 달리―심지어는 전연 무관―하더라도 정치노선을 같이
하였다면 동림파(黨)라 할 수 있으니, 이는 넓은 의미에서의 동림이라 할
수 있겠다.

이제까지 몇몇 학자들이 여러 측면에서 동림파에 관하여 論究하여[1] 성

---

1) 小野和子, 〈東林派とその政治思想〉(《東方學報》 28, 京都). 그는 p.265에서 "東

과가 자못 크지만, 아직 그 종합적 연구에 이르기에는 거리가 있다. 이 소론도 그런 종합적 연구를 기도한 것은 아니나 동림파의 주요인물인 高攀龍의 생애와 사상을 더듬어 봄으로써 동림의 성격을 파악해 보려는 데 그 목적이 있다. 그는 無錫 출신으로서 顧憲成과 함께 동림서원을 열었고, 顧가 죽은 뒤에는 東林長이 되어 강학을 주관하였을 뿐 아니라, 天啓 初에 재등용되어 동림파 지도층의 한 사람으로 활약하다가 魏忠賢黨의 모함으로 서원의 철폐와 더불어 비명에 생을 마쳤다. 그의 생애는 바로 동림의 역사라 할 만하다.

그의 생애를 서술하면서 이해의 편의상 3期로 구분하였다. 제1기는 청년시절에 해당하니 그가 나서(1562)부터 萬曆 23년(1593) 言事로 중앙관직에서 추방될 때까지 약 30년간, 제2기는 강학시기로 그가 관직에서 물러날 때부터 天啓 2년(1622) 光祿丞에 임명되기 전까지 약 30년간, 제3기는 정치활동기로 그때부터 天啓 6년(1626) 그가 당쟁으로 죽기까지의 5년간이다. 이 구분은 동림파 동지들의 강학 및 정치활동을 살피는 데도 도움이 될 것으로 믿는다.

다음으로, 학문상 계보와 태도 및 朱子, 陽明, 불교와의 관계를 구명해

林派란 결코 학자 그룹이 아니며 정치활동 중에서 형성된 정치적 집단이다"라고 하여 그 정치활동과 그들(광의의 동림파)의 사회적 경제적 위치 및 정치사상을 主論하고 있고, Charles O. Hucker는 "The Tung-lin Movement of the late Mingperiod," in J. K. Fairbank(ed.), *Chinese Thought And Institutions* (Chicago : 1597), pp.132~162에서 역시 동림파의 정치활동을 중심으로 논술하고 있는데, 특히 그는 동림파와 內閣 및 宦官派 등의 파당이 야기된 원인을 제도적인 면에서 파악하려 하고 있다. Heinrich Busch는 "The Tung-lin Academy and Itspolitical andphilosophical Significance," *Monumenta Serica*, vol.XIV(1949~1955), pp.1~163에서 제목이 보여주는 것처럼 동림파의 정치활동과 書院의 건립과 강학을 논하고 마지막으로 동림파의 학문적 입장 및 顧憲成과 高攀龍의 사상까지 언급하고 있다. 그는 이 방대한 논문에서 동림에 관한 가능한 모든 자료를 수집, 정리해 놓고 있다. 그러나 정치운동의 성격이나 그 학문의 정신을 분석하려는 의도는 노력에 비해 미흡한 점이 없지 않다. 岡田武彦은 〈東林學の精神 — 顧憲成高忠憲を中心として〉(《東方學》 6, 1953), pp.77~90에서 동림의 성격을 그 학문사상에서 파악하려 하고 있다. 이 밖에도 謝國楨의 〈明淸之際黨社運動考〉가 있으나, 불민한 탓으로 구하지 못하였다.

보려 하였으나 부족함이 적지 않다.

2. 생애

제1기 청년시절

高攀龍은 嘉靖 41년(1562) 江蘇省 常州府 無錫縣의 어느 村家에서 繼成公(德徵)과 그의 二室인 邵氏의 오형제 가운데 둘째로 태어났다. 뒤에 그가 쓴 譜傳에 따르면[2] 高氏가 대대로 靑城(江蘇 武進縣)에 살면서 농업에 종사하였으나 내력은 상세치 않고, 다만 그의 6대조 孟永公이 처음으로 常州에 이주하고부터 耕樂公(如圭) 省軒公(翼) 雪樓公(適)에 이르기까지 4대 동안 이곳에서 농업으로 가난한 가계를 이어 오다가 5대째 靜成公(村)에 이르러 孝廉에 뽑힘으로써 비로소 드러나게 되었다. 靜成公은 고반룡의 조부로서 어려운 가운데서도 학업을 닦아 擧人에 입격되어 黃嚴縣令을 역임하였는데, 선정을 베풀었다 하여 죽은 뒤 名宦鄕賢祠에 제사를 받음으로써 高氏가 지방민의 입에 오르내리게 된 것이다. 정성공은 아들 하나를 두었는데, 이가 고반룡의 생부인 繼成公으로, 그는 諸生에서 太學에 입학하였으나, 학문을 버리고 가사를 돌보아 家産이 千金을 헤아리게 되었다 하며, 네 부인과의 사이에 아들 아홉 딸 다섯, 모두 12남매를 슬하에 두어 이제까지 고적하던 高氏家에 자손도 풍성하게 되었다. 이에 고반룡은 譜傳에 跋文하여 "아아! 우리 高氏 太學公에 이르러 비로소 기둥이 바로 서고 家産은 千金을 헤아렸으며, 아들은 일곱이나 되었다"며 가운이 일어났음에 만족하고 있다. 그러나 그는 從祖父, 다시 말해 정성공의 아우 靜逸公(較) 앞으로 입양되었다. 정일공은 분가할 때 형으로부터 一堂 一齊 一寢과 負郭田 50畝를 얻어 농사짓는 한편 金利業을 하여 고반룡이 유산으로 물려받을 때는 천여 金이 되었다 한다. 그러나 그는 선대가 하던 금리업을 계속할 수 없어 그 돈으로 전토 200무를 사들였다 하며, 이 토지는

---

2) 《高子遺書》(이하 《遺書》라 함) 卷 7, 〈譜傳〉. 본문 중 고반룡의 가계에 관한 서술은 대체로 〈譜傳〉 및 〈內傳〉에 의거함.

그가 죽을 때까지 그대로 갖고 있었다.[3]

이와 같이 고반룡의 가계는 미미하였고 사회경제적 지반도 소지주층에 속하는 편이었다. 말하자면 그의 출신지반은 명문인 구세력에도 속하지 못하고, 자본가인 신흥세력에도 속하지 못하는 그 중간에 위치하였다. 그에 비하면 고헌성의 생활은 조금 나았으나, 대체로 동림학자들은 중소지주층에 속하였다.[4]

고반룡은 그러한 환경에서 자라났기 때문에 가정교사에게 배우지 못하고 향리의 선배인 茹澄泉·許靜餘 등을 따라 학행을 닦아 19세에 諸生에 뽑혔고 21세에 향시에 합격하였다. 이듬해 모친상을 당하여 服을 마쳤을 즈음에 그의 학문에 크게 도움될 계기가 마련되었다. 그 때 고헌성도 모친상을 당하여 귀가해 있으면서 縣令 李復陽과 더불어 縣學에서 강학하고 있었는데, 이것이 고반룡과 같은 초학자에 끼친 영향이 컸을 것임은 쉽게 짐작할 수 있다. 고반룡은 나중에 그의 자서전이라 할 수 있는 《困學記》[5]를 지어 "내 나이 25세에 令公 李元冲이 顧涇陽先生과 함께 강학을 듣고 처음으로 학문에 뜻을 두게 되어 뛸 듯이 기뻤다"고 그때를 술회하고 있다. 그 때부터 그는 학문에 더욱 정진하여 만력 17년에 28세로 진사에 합격하였다. 이 진사시에 趙南星을 座主로 薛傅敎·王紀·歐陽東鳳 등이 함께 합격하였는데, 그들이 이후 동림강학 시절이나 정치활동에서 중요한 역할을 담당하게 되었으니, 인연이라 아니할 수 없다.

진사가 된 그는 보직도 받기 전에 부친의 부음을 듣고 귀가하였다가 탈상하자 行人이 되었는데, 이때 四川僉事 張細則이 상소하여 程朱學을 배격하고 자기의 저서를 천하에 펴내고자 하였다.

---

3) 《遺書》附錄, 〈資德大夫正治上卿都御史贈太子小保兵部尙書景逸高先生行狀〉(이하 〈行狀〉이라 함).

4) 小野和子는 앞의 글, p.225~264에서 동림파 성립의 사회적 기초를 3계층, 다시 말해 (1)지방 望族의 독서인 출신, (2)農村中堅的 중등지주층 소지주 및 경작지주 출신, (3)상인출신으로 구분하고 있다. 이것은 물론 정치활동 면에서 본 광의의 동림파를 대상으로 한 것인데 顧憲成, 高攀龍 등은 2항에 해당하며 그들이 동림파의 주체적 역할을 담당하였다.

5) 《遺書》卷 3, 이하의 본문(생애 부분)은 특별히 註를 달지 않는 한 〈行狀〉에 따름.

고반룡은 이에 노하여 항소로 張細則에게 반박하고 정주학을 숭상할 것을 역설하여 윤허를 얻었다.[6] 이때 그는 다시 〈今日第一要務疏〉를 올렸다. 전자는 학술에 관한 것이고, 후자는 정치기강에 관계된 것이었는데, 거기서 그는 새로운 기상으로 이제까지 쌓은 유교적 이론을 공개하였다. 만력 20년 그는 사무상 金陵(南京)으로 출장을 다녀온 뒤, 鄒元標 등 여러 선배를 찾아 배우고 고향에 들러 錢一本·王敬臣 등 향리 선배들을 만나면서 틈나는 대로 학문을 넓히기에 여념이 없었다. 그가 상경한 것은 이듬해 겨울이었다. 그 해 경사에서 京察(삼년마다 이루어지는 관리 성적근무 평가)이 행해진 뒤라 정국이 뒤숭숭한 판이었다. 이 경찰은 이부상서 孫鑨과 고공랑중 趙南星의 주재 아래 엄격히 다스려졌기 때문에 그들의 친지나 內閣의 私人들까지도 사정없이 기록되었다. 孫·趙 양인은 만력 초 張居正 반대운동에 가담했을뿐더러, 장거정이 죽은 뒤에는 반장운동의 방향을 반내각운동으로 돌렸는데, 당시에 내각과 불화가 계속되고 있었으므로 고헌성 등도 그들을 적극 뒷받침하여 세를 형성하였다.[7] 그들의 반내각운동은 六部의 권한을 강화시켜 비대해진 내각의 권훤을 견제하며, 나아가 자신들의 지위를 확보하려는 운동이었다. 이 해가 계사년(1593)이었으므로 이 京察을 癸巳京察이라 하는데, 그 결과는 그들과 내각파의 불화를 커지게 했을 뿐이었다. 그리하여 내각 측에서는 孫·趙 두 사람이 당파를 조성한다고 반격하여 드디어 그들은 削籍되기에 이르렀고, 그들을 구하려던 10여 명도 강등되거나 귀양을 가야만 했다. 고반룡은 북경에 도착하자마자 곧 관직에서 쫓겨난 이들을 구하려 노력하였으나, 그 또한 좌천되어 揭揚州 添註典史란 미관말직으로 가지 않으면 안 되었다.

반내각파와 내각의 대립은 계사경찰을 전후하여 전자의 완전패배로 끝나, 그들은 謫所로 부임하던지 아니면 향리로 돌아가 재야 불평 정객으로 강학활동에 전념하게 된다.[8]

---

6) 《遺書》卷 7, 〈闢異說崇正學疏〉. 張細則의 이 일에 관한 기록은 고반룡 측의 관계기사 외에는 달리 고증할 수 없음.

7) 《明史》, 〈列傳〉 119, 〈顧憲成〉傳.

8) 蔣平階는 〈東林始末〉을 癸巳京察에서부터 崇禎 16년 7월까지로 보고 있다. 계사

제2기 강학시절

만력 21년 겨울, 그는 揭揚으로 부임하라는 명령을 받았으나, 고향을 거쳐 임지에 도착한 것은 이듬해 9월이었다. 그러나 집무 3개월 만에 그는 직책을 버리고 귀가하고 말았다. 그는 이 廣東地方 여행에 관해 세세한 일까지도 《三時記》에 적고 있는데[9] 가을(7월)에 집을 떠나 겨울을 지내고 다시 귀가한 것이 봄(2월)이라 하여 三時記라 이름하였다 한다. 이 7개월에 걸친 긴 여행은 학문에 유익한 점이 많았으니, 新會에서 陸古樵를 만나 陳白沙의 主靜學을 듣고, 게양에서 蕭自鹿을 만나 羅念庵의 主敬學을 듣고, 漳州에서 李見羅(材)를 알현하여 3일 동안이나 토론을 계속하였다. 이 견라는 양명학 우파 계통을 이은 학자였으나, 따로 주자와 양명학의 절충을 시도해 止修學을 창안하여 많은 문도를 가졌는데, 앞서 본 李復陽도 그 제자 가운데 한 사람이다.[10] 고반룡이 일찍이 이복양의 강학을 듣고 느낀 바 많았는데, 이때 그의 스승을 직접 만나 토론할 기회를 가졌고, 아마 이것이 인연이 되어 동림학과 학문상 교유가 두터워진 것이 아닌가 생각된다.[11] 이 밖에도 그는 여행 중 언제나 程朱書를 지니고 다니면서 독서와 靜坐에 전심하는 한편, 명승고적을 순방하는 등 수행을 쌓았으니, 이 여행이

경찰 이전에도 顧憲成 鄒元標 趙南星 등 이른바 동림당의 거두들이 反張居正運動에 참가하고 다시 三王並封을 둘러싸고 反內閣運動을 벌여왔는데, 蔣平階가 동림의 시작을 계사경찰로 본 이유는 이 사건으로 이후 동림강학의 주요멤버가 된 顧允成·于孔兼·薛傳敎·張納陛 및 高攀龍이 降級 削籍되었고, 顧憲成도 화는 면하였으나 사건에 관련되었다는 점에서다. 谷應泰의 《明史紀事本末》卷 66~72 부분은 蔣平階의 〈東林始末〉을 기초로 그 간략한 부분을 보충한 데 불과하다.

9) 《遺書》卷 10.

10) 《四庫全書總目提要》卷 96(1983), 〈東林黨籍考〉, 列傳 274, 〈李復陽(元冲은 號)〉傳에 "……天啓三年陞吏部與顧憲成……"이라 하였는데 李와 顧가 다 같이 萬曆 말에 죽었다.(天啓 三年은 萬曆 二十一年의 誤記임)

11) 李材(見羅)는 양명학자 鄒守益의 제자였음에도 황종희는 《明儒學案》(商務印書館刊, 1933) 卷 31에 李材의 《止修學案》을 따로 삽입해 놓고 있다. 止修學에 관해서는 동림학자 특히 고헌성과 고반룡이 상당한 관심을 표명하고 있는데(《遺書》卷 8上), 岡田武彦은 高攀龍의 〈修身說〉이 止修說의 영향을 받은 것이라고 지적하고 있다.(〈東林學の精神〉, p.84)

야말로 그의 학문의 편력을 보여준 것이었다.

그는 여행을 마치고 돌아와 부모상을 당하여 근신하면서도 공부를 계속하였다. 湖濱에 누각을 지어 종신할 계획을 세워 엄격한 규정을 정하고 그 규칙에 따라 학문생활을 계속하였다. 이때의 동지는 주로 吳子往 歸季思였는데, 그들과 만나면 먼저 焚香하고 서로 꿇어앉아 7일이 지나야 일어섰다. 이것은 주역의 〈七日來復〉[12]의 뜻을 취한 것인데, 이레째에 吉함이 회복된다는 것이다. 이처럼 종교인의 수도생활을 방불케 하는 수행을 계속하고 있을 때, 그와 마찬가지로 退官한 동지들도 각각 향리에서 강학하고 있었다. 그 가운데서도 고헌성은 만력 22년에 역시 인사문제에 관계되어 革職落鄕하였으나 병마로 앓고 있었다. 그의 병이 낫자 고반룡과 함께 管東溟(志道)을 二泉書院에 초청하여 양명의 '無善無惡說'[13]을 비판하니 가까운 士紳이 모여들어 대성황을 이루었다. 管志道는 불교에 깊이 있는 학자로 三敎統合을 꿈꾸던 그 지방의 저명한 학자였는데, 그의 학설에 대해서는 顧·高 두 사람이 상당한 관심을 가지면서도 끝내 배격하였다.[14] 그러나 학문을 달리하는 자들끼리 하나의 주제를 정하고, 연구하고 토론하면서 사상적으로 교류하고 있다는 사실은 그들의 진지한 학문적 태도를 말해주는 것이다.

二泉大會의 성황은 그들이 자신의 강학처를 마련하는 데 큰 자극제가 되었다. 고반룡의 제의와[15] 고헌성의 주선으로 1604년에 동림서원을 건립하게 된 것이다. 東林會講의 규약은 白鹿洞規를 기초로 하여 작성하고, 會

---

12) 《周易》, 〈復卦〉, 七日來復無咎.

13) 졸고, 〈天泉證道紀와 東林學派〉(《東國史學》 9)에서 필자는 無善無惡說에 관하여 상론한 바 있다. 그런데 이번에 Busch의 논문("The Tung-lin Academy and Itspolitical andphilosophical Significance," p.35)을 얻어 본 뒤에 동림학자들이 二泉書院에서 논박하던 무선무악설을 동림강학 때 〈四要〉의 首節 '知性'條의 말미에 두어 그 변박을 하나의 과제로 삼고 있다는 것을 알았다.

14) 管志道는 양명학 좌파인 耿定向의 제자라 하나 그의 학통에 대한 구체적 사실은 고증할 수 없다. 그러나 고헌성, 고반룡은 그의 학문에 대해 진지한 토론을 하고 있다(《遺書》 卷 8上).

15) Busch, 앞의 글, p.27.

는 연 1회의 대회와 9회의 소회가 3일 동안 열렸다. 서원의 主孟은 창시자요 연장자인 고헌성이 되었으나, 회원자격에 관한 규정은 없었다. 그런데 동림강학이라 하여 동림서원에서 이루어지는 강학만을 의미하지는 않는다. 동림서원을 중심으로, 錢一本이 세운 武進의 經正堂, 史孟麟이 세운 宜城의 明道書院, 金壇의 志矩堂, 嘉興의 仁文書院 등 인근지방에 소규모의 분원들이 세워져 각각 강학이 이루어지고 있었다. 물론 분원의 강학가들은 동림회강 때에는 중심 성원이 되며, 그들은 자주 고헌성을 모셔와 강의를 듣곤 하였고,[16] 고반룡이 主孟이 되어서도 역시 의성·상숙·금단 등지로 돌면서 강학활동을 이끌었다.[17] 天啓朝에 동림파 지도층의 한 사람으로 활약한 魏大中도 고반룡이 이 때 가르친 제자이다.

동림회강의 성격은 會約과 儀式, 四要, 二惑, 九損 등에서[18] 알 수 있으나, 그 목적은 聖學을 익혀 각자가 도덕적 인격을 완성하는 데 있었다. 따라서 파당정신이나 적극적 정치참여도 원칙적으로 금지하고 있었다.

그러나 강회의 중심 인물들이 중앙에서 쫓겨난 재야의 불평정객들이었기 때문에, 회강은 언제나 정치성을 띨 가능성이 있었다. 그리하여 "講習之餘에 왕왕 조정을 비판하고 인물을 재량하니 때를 만나지 못한 선비들이 모여 학사에 능히 수용할 수 없게"[19] 되었다. 동림서원이란 이름이 전국에 떨치자 동림을 기리는 자, 헐뜯는 자 또는 이에 붙어 자신의 영욕을 꾀하는 자마저 나오게 되어 서원이 마치 정치의 중심이 된 듯하였다.

동림이 갑자기 유명해진 것은 주로 고헌성의 정치활동 때문이었다고 말해도 무방할 것이다.[20] 그러나 그 이면에 숨은 동림의 學的 정신의 뒷받침

---

16)《明儒學案》卷 58~61, 各 傳 참조.

17)《遺書》부록〈高忠憲公年譜〉.

18) Busch, 앞의 글, p.34~40. 東林會約 東林儀式 四要 二惑 九損 등은 會講의 진행방법, 절차와 회원 간의 준수사항 등을 조목별로 명기한 것인데 許獻의〈東林書院志〉에 수록되어 있으나 얻어보지 못하였다. 그러나 Busch는 그의 논문에서 英文으로 그 대강을 번역 게재하고 있으므로 이를 참고함.

19)《明史》, 列傳 119,〈顧憲成〉傳.

20) 동림서원의 정치적 명성에 비하면 동림학자들이 강학시절에 한 정치적 역할은 대단한 것이 아니다. 그것은 주로 만력 22년 초 고헌성 재관 시 반내각운동으로 얻은 명망과 동림강학 기간 중 중앙인사문제에 개입 등 정치적 활동을 통하여

이 없었던들 빛을 발할 수 없었을 것이니, 고반룡은 고헌성에 이어 동림학
의 이론을 더욱 정밀하게 체계화하는[21] 한편, 고헌성과는 달리 직접 정치
에 끼여들기를 꺼리고 "학술을 정치와 경제의 선행요건으로"[22] 이해하여
오로지 학술의 부흥에 필생의 노력을 기울였다. 그러면서도 그는 현실을
외면하기보다 오히려 이상을 향하여 현실적 측면부터 헤쳐나가려는 착실
한 방법을 택하였다. 그는 당시에 商稅와 加派가 막심한 민폐를 낳고 있다
고 지적하고,[23] 그만둘 것을 항소하는 한편 商稅의 필요성을 주장하는 자
에게 서신으로 불가함을 설득하기도 하며,[24] 또는 당시에 불균등한 賦役制
度를 개혁하기 위하여 蘇州와 常州의 지방수령에게 의견을 제공하여 민간
의 불편을 덜어주는 등[25] 향민의 이해에 관계되는 일에 솔선수범하고 있
다. 이러한 활동은 그에게 강학의 중요한 부분이었다. 그는 "입으로 講하

얻은 것이다. 1612년 고헌성이 죽고나서부터는 동림학자들의 직접 정치활동은
없었으나 고헌성의 정치활동의 여파로 동림서원이 계속 정치조직 같은 인상을
받게 되었다. Busch, 앞의 글, p.4~65 낯 Hucker, 앞의 글, p.147~150 등 참조.

21) 《明儒學案》 卷 59, 文介孫愼澳先生愼行條.

22) 註 68) 참조.

23) 商稅와 加派(附加稅)는 鑛稅와 더불어 명말 사회경제를 위기로 몰아넣은 한 요
인이었다. 《明史》, 〈食貨志〉 5, 〈商稅〉條 및 소 〈賦役〉條 참조. 그 철폐에 관한
그의 주장에 관해서는 〈罷商稅揭〉(《遺書》 卷 7) 참조.

24) 《遺書》 卷 8下, 〈與李懋明中丞〉. 그는 李懋明과는 친면이 없는 사이였던 듯한
데 두 차례 서신을 보내어 상세폐지에 관한 자기 주견을 설득시키려 하고 있다.
다시 말해 李懋明이 있는 江西지방에는 商稅의 폐가 덜하여 상세의 필요성을 주
장하였는데, 이에 반해 고반룡은 鄒元標도 상세의 존속을 주장하고 있다면서 곳
에 따라 그 폐가 심하지 않은 곳도 있으나 국가 전반에 걸친 막심한 폐를 지적
하고 그 철폐가 시급하다고 하고 있다.

25) 《遺書》 卷 8下, 〈與胡撫臺〉. 명대의 호적은 官·民·軍·匠으로 구분되어 있었는
데 명말에는 지역에 따라 그 수적 비율이 불균등하여 受役이 불평하였다. 고반
룡이 위 서신에서 "蘇松民戶之田 浮於官戶…… 常鎭民戶之田 浮於官戶…… 王
老公祖 以役官戶不若加役米 加役米則畝畝出米 不必清花詭…… 一時傳播 萬口稱
便 令四郡(蘇州·松江·常州·鎭江) 有司倡率 獨無錫一縣擧優免 不役之田 盡出貼役
民間以爲最公最平之事矣"라 한 것을 보면, 고반룡이 창솔하여 官田이나 民田을
막론하고 畝마다 役米를 내도록 하고 不役之田도 役米를 부과케 하여 官民戶의
부역을 평등히 하도록 하였다는 것을 알 수 있다. 따라서 役米와 役田制度는 이
때 이 지역에 한하여 정해진 임시제도인 듯하다.

고 몸으로 體하지 않으면 진정한 강학이라 할 수 없다"[26] 하여 강학의 정
의를 내리고 있는데, 이러한 강학의 실천적 의미는 주자학을 경세의 학,
다시 말해 實學으로 이해하여 그 부흥으로써만이 사회가 유지될 수 있다
는 원대한 유교적 신념에서 얻어진 결론이었다. 그의 유교적 덕치주의는
그의 모든 사상을 통하여 읽을 수 있으며, 이 시기 그의 이력이 그것을 증
명한다. 그는 義租를 두어 族人을 돕는[27] 한편 주로 交友활동에 전력을 기
울이고 있다. 〈同善會序〉에서[28] 그는 "회는 매년 4회 열되, 회원은 한사람
이 절약 저축하여 會中에서 딱한 자가 있으면 베풀어주고, 이에 무의탁자
가 추워하면 옷을 주고, 주린 자는 먹여주고, 병자에게는 약을 주고, 죽은
자에게는 관을 주어 同會의 사람은 선을 행할 것"이라 하여 동지 사이의
선행을 약속하고 있다. 同善會라는 것은, 錢一本이 武進에 經正堂을 세워
동림강학을 分主하면서 따로 조직하여 劉元珍에게 主務를 담당케 하였는
데, 동림에서도 그 취지에 찬동하여 동지가 백여 명이나 가입하였고, 고반
룡이 陳志行·葉身之(茂才)·安小范(希范)과 함께 회를 도우면서 자신은 회
합 때마다 참석하여 강의를 하면서 그 회의 목적을 이루는 데 앞장서고 있
다.[29] 그는 다시 〈同志約〉을 지어 동지들 사이의 방문·영접 등 교우양식의
간소화를 다음과 같이 주장하고 있다.

　　서신을 왕래할 때는 單帖을 쓰고, 특별한 경우에만 折柬을 쓴다, 서로 만나
서 정담을 나눌 때는 안주로 채소 여섯 簋를 쓰되 실과와 탕은 써도 좋고 안
써도 좋으며 좌석이 다 차지 않을 때는 殺牲하지 아니한다. 貴嬪을 맞아 대접
할 때는 안주로 채소 여덟 簋, 다섯 종의 實果—楹, 湯과 點 각 한 그릇에 고
기는 가급적 쓰지 않는 게 좋다. 약속 이내로 하는 것이 좋으며, 그 이상으로
는 하지 않는다. 생활정도에 맞추어서 행하면 고기 한점 채소 일궤라도 간소
한 게 아니니 만약 약속을 벗어나 융숭히 대접하면 객이 사양하고 먹지 않는
다. 이상의 약속은 비록 細事이나 浮費를 덜어서 청렴을 기르고 煩勞를 덜어

---

26) 《遺書》, 卷 8上, 答歐陽太常.
27) 〈行狀〉.
28) 《遺書》 卷 9上.
29) 《遺書》 卷 11, 〈劉本孺行狀〉;《明儒學案》 卷 59, 〈御史錢啓新先生一本〉條.

서 몸을 돌보고, 생물의 목숨을 아껴서 복을 기르고, 사치를 막아서 후세에 모
범을 보이고, 朴實을 돈독히 하여 풍속을 유지하는 것이니, 무릇 우리 동지는
서로 힘써 지킬지라.[30]

이 〈同志約〉에서 우리는 그들의 극단적 검약정신을 볼 수 있는데, 이
는 그들이 경제적으로 여유가 없었고, 더구나 無錫이 남북의 요로였던
까닭에 방문객의 내방이 잦았을 것이므로 취해진 부득이한 조처였겠지
만, 모범적 생활태도로 향민을 지도한다는 사대부, 특히 동림인으로서의
긍지에서[31] 비롯하였을지도 모를 일이다. 그런데 〈同志約〉에서 뜻하는
동지의 한계는 분명치 않다. 회원을 가진 會約인지 아니면 막연한 동지
를 대상으로 고반룡이 동지들 사이에 검약정신을 권장하기 위해 만들었
는지는 밝힐 길이 없다. 교우관계에서 여러 의식을 간소화하려는 의도
는 〈東林會約〉에서도 보이는데, 이를테면 동림회강시에 동지를 초청하
는 경우에 單點을 쓴다는 규정 등이 그러한 것이다.[32]

이와 같은 강학활농, 나시 말혜 동림회강을 비롯한 同善會 등의 모임
은 그들의 朋友觀念이 아주 철저하였음을 말해준다. 강학이란 원래 붕
우관계를 기초로 성립되는 것이지만 그들의 붕우론은 오륜 가운데서도
유일하게 횡적인 인간관계로 중시되었다.[33] 물론, 朱子도 강학을 중시하

---

30) 《遺書》 卷 12.

31) 그는 확실히 동림인으로서 긍지를 갖고 있었다. 즉 《遺書》 卷 8下의 "吾常(常
州)爲財賦之區, 當南北之要衝"(公啓吏部留王郡彝), "吾邑最稱人文之地, 自昭代以
來"(與吳齊陽), "諸人欲斷東林脈, 東林無官脈可斷, 若道脈如何斷得"(與黃黃石) 등
의 표현에서 이러한 사실을 알 수 있다.

32) 〈東林會約〉, 11條, Busch, 앞의 글, p.39 所引.

33) 小野和子, 앞의 글, 그는 pp.277~278에서 동림인들이 붕우관계를 五倫(오륜도
인간관계) 가운데서도 가장 중시하였다 하나, 필자는 그의 설에 찬동할 수 없다.
동림학이 주자학의 體現을 궁극적 목표로 하였다는 점을 인정한다면, 孝를 行의
근본으로 보는 주자학(유학)에 대해 동림학이 붕우관계를 우위에 둘 수는 없는
것이다. 단지 그들은 붕우론을 유일한 횡적 인간관계로 보아 종래의 유가보다
중시하였던 데 불과하다. 붕우관계를 오륜 가운데서 더욱 중시하는 견해는 일반
적으로 양명학 좌파 사상가에게서 찾아볼 수 있는데 특히 명교비판의 선봉 李卓
吾는 《何心隱論》에서 "人倫有五 公舍其四 而獨置身於師友聖賢之間"(容肇祖, 〈明

였을 뿐 아니라 향약을 통하여 사회질서를 유지하려 하였기에, 붕우관계(인간관계)를 중시하고 있었던 것은 사실이지만, 동림학자들의 강학활동에서는 그 방법이 더욱 강화되어 있다는 점을 볼 수 있다. 고반룡은 천계조에 재등용되어 정치적 위기가 커졌을 때 鄕約의 시행을 역설하여 "향약은 敎化內의 一要事이니…… 향약을 하면 一鄕의 선악이 피할 수 없어 도적이 없어지고 풍속의 순화가 모두 이에서 얻어진다. 善記簿를 두고 다시 改遇簿를 두어 스스로 새롭게 한다"[34]며 종래의 것에서 강화 변형된 향약을 구상하였다.

위에서 고반룡의 유교적 신념에 따른 강학활동을 살펴보았다. 고헌성이 죽자, 고반룡은 동림의 주맹이 되었으나, 이때는 이미 동림서원이 門戶(派黨)를 열 것을 요구하며 동림강학을 비난하는 반대파의 소리가 높았다. 이때 마침 朱五吉의[35] 동림을 비방하는 疏가 있었는데, 이에 대하여 고반룡은 "근자에 黃門 朱五吉 선생의 〈憲臣議開講學之壇國家慮門戶之漸一疏〉가 있었는데, 그 뜻은 동림을 표적으로 하는 것이므로 동림은 이를 경계하고자 하니 이 설이 제기되면 吾道와 국가에 미치는 禍가 클 것"[36]이라 하여, 동림강학이 파당과는 근본적으로 무관하다고 말했다. 이어서 "道를 알면 刑名錢穀이 다 實事요 도를 모르면 禮樂刑政이 虛文이니 사람이 학문을 알지 못하면 世道가 소침하여 黨禍가 일어난다. …… 黨類의 黨은 없을 수 없으니 이는 群分의 品이요 偏黨의 黨은 있어서는 안 될 것이니 이는 亂亡의 本"이라 하여, 동림강학은 知道를 목적으로 하는 군자들의 모임이니, 편당을 위한 소인의 모임과는 본질적으로 다른 것이라 하였다. 黨類의 黨, 다시 말해 君子의 黨은 그에게는 큰 의의를 갖는다. 위로는 황제를 받들고 아래로는 민중을 지도 교화하면서 여론을 대변하고 다시 그것을 정치에 반영하는 것이 사대부의 임무라고 생각하였다. 그러면서도 다시 정치를 개인도덕의 집적으로 이해하며 각자가 도를 알면 정사가 바르게

代思想史〉, p.226)이라 하여 그를 칭송하고 있다.

34)《遺書》卷 7, 〈申嚴憲約責成州縣疏〉.

35) 朱五吉은 미상. 五吉은 號인 듯.

36)《遺書》卷 7, 〈論學揭〉.

된다고 생각하였기 때문에 동림서원은 수도자들의 도장일 뿐이라고 하였다. 이 30년 동안의 강학을 통하여 그의 학문은 일가를 이루게 된 것이다.

제3기 정치활동과 수난

1610년대 초반에 정의파의 거두인 首輔 葉向高와 이부상서 孫丞揚이 물러난 뒤, 그 반대세력인 齊·楚·浙 三黨이 인사문제에 영향력을 발휘했으나[37] 신종이 죽고(1620) 광종이 즉위하자 세력분포가 크게 변하였다. 만력 중기 이후로 강등 해직된 정의파 인물이 대거 기용되었던 것이다.

고반룡도 30년 동안의 강학에 종지부를 찍고 천계 원년에 光祿丞에 제수되었다. 그러나 1621년 만주족이 廣寧衛를 함락하여 민심이 뒤숭숭한 가운데 폐단으로 남아 있던 파벌대립은 계속되어, 이른바 내우외환의 정치적 불안은 그의 정치생활에 암영을 던져주고 있었다. 더구나 천계 초에 기용된 동림파와, 齊楚浙黨을 중심으로 하는 반대세력이 어린 광종을 꼭두각시로 하는 환관 魏忠賢의 아래로 모여든 이른바 환관당의 대립이 점차 뚜렷해졌다. 이 대립에서 동림파 측에서는 三案을 들어 공격하였는데[38] 고반룡은 紅丸事에 가담하여 귀척과 훈귀의 미움을 사게 되었다. 紅丸事란 신종을 이어 泰昌帝가 즉위하였으나 병이 나서 鴻臚寺官 李可灼이 진상한 紅丸을 먹고 죽은 일인데, 이에 동림파의 楊漣·周嘉模 등은 鄭貴妃(神宗의 寵妃)가 李選侍와 모의하여 독약을 올린 것이라 의심, 그들을 탄핵하였고 천계 초에 역시 동림파의 孫愼行이 이를 문제삼자 고반룡은 "調停과 隱忍은 君父의 일이요, 大義에서 法紀를 지켜 君의 원수를 갚고, 君의 賊을 토벌함은 臣子의 일"[39]이라 하여 사건에 관련된 인물 이외에도 의심받던 鄭貴妃의 동생 鄭國泰와 사건 당시의 내각 首輔이던 方從哲까지도 시역죄에 해당한다는 강경론을 내세웠다. 그러나 고반룡의 주장은 어디까

37) Hucker, 앞의 글, pp.150~151.

38) 三案이란 張差挺擊(萬曆 43年), 紅丸(泰昌元年), 移官(天啓卽位年) 등 궁중의 삼대 사건.

39) 吳應箕, 〈熹朝忠節死臣傳〉(東林始末─ 中國近代內亂外禍歷史故事叢書, 廣文書局 行), p.63.

지나 추론에 불과하였으므로 말썽이 되었으나, 수보인 葉向高의 변호로 일단 무사했다.[40] 天啓 6년에 魏黨이 '東林黨人'을 비방하기 위해 지은《三朝要典》에 高攀龍을 紅丸案에 넣은 까닭도 여기에 있다. 그 이듬해 초에 大理少卿에 전직, 다시 太僕卿으로 승진하였는데, 고반룡은 이런 정치상황 속에서 직책을 다하기 어렵다는 사실을 알고 취임을 사양하였으나, 허락이 내리지 않았기 때문에 부득이 遞職을 빌어 귀가하였다. 在家 몇 개월 만에 刑部侍郎에 발탁되어 4년 겨울에 다시 올라갔으나, 그때는 楊漣이 魏忠賢의 二十四大罪를 들어 규탄한 뒤여서 장안은 물 끓듯 하였다. 또 하나의 사건은 위충현의 미움을 산 御史 林汝翁과 工部主事 萬燝을 체포하라는 旨가 내렸었는데, 林御史가 葉向高와 고향이 같다 하여 葉首輔의 가택도 뒤진 것이다.[41] 무엇보다도 楊漣의 위충현 규탄은 魏黨의 급격한 반발을 사게 되었을 뿐 아니라, 이 사건으로 말미암아 派內에서도 분열의 기운이 싹텄다.[42] 물론 그 규탄에 이어 그를 지지하는 疏가 넘쳐 나서 魏黨에 대한 강경론이 압도적으로 우세하였지만, 적잖은 동지들은 당시의 형세에서 그 같은 저돌적인 대항방법은 현명하지 못한 처사라고 생각하였다.[43] 內閣首輔 葉向高는 二三次 首輔의 직을 거치면서 동림파의 입장을 언제나 변호하는 태도를 취하여, 이후 '동림당'의 괴수로 화를 당하였는데, 그도 위충현의 탄핵사건에 대해서는 불만의 뜻을 간접적으로 표시하여 강경론자들과 심하게 반목하였다.[44] 고반룡은 양련과는 동림강학 때 사제관계였다. 사건 몇 개월 뒤, 그가 상경하자 명분상 지지하는 입장을 취하였으나, 내심으로는 그 일이 결과적으로는 자신들의 정치생명과 나아가서는 국운

---

40)〈行狀〉.

41) 蔣平階,〈東林始末〉, 天啓四年 七月條 ;《明史》, 列傳 133, 萬燝條.

42) Hucker, 앞의 글. 그는 pp.160~161에서 黃尊素란 사람이 그에 반대하는 의견을 가졌다고 지적하였다.

43) 李遜之,〈三朝野記〉卷 2(中國近代內外禍故事叢, 廣文書局), p.55에 "蔡土順曰應山(楊漣)此疏誅璫, 取禍甚烈, 無識者乃謂, 焚林之禍, 疏實召之"라 한 것을 보면 동지 간에도 楊漣의 疏가 화를 불러일으킨다는 비난이 비등하였다는 것을 알 수 있다.

44) 黃煜,〈碧血錄〉, 繆西谿先生自錄(東林始末 ― 中國近代內外禍故事叢, 廣文書局), p.123.

의 단축을 불러올 것이라고 생각하였다.

> 中官이 用事함에 그 독을 拔本할 수 없으니 歸德相公의 故事와 같이 순순
> 히 謹化하여 그 독을 서서히 없애야 모든 宦官이 우리를 정면으로 적대하지
> 않을 것이다. 이렇게 해야만 縉紳의 화가 만분의 일이라도 줄어들 것이다.[45]

이렇게 말한 것을 보면 그의 魏黨에 대한 태도가 얼마나 온건하며 현명
하고 현실적인지 짐작할 수 있겠다. 온건적이라 하여 그가 위당의 횡포를
묵인하려 한 것이 아니라, 당시의 실정에서는 양련과 같은 과격한 방법이
무모한 행위로밖에 볼 수 없었기 때문이었다.

이렇게 정국이 위당의 독주로 파경에 이르렀을 즈음에 고반룡은 都察院
左都御史란 어려운 직책에 추천되었으나, 그는 〈自請罷斥疏〉를 올려[46] 두
가지 이유를 들어 사양하였다. 첫째는 그의 座主 趙南星이 吏部尙書로 있
는데, 자기가 總憲의 직을 맡는다면 당쟁이 심한 현재로서는 당인의 혐의
를 면치 못할 것이오, 둘째는 자기의 역량으로 감당할 수 없다는 겸허한
이유에서였다. 그 疏에서 그는 파벌이 불러오는 원인과 御史가 해야 할 급
선무에 대하여 말하고 있다.

> 同과 異에서 愛와 憎이 생기고, 愛와 憎에서 是非를 결정하기 때문이니 무
> 릇 私를 없애려면 御史의 직에 있는 자가 먼저 私를 없애야 한다.

그의 이 주장에서는 동림파와 魏黨의 대립에서 자신이 속하는 파의 과
격론자에 대한 자가비판의 뜻도 살필 수 있다. 그의 사양에도 불구하고 추
천된 지 이틀 만에 임명이 결정되었다. 그의 동지들은 그가 동림인으로서
홍환사건 등으로 훈척대신의 미움을 받고 있는 상황에서, 左都御史의 직
에 위당의 반대 없이 이같이 쉽게 오르게 되었다는 사실에, 복잡한 이면이
있는 것이 아닌가 하여 불길한 징조라고 생각하였다.[47] 그러나 그는 일단

---

45) 〈行狀〉.
46) 《遺書》卷 7.
47) 〈三朝野記〉卷 2, p.61.

취임하자 관기숙정을 제일목표로 하고 그 취지문을 네거리에 게시하였다. 때마침 回京한 准揚御史 崔呈秀의 부정사건을 고반룡의 제자 吏科給事中 魏大中가 폭로하자, 고반룡은 즉각 崔御史를 규탄상소하고 吏部尙書 趙南星이 그 죄를 논의하여 유배시킬 것을 결정하였다. 고반룡의 규탄소를 어사 李應昇이 대필하였다는 사실을 안 崔는 李應昇을 찾아가 구명을 애걸하였으나 거절당하고, 그 다음날에 소가 올려졌다.[48] 다급해진 崔는 다시 위충현을 찾아가 구명을 호소하는 한편, 부자관계를 맺고 보복책을 강구하는 데 여념이 없었다. 이때 위충현당의 중심인물에 대학사 魏廣微가 있었는데 그의 부친 允貞은 張居正 반대운동 때 조남성·鄒元標와 매우 가까운 벗이었다. 廣微는 소인이라, 趙·鄒 두 사람이 그를 대할 때 면박하여 원한을 품어오다가, 이 무렵 다시 太廟事에 관련되어 魏大中 이응승의 규탄을 받아 원한이 극에 달하고 있었다.[49] 이리하여 위광미의 협조를 얻은 崔呈秀는 위충현을 중심으로 하여 그들의 보복계획을 서서히 실천에 옮겼다. 뒤에 양련·위대중 등이 체포될 때 위광미가 동정하여 구명할 뜻을 표하다가 자당의 비난을 받았다는 점을 보더라도,[50] 동림파의 소장과격파들은 너무 의기에 차 오히려 정국을 위기로 몰아넣는 결과를 불러왔다는 평을 면할 수 없다.

고반룡의 파당싸움을 없애려는 노력은 수포로 돌아갔다. 그는 탐관을 규탄하였으나, 오히려 魏黨을 결속시킬 뿐이었다. 이에 절망한 나머지 국운을 하루라도 이어가려면 오로지 관리의 책임 있는 善政에 기대할 수밖에 없다고 단정하고 〈申嚴憲約責成州縣疏〉[51]를 올려 農桑, 水利, 敦敎化, 育人才, 正人心, 厚風俗, 刑名, 錢穀, 積貯, 給散, 保甲防禦, 彰善剔蠹, 鏊奸에 관한 법에 이르기까지 무려 50여 조목으로 나열하고 있으나, 이제까지 염려하던 파쟁에 관해서는 언급이 없었다. 그러한 노력은 소

48) 文秉,《先撥志始》卷下(中國近代內外禍故事叢, 廣文書局), p.189 ;《明史》, 列傳 133, 〈李應昇〉傳 ;〈碧血錄〉, 魏廓園先生自譜, p.106.
49)〈三朝野記〉卷 2, p.66.
50) 文秉, 앞의 책, p.173.
51)《遺書》卷 7.

용없는 일이라고 체념한 탓이었다. 그러나 양련·위대중 등의 동림지도
층이 물러나는 등 魏黨의 계획이 착착 진행되면서, 4년 10월 그는 모든
일을 단념하고 그의 스승 조남성과 함께 스스로 관직에서 물러나고 말
았다. 이때 그는 조남성에게 편지를 보내어 "이 秋爽을 당하여 어디에
서 爲樂하며 무슨 일로 爲樂할지, 世局이 이러하니 입을 열 수도 없고,
마음 붙일 곳도 없으니 차라리 일개 閑人이 되어 自家性命을 自家受容
할 뿐"[52]이라 탄식하면서 無錫으로 돌아와 東林會期 이외에는 산중에
숨어 지내며 방문객을 받지 않았다.

이듬해 5년 초에 楊漣·左光斗·魏大中 등이 체포되어 학살되고, 동 7
월에는 首善書院이 폐쇄되고, 8월에는 동림서원을 위시한 天下書院이
헐렸다. 다시 12월에는 동림당인의 성명이 천하에 공개되고, 이듬해 6년
초에 제2차로 고반룡을 비롯한 周順昌·周宗建·繆昌期·李應昇·黃尊素 등
6명의 동림파 중심인물을 당적으로 몰아 체포하라는 위충현의 명령이
있었다. 두 차례에 걸쳐 동림파 지도층이 체포될 때 緹騎에 반항하여
여러 지방에서 크고 작은 민변이 일어났는데, 그 가운데에서도 周順昌
이 체포될 때 蘇州에서 일어난 開讀의 變이 유명하다. 개독이란 緹騎
(憲兵)가 縣廳으로부터 피고인을 넘겨받아 勅旨를 피고 및 대중에게 낭
독하는 의식인데, 이 의식을 수만의 군중이 방해하여 3일 동안 미루는
소동까지 벌였으나, 주순창은 야음을 타 결국 압송되고 말았다. 사건은
일단락 되었으며, 이 때문에 희생된 민간인의 〈五人之墓〉가 시민의 손
으로 세워졌다.[53]

이렇게 민중의 열렬한 지지를 받으면서도 정치적 분열의 틈바구니에
서 동림파 지도부는 괴멸의 운명을 피할 수 없었다. 周順昌과 繆昌期의
체포 소식을 전해들은 고반룡은 자신도 화를 피하지 못할 것을 짐작하
고 "舊大臣의 체면을 손상시키지 않기 위해 屈平의 遺則을 따라간다"는
유서를 남기고 의관을 정제하여 조용히 연못에 몸을 던졌다. 천계 6년

---

52)《遺書》卷 8上,〈上趙師〉2.
53)《東林列傳》卷 3,〈周順昌〉條.

3월 17일 새벽의 일이었다.

3. 사상

1) 사상의 발원

위에서 고반룡의 생애를 살펴보는 동안, 그가 주자학을 종지로 한 철저한 명교자였다는 사실을 잘 알 수 있었다. 그러나 그의 학문상 계보를 따져보면 순수한 주자학의 학통을 이어받고 있지는 못하다. 그가 〈困學記〉에서 술회하고 있는 것과 마찬가지로 고헌성은 동림학의 창시자로서 양명학 우파의 계통을 잇고 있다는 사실은 흥미 있는 일이다. 지금까지의 연구자들이 이미 대개 그 사실을 언급하고 있으나 여기서 다시 정리하여 소개하려는 의도는 고헌성을 이어 동림학을 집성하였다고 할 수 있는 고반룡의 학문과 사상을 이해하는 선결 조건이라 생각하기 때문이다.

고헌성은 그의 아우 允成과 더불어 武進人 薛應旂의 문에서 수학하였고 또 薛應旂는 양명의 제자인 歐陽德(1496~1544)에게서 배웠다. 구양덕은 江西 泰和人으로 字를 崇一, 號를 南野라 하여 관이 예부상서에까지 올랐다. 그는 羅洪先, 鄒守益, 劉文敏 등과 함께 江右 王門學者로, 浙中 泰州의 양명학 좌파학자와 학설이 다른 점이 많았는데 황종희는 《江右學案》에서

> 姚江之學은 오직 江右가 그 傳을 얻었다. 당시 越中에서 流弊가 錯出하여 師說을 끼고 學口를 막았으나 江右가 홀로 능히 이를 타파하니 양명의 도가 힘입어 떨어지지 않았다. 대개 양명의 일생 정신이 江右에 俱在하니 역시 까닭이 있는 것이다.[54]

양명학 제파 가운데서도 강우학자가 양명의 명교적 정신을 이어받아 越中 양명학파에서 나타나는 流弊를 구하고자 힘썼다는 것이다. 강우는 양

---

54) 《明儒學案》卷 16.

명학 우파, 월중은 좌파이다. 歐陽德은 양명학 우파학자로서 주자학의 후예인 羅欽順과 良知說에 관하여 몇 차례 논변한 바 있는데, 그때 그는 "天理는 良知의 條理, 良知는 天理의 靈明"[55]이라 하여 양지의 범위와 한계를 정하여 양명의 만년에 무원칙하게 선전된 양지설에서 생길 나쁜 풍속에 대비하려 하였다. 그는 많은 제자를 두었으나, 그 가운데서도 薛應旂는 號를 方山이라 하여 성격이 근엄한 학자로써 양명학 좌파의 反名敎的 언설에 크게 불만을 가져 實務敦行의 필요성을 역설하였다. 황종희는 그를 평하여,

> 선생이 考功으로 있을 때 龍谿를 察典에 놓은 일을 논자는 貴溪에 대한 아첨이었다고 하나, 기실 龍谿의 언행이 거칠었기 때문에 선생이 龍谿를 빌려 학술을 바로잡고자 한 것이었다.[56]

고 하여, 방산이 龍谿(王畿)를 察典(관리성적을 평가할 때 謫罷에 해당하는 처벌)에 둔 일은 권신인 貴溪(夏言)의 환심을 사려한 것이 아니고 양명학 좌파의 비조인 王畿의 언행이 거칠었기 때문이라고 설명해 주고 있다. 薛이 의미하는 정학은 명교의 학이었다. 그는,

> 陸子의 학은 先立其大에 있고 주자의 학은 居敬窮理에 있다. 학자가 만약 능히 先立其大之心을 存케 하면서 주자에 힘써 功을 드리면 이른바 居敬者는 心에 居할 것이오, 이른바 窮理者는 心에 窮할 것이니 곧 朱陸合一이라.[57]

고 하여 朱子와 陸子의 합일이, 다시 말해 朱陸學의 장점을 취하고 단점을 버린 절충의 학이 正學이라 하였다. 그는 王門의 학자이면서도 주자학적 경향을 띠었다. 그래서 그는 고헌성 형제의 됨됨이를 보고 기꺼워 자신이 補註한 《考亭淵源錄》을 주며 "洙泗(朱子) 이하 姚江(陽明) 이상이 모두 여기에 있다"[58]고 하였다. 그를 스승으로 모신 고헌성 형제는 王門의 三傳

---

55) 《明儒學案》 卷 17, 〈文莊歐陽南野先生德〉條.
56) 《明儒學案》 卷 15, 〈提學薛方山先生應旂〉條.
57) 《明儒學案》 卷 15.

弟子가 되는 셈이다.

이상에서 살펴본 고헌성의 학문 계통을 다시 간추려 보면, 歐陽德은 양명의 직접제자로 양명만년에 양지설에서 파생할 유폐의 가능성을 인정하였고, 薛應旂는 양명의 수제자인 王畿를 祭典에 두면서까지 학술의 단점을 줄인 나머지 그 자신의 학문이 주자학적 경향을 띠게 되었으며, 고헌성에 이르러서는 양명학을 대담하게 비판하고 주자학으로 복귀할 것을 부르짖으면서 스스로 주자학도임을 자처하게 된 것이다. 그러나 그가 王門의 제자였던 만큼 그의 학문이 양명학의 테두리에서 완전히 벗어날 수 없었던 것은 "東林의 學을 顧가 이(方山)에서 導源하였으니 어찌 가히 (양명학적 요소가) 없을 수 있으랴"[59]고 말했던 황종희의 말을 보아서도 납득할 수 있는 것이다.

고반룡은 고헌성보다 20세 아래로서 그에게 직접 수학하지는 않고 사숙하였다. 당시의 사상계는 양명학 좌파 사상가들의 돈오와 공리주의가 혼연일체가 되어 심한 폐를 낳고 있었던 때이므로, 자연히 그에 대한 비판의 분위기에서 名敎 부활의 분위기가 만들어지고 있었다. 이러한 사정으로 고헌성의 명교학은 고반룡과 같은 후진에게 배우고자 하는 의욕을 불러일으켰다. 고반룡은 청년시절에 그의 학문의 방향을 정하였다. 두 사람은 이후에 중앙관직에서 앞뒤로 물러나서 동림서원을 창건하여 같이 강학하면서 더욱 밀접해졌다. 고헌성이 죽자 行狀을 쓰고 그의 뒤를 이어 동림서원의 주맹이 된 그는 顧가 열어놓은 동림학을 집대성하였다.

2) 사상적 입장

동림학의 창시자인 고헌성은 기존질서 — 양명학 특히 그 말류와 주자학 말류 — 를 파괴하는 데 전념하였으나, 동림학의 완성자인 고반룡은 그 뒤를 수습 정리하는 작업에 착수한다. 그는 〈王文成公年譜序〉에서 "文成의 때를 당하여 학자가 이미 허공에 빠져 神奇之論에 떨어지는 데 문성도

---

58) 《四庫全書總目提要》 卷 61(1342) ; 《明儒學案》 卷 59, 〈端文顧涇陽先生憲成〉條.
59) 《明儒學案》 卷 25, 〈薛應旂〉條.

역시 후회하더니 지금에는 虛見으로써 實悟하고, 任情으로써 率性하니 易簡의 道가 오인받고 義理의 경계가 漸夷하여 그 폐가 매우 심하다"[60]고 하여, 양명 당시에 이미 허견 임정의 폐풍이 그 기미를 나타냈으나 枝派가 재전 삼전하여 명말에 이르러서는 폐가 막대해졌다고 하였다. 양명학 말류의 허견 임정의 폐를 그는 實知 實踐의 학을 부흥함으로써 구하고자 하였다. 다시 그는,

> 薛文淸 呂涇野의 어록 가운데 悟에 관한 말이 투철하지 못하여 뒷사람이 혹 이를 천시하나 그 정대함이 바로 여기 있음을 어찌 알랴. 그가 어려서부터 조금도 감염됨이 없고 단지 平平常常 實地만 밟아가서 시종 어긋남이 하나도 없어 이미 不迷하였으니 하필 悟를 말하랴. 이른바 悟란 迷者를 말한다.[61]

고 하였다. 명초의 주자학자 薛瑄과 呂柟을 따르면서 그들이 평소 처지에 따라 실행만 하였는데 달리 무슨 悟가 필요하냐는 것이다. 그들의 실학의 풍을 부활시켜 양명학 말류의 虛悟에 의한 분분한 설들을 막고자 한 것이다. 그는 설선과 양명의 학문을 비교하여,

> 我朝의 文淸선생과 文成선생은 모두 大儒인데 문청의 학은 엄밀하여 나쁜 풍속이 없고 양명은 放鬆處를 면치 못하였다.[62]

고 하여, 설선의 학은 실학이기 때문에 나쁜 풍속이 생기지 않았다며 양명학의 상위에 올려놓고 있다. 그가 양명학 말류의 유폐를 낳을 소지를 지녔다는 점을 들고 있으나, 그렇다고 양명의 명교자로서의 지위에 이의를 제기하거나 그의 양지설을 이단시하지는 않았다. 오히려 양지설을 주자의 格物說에 견주면서 그 학문정신을 높이 평가하고 있는데, 이는 뒤에서 다시 보겠다. 양명이 이른바 龍場의 돈오에 따라 "성인의 도가 吾性에 자족하니 사물에서 理를 구하는 것은 잘못"[63]이라 하여 주자의 격물치지설에

---

60) 《遺書》 卷 9上.
61) 《遺書》 卷 5, 〈會語〉.
62) 《遺書》 卷 5.

도전하였던 것은 상식적인 이야기거니와, 고반룡은 이 용장의 돈오에 대하여,

> (양명이) 용장에 謫官되어 만리를 외로이 떠나옴에 미처 深山夷境에서 靜專澄默하고 평상시보다 功을 배가하였던 고로 흉중이 더욱 灑灑하여 단번에 悅然히 깨달았으니 이는 그 학이 정밀한 것이지 致知에서의 悟가 아닌데도 특히 文成이 二氏에 自處하지 않음은 필히 儒宗을 참위하려 함이다.[64]

라고 하여 용장의 돈오는 佛·老 二家에 힘입은 바라고 비난하였다. 주자의 格物은 무한한 공부를 요구하기 때문에 致知도 양명의 致良知와는 의미를 달리한다. 그러나 그는 이어서 "두 사람이 文成의 金鍼을 얻지 못하고 억지로 그 원앙을 수놓으려 하니 그것 역시 잘못"이라 하여 비난의 중점을 양명학 말류에 두고 있다. 이같이 그는 양명의 돈오를 二氏에게서 힘입은 것이라고 비난하면서도 그의 致知說의 우위는 솔직히 인정하여,

> 고금을 통틀어 大學을 설하는 자의 格致의 뜻은 주자가 最精하고, 致知의 뜻은 양명이 最醒하며, 止修의 뜻은 見羅가 最完하니 3家를 서로 통해야지 一說로 서로 배척하지는 말아야 한다.[65]

고 하였다. 그의 학문적 태도가 얼마나 개방적이었는지를 알 수 있는 부분이다. 그가 양명학을 대하는 태도도 일률적으로 부정하거나 긍정하는 것이 아니라, 때로는 그 학적 정신을 높이 찬양하면서도 때로는 허점을 들어 배격하였다. 요컨대 양명의 돈오주의가 말기에 와서 禪家의 돈오와 야합하여 虛悟空見 任情肆意의 폐를 낳게 하였다는 점을 공박하였다. 그는 양명의 天泉敎法의 첫 구절인 무선무악설에 대해서도, 철저하게 비난하고 공격하는 고헌성의 태도와는 달리 "(양명선생은) 善을 念으로 하고 우리는 善을 性으로 하였다"[66]고 하여 양명학의 정신에 대한 깊이 있는 논란은

---

63) 《傳習錄》 下, 3.
64) 《遺書》 卷 10, 〈三時記〉.
65) 《遺書》 卷 8上, 〈與涇陽論知本〉.

하지 않았다. 그는 주자와 양명의 말류의 폐를 구하기 위하여 그 근원을
따져보았다. 그 결과 그는,

> 성인은 全知가 一徹具徹함을 제외하고는 이하로 두 길로 나뉘어서 하나는
> 人倫庶物에서 實知實踐하고, 다른 하나는 靈明知覺에서 默識默成한 것이니
> 이것이 兩者의 分이라. 孟子가 夫子에 대하여 朕兆를 나타내었고, 陸子가 朱
> 子에 대하여 드디어 異同을 이루었고, 本朝의 文淸과 文成이 문득 둘이 되어
> 나라의 學이 백년 전의 一路로, 백년 뒤 一路로 兩者가 내려오면서 각각 폐단
> 이 생겼다.[67]

라고 하여 유학을 두 계통으로 구분, 하나는 공자에서 주자·문청으로 人倫
庶物에 치중한 實學派, 하나는 맹자에서 상산·양명으로 靈明知覺에 치중
한 參悟派로, 두 계통이 시대의 하향과 더불어 각각 폐단이 생겨났다고 하
였다. 그러나 그는 전자의 병은 實病, 후자의 병은 虛病이기 때문에 허를
실로 다스려야 한다고 주장하였다. 그가 존경했던 薛瑄은 일찍이 "考亭 이
래 우리의 道가 매우 밝았으니, 번기롭게 저작하지 말고 모름지기 실천할
따름인져!"[68]라 하여 명초의 주자학 말류의 지리한 폐단에 비추어 實踐窮
行 사상을 고취, 새로운 기풍을 진작한 바 있다. 고반룡은 그때의 상황을
자신이 처한 명말 학술계의 혼란상과 연관시켜 상상하면서 설선의 실학정
신을 높이 평가하고 그 학풍을 부흥함으로써만 양명학 말류의 虛·無·空의
병을 치료할 수 있다고 확신하였다. 그는 당시의 학술계를 평하여,

> 오늘 그 폐를 보니 처음에 明心으로써 聞見을 一掃하고, 마지막에 또 마음
> 에 맡겨 학문을 폐지하니 이에 詩·書·禮·樂이 가벼워져 士가 實悟를 드물게
> 하고, 처음에 空念으로 善惡을 一掃하고, 마지막에 또 空談으로 行을 폐하니
> 이에 名·節·忠·義가 가벼워져 士가 實修를 드물게 한다.[69]

---

66) 《遺書》卷 8上,〈與涇陽論格物〉2. 동림의 무선무악설 비판에 관해서는 岡田武
　　彦,〈東林學の精神〉(《東方學》6, 1953), pp.79~81 참조.
67) 《遺書》卷 4,〈講義〉, 知及之章.
68) 《明儒學案》卷 7,〈文淸薛敬軒先生瑄〉條.
69) 《遺書》卷 9上,〈崇文會語序〉.

라고 하여, 선비가 모든 것을 마음에 맡겨 學을 폐하고, 空見에 돌려 行을 폐하고 있다고 개탄하고 있다. 이는 양명학의 극단적 좌파사상가인 하심은·李卓吾에 이르러 성현이나 경전까지도 무시하는 "狂을 표방하여 마음대로 행동하는" 태도를 개탄하는 것이기도 하였지만, 주자학도라 자처하는 이도 私智로 겉치레에 치우쳐 지루한 언설을 일삼는 당시의 학술계 전반에 걸친 평이기도 하였다. 그는 이러한 부정적인 학풍에 대하여 實悟·實修·實行이란 새로운 용어를 만들어 실학, 다시 말해 경세치용의 학풍을 고취하려 한 것이다. 그는 다시 葉向高에게 보낸 편지에서,

> 故로 意를 妄하여 오늘의 學을 하니 차라리 先儒의 설을 지켜 구구히 글만 읽고 있을지라도 감히 玄妙를 談說하지 않을 것이오, 스스로 不知妄作에 빠지느니 차라리 前哲의 矩를 禀하여 硜硜히 鄕黨自好가 될지언정 心이 변혁하고 德性이 스스로 無忌憚의 中庸에 빠지지 않으면 積오랜 뒤에 만약 習心이 변혁하고 德性이 堅凝하여 스스로 홀연히 大道를 알게 되는 결과를 당할지도 모른다. 日用常行을 이탈치 않고 차근차근 實地만 밟으면 塔을 대하여 相輪을 설하는 자와는 다를 것이다.[70]

라고 하여 거의 열광적으로 자신의 복고주의적 입장을 드러내고 있다. 이처럼 그의 강렬한 복고주의 염원은 주자와 양명의 말류, 특히 명교에 대한 양명학 좌파의 비판이 심해지는 것과 비례하여 나타나는 것이었다. 그리하여 그는 유교적 이상사회를 이룩하려면 먼저 학술을 바로 해야 한다고 믿었다.

> 政事는 그 人에 있고, 人은 그 心에 있다. 학술이 올바르면 心術이 바르고, 心術이 바르면 政事를 담당하는 자 어찌 바르지 않겠는가? 때문에 학술은 천하의 大本이다.[71]

학술이 바르면 인심도 바르게 되어 도덕적 정치질서도 따라서 유지될

---

70) 《遺書》 卷 8上.
71) 《遺書》 卷 1, 〈語〉.

수 있다고 믿었다. 학술은 정치경제에 선행하는 요건이므로 천하의 대
본이 되는 것이다. 그가 말하는 正學은 무엇인가?

　그는 《無錫縣學筆記》에서,

　　이에 도덕이 무너져 사람들이 귀하게 여기지 않으니 질서가 문란하였다.
　어떻게 할 것인가? 오늘의 폐를 구하려면 복고의 法뿐이다. …… 덕행을 폐하
　고 詞章에 맡겨서 이미 本을 잃었으니 다시 어떻게 할 것인가? 高皇帝의 臥
　牌와 兩朝의 勅諭는 學은 필히 孔·孟·程·朱를 숭상하고, 士는 필히 孝悌忠廉
　을 귀히 여기라는 데 있다.[72]

하여 정학은 孔孟程朱學이요, 경세치용의 실학이라 하였다. 虛學과 詞章의
범람으로 문란해진 도덕사회는 사대부의 역할, 다시 말해 공맹정주의 학
을 부흥시키고 孝悌忠廉이란 유교전통적 덕치주의를 실현함으로써만이
다시 그 면모를 되찾을 수 있다는 것이다. 복고란 유교사회의 전용어였으
나 그가 주장하는 복고주의는 여러 가지 각도에서 더 강렬하고 절실한 의
미를 갖는다. 동림이 처한 시대와 지역은 동양사상에 한 전환점을 이루었
으므로 사회개혁의 요청이 그에게는 불가피하였다. 그러나 그가 구상하는
개혁은 사대부가 孔孟程朱를 배우고 義理名節을 중히 여김으로써 가능한
것이었기 때문에, 사회적 진전으로 윤리적 기반이 흔들리면 흔들릴수록
그의 복고주의에의 염원은 더욱 강렬하게 나타났다. 이와 같이 그가 복고
주의를 표방하는 한편 자신은 강학을 통하여 聖學을 배우고 그 정신을 실
현하는 데 앞장서고 있는 것은 그의 강학활동에서 보아온 바다. 그는 동지
朱國楨에게 보낸 편지에서,

　　廟堂의 上에 居하여 그 民을 근심하고, 江湖에 처하여 그 君을 걱정하는
　것, 이것이 사대부의 實念이요, 묘당의 상에 거하여 우리 君을 위하지 않음이
　없고, 강호에 처하여 우리 民을 위하지 않음이 없는 것, 이것이 바로 사대부의
　實事입니다.[73]

---

　72) 《遺書》 卷 9上.
　73) 《遺書》 8上.

라고 설파, 救國救民이 바로 사대부의 궁극적 목적이라 하였다. 고반룡은 사대부를 군자와 같이 놓기도 하면서, 스스로 군자의 학을 한다고 자부하고 군자의 학은 주자학이며, 이를 實念實事의 실학이라고 이해하였다. 이 실념실사는 일찍이 고헌성이 제창하였고, 나아가 그것은 동림학의 정신이라고 그는 확신하였다.

3) 주자·양명·선종과의 관계

고반룡은 주자학을 정학으로 표방하고 그 부흥에 모든 정력을 쏟았지만 그의 학문이 양명학과도 불가분의 관계에 있었다는 것을 앞에서 보았다. 여기서는 먼저 그가 주자학과 양명학의 근본적 차이를 드러내는 격물설을 어떻게 해석하고 있었는지를 살펴보려 한다. 그는 고헌성과 정주의 격물설에 관하여 흥미 있는 논란을 벌이고 있다.[74] 고헌성은,

> 一草 一木의 說을 잘 음미해 보면 역시 스스로 방해될 것 없으나 육경·논어·맹자에서는 이러한 工夫에 대해 說한 것을 볼 수 없으니 그 까닭은 어디 있는가?

라고 하여 정주의 "일초일목에도 역시 理가 있으니 고찰하지 아니할 수 없다"는 주장이 부족하다는 뜻을 나타냈으나 고반룡은,

> 일초일목의 설에 대하여 선생이 육경·논어·맹자에서 이러한 공부를 보지 못했다 하나 이는 바로 맹자의 일관된 學이오.

라고 정중히 다시 생각해 줄 것을 청하였다. 顧는 다시,

> 曾子가 大學의 旨를 전하면서 孟敬子에게 말하되 邊豆之事는 有司가 할 일이라 하였다. 변두지사는 日用에서 빠질 수 없는 것임에도 오히려 그러함을

---

74) 《遺書》 卷 8上, 〈答顧涇陽先生論格物(四首)〉. 容肇祖는 〈明代思想史〉, p.295에서 顧·高 간의 一草一木 논의는 《涇皐藏稿》(顧憲成文集)에는 수록되어 있지 않다고 말한다.

볼 수 있는데 하물며 일초일목에서랴? ……누가 일초일목의 이를 발견한다
하며, 누가 일초일목의 이를 商求한다 이르랴?

고 하여, 일초일목의 理를 발견하고 구명하는 일은 번잡하고 迂廻한 末法
이라 생각하였다. 고반룡은 이에 대해,

> 변두지사는 유사가 할 일이지만 이것은 心性之事니, 가히 한 가지로 말할
> 수 없는 것이오

라고 하여 邊豆의 일(祭器)은 일상사이기 때문에 그 책임을 맡는 유사
가 있어야 하지만, 일초일목을 격물하는 일은 심성에 관한 일이므로 학
자는 무릇 심성을 함양하는 공부에 힘써야 한다고 말하고 있다. 정주의
일초일목설은 理가 사물에도 존재한다는 전제 아래 성립되었기 때문에
物理의 객관적 窮理를 강조한 것이었으나, 그는 "천하에서 性外의 物이
없고 心外의 理가 없다"[75] 하여 格物窮理說을 심성함양의 공부로 방향
을 돌리게 된 것이다. 여기서 그의 격물설은 주관적 궁리에 치우친 나
머지 程朱의 설이 지닌 물리의 객관적 추구, 다시 말해 과학적 지식의
면에는 소홀했다는 사실을 알 수 있다. 이 때문에 양명학이나 기타 일
반 심학에서 치중하는 내면(心) 추구로서의 격물설과 유사하다는 평을
면치 못한다. 그의 격물궁리론에 대하여 황종희는,

> 선생의 학이 정주를 本하였던 고로 격물을 요체로 삼았다. 단 정주의 격물
> 은 心으로써 일신에 主하고 理가 만물에 산재해 있다 하여 存心窮理를 서로
> 병진시켰는데, 선생은 "反求諸身할 줄 아는 것이 진짜로 格物하는 것"이라 하
> 니 자못 楊中立(時)의 "反身而誠하면 천하만물이 我에 있지 않음이 없다" 한
> 것과 가깝고 정주의 취지와는 다르다.[76]

라고 하여, "자기 몸에 돌이켜 구할 줄 알면 능히 物을 格하게 된다"(纔知

---

75) 《遺書》卷 3, 〈陽明說辨〉 3.
76) 《明儒學案》卷 58, 〈高攀龍〉條.

反求諸身 眞能格物)[77]는 고반룡의 말을 인용하여 그것은 정주의 存心窮理의 정신에 어긋난다고 지적하고 다시,

> 선생이 또 "人心이 밝으면 바로 天理요, 窮理하여 無妄之處에 이르는 것이 곧 理"라 한 것은 양명의 치양지설에 깊이 도움을 입은 바다. …… 양명의 致知는 격물에 있지 않다고 말할 수 있는데, 만약 선생이 말한 "인심이 밝아야 곧 천리"가 바로 양명의 "致知는 바로 格物明"이란 뜻과 같다면 선생의 격물은 가히 의논할 필요가 없는 것이니, 특별히 양명과 스스로 다르고자 하였지만 오히려 打格한 바가 많음을 알 수 있다.

라고 하여, 고반룡의 격물론이 주자의 객관적 궁리보다 오히려 양명의 주관적 궁리에 가깝게 되었다고 지적하고 있다. 그러나 그는 심즉리의 철학에 기초한 양명의 설을 그대로 따르고 있지는 않다. 양명은 양지가 바로 천리며 동시에 至善이라 하여 虛靈知覺의 知를 宗으로 하였기 때문에 知(良知)를 致하기만 하면 物이 따라서 格해진다는 '致知卽格物'을 주장하였으나, 그는 理를 심에서 구하지 않고 性에서 구하여 物(心도 物)이 格해지면 따라서 知도 致하게 된다는 '格物卽致知'의 입장을 취한 것이다.[78] 양명이 虛靈知覺의 知를 宗으로 하여 一超直入의 돈오를 말한 데 반해, 그는 주자의 성즉리의 철학을 좇아 性善의 善을 宗으로 하여 현실에서 이상으로 향하는 주자의 방법을 택하였다.

위에서 고반룡의 격물설을 중심으로 주자와 양명학의 관계를 대충 살펴보았다. 그는 불교에도 적지 않은 관심을 갖고 있었다. 《困學記》에서 그는,

> 乙未春에 揭揚에서 돌아와 釋·老 二家를 취하여 참고하였는데 성인과 더불어 다투는 바가 毫髮에 지나지 않으나 그 精微함을 吾儒가 갖추었으니 총괄하면 無理 二字에 지나지 않는다. 二氏를 관찰하면 성인의 道가 높다는 것을 잘 알 수 있다. 만약 성인의 도가 없으면 다시 生民의 도가 없을 것이니 다시 말해 二氏도 역시 그 중에서 음식을 먹고 의복을 입으면서도 그것을 깨

닫지 못하고 있다.

고 하여, 儒學과 佛老의 학을 비교하여 유학이 더 논리적이고 나쁜 풍속이
없는 生民의 학이라 하여 그 우위성을 입증하려 하고 있다. 유학이 불학보
다 우월하다는 이론이 명교 측의 지론인 이상, 그의 그러한 이론도 당연한
일이다. 그러나 그가 집에 머물 때 자주 水邊林下를 따라 사원을 찾고,[79]
평일에도 정주의 교법에 따라 하루의 반은 독서하고 나머지 반은 정좌하
면서[80] 열심히 靜定의 功을 쌓고 있는 모습은 마치 승려의 수도생활을 떠
올리게 하였다. 그는 정좌의 중요성을,

> 정좌의 法은 조금의 安排라도 용납하지 않고 단지 平平常常하여 묵묵히 靜
> 해 가는 것이니…… 靜中의 망령된 집념은 강제로 제거하려 해도 안 되고, 혼
> 미한 기운 역시 강제로 제거하려 해도 안 되며, 眞體가 나타나면 妄念이 스스
> 로 없어지고, 헛된 생각이 없어지면 혼미한 기운이 스스로 맑아 靜으로 動하
> 여도 역시 平平常常하게 되어 靜動이 一色이 되고, 動靜도 일색이 되니 정좌
> 중에 이 無動無靜의 體를 인식하는 데 불과하다.[81]

고 하여, 靜中에는 저절로 헛된 생각이 사라져 無動無靜의 眞體(본체)를
볼 수 있다 하였다. "靜定은 30～40년 동안 계속 공부해야 靜의 묘미를 깨
달을 수 있기 때문"[82]에 자신이 그 공부에 필생의 정력을 기울이고 있는
것이다. 정좌의 중요성을 인정한 나머지 그는 "格物窮理의 학이면 禪으로
써 이를 보충할 수도 있다"[83] 하여 선을 높이 평가하고 다시 "僧家에 참여
하면 바야흐로 訣을 얻어 關에 들어가야 한다. 스스로 擾擾 한데 參하여

---

79) 〈武林遊記〉·〈三時記〉(《遺書》卷 10) 등은 그가 때로는 승려와 벗하며 大佛寺,
　　澄泓寺, 六和塔, 遊靜寺, 高麗寺, 法相寺, 開元寺 등을 순방하는 모습을 보여주고
　　있다.
80) 《遺書》卷 9上, 〈與逡確齊〉에 "程先生每喜人靜坐 朱先生每敎人讀書 此意眞妙.
　　……弟看來吾輩每日用功 當以半日靜坐 半日讀書. ……樸實頭下數年之功 不然浮
　　浮沈沈 決不濟事也"라 하여 그는 정좌가 程朱의 교법이라 말하고 있다.
81) 《遺書》卷 3, 〈靜坐說〉.
82) 《遺書》卷 10, 〈最早做靜功〉.
83) 《遺書》卷 9上, 〈答羅匡湖三〉.

이 靜功을 얻으면 어찌 勝事가 아니겠는가"[84] 하고 나서 현재의 승려들은
性命을 구하는 데 뜻을 두는 이가 드물다고 나무라고 있다. 그의 정좌가
선과 일맥상통한다는 점은 이런 면에서 발견할 수 있는 것이다. 이와 같이
靜中에 眞體를 발견할 수 있다는 主靜說은 양명의 양지설이 지니는 동적
성격과는 좋은 대조를 이루고 있는데, 그가 이렇게 靜功을 강조하고 있는
이면에는 양명학 말류가 '動'에 치중하여 낳은 나쁜 풍속에 염증을 느낀
것도 그 원인의 하나이다.[85] 그는 양명의 용장의 돈오를 佛·老에 힘입은 것
이라 비난하면서도, 자신이 체험한 悟에 대해서는 다음과 같이 흥미 있게
기술하고 있다.

汀州를 지나 陸行으로 한 객사에 이르렀다. 객사에 한 小樓가 있어 앞으로
對山하고, 뒤로 臨澗하여 樓에 오르면 심히 즐거웠다. 二程書를 가졌다가 문
득 明道先生이 "百官萬務와 兵革百萬之衆에 飮水曲肱이라도 樂在其中이라.
萬變俱在人이니 其實無一事라"고 한 말을 보고 猛省하여 원래 여차하니 실은
一事도 없는 것이다. 드디어 한 생각이 斬然히 끊어지고 홀연히 백 근의 짐이
갑자기 落地하는 듯하고, 또 電光이 빛나니 透體通明하여 드디어 크게 하나
가 되어 다시 天·人·內·外의 隔이 없는 듯하였다. 이에 이르러보니 六合이 다
心이요, 腔子가 그 區宇요, 方寸이 역시 本位라, 神而明하니 통틀어 가히 말할
바 없다. 평일에 학자들이 장황하게 說悟함을 못마땅해 하였는데, 이 때에 평
상을 看作하여 이를 좇아 바야흐로 공부에 착수하게 됨을 스스로 알았다.[86]

---

84)《遺書》卷 12,〈書關僧淨六卷〉.

85) 良知說이 지닌 동적 성격에 관해서는 졸고,〈天泉證道記와 東林學派〉, p.65에서
도 언급한 바 있다. 島田虔次는〈中國近世의 主觀唯心論について — 萬物一體의 仁
の思想〉(《東方學報》28, 京都), pp.37~39에서 종래의 사상계는 양명학이 심즉리
나 양지라고 하는 주자의 구호에만 주목해 왔다고 지적하고 "양명 이후 사상계의
근본적 情調를 이루고 있는 것은 '生生'·'生生不容已'·'不容已' 등으로 표현되는 활
기에 찬 만물일체의 사상이 양지설과 합체된 점이 중요하다"고 하였다. 이와 같이
만물일체사상의 동적 성격은 양명학 말류에 이르러 靜에 유입하여 懸空 退墮하는
폐를 낳게 되었다. 高攀龍은 "만물일체를 누가 모르랴. 단지 이는 설화일 뿐이다.
仁이란 것이 혼연히 物과 同體가 된다는 것은 가히 조그만 일이 아니나, 그 공부에
시간을 많이 허비해서는 안 된다"(《遺書》卷 8上)고 하여 양명학 좌파의 만물일
체 사상에 경계의 뜻을 표하고 있다. 動에 유입하여 낳을 폐를 靜功으로 구하려 한
그의 의도를 엿볼 수 있다.

이렇듯, 그가 평소에 학자들의 悟에 관한 장황한 언설을 못마땅해 하다가
이 때에 자신이 悟의 묘미를 터득하게 되었다고 하였다. 그러나 그는 양명
학 좌파에서 말하는 一超直入의 돈오와는 구별하여 자신의 悟는 공부(修)
의 시점 내지는 그 과정이라고 주장(修卽悟), 바꾸어 말하면 "工夫가 바로
本體라는 공부 중점의 입장"[87]에는 변함이 없다. 悟란 원래 禪家의 용어였
으나 그것은 또한 宋學의 특징이었기 때문에, 고반룡이 주장하는 悟가 반
드시 禪에서 끌어들인 것이라고 단정할 수는 없지만, 그가 유독 양명의 悟
가 佛·老에 힘입은 것이라 비난하고 있는 점은 재미있다. 황종희는《蕺山
學案》에서 그의 학문을 다음과 같이 평하고 있다.

> 先師(柳宗周)가 때로 그(高攀龍)가 釋氏에 闖入한 점을 적출하여 義에게
> 말하되 "옛날에는 朱子가 있었고 금일에는 忠憲선생이 있으니 다 같이 禪門
> 에 半雜하였다" …… 忠憲의 학은 정말 佛學은 아니다. 그러나 능히 그 사이를
> 출입하지 않은 것이 아니니 이른바 大醇이면서도 작은 흠을 면치 못한다.[88]

일찍이 들은 柳宗周의 말을 인용하면서 고반룡이 醇儒이긴 하나 禪과
의 관련 때문에 작은 흠이 있었다고 지적하고 있다. 황종희가 명말의
두 석학을 비교하면서 그의 先師의 학문을 높이기 위하여 他의 흠을 지
적하는 편견을 드러낸 것은 사실이다. 그러나 고반룡은 도리어 東林의
동지 史孟麟에게 보낸 편지에서,

> 공자·顔子·廉溪·明道를 제외하고 증자·맹자·小程·張橫渠·주자는 다 결함
> 이 있으니 그 병을 살피면 禪宗에 떨어짐을 면치 못할 것이니 형께서는 이 점
> 을 切磋해 보시오.[89]

라고 권하고 있다. 물론 曾·孟이 살아있을 당시에는 불교가 들어오지 않았
기 때문에 여기서의 禪宗이란 悟를 뜻하는 것이다. 그의 편지는 황종희의

---

86) 《遺書》卷 3, 〈困學記〉.
87) 岡田武彦, 〈東林學の精神〉, pp.86~88.
88) 《明儒學案》卷 62, 〈蕺山學案序〉.
89) 《遺書》卷 8上, 〈答史玉池〉.

말과 대조를 이루고 있으나, 사실상 宋學이 儒學·佛學·道教 등의 혼합물
이었던 만큼, 고반룡의 학이 그에 얼마나 가까웠느냐 하는 문제는 견해에
따라 어느 정도 차이가 있을 수 있다. 그러나 이러한 사실이 名教人인 고
반룡의 지위에 영향을 끼칠 수는 없는 것이다.

4. 맺음말

  고반룡은 그의 65년 생애 동안 5년의 官界 활동을 뺀 나머지 기간은 오
로지 학업에 정진하였다. 천계조의 북경생활에서도 首善書院에서 다른 동
림동지와 더불어 강학을 계속하였으니, 그는 평생 聖學을 배우고 익히며
'수도자'로서 살았다 해도 지나치지 않다.

  그의 學은 주자와 薛瑄의 학을 經世의 학(실학)으로 해석하여 宗으로
삼았지만, 학문의 태도에서는 어느 한 학파나 개인의 학설에 얽매이지 않
고 종합하여 취사선택하였으니, 이 점은 "분명히 하나의 새로운 태도요,
육백 년 동안 理學이 이 새로운 태도에서 바뀌어 명말의 특유한 理學의 전
형을 이루었던[90]것이다. 그는 佛·老의 학이 倫物의 嚴存을 잊어 허무에
빠져 秩序制裁의 도를 잃었다고 비난하고, 양명학이 재전, 삼전하여 말류
에 이르러서는 본체를 중시하여 공부를 멀리하고, 돈오를 말하여 修證을
소홀히 하며, 다시 선종과 야합하여 주관적 情意에 떨어져 국가를 유지하
고 세계를 이루는 인륜을 파괴한다고 비난하면서 주자학 말류의 고루한
폐해도 아울러 공박하였다. 그가 정주학을 종으로 표방하였지만 격물설에
서는 양명학에 매우 가까웠던 점을 떠올린다면 그의 양명학에 대한 비판
은 그 말류의 반명교주의를 배격하려는 데 주된 의도가 있다는 것을 알 수
있다. 사실 그는 朱王學의 장점을 택하여 절충하려 했던 절충적 학자였다.

  명말의 사회적 진전으로 비롯된 농민반란과 파당대립, 더구나 시시각각
으로 다가오는 만주족의 위협 등의 내우외환으로 사회질서가 문란하고 정

---

  90) 錢穆, 〈宋明理學槪述〉와 〈高攀龍〉條.

치기강이 해이해져 망국의 징조를 드러내고 있었던 당시에, 고반룡의 숭고한 유교적 신념은 빛을 보지 못하였다. 그는 만년에 東林黨禍를 당한 원인을 동림강학이 일반강학과는 달리 그 정신을 경세에 두었기 때문이라고 술회하고 있다.[91] 동림당화가 일어난 주된 원인이 學的 정신에 있느냐 아니면 외적 환경조건에 있느냐 하는 문제는 현재에도 논의의 중심과제이나[92] 그것은 결코 단순한 각도에서 파악할 수는 없다. 사회경제사적으로 복잡했던 명말이란 시대적 특징 및 정치 제도 등 여러 방면에 걸친 연구가 같이 이루어져야 문제를 해결할 수 있으리라 생각한다. 어찌 되었든 동림학을 대표하는 고반룡의 원대한 유교적 이념이 절박한 현실문제에 부딪혀 메울 수 없는 모순을 낳았다. 그는 정치활동 중 반대파와 투쟁하는 과정에서 구체적인 정책을 보여주지 못하고, 다만 도덕적 교화주의 안에서 당면한 현실을 고쳐나가려 애썼을 뿐이다. 그러나 개혁에 대한 막연한 염원과 실학사상은 그 그늘에서 자라난 후진들의 명말의 결사운동으로 나타났고,[93] 다시 그것은 황종희가 《明夷待訪錄》에서 '君主論', '官僚論', '法理論', '學校論' 등으로 구체화했다.

(《歷史學報》 29, 1965)

---

91) 高攀龍은 葉向高에게 보내는 편지에서 "관중의 馮少虛 선생의 강학은 세상을 외면하였고(外世爲局) 이곳의 顧涇陽 선생의 강학은 세상과 일체를 이루었다.(與世爲體) 당시에는 涇陽 선생이 크더니, 지금은 少虛 선생을 높이 본다. 왜냐? 세상과 일체를 이루어 세상과 적이 되었기 때문이다"(《遺書》 卷 8下)라 말하고 있다.

92) 岡田武彦, 앞의 글. 그는 p.77에서 "東林의 氣節과 양명의 양지가 호학을 중시한 점에서는 비슷하나 유독 동림이 화를 당하게 된 것은 환경의 상이점 때문이었다"는 錢穆의 설을 인용하고, 자신은 그에 반대하여 "양명의 好學은 시비를 다하는(盡) 곳이나, 동림은 시비를 따라 好惡를 중시하므로 학의 정신이 근본적으로 다르다"고 하여, 동림이 세상의 버림을 받게 된 원인을 그 학적 정신에서 찾으려 하고 있다.

93) 小野和子, 〈明末·淸初における知識人の政治活動 — 特に結社をめぐって〉(世界の歷史 11) 참조.